김진일 · 윤장혁

창의적 문제 해결을 위한 **스크래치 프로그래밍**

SCRATCH

글누리 HNU

머 / 리 / 말

현재 최근 세계는 소프트웨어가 혁신과 성장, 가치 창출의 중심이 되는 소프트웨어 중심사회로 변화하고 있다. 이에 따라 세계 주요 국가들이 소프트웨어 중심사회를 선도할 인재 양성을 위해 소프트웨어 교육을 정규 교과 과정으로 도입하고 있고 우리나라도 초·중·고 소프트웨어 코딩교육 의무화 및 대학교육을 소프트웨어 중심으로 혁신하기 위한 사업 등을 통하여 컴퓨팅 사고력을 키우는 교육을 진행하고 있다.

왜냐하면 모든 사람이 실세계의 다양한 문제들, 일상적인 문제나 업무 처리에 이르기까지 컴퓨터와 인터넷을 사용하고 있지만, 컴퓨터는 문제를 해결하기 위한 절차를 스스로 만들 수 없으므로 인간이 문제를 분석하고 컴퓨터가 문제를 해결하기 위한 절차를 만들어 주어야 한다. 즉 컴퓨터와 인간이 협력하여 복잡한 문제를 해결해야 한다는 것이다.

컴퓨팅의 기본적인 개념과 원리를 기반으로 주어진 문제를 효율적으로 해결할 수 있는 컴퓨팅 사고력은 모든 사람이 갖추어야 할 기본 기능으로 인식되고 있다. 그러므로 컴퓨터 관련 분야를 전공하는 사람들에게만 국한된 사고방식이 아니라, 인문, 사회, 자연, 공학, 예술, 체육 등의 모든 분야에 적용할 수 있는 보편적인 사고방식이다.

하지만 이러한 컴퓨팅 사고력을 배양하기 위한 한 방편으로 프로그래밍을 이용할 때 C, Java 등 기존의 프로그래밍 언어를 활용하면 문법적 지식을 배우는 데 많은 시간이 소요된다. 즉 문제를 해결하기 위한 컴퓨팅 사고력을 배양하기보다는 해당 언어의 프로그래밍 문법을 배우는 데 더 많은 시간을 할애하게 된다. 그러므로 스크래치처럼 시각적인 요소를 많이 도입하여 블록들을 이어 붙이는 방식으로 구현된 교육용 프로그래밍 언어를 활용하면 프로그래밍 언어의 문법적 지식을 최소화할 수 있어서 주어진 문제를 분석하고 문제의 해결하는 절차를 만드는 데 집중할 수 있다. 또한 이렇게 체계적인 절차알고리즘를 만들게 되면 스크래치로 쉽게 프로그래밍하여 컴퓨터를 이용한 생산성과 효율성을 경험할 수 있다.

본서는 컴퓨팅 사고력을 배양하기 위해 스크래치를 활용하였다. PART 1은 컴퓨팅 사고의 핵심 개념을 이해하고 추상화 단계에서 산출된 알고리즘을 자동화하기 위해 스크래치의 기초적인 내용을 습득한다. PART 2는 정치, 경제, 사회, 문화, 예술 분야의 문제에 컴퓨팅 사고를 적용하여 해결해 봄으로써 컴퓨팅 사고력을 확장하고 높은 수준의 학습으로 옮겨가도록 한다.

끝으로 본서가 컴퓨팅 사고를 처음 시작하는 학생들을 위한 좋은 기초서가 되었으면 하는 바람을 가지며, 책이 출간되기까지 많은 격려와 도움을 주신 분들 그리고 적극적으로 후원해주신 도서 출판 글누리 관계자 여러분들의 노고에 감사의 마음을 전한다.

컴퓨터와 인간이 좋은 동반자로 살아가는 날을 꿈꾸며
집필진 일동

Contents

PART 2 분야별 문제 해결하기 / 327

PART 1
스크래치 기초

1. 컴퓨팅 사고력과 소프트웨어 교육에 대한 이해
2. 스프라이트 사용 및 무대 배경 변경하기
3. 스프라이트와 무대 배경 만들기
4. 무대에서 좌표 이동하기
5. 횟수와 조건에 따라 반복하기
6. 조건과 이벤트에 따라 다르게 움직이기
7. 타이머에 의한 실행 제한 및 복제하기
8. 메시지 신호 보내기와 상호작용하기
9. 변수와 리스트로 데이터를 저장하고 활용하기

1

컴퓨팅 사고력과 소프트웨어 교육에 대한 이해

학습 목표

1. 컴퓨팅 사고력과 소프트웨어 교육의 필요성에 대해 이해한다.
2. 스크래치의 개발 배경과 특징에 대해 이해한다.
3. 스크래치 프로그래밍의 기본 개념을 이해한다.
4. 스크래치 홈페이지 구성을 살펴보고, 공유 철학에 대해 이해한다.
5. 스크래치 온라인 / 오프라인 에디터의 화면 구성을 살펴본다.

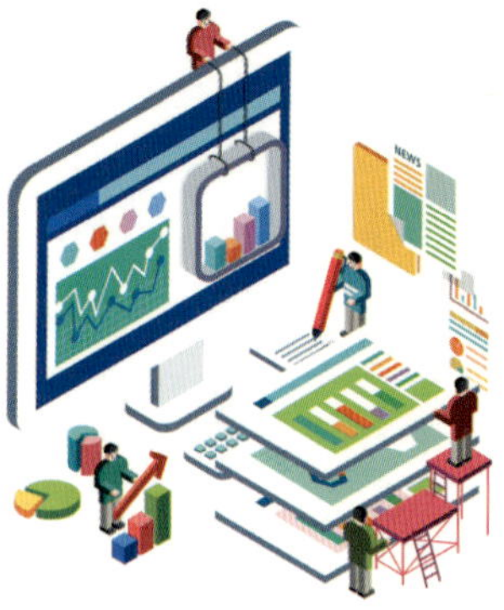

1

컴퓨팅 사고력과 소프트웨어 교육에 대한 이해

1.1 컴퓨팅 사고와 소프트웨어 교육

4차 산업혁명의 발전을 주도할 미래형 인재는 어떤 능력을 갖춰야 할까? 과학기술정보통신부 산하 미래준비위원회의 정의에 따르면 "창의성을 바탕으로 대안 도출 및 문제 해결 능력과 기계와 협력하는 소통 능력"이라고 할 수 있다. 이러한 능력의 인재를 양성하기 위한 새로운 교육 로드맵이 필요하며, 그중 하나가 인문 · 사회 · 과학 · 예술 등을 융합하는 STEAMScience, Technology, Engineering, Arts, Mathematics 교육이다. 이 교육을 통해 해결하고자 하는 문제를 명확히 구성하고 사람이나 컴퓨터가 효과적으로 그 문제를 풀어서 답을 내놓게 하는 컴퓨팅 사고Computational Thinking를 배양하는 것이 가능하다.

1.1.1 컴퓨팅 사고력

컴퓨팅 사고력은 컴퓨팅의 기본적인 개념과 원리를 기반으로 문제를 효율적으로 해결할 수 있는 사고 능력이다. 1980년에 미국의 시모어 페퍼트Seymour Papert 교수의 저서에서 절차적 사고라는 용어를 사용한 이후, 2006년 미국 카네기멜론 대학의 자넷 윙Jeannette Wing 교수의 연구로 컴퓨팅 사고CT; Computational Thinking라는 용어가 재조명되면서 소프트웨어 중심사회를 살아가는 모든 사람이 갖추어야 할 기본적인 능력으로 인식되고 있다. 즉 컴퓨터 관련 분야를 전공하는 사람들에게만 국한된 사고방식이 아니라 인문, 사회, 자연, 공학, 예술, 의약, 농수해양, 예술 체육 등의 모든 분야에 적용할 수 있는 보편적인 사고방식이라는 점이다.

컴퓨팅 사고는 다양한 구성 요소로 이루어질 수 있으며, 윙Wing, 2008[1])은 컴퓨팅 사고를 크게 추상화Abstraction와 자동화Automation로 구분하였다. 추상화는 복잡하게 얽혀 있는 문제를 구조화하고 해결 가능한 형태로 표현하기 위한 인간의 사고 과정이다. 이 과정을 통해서 자료를 수집하고 커다란 문제를 작은 문제들로 분해하고 구조화하여 더욱 간결한 상태로 만들게 된다. 자동화는 추상화 과정을 통해 만들어진 해결 모델을 컴퓨터가 이해할 수 있는 프로그래밍 언어로 바꾸어 자동화하는 것이다.

1) Wing J M 2008 Philosophical Transactions of the Royal Society of London A: Mathematical, Physical and Engineering Sciences, 366(1881) 3717–3725

컴퓨터과학교사협회CSTA와 국제교육공학협회ISTE[2)]에서는 컴퓨팅 사고의 조작적 정의를 내리면서 자료 수집, 자료 분석, 자료 표현, 문제 분해, 추상화, 알고리즘과 절차, 자동화, 병렬화, 시뮬레이션의 9가지 요소로 세분화하여 제시하고 있다. 하지만 컴퓨팅 사고를 통하여 문제를 해결할 때 이러한 모든 요소를 반드시 포함해야 하거나 순서대로 진행해야 하는 것은 아니다.

구성 요소	내 용
자료 수집 (Data Collection)	실세계에서 정보를 얻는 데 필요한 기초 데이터 수집
자료 분석 (Data Analysis)	수집된 자료에서 일반화된 규칙을 찾고 분석
자료 표현 (Data Representation)	분석된 자료를 이용하여 추출된 정보를 그래프, 차트, 단어, 이미지 등을 이용하여 효율적으로 시각화하여 표현
문제 분해 (Problem Decomposition)	문제를 해결하기 위하여 해결 가능한 수준의 작은 문제로 나눔
추상화 (Abstraction)	문제를 해결 가능한 형태로 표현하는 데 필요한 핵심 요소를 파악하고 불필요한 요소를 제거하여 단순화
알고리즘과 절차 (Algorithms & Procedures)	문제 해결을 하는 방법을 순서에 따라 나열
자동화 (Automation)	반복적인 작업을 실행하기 위해 장치나 기계 활용
병렬화 (Parallelization)	목표를 달성하기 위해 문제 해결 과정을 동시에 수행 가능한 작업으로 나누고 동시에 실행하도록 구성
시뮬레이션 (Simulation)	어떤 문제를 해결하기 위해 과정과 절차를 미리 실험해보는 과정

여기서 유의할 점은 윙Wing, 2008이 제시한 컴퓨팅 사고를 구분할 때의 추상화는 인간이 문제 해결을 위해 사고하는 전반적인 과정을 의미하지만, 컴퓨팅 사고 구성 요소의 추상화는 문제 해결에 필요한 핵심 요소를 선정하고 불필요한 요소를 제거하여 단순화한다는 의미로 차이가 있다. 자동화 또한 마찬가지로 컴퓨팅 사고를 구분할 때의 자동화는 큰 의미로 컴퓨팅 시스템이 가지는 능력을 의미하고, 컴퓨팅 사고 구성 요소의 자동화는 알고리즘을 컴퓨터나 정보 기기가 이해할 수 있는 언어로 표현하는 것을 의미한다.

최근 구글Google for Education에서도 컴퓨팅 사고력의 구성 요소에 대해서 제시하고 있는데, 패턴 인식과 패턴 일반화라는 요소를 추가하여, 조금 더 구체적으로 기술하고 있다. 다음은 연구자별 컴퓨팅 사고력의 구성 요소이다.

2) International Society for Technology in Education and the Computer Science Teachers Association 2011 International Society for Technology in Education (ISTE) and the Computer Science Teachers Association (CSTA)

<table>
<tr><th>구 분</th><th>Wing(2008)</th><th>CSTA & ISTE(2011)</th><th>Google for Education(2015)</th></tr>
<tr><td rowspan="9">인간의
사고 과정</td><td rowspan="9">추상화
(Abstraction)</td><td colspan="2">자료 수집(Data Collection)</td></tr>
<tr><td rowspan="2">자료 분석(Data Analysis)</td><td>자료 분석(Data Analysis)</td></tr>
<tr><td>패턴 인식(Pattern Recogniton)</td></tr>
<tr><td colspan="2">자료 표현(Data Representation)</td></tr>
<tr><td>문제 분해(Problem Decomposition)</td><td>분해(Decomposition)</td></tr>
<tr><td rowspan="2">추상화(Abstraction)</td><td>추상화(Abstraction)</td></tr>
<tr><td>패턴 일반화(Pattern Generalization)</td></tr>
<tr><td>알고리즘과 절차
(Algorithms & Procedures)</td><td>알고리즘 디자인(Algorithm Design)</td></tr>
<tr><td colspan="2"></td></tr>
<tr><td rowspan="3">컴퓨팅
시스템의
능력</td><td rowspan="3">자동화
(Automation)</td><td colspan="2">자동화(Automation)</td></tr>
<tr><td colspan="2">병렬화(Parallelization)</td></tr>
<tr><td colspan="2">시뮬레이션(Simulation)</td></tr>
</table>

1.1.2 소프트웨어 교육

교육부와 과학기술정보통신부는 2018년부터 단계적으로 초·중·등 교육과정에 소프트웨어 교육을 필수 편성·운영하도록 개편하였고, 소프트웨어교육 선도학교를 공동으로 운영하고 있다. 초등학교에서는 프로그래밍 체험, 정보윤리의식 함양, 문제해결과정, 알고리즘 등의 내용을 실과 교과에서 17시간 이상 실시하였다. 중학교에서는 컴퓨팅 사고 기반 문제 해결, 간단한 알고리즘, 프로그래밍 개발 등의 내용을 정보 과목에서 34시간 이상 다루기로 하였다. 고등학교에서는 다양한 분야와 융합한 알고리즘 설계 및 프로그램 설계 교육을 시행하기로 하였다.

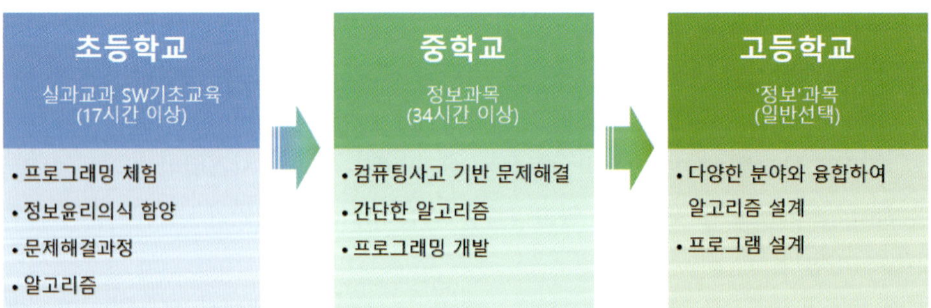

현재 미국, 영국, 일본을 비롯한 세계 주요국들이 소프트웨어 중심사회를 선도할 인재 양성을 위해서 소프트웨어 교육을 정규 교과 과정 도입 및 컴퓨팅 사고 능력의 육성에 적극적으로 나서고 있다.

에스토니아는 세계 최초로 컴퓨터 프로그래밍을 7세부터 19세까지 교육하고 있는 국가로, 2012년 초·중등학교 대상 파일럿 프로그래밍 교육 프로그램인 'Proge Tiigerprogramming tiger'라는 프로젝트로 유명해지기 시작했다. 영국은 2014년 9월부터 5세부터 16세까지의 모든 교육 단계에서 기존의 ICT 활용 교육을 대체하는 새로운 컴퓨팅 과목을 실시하여 영국의 초·중등 학생들이 프로그램 코딩을 필수로 배우게 하는 새로운 국가교육 과정을 실행하였으며, 미국은 각 자치주에 따라 교육과정이 상이한 특징을 갖지만, 2010년 핵심 공통 성취 기준안을 발표한 이래로 주요 과목인 영어, 수학, 외국어 등에 대해서는 각 자치주 모두 핵심 공통 국가 기준을 따르고 있다. 뉴욕과 시카고 등은 저학년을 대상으로 2014년 가을 학기에 코딩 수업을 시작하였고, 메릴랜드 주에서는 Code.org와 협력하여 2014년 가을부터 모든 학년에서 컴퓨터과학Computer Science 교육을 시작하였다. 핀란드는 2016년 9월부터 초등학생을 대상으로 소프트웨어 교육을 시행하고 있으며, 일본은 2012년부터 정보 과목을 중학교와 고등학교에서 필수로 지정하여 운영하고 있다.

이러한 소프트웨어 교육 과정은 처음부터 전문 교육을 이수하기는 어렵기 때문에 우선적으로 배워야할 기초 소프트웨어 교육에 대한 필요성이 높아졌다. 그로 인해 어린 아이들이나 처음 소프트웨어를 배우는 학생들이 쉽게 이해하고 실습할 수 있도록 교육용 프로그램 언어에 대한 요구가 증가하는 추세이다.

기초 소프트웨어 교육을 위한 프로그래밍 언어에는 스크래치, 엔트리, 플레이봇, 아두이노 등이 있으며, 컴퓨터 없이 진행되는 언플러그 활동 등이 있다.

구 분	내 용
스크래치	• 미국 MIT 미디어랩에서 8~16세를 대상으로 2006년 개발하였으며, 인터렉티브한 이야기, 게임, 애니메이션을 손쉽게 만들고 공유 가능
엔트리	• 국내 스타트업에서 개발한 무료 소프트웨어 교육 플랫폼으로 언플러그드 활동에서 피지컬 컴퓨팅까지 교육 가능
플레이봇	• 블록 기반 언어와 텍스트 기반 언어 사이를 연결해 주는 역할 • 문제 해결 중심의 학습이 가능하며 소프트웨어 교육에 대한 학생들의 흥미를 유발하여 학생 스스로 생각하고 문제를 해결하는 경험 제공
아두이노	• 오픈 소스 하드웨어로 오픈 소스를 지향하는 마이크로 컨트롤러를 내장한 기기 제어용 기판, 다양한 센서나 부품 등의 장치를 연결하여 동작하게 함
언플러그 활동	• 컴퓨터 없이 활동이나 놀이를 통한 컴퓨터과학 개념, 알고리즘 학습 활동

1.2 스크래치 시작하기

1.2.1 스크래치 소개

스크래치Scratch는 미국 MIT의 미디어랩과 UCLA의 연구자가 공동으로 개발한 교육용 프로그래밍 언어EPL; Educational Programming Language로, 스프라이트Sprite라고 불리는 객체에 색상과 형태에 따라 각기 다른 명령어를 가지는 블록Block들을 쌓아 프로그래밍하는 방식Building-block programming의 비주얼 프로그래밍 언어이다.

스크래치는 누구나 무료로 사용할 수 있는 무료 소프트웨어로 일부 국가를 제외한 전 세계 대부분 국가에서 60개 이상의 언어로 사용되고 있으며, 약 6천 4백만 명의 사용자가 약 6천 7백만 개의 프로젝트를 작성하고 있다(2021년 1월 기준).

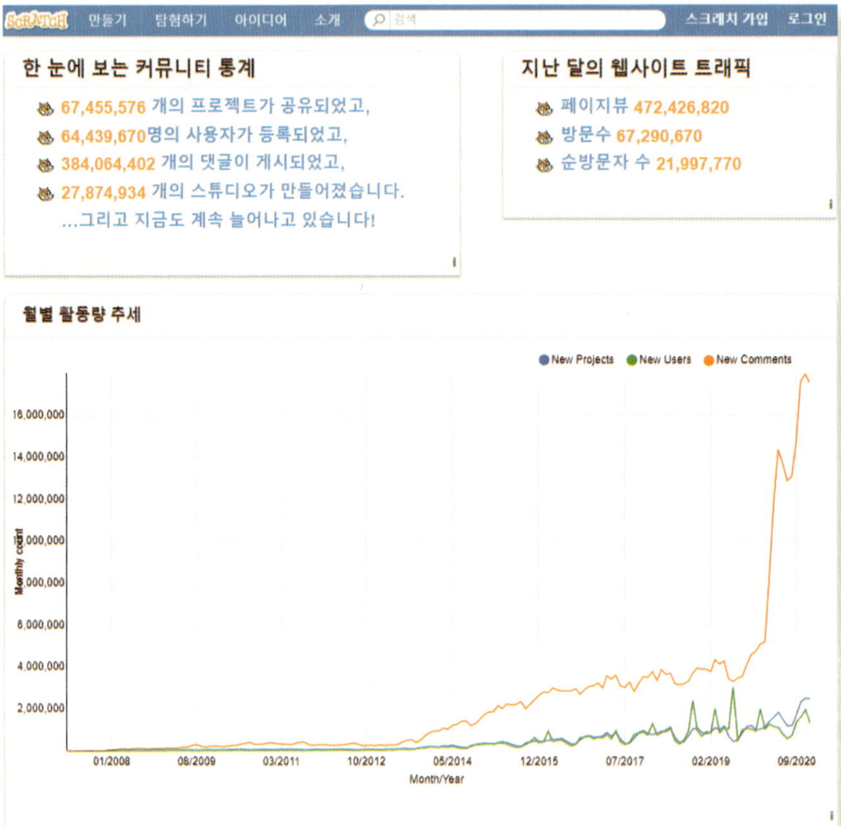

1.2.2 스크래치 특징

현재 스크래치는 현실 세계의 문제 해결을 위하여 분석하고 해결 가능한 작은 문제로 나누고 분해된 작은 문제에서 패턴을 찾아서 알고리즘을 만들어 자동화를 경험할 수 있는 도구로서 가장 선호하는 프로그래밍 언어이다. 개방, 참여, 공유, 협력이라는 기본 철학으로 현실 세계의 문제 해결 과정을 시뮬레이션 해 볼 수 있는 스크래치는 다음과 같은 특징을 가지고 있다.

첫째, 직관적인 프로그래밍 방식이다. 일반적인 프로그래밍 언어처럼 직접 코딩하는 것이 아니라 레고Lego 블록의 조립 과정과 같이 블록들을 직관적으로 보면서 원하는 순서대로 가져다가 이어 붙이기만 하면 되는 블록형 언어이다.

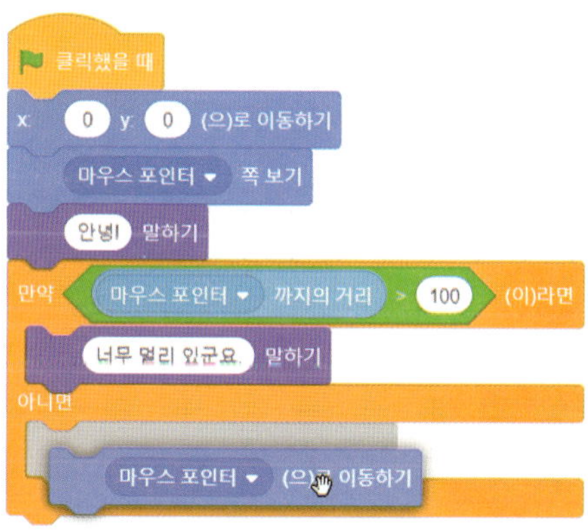

둘째, 간결하고 시각적이다. 스크래치는 많은 명령어를 가지고 있지는 않지만, 원하는 명령에 해당하는 블록의 형태를 파악하여 바로 적용하고 해당 블록의 동작 효과를 즉시 확인할 수 있다.

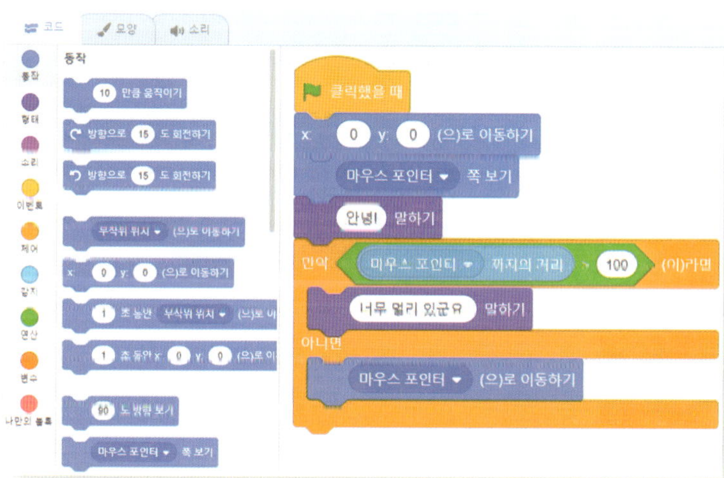

셋째, 오류 발생을 최소화한다. 스크래치는 각 블록이 문법적으로 오류가 없어야만 서로 연결될 수 있도록 설계되어 있으므로 문법적인 오류가 발생하지 않는다. 또한, 블록들을 이어 붙이거나 블록 내에 다른 블록을 끼워 넣을 때 서로 이어 붙을 수 있는 모양들이 미리 정해져 있으므로 잘못된 연결 동작을 미리 방지할 수 있다.

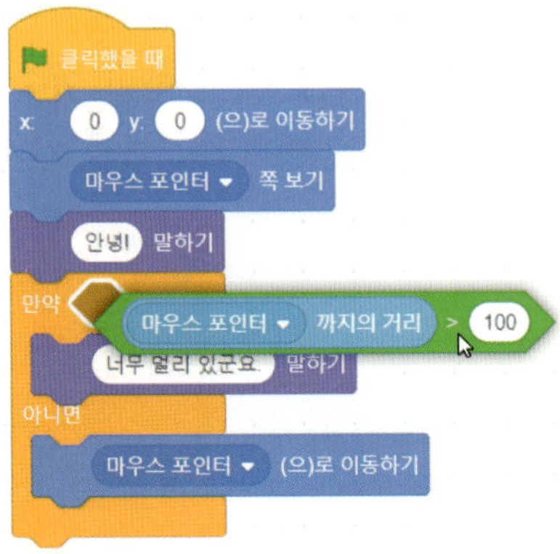

넷째, 다국적 언어를 지원한다. 처음부터 사용자들이 국경을 넘어 협업하여 문제를 해결해 나가도록 다국어가 지원되도록 설계되었다. 물론 한글도 지원되어 스크래치의 메뉴, 명령, 블록, 관련 지원 정보 등 많은 부분이 한글화되어 있다.

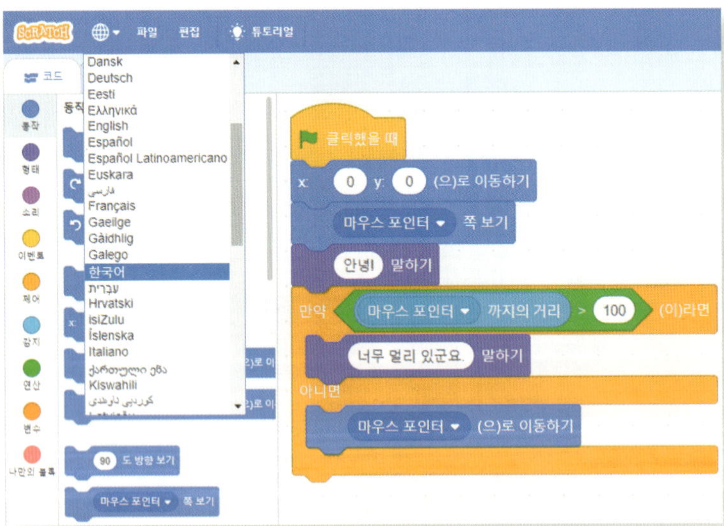

다섯째, 멀티미디어를 지원한다. 그래픽, 애니메이션, 소리, 음악과 같은 다양한 미디어를 지원하므로 쌍방향적인 게임, 애니메이션 등을 쉽게 만들 수 있다. 또한, 그래픽에서 제공하는 필터링 효과나 슬라이드 쇼를 위한 화면 전환 효과 등을 쉽게 만들 수 있다.

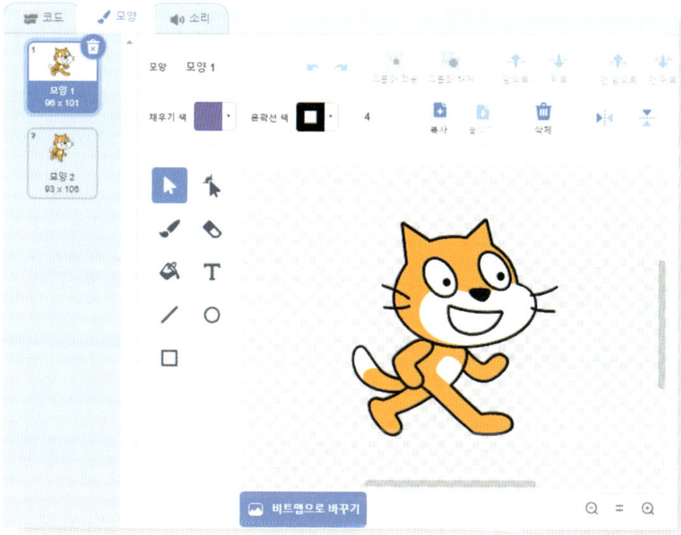

여섯째, 프로젝트의 공유가 가능하다. 스크래치는 완성된 프로젝트를 scratch.mit.edu에 공유하여 다른 사람이 프로젝트를 실행하거나 수정할 수 있다. 특히, 공유된 프로젝트를 이용하여 기능을 개선하거나 새로운 기능을 추가하여 또 다른 프로젝트로 다시 공유할 수 있다.

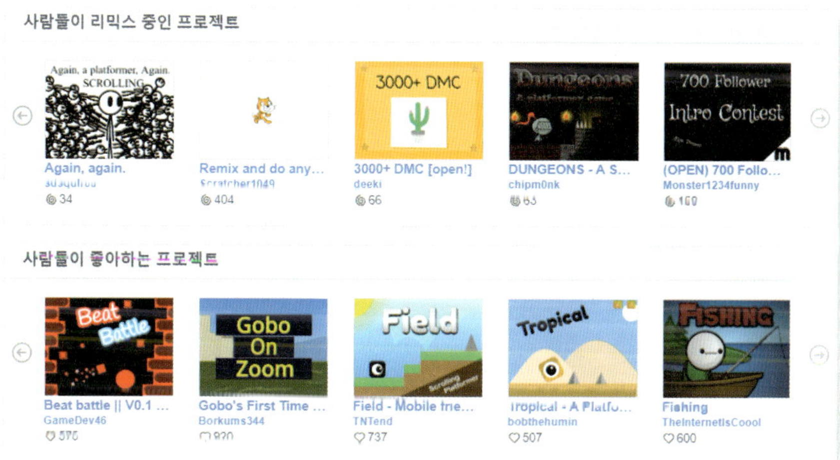

1.3 스크래치 프로그래밍의 기본 개념

스크래치로 상호작용하는 이야기, 게임, 애니메이션을 작성하는 과정에서 중요한 프로그래밍 기술과 개념을 배울 수 있다. 스크래치에 포함된 프로그래밍의 기본 개념은 다음과 같다.

<table>
<tr><th>개 념</th><th>설명 / 스크립트</th></tr>
<tr><td>순차 처리</td><td>각 블록은 위에서 아래로 순서대로 실행

</td></tr>
<tr><td>반복 처리</td><td>지정한 횟수 동안 반복, 지정한 조건에 맞을 때까지 반복, 무한 반복 등과 같이 블록들 반복

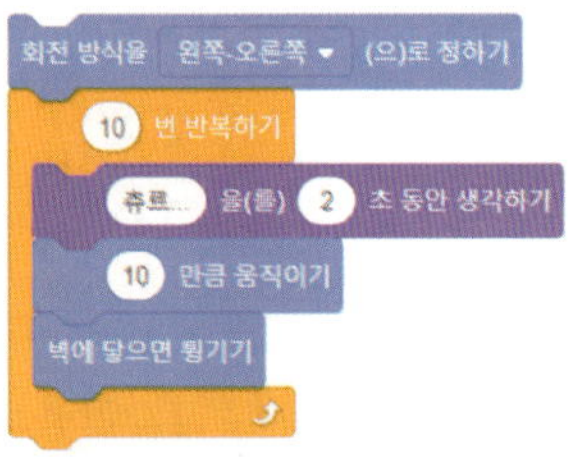
</td></tr>
<tr><td>조건 처리</td><td>조건에 따라 서로 다른 블록의 실행 결정

</td></tr>
<tr><td>이벤트 처리</td><td>키보드의 키를 누르거나, 스프라이트를 클릭하는 동작 등 사용자에 의해 발생하는 이벤트 처리

</td></tr>
<tr><td>병렬 처리</td><td>독립적으로 작성된 스크립트를 같은 조건에 따라 동시 실행

</td></tr>
</table>

개 념	설명 / 스크립트
연동과 동기화	다른 스프라이트 또는 같은 스프라이트의 스크립트 간의 연동 및 동작 순서 맞춤 
동적 상호작용	마우스 포인터의 위치, 음량 등 실시간 상호작용을 위한 동적 처리 
키보드 입력	사용자로부터 키보드를 통한 입력을 받아 저장 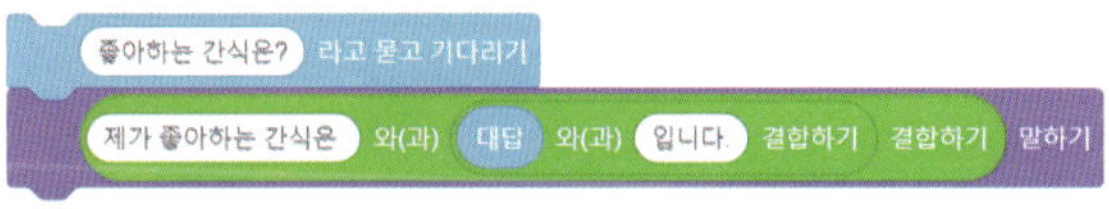
난수	정해진 범위 안의 숫자 생성 
논리 연산	그리고AND, 또는OR, 아니다NOT의 논리 연산 제공 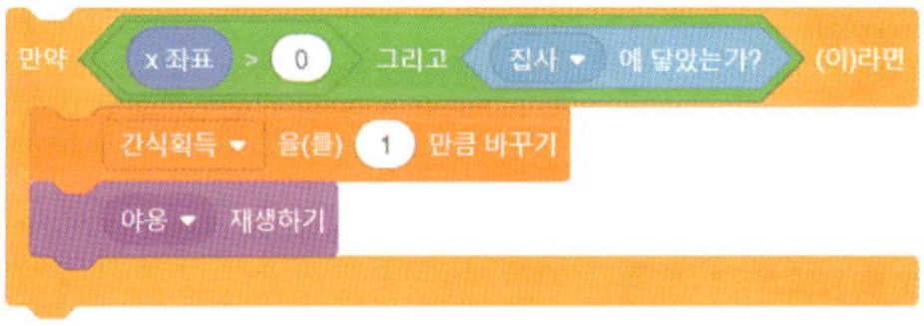
변수	변수를 통해 연산의 결과나 임시 값을 저장하거나, 숫자, 문자 등 다양한 자료 처리 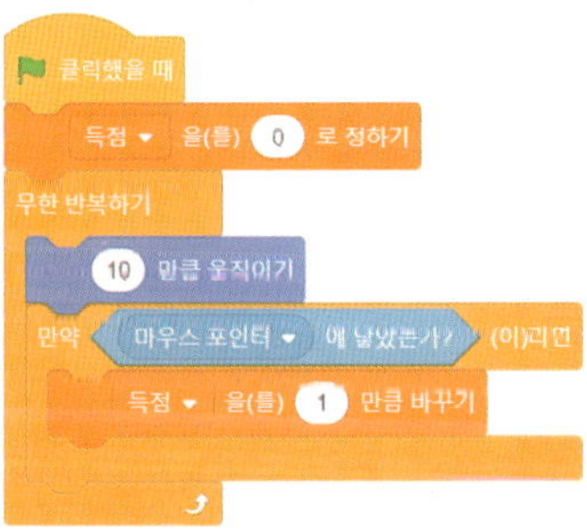
리스트	같은 성질의 여러 데이터를 연속적인 공간에 저장하고, 위치 번호를 이용하여 손쉽게 관리 

1.4 스크래치 홈페이지 구성

1.4.1 스크래치 홈페이지의 메뉴 구성

스크래치 공식 홈페이지(http://scratch.mit.edu) 상단에는 [만들기], [탐험하기], [아이디어], [소개] 메뉴와 함께 프로젝트를 검색할 수 있는 [검색] 항목 등이 있다.

[SCRATCH]는 프로젝트를 만들거나 최근 프로젝트 등을 찾는 작업 도중 스크래치 홈페이지의 첫 화면으로 되돌아오는 메뉴이다.

[만들기]는 스크래치 온라인 에디터를 이용하여 프로젝트를 만드는 메뉴이다. 무대와 스프라이트를 배치하고 스프라이트의 움직임이나 모양을 결정하는 블록을 이용하여 스크립트를 작성한다.

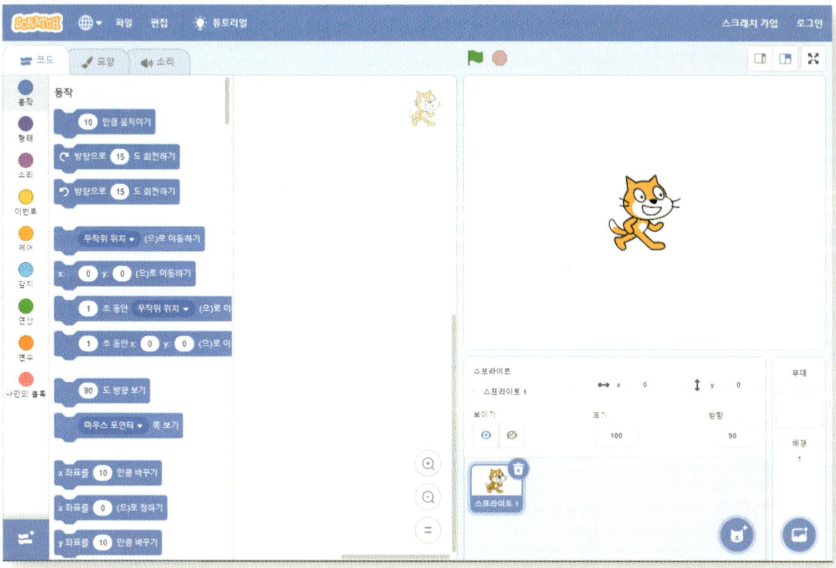

[탐험하기]는 스크래치 온라인 사이트에 공유된 프로젝트나 스튜디오를 애니메이션, 예술, 게임, 음악, 스토리, 튜토리얼 등의 유형으로 구분하여 탐색한다. 또한, 각 유형에서 유행, 인기, 최근순으로 정렬하여 보여준다. [탐험하기]를 선택하면 다양한 나라, 다양한 연령대의 사용자들이 만들어 놓은 스크래치 프로젝트와 스튜디오를 살펴볼 수 있다.

[아이디어]는 스크래치를 처음 접할 때의 사용법을 익히는 체험하기나 튜토리얼을 제공한다. 그리고 스크래치를 통해 만들고 싶은 초보자용 프로젝트들을 소개하고, 자신만의 아이디어를 프로젝트에 반영하고 수정하여(스크래치에서는 이러한 작업을 '리믹스'라고 표현한다) 새로운 프로젝트를 만들 수 있다.

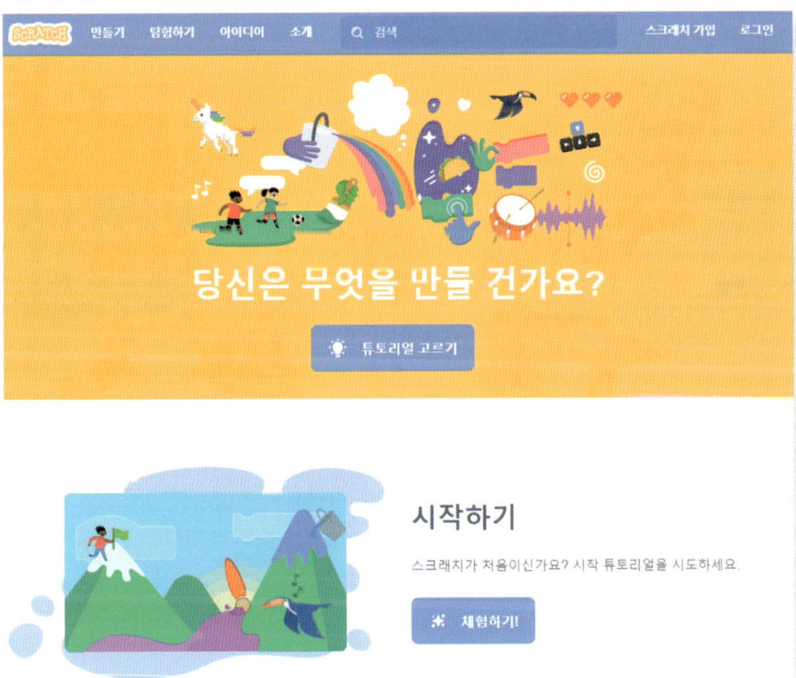

[소개]는 스크래치에 대한 정보와 관련 동영상을 소개하고, 프로그래밍 교육에서의 활용, 관련 연구 등을 소개한다.

스크래치의 기본 철학은 모든 프로젝트를 공개하고 공유한다는 점이다. 자신이 만든 프로젝트를 세계 모든 사람에게 공개할 수 있으며, 다른 사람들이 만든 프로젝트를 기초로 하여 자신의 아이디어와 새로운 기능을 추가한 새로운 프로젝트를 만들 수 있다. 새로 만든 프로젝트도 공유하면 다른 사람들이 활용할 수 있다. 이러한 프로젝트의 공유와 리믹스 작업을 통해 스크래치 프로젝트의 확산과 다양함이 이루어질 수 있다. 프로젝트의 공유는 [스크래치 가입]을 통해 스크래치 홈페이지에 가입한 경우에만 가능하고 자신이 만든 프로젝트를 공유하도록 지정해줘야 한다.

스크래치 홈페이지에 가입한 후, [로그인] 메뉴를 통해 로그인하면 [내 작업실] 메뉴가 추가된다. [내 작업실]은 온라인 에디터로 만든 프로젝트와 스튜디오를 관리한다. 저장된 프로젝트에 대한 정보를 볼 수 있고 원하는 프로젝트를 선택해서 [스크립트 보기]를 클릭하면 온라인 에디터로 화면이 전환된다. [새 프로젝트]나 [새 스튜디오]를 통해 새로운 프로젝트나 스튜디오를 만들 수 있다. 스튜디오는 일종의 온라인 카페이며, 매니저가 되어 큐레이터**멤버**를 등록하고 함께 프로젝트를 만들어 가거나 반대로 다른 사람이 만들어 놓은 스튜디오에 큐레이터로 참여할 수 있다.

1.4.2 공유된 프로젝트와 스튜디오의 소개

메뉴 아래의 [특집 프로젝트], [특집 스튜디오], [AquaLeafStudios 큐레이터가 선택한 프로젝트], [스크래치 디자인 스튜디오 - Blending In], [사람들이 리믹스 중인 프로젝트] 등을 통해 공유된 프로젝트들과 스튜디오들이 소개된다.

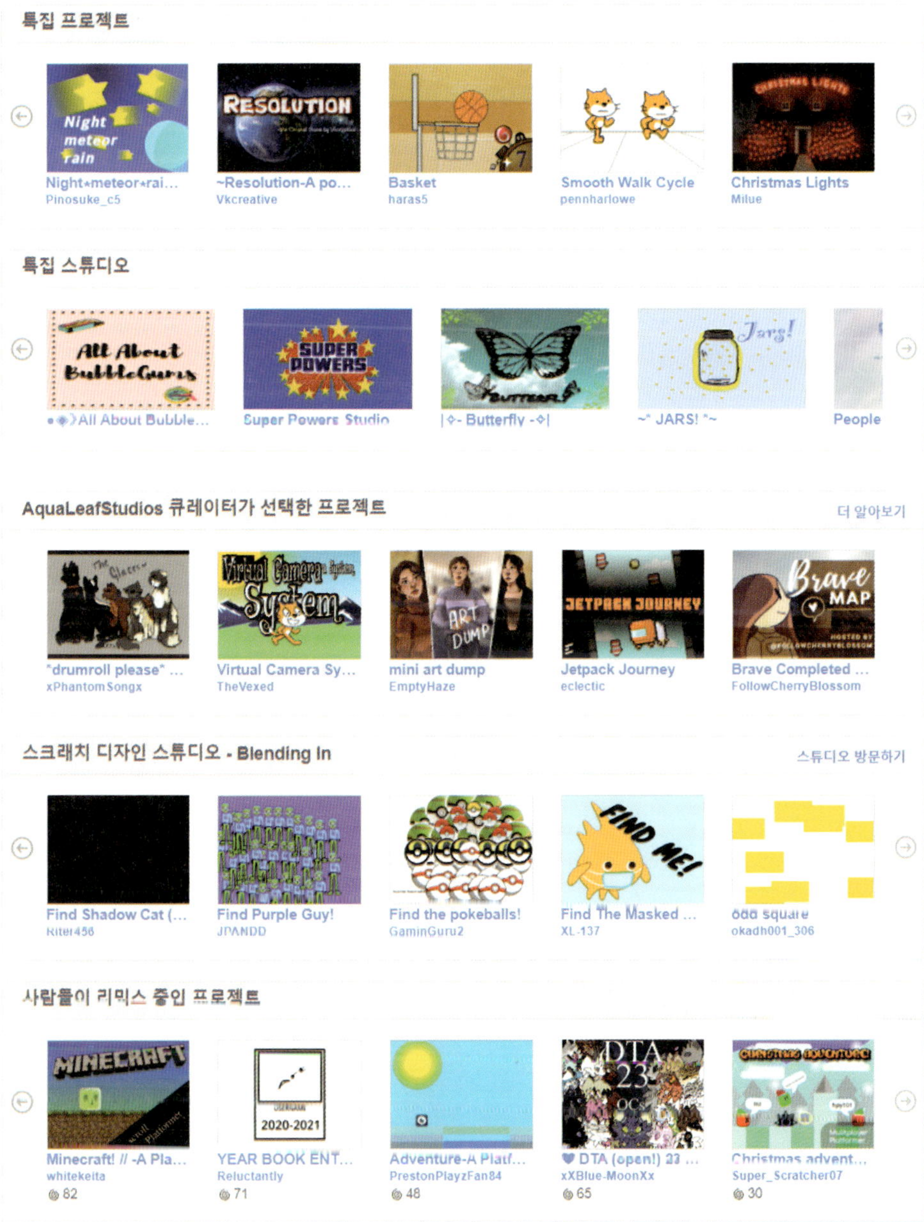

1.5 스크래치 에디터의 화면 구성

스크래치 에디터는 온라인 에디터와 오프라인 에디터가 있으며, 개인 저장소가 온라인 에디터에 있는 것을 제외하면 화면 구성은 같다.

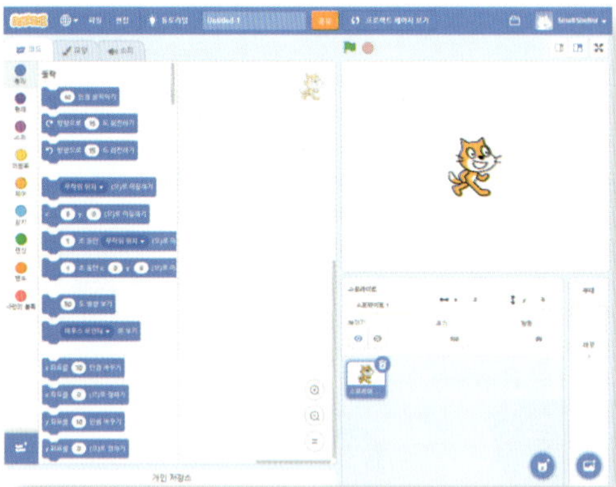

온라인 에디터

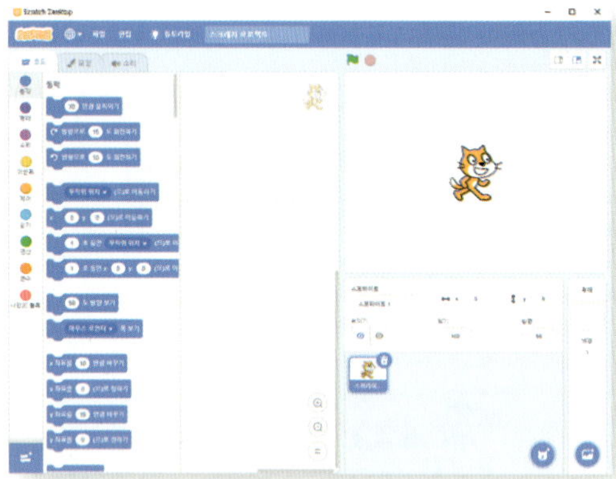

오프라인 에디터

스크래치 온라인 에디터의 화면 구성은 다음과 같다.

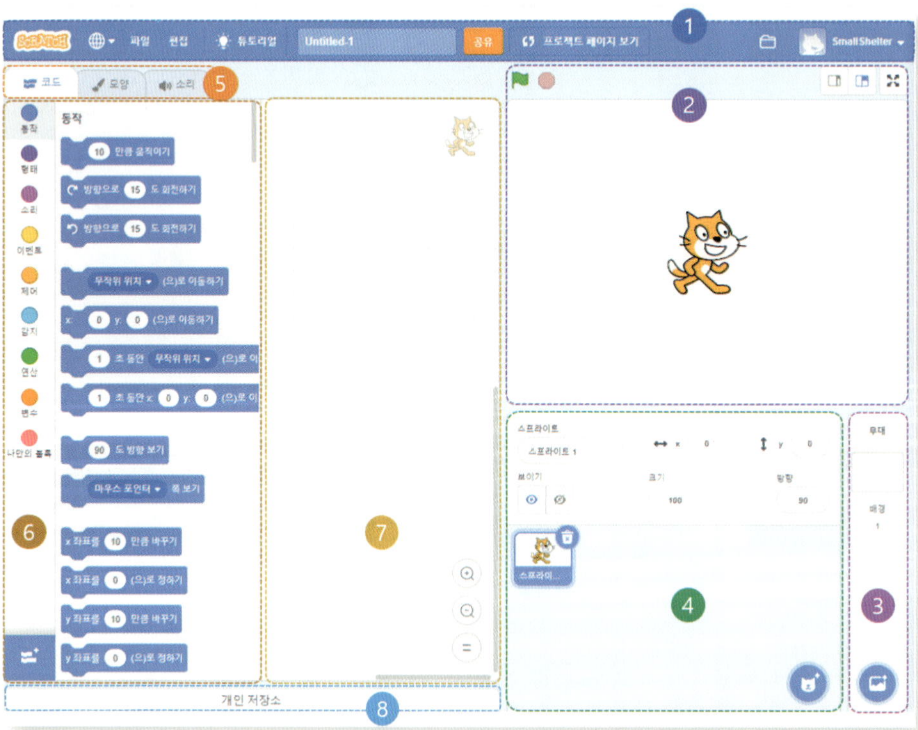

항 목	이 름	기 능
1	메뉴	스크래치 홈, 언어선택, 메뉴, 튜토리얼, 프로젝트 이름 등이 모여 있는 영역
2	무대	배경이 나타나며, 스프라이트가 나타나고 움직이는 영역
3	무대 제어	새로운 무대를 생성하고 변경하는 영역
4	스프라이트 제어	새로운 스프라이트를 생성하고 스프라이트의 목록을 표시, 스프라이트의 정보를 변경하는 영역
5	기능 탭	코드 탭, 모양 탭, 소리 탭으로 구분된 영역
6	팔레트, 블록	팔레트는 스크립트 블록들을 기능별로 구분한 영역이며, 블록은 팔레트에서 선택한 블록들의 목록이 표시되는 영역
7	코드 영역	스프라이트에 명령을 주는 블록들을 이어 붙여 작성하는 영역
8	개인 저장소	온라인 에디터에서 로그인할 때 나타나며, 개인의 프로젝트와 스튜디오를 표시하는 영역

1.5.1 메뉴

메뉴Menu는 스크래치 온라인 에디터와 오프라인 에디터 모두 스크래치 홈, 언어선택, 메뉴, 튜토리얼, 프로젝트 제목으로 구성되며, 온라인 에디터에서 로그인하면 공유, 프로젝트 페이지 보기, 내 작업실, 로그인 정보가 추가된다.

온라인 에디터

오프라인 에디터

항 목	이 름	기 능
①	홈으로	스크래치 홈페이지로 이동
②	언어 선택	스크래치 에디터에서 표시될 언어를 선택하거나 변경, 스크래치 에디터의 언어가 영어이면 [한국어]로 변경 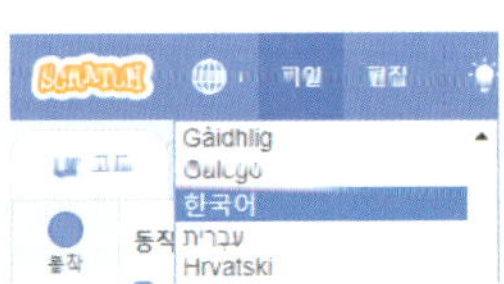

항 목	이 름	기 능
③	파일	온라인 에디터는 [새로 만들기], [저장하기], [복사본 저장하기], [Load from your computer], [컴퓨터에 저장하기]로 메뉴 항목 구성 오프라인 에디터는 [새로 만들기], [Load from your computer], [컴퓨터에 저장하기]로 메뉴 항목 구성 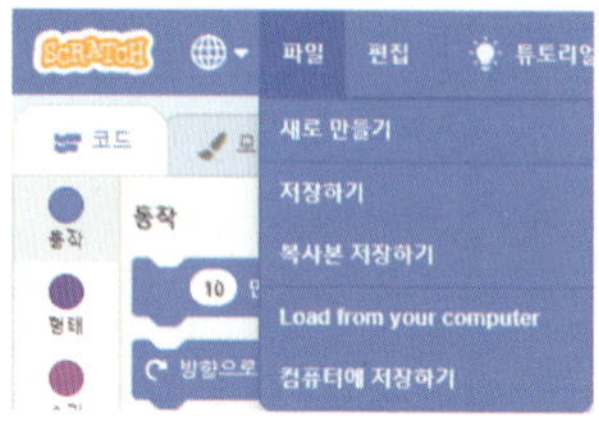 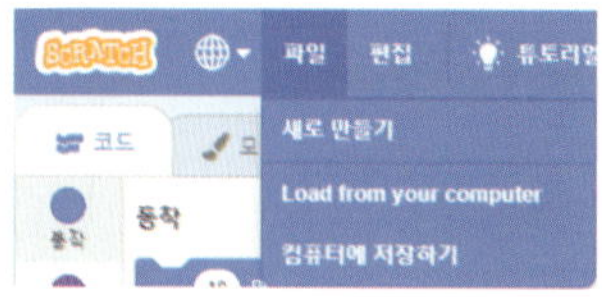 • 새로 만들기 : 작업하던 프로젝트를 없애고 새로운 프로젝트 생성 • 저장하기 : 작업하던 프로젝트를 내 작업실에 저장 • 복사본 저장하기 : 작업하던 프로젝트의 복사본을 내 작업실에 저장 • Load from your computer : 컴퓨터에서 프로젝트를 불러와 열기 • 컴퓨터에 저장하기 : 작업하던 프로젝트를 컴퓨터에 저장
④	편집	 • 되돌리기 : 현재 작업한 것을 취소하고 이전 상태로 되돌림 • 터보 모드 켜기 : 프로젝트를 실행할 때 일반 모드 보다 빠른 속도로 실행
⑤	튜토리얼	스크래치 기능을 활용할 수 있는 다양한 기본 예제 동영상 선택
⑥	프로젝트 이름	작업 중인 프로젝트의 이름 지정
⑦	공유	프로젝트를 스크래치 홈페이지에 공유, 내 작업실에서 취소 가능
⑧	프로젝트 페이지 보기	프로젝트와 관련된 이름, 공유, 사용 방법, 참고 사항 및 참여자 등 작성
⑨	내 작업실	내 작업실로 이동, 자신의 전체 프로젝트와 스튜디오 관리
⑩	로그인 정보	내 정보, 내 작업실, 계정 설정, 로그아웃으로 구성

1.5.2 무대

무대Stage는 스프라이트가 위치하고 동작하는 공간으로 프로젝트의 실행 과정과 결과를 확인할 수 있다. 무대는 가로 480, 세로 360의 2차원의 x-y 좌표로 구성되어 있으며, 중심좌표는 (0, 0)이고, x축은 -240~240, y축은 -180~180의 범위이다.

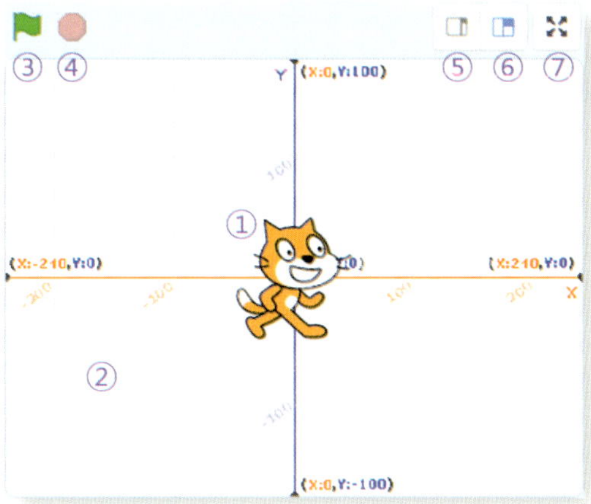

무대를 구성하는 항목들의 이름과 기능은 다음과 같다.

항 목	이 름	기 능
①	스프라이트	스프라이트를 선택한 후 마우스를 누른 채로 무대 내로 움직여 위치 변경
②	무대 배경	Xy-grid 배경으로 변경된 무대 배경
③	시작하기	무대와 모든 스프라이트의 스크립트 실행
④	멈추기	무대와 모든 스프라이트의 스크립트 실행 멈춤
⑤	무대 축소	무대를 축소함
⑥	무대 복귀	축소된 무대를 원래 크기로 복귀
⑦	전체 화면	전체 화면 변경, 전체 화면에서 ⌘(축소 화면)을 눌러 원래 상태로 복귀

1.5.3 무대 제어

무대 제어 부분은 현재의 무대 배경을 나타내며, 스크래치에서 제공하는 무대 배경으로 변경하거나 추가한다. 또한, 새로운 배경을 만들고 미리 만들어 저장해 놓은 배경을 업로드한다.

무대 제어 부분을 구성하는 항목들의 이름과 기능은 다음과 같다.

항 목	이 름	기 능
①	무대 배경	현재 선택된 무대 배경 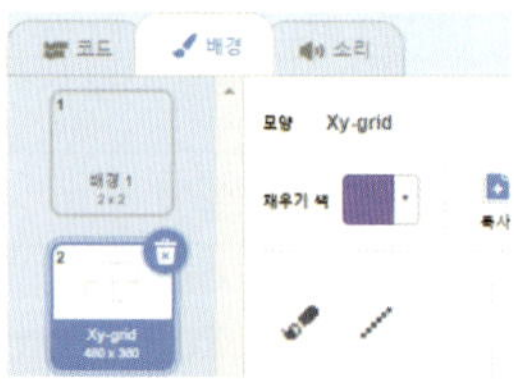
②	배경	무대의 배경임을 나타냄
③	배경 수	무대에 등록된 배경의 수
④,⑤	배경 고르기	스크래치에서 제공하는 다양한 배경을 선택하여 추가
⑥	그리기	[배경] 탭을 이용한 새로운 배경 그리기
⑦	서프라이즈	스크래치에서 제공하는 다양한 배경 중 임의의 배경을 추가
⑧	배경 업로드하기	미리 만들어 둔 외부 배경 파일 불러오기

1.5.4 스프라이트 제어

무대 위에서 연기하는 배우는 기본적으로 말하기, 움직이기, 연주하기 등의 능력을 갖추고 있으며, 이러한 능력을 조합하여 자신이 맡은 임무를 수행하게 된다. 스크래치에서 스프라이트Sprite는 무대 위에서 연기하는 배우와 비슷하다. 스프라이트 제어 부분은 무대 위에서 연기할 배우들인 스프라이트의 목록을 보여주고, 각 스프라이트의 정보를 보여주거나 변경할 수 있다.

스프라이트를 추가하거나 변경하려면 스크래치에서 제공하는 스프라이트를 추가하며, 새로운 스프라이트를 만들거나 미리 만들어 저장해 놓은 스프라이트를 업로드한다.

스프라이트 제어 부분을 구성하는 항목들의 이름과 기능은 다음과 같다.

항 목	이 름	기 능
①	스프라이트	현재 선택된 스프라이트
②	스프라이트 이름	스프라이트 이름 표시 및 변경
③	x 좌표	무대에서의 스프라이트 x 좌표 위치 표시 및 변경
④	y 좌표	무대에서의 스프라이트 y 좌표 위치 표시 및 변경
⑤	보이기 / 숨기기	스프라이트를 무대에서 보이거나 숨김
⑥	크기	스프라이트의 크기 비율(%)
⑦	방향 / 회전 방식	방향은 스프라이트가 무대에서 바라보는 방향을 나타냄. 마우스 드래그 동작으로 방향을 바꾸거나, 방향 값을 직접 입력(90(오른쪽), −90(왼쪽), 0(위쪽), 180(아래쪽))   (회전 방식이 '회전하기'인 경우) 회전 방식은 스프라이트가 벽에 닿을 때의 회전 형태를 나타냄  (회전하기, 왼쪽–오른쪽, 회전하지 않기)

항 목	이 름	기 능
⑧,⑨	스프라이트 고르기	스크래치에서 제공하는 다양한 스프라이트를 선택하여 추가
⑩	그리기	[모양] 탭을 이용한 새로운 스프라이트 모양 그리기
⑪	서프라이즈	스크래치에서 제공하는 다양한 스프라이트 중 임의의 스프라이트를 추가
⑫	스프라이트 업로드하기	미리 만들어 둔 스프라이트 불러오기

1.5.5 기능 탭

기능 탭은 [코드] 탭, [모양] 탭, [소리] 탭으로 구분된다.

각 탭의 모양은 선택된 스프라이트나 무대에 따라 다르게 나타난다.

항 목	이 름	기 능
①	[코드] 탭	무대에서 동작하거나 스프라이트를 동작시키는 코드 블록들이 기능별로 분류되어 나타남 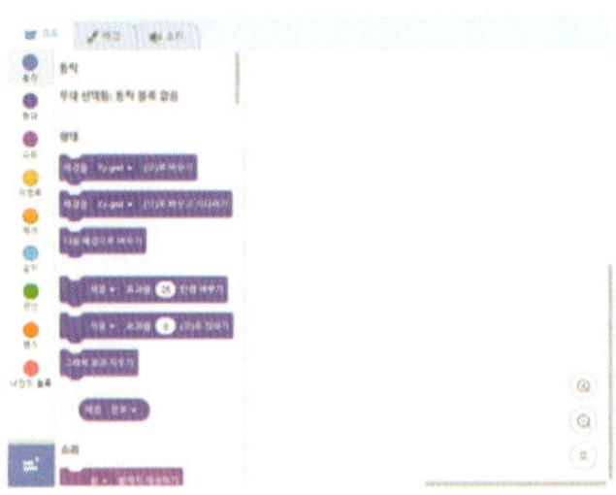 (무대 선택) 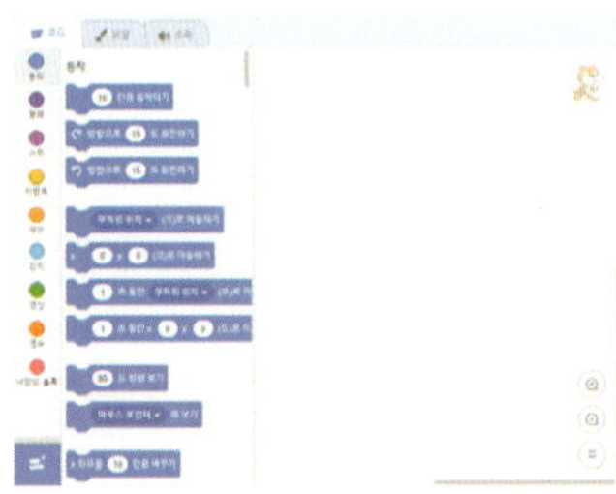 (스프라이트 선택)
②	[배경]/[모양] 탭	무대 배경이나 스프라이트의 모양을 확인하거나 편집하며, 무대를 선택하면 [배경] 탭으로 나타나고 스프라이트를 선택하면 [모양] 탭으로 나타남 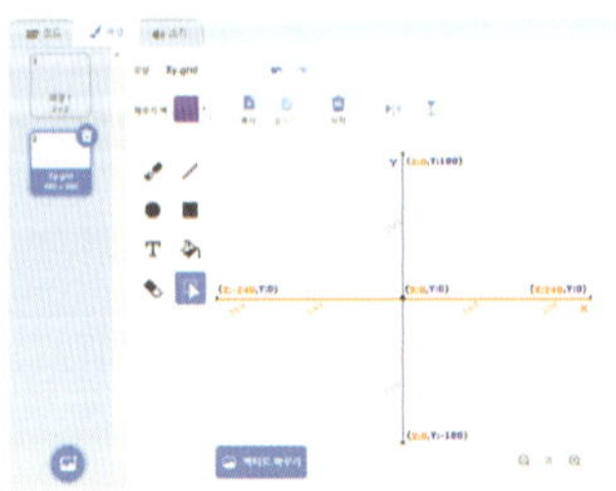 (무대 선택)  (스프라이트 선택)

항 목	이 름	기 능
③	[소리] 탭	소리를 추가하거나 편집 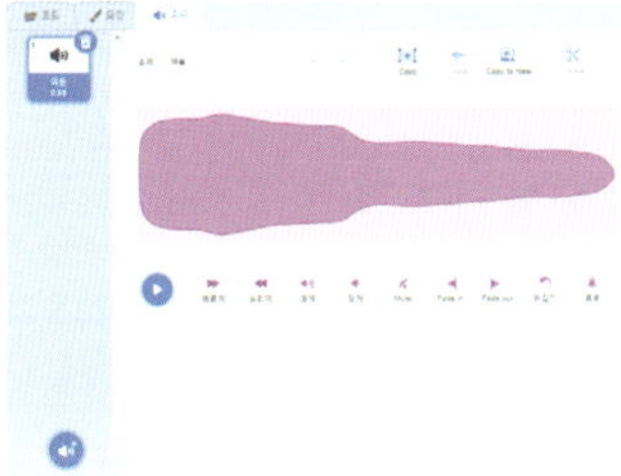

(1) [배경] 탭과 페인트 에디터

스크래치 프로젝트는 한 개의 무대를 가지고 그 무대 안에 여러 개의 배경을 포함할 수 있다. 무대의 배경은 [배경] 탭에서 추가하거나 페인트 에디터에서 편집할 수 있다.

다음과 같이 [Xy-grid] 배경을 추가하면 기존의 '배경 1' 배경과 함께 'Xy-grid' 배경이 추가되어 프로젝트 무대에는 두 개의 배경을 가지게 된다. 기능 탭의 [모양] 탭은 무대를 선택하면 [배경] 탭으로 변경된다.

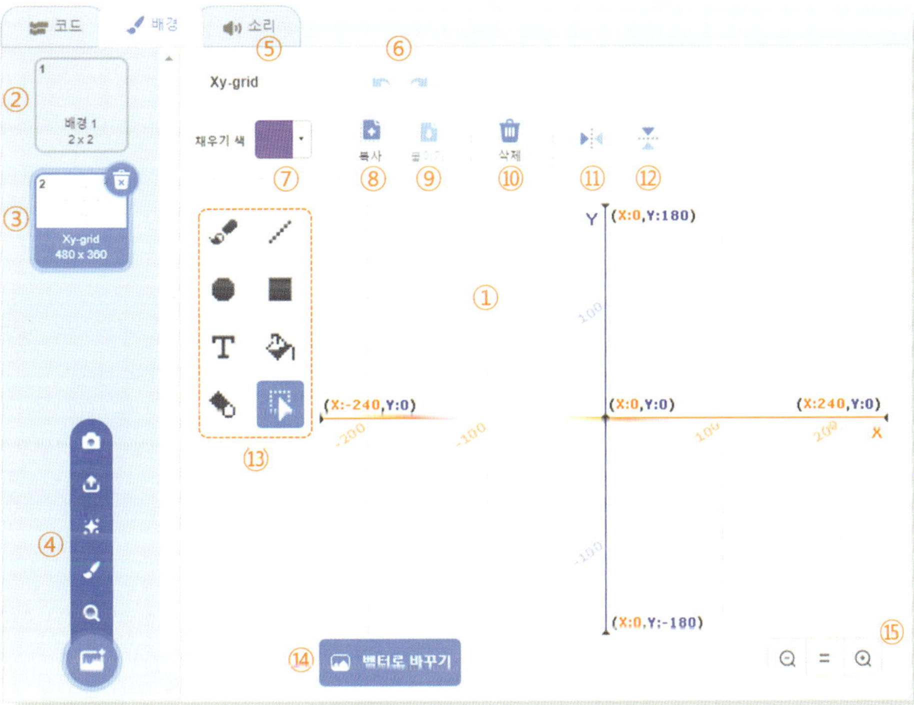

[배경] 탭을 구성하는 항목들의 이름과 기능은 다음과 같다.

항 목	이 름	기 능
①	배경	작성 중인 배경
②	1번 배경	무대의 첫 번째 배경이고 배경 번호는 1번부터 부여됨. 현재는 선택하지 않은 상태임. [이름], [번호], [크기]로 구성됨
③	2번 배경	무대의 두 번째 배경이고 현재는 선택한 상태임. [번호], [이름], [크기], [선택 중], [삭제]로 구성되고, [삭제]를 클릭하여 선택한 배경을 삭제할 수 있음
④	배경 고르기	[배경 고르기]에 마우스를 위치시키면 [배경 고르기], [그리기], [서프라이즈], [배경 업로드하기], [카메라]를 선택하여 실행 가능
⑤	배경 이름	배경 이름을 변경할 수 있음
⑥	되돌리기, 재시도	작업한 것을 취소하거나 취소한 작업을 다시 작업함
⑦	채우기 색	[색상], [채도], [명도]를 설정할 수 있고, [채우기 색 없음]을 지정하거나 [스포이드]로 다른 색을 지정할 수 있음 
⑧,⑨	복사, 붙이기	선택한 배경 일부분을 복사하여 붙이기를 함
⑩	삭제	선택한 배경 일부분이나 전체를 삭제함
⑪,⑫	좌우 뒤집기, 상하 뒤집기	선택한 부분을 좌우로 뒤집거나 상하로 뒤집을 수 있음
⑬	비트맵 그리기 도구	비트맵 모드의 그리기 관련 도구(붓, 선, 원, 직사각형, 텍스트, 채우기 색, 지우개, 선택)
⑭	벡터로 바꾸기	비트맵 모드의 그리기 상태에서 벡터 모드의 그리기 상태로 변경
⑮	축소, 100%, 확대	작업 영역을 축소 / 확대하거나 처음 크기(100%) 상태로 되돌림

(2) [모양] 탭

스크래치 프로젝트는 여러 개의 스프라이트를 포함할 수 있으며, 스프라이트 모양은 [모양] 탭에서 추가하거나 페인트 에디터에서 편집할 수 있다.

[모양] 탭을 구성하는 항목들의 이름과 기능은 다음과 같다.

항 목	이 름	기 능
①	모양	작성 중인 모양
②	1번 모양	스프라이트의 첫 번째 모양이고 모양 번호는 1번부터 부여됨. 현재는 선택한 상태임. [이름], [번호], [크기], [선택 중], [삭제]로 구성되고, [삭제] 아이콘을 클릭하여 선택한 모양을 삭제할 수 있음
③	2번 모양	스프라이트의 두 번째 모양이고 현재는 선택하지 않은 상태임. [번호], [이름], [크기]로 구성됨
④	모양 고르기	[모양 고르기]에 마우스를 위치시키면 [모양 고르기], [그리기], [서프라이즈], [모양 업로드하기], [카메라]를 선택하여 실행 가능
⑤	모양 이름	모양 이름을 변경할 수 있음
⑥	되돌리기, 재시도	작업한 것을 취소하거나 취소한 작업을 다시 작업함
⑦	그룹화 적용, 그룹화 해제	선택한 모양 일부분들을 한 그룹으로 묶거나 해제함
⑧	앞으로, 뒤로	모양의 선택한 일부분을 다른 부분보다 앞에 위치시키거나 뒤에 위치시킴

항 목	이 름	기 능
⑨	기타	[맨 앞으로] / [맨 뒤로] 항목으로 구성되며, 모양의 선택한 일부분을 다른 부분보다 가장 앞에 위치시키거나 가장 뒤에 위치시킴
⑩	채우기 색	모양의 선택한 부분을 지정한 색으로 채울 수 있고, [채우기 색 없음]을 지정하거나 [스포이드]로 다른 색을 지정할 수 있음 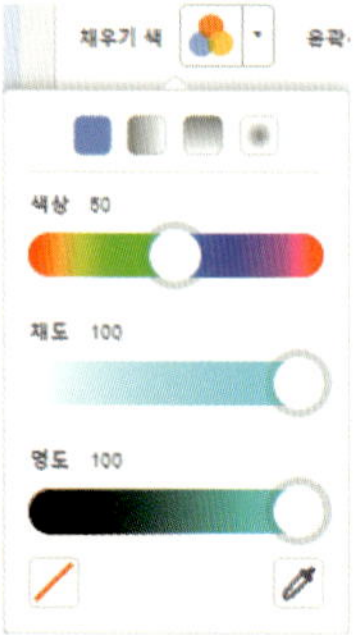
⑪	윤곽선 색	모양의 선택한 부분의 윤곽선을 지정한 색으로 변경할 수 있고, [윤곽선 색 없음]을 지정하거나 [스포이드]로 다른 색을 지정할 수 있음 
⑫	복사, 붙이기	선택한 모양 일부분을 복사하여 붙이기를 함
⑬	삭제	선택한 모양 일부분이나 전체를 삭제함
⑭	좌우 뒤집기, 상하 뒤집기	선택한 부분을 좌우로 뒤집거나 상하로 뒤집을 수 있음
⑮	벡터 그리기 도구	벡터 모드의 그리기 관련 도구(선택, 형태 고치기, 붓, 지우개, 채우기 색, 텍스트, 선, 원, 직사각형)
⑯	비트맵으로 바꾸기	벡터 모드의 그리기 상태에서 비트맵 모드의 그리기 상태로 변경
⑰	축소, 100%, 확대	작업 영역을 축소 / 확대하거나 처음 크기(100%) 상태로 되돌림

(3) [소리] 탭과 사운드 에디터

프로젝트가 실행되는 중에 효과음이나 소리를 재생할 수 있으며, 재생할 소리는 [소리] 탭에서 추가하거나 사운드 에디터에서 편집할 수 있다.

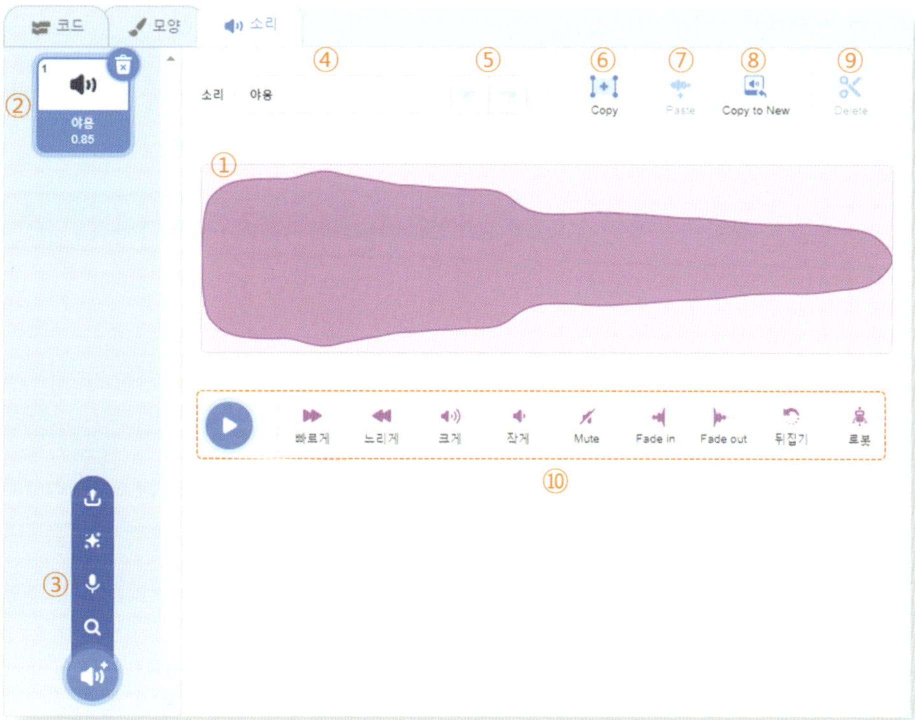

[소리] 탭을 구성하는 항목들의 이름과 기능은 다음과 같다.

항 목	이 름	기 능
①	소리의 파형	편집 중인 소리의 파형
②	1번 소리	첫 번째 소리이고 번호는 1번부터 부여됨. 현재는 선택한 상태임. [이름], [번호], [재생 시간], [선택 중], [삭제]로 구성되고, [삭제]를 클릭하여 선택한 소리를 삭제할 수 있음
③	소리 고르기	[소리 고르기]에 마우스를 위치시키면 [소리 고르기], [녹음하기], [서프라이즈], [소리 업로드하기]를 선택하여 실행 가능
④	소리 이름	소리 이름을 변경할 수 있음
⑤	되돌리기, 재시도	작업한 것을 취소하거나 취소한 작업을 다시 작업함
⑥,⑦	Copy, Paste	선택한 소리 일부분을 복사하여 붙이기를 함
⑧	Copy to New	선택한 소리 일부분을 복사하여 새로운 소리로 추가함
⑨	Delete	선택한 소리 일부분이나 전체를 삭제함
⑩	재생	소리를 재생하고, [빠르게], [느리게] 등의 재생 효과를 선택할 수 있음

1.5.6 팔레트

[코드] 탭에는 다양한 블록들이 [동작], [형태], [소리] 등의 기능별로 구분되어 있으며, 이렇게 기능별로 배치된 형태를 각기 다른 색상으로 표현하였기에 블록 팔레트Block Palette 또는 줄여서 팔레트Palette라는 이름으로 불리고 있다.

팔레트는 미리 열려 있는 기본 블록default block과 숨겨져 있는 확장 라이브러리 블록extensions library block으로 구분되어 있다. 기본 블록은 [동작], [형태], [소리], [이벤트], [제어], [감지], [연산], [변수], [나만의 블록]으로 구성되어 있다.

항 목	기 능
동작	스프라이트의 움직임, 위치 및 좌표 제어, 회전 방식 변경 등 처리
형태	스프라이트와 무대의 모양 지정, 말하기, 생각하기, 효과 정하기 등 처리
소리	소리 재생, 연주하기 등 처리
이벤트	스크립트의 실행, 키보드를 눌렀을 때의 이벤트 처리, 메시지 신호 보내기 등 처리
제어	횟수 / 조건 / 무한 반복, 조건 제어, 기다리기, 복제하기 등 처리
감지	마우스 포인트 / 스프라이트 / 색과의 접촉 여부, 묻고 기다리기, 마우스의 좌표 등 처리
연산	산술 연산, 관계 연산, 논리 연산, 난수, 결합하기, 수학 함수 등 처리
변수	변수와 리스트를 생성하고 관리
나만의 블록	기본 블록을 결합해서 특정한 기능을 지닌 새로운 블록 정의

확장 라이브러리 블록은 [음악], [펜], [비디오 감지], [텍스트 음성 변환(TTS)], [번역], [Makey Makey], [micro:bit], [LEGO MINDSTORMS EV3], [LEGO BOOST], [LEGOEducation WeDo 2.0], [Go Direct Force & Acceleration]으로 구성되어 있다.

1.5.7 코드 영역

스크래치는 스프라이트가 수행할 기본 명령을 블록의 형태로 제공하며, 문제 해결 알고리즘에 맞게 순서대로 연결해 놓은 블록의 집합을 스크립트script라고 한다. 스프라이트는 한 개 이상의 스크립트에 의해 실행되며, 기본적으로 스크립트의 위에서 아래로, 왼쪽에서 오른쪽 순서로 실행된다.

코드 영역code area은 현재 선택된 스프라이트나 무대에서 수행될 스크립트 블록을 작성하는 부분이다. 코드 영역의 오른쪽 위에 있는 스프라이트 아이콘은 현재 작성 중인 스크립트 블록이 어느 스프라이트에 속하는 스크립트 블록인지를 나타낸다. 오른쪽 아래의 [확대] / [축소] / [100%] 버튼은 스프라이트 영역을 확대하거나 축소하고, 100% 보기 상태로 되돌린다.

코드 영역에서 마우스 오른쪽 버튼 메뉴의 [블록 정리하기]를 통해 흩어져 있는 스크립트 블록들을 정리할 수 있고, [주석 넣기]를 통해 블록에 대한 추가적인 설명을 붙일 수 있다. [블록 삭제하기]를 통해 지정한 블록을 삭제할 수 있다.

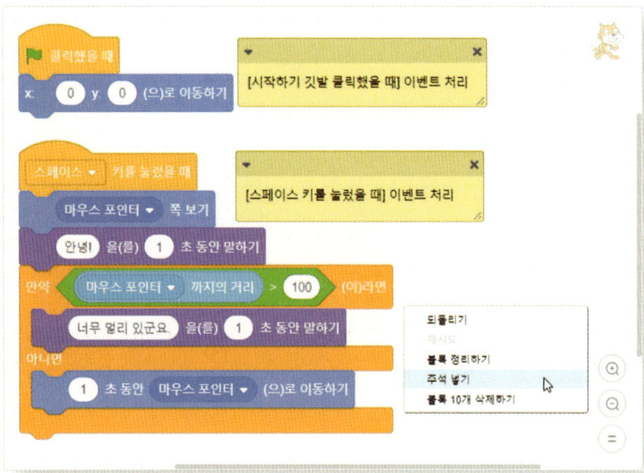

스크립트 블록을 작성한 후 실행하면 실행 중인 스크립트 바깥 부분에 노란색 테두리가 나타나고, 실행이 종료되면 스크립트 바깥 부분의 노란색 테두리가 사라진다.

1.5.8 개인 저장소

개인 저장소backpack는 스크래치 온라인 에디터에만 있는 기능으로 스크래치 홈페이지에서 로그인해야 나타난다. 무대의 배경이나 스프라이트의 모양, 스프라이트, 스크립트 블록 등을 드래그하여 개인 저장소에 보관할 수 있다.

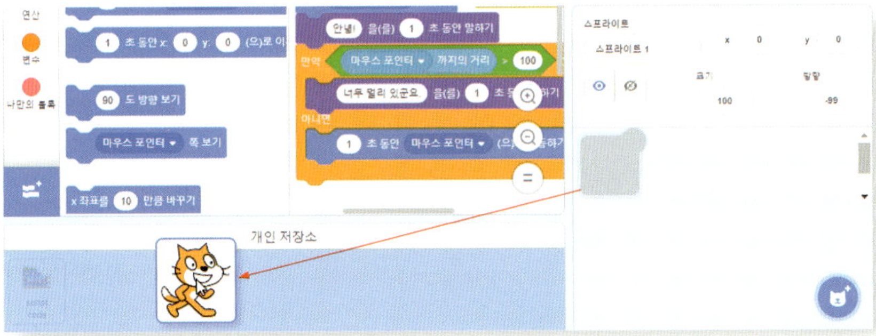

개인 저장소에 보관된 무대의 배경이나 스프라이트의 모양, 스프라이트, 스크립트 블록 등은 같은 프로젝트 내 또는 다른 프로젝트 내로 드래그하여 다시 사용할 수 있다.

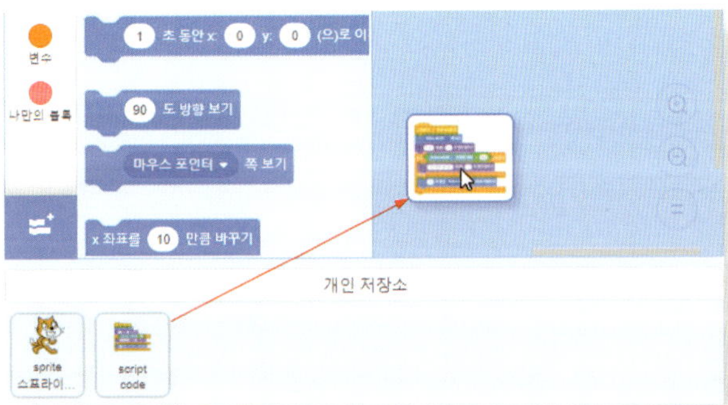

2

스프라이트 사용 및 무대 배경 변경하기

학습 목표

1. 스크립트를 클릭하여 실행할 수 있다.
2. 스프라이트가 말을 할 수 있다.
3. 스프라이트를 무대에서 숨기고 보일 수 있다.
4. 스프라이트를 움직이게 할 수 있다.
5. 무대 배경을 추가하고 변경할 수 있다.
6. 시작하기 깃발 사용의 필요성을 이해한다.

2

스프라이트 사용 및 무대 배경 변경하기

2.1 스프라이트 사용하기

(1) 블록을 코드 영역으로 옮기고 값 변경하기

스프라이트Sprite는 스크래치 프로젝트에서 실행이 되며 움직임을 갖는 존재이다. 스프라이트가 움직이거나 말을 하기 위해서는 해당 기능을 수행하는 블록을 코드 영역code area에 옮겨 놓은 후 블록을 클릭하여 실행해야 한다.

스프라이트가 말하기 위해서는 [형태] 팔레트의 [안녕!을(를) 2초 동안 말하기] 블록이나 [안녕! 말하기] 블록을 사용하면 된다. [안녕!을(를) 2초 동안 말하기] 블록은 '2'초로 지정된 시간 동안 '안녕!'을 말하고, [안녕! 말하기] 블록은 프로젝트가 멈추거나 또 다른 말하기 블록에 의해서 말을 하기 전까지 계속 '안녕!'을 말한다.

스프라이트가 '1'초 동안 '안녕!'을 말하게 하려면 [안녕!을(를) 2초 동안 말하기] 블록을 코드 영역으로 옮겨 놓는다.

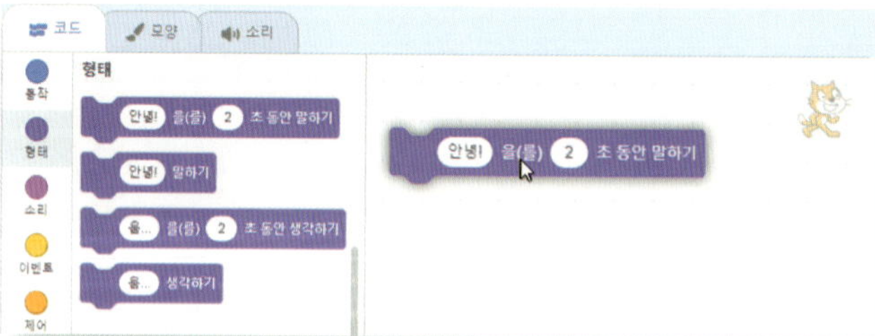

코드 영역에 옮겨진 블록의 '2' 값을 '1'로 변경한다.

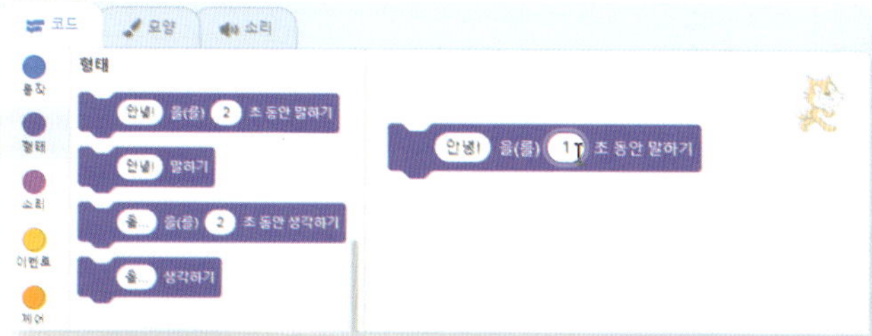

(2) 코드 영역의 블록 실행하기

코드 영역의 블록을 클릭하면 해당 블록이 실행되어 스프라이트가 '안녕!'을 변경한 '1'초 동안 말하게 된다.

(3) 블록으로 스크립트 만들고 실행하기

'안녕!'을 '1'초 동안 말한 후 이어서 '만나서 반가워요.'를 '1'초 동안 말하기 위하여, 또 다른 [안녕! 을(를) 2초 동안 말하기] 블록을 기존 블록에 이어 붙이지 않은 채로 코드 영역으로 옮겨 놓고 블록의 값을 '만나서 반가워요.'와 '1'로 변경한다. 그리고 블록을 클릭하여 실행하면 클릭한 해당 블록만 실행하고 두 블록이 연속적으로 실행하지 않음을 알 수 있다.

정해진 블록의 순서대로 연속적으로 실행하기 위해서는 블록들이 이어 붙어야 하며, 이렇게 코드 영역에 이어 붙어져 있는 블록들을 스크립트script라고 한다. 두 번째 블록을 마우스로 옮겨 첫 번째 블록에 이어 붙인다.

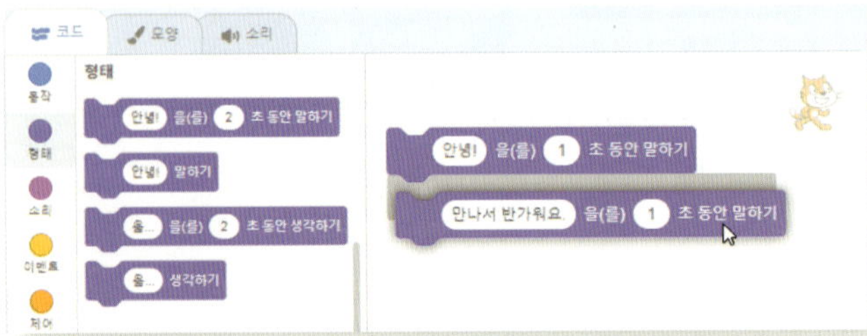

그리고 두 블록을 이어 붙여 만든 스크립트를 클릭하여 실행하면 두 블록이 위에서 아래 방향으로 순서대로 실행된다.

(4) 스프라이트를 무대에서 숨기고 1초 후에 보이기

스프라이트를 무대에서 숨기고 보이려면 [형태] 팔레트의 [숨기기] 블록이나 [보이기] 블록을 사용하면 된다. [숨기기] 블록은 스프라이트를 무대에서 사라지게 하고, [보이기] 블록은 스프라이트를 무대에 나타낸다.

스프라이트의 움직임이나 실행을 지정된 시간 동안 기다리게 하려면 [제어] 팔레트의 [1초 기다리기] 블록을 사용하면 된다. [1초 기다리기] 블록의 값을 변경하면 스프라이트가 지정한 시간 값만큼 기다리게 된다.

스프라이트를 무대에서 숨기고 1초 후에 보이려면 [숨기기] 블록, [1초 기다리기] 블록, [보이기] 블록을 순서대로 이어 붙이면 된다.

프로젝트 02-1

무대에서 인사하고 사라진 후 다시 나타나 인사하기

고양이는 1초 동안 '안녕!'을 말한 후, 1초 동안 '만나서 반가워요.'를 말한다. 그리고 무대에서 사라진 후, 1초 후에 나타나 1초 동안 '다시 만나 뵙게 되었군요.'를 말한다.

프로젝트 결과 화면

프로젝트 문제 분석

문제를 분석하여 필요한 기능이 무엇인지 정리한다.[3]

- [고양이] 스프라이트가 말하기 위하여 말하기 기능이 필요하다.
- [고양이] 스프라이트를 무대에서 숨기는 기능과 다시 보이는 기능이 필요하다.
- [고양이] 스프라이트가 잠시 기다리는 기능이 필요하다.

프로젝트 알고리즘 설계

스프라이트, 무대의 문제 해결 알고리즘을 작성한다.

스프라이트	알고리즘
 스프라이트1	① '안녕!'을 1초 동안 말한다. ② '만나서 반가워요.'를 1초 동안 말한다. ③ 스프라이트를 무대에서 숨긴다 ④ 1초 기다린다. ⑤ 스프라이트를 무대에 보인다. ⑥ '다시 만나 뵙게 되었군요.'를 1초 동안 말한다.

무 대	알고리즘
배경 1	필요한 알고리즘 없음

3) 2.1절의 [프로젝트-02-1]에서는 [프로젝트 문제 분석] 방식을 설명하는 데 필요한 기능을 작성하여 제공하였다. 2장 연습문제부터는 빈칸으로 제공되므로 학습자 여러분들이 직접 작성하는 것을 권장하는 바이다.

프로젝트 코딩

[프로젝트 알고리즘 설계]를 참고하여 코딩한다.

Step 01 [스프라이트 1] 스프라이트의 이름 변경하기

스프라이트 제어 부분에서 스프라이트 이름을 기존의 '스프라이트 1'에서 '고양이'로 변경한다.

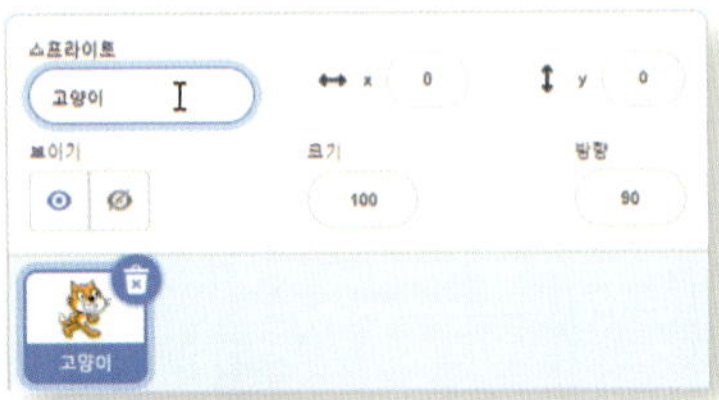

Step 02 [고양이] 스프라이트 인사하기

① [형태] 팔레트의 [안녕!을(를) 2초 동안 말하기] 블록을 코드 영역으로 끌어 놓는다.

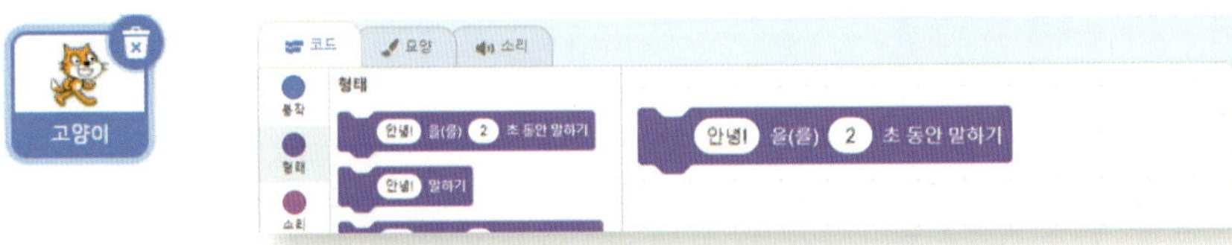

② 블록의 '2' 값을 '1'로 변경한다.

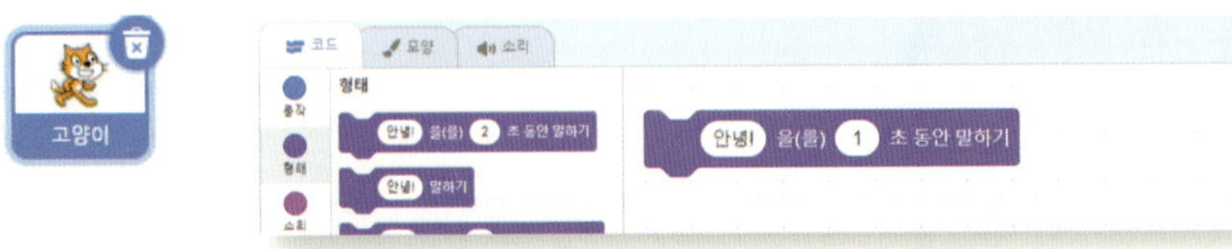

③ [형태] 팔레트의 [안녕!을(를) 2초 동안 말하기] 블록을 코드 영역으로 끌어와서 [안녕!을(를) 1초 동안 말하기] 블록에 이어 붙인다. 이어 붙일 블록을 가까이 가져가면 블록 아래에 검은 형태가 나타나 서로 연결이 가능함을 나타낸다.

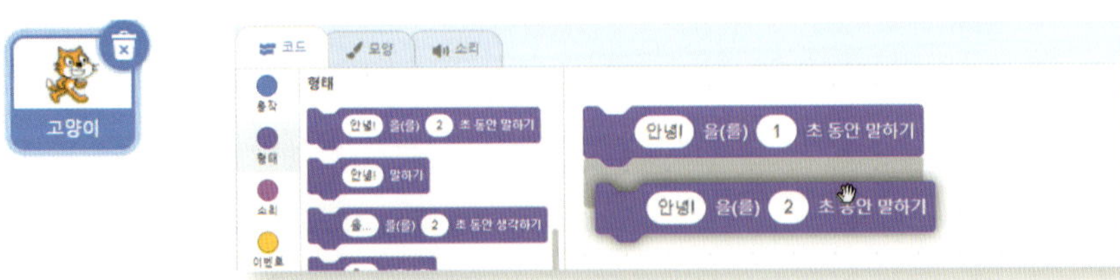

④ 블록의 '안녕!' 값을 '만나서 반가워요.'로 변경하고, '2' 값을 '1'로 변경한다.

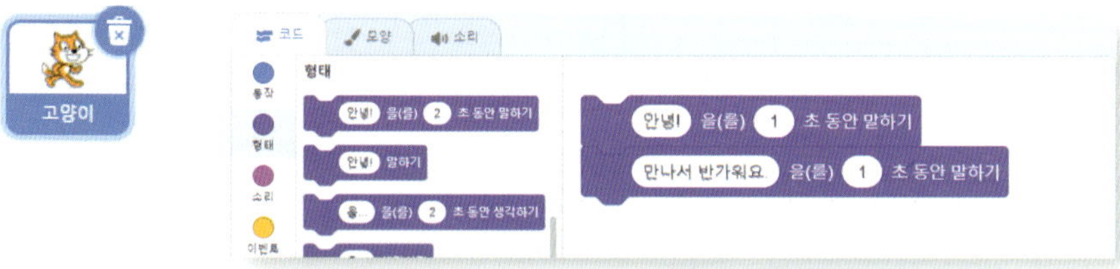

Step 03 [고양이] 스프라이트를 무대에서 숨기고 1초 후에 다시 무대에 나타나 말하기

① [고양이] 스프라이트를 무대에서 숨기기 위하여, [형태] 팔레트의 [숨기기] 블록을 코드 영역으로 끌어와서 [만나서 반가워요.을(를) 1초 동안 말하기] 블록에 이어 붙인다.

② [고양이] 스프라이트를 1초 기다리기 위하여, [제어] 팔레트의 [1초 기다리기] 블록을 코드 영역으로 끌어와서 [숨기기] 블록에 이어 붙인다.

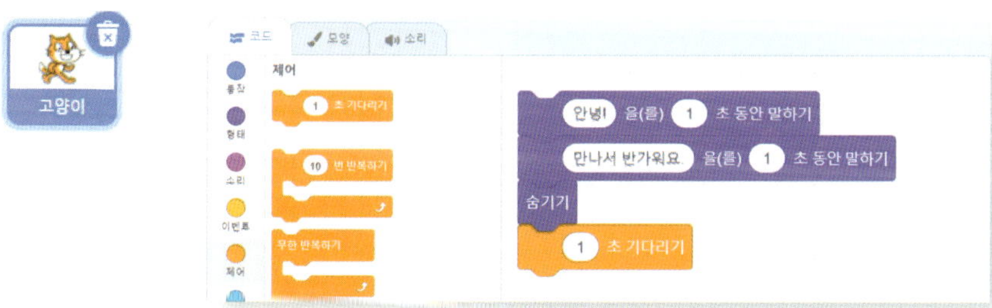

③ [고양이] 스프라이트를 무대에서 다시 보이기 위하여, [형태] 팔레트의 [보이기] 블록을 코드 영역으로 끌어와서 [1초 기다리기] 블록에 이어 붙인다.

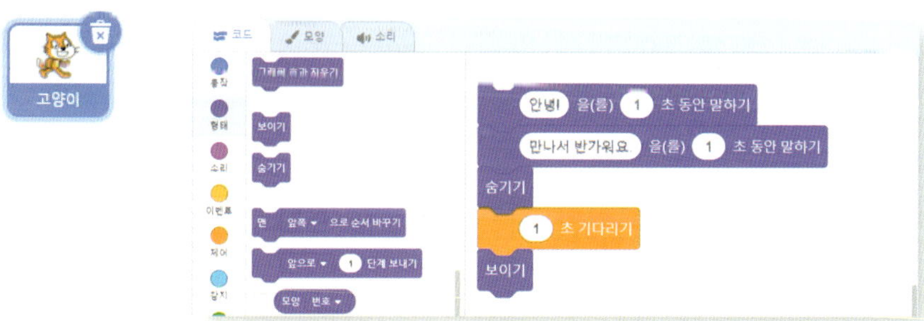

④ [형태] 팔레트의 [안녕!을(를) 2초 동안 말하기] 블록을 코드 영역으로 끌어와서 [보이기] 블록에 이어 붙인다. 그리고 블록의 '안녕!' 값을 '다시 만나 뵙게 되었군요.'로 변경하고, '2' 값을 '1'로 변경한다.

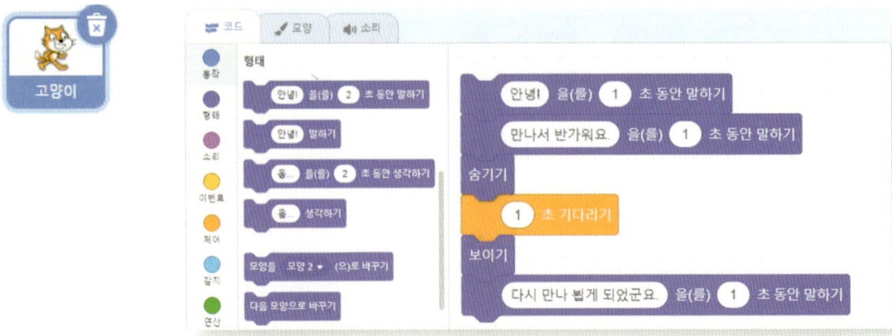

Step 04 프로젝트 저장하기

① 스크래치 프로젝트를 저장하기 위하여, 메뉴의 [프로젝트 이름]을 '스크래치 프로젝트'에서 '프로젝트-02-1'로 변경한다.

② [파일] 메뉴의 [컴퓨터에 저장하기]를 실행한다. 만약 프로젝트를 컴퓨터에 저장하여 다운로드하지 않고 [내 작업실]에만 저장하려면 [파일] 메뉴의 [저장하기]를 실행한다(온라인 에디터의 메뉴).

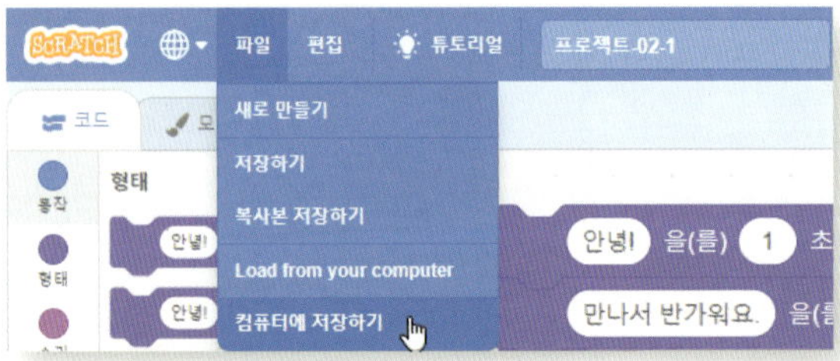

③ Windows의 기본 다운로드 폴더인 [다운로드] 폴더에 '프로젝트-02-1.sb3' 파일이 저장된다. 프로젝트 파일 이름이 '프로젝트-02-1'로 지정된 것은 [Step 04]의 ① 단계에서 프로젝트 이름을 '프로젝트-02-1'로 지정하였기 때문이고, 프로젝트의 파일 확장자가 '.sb3'으로 지정된 것은 스크래치 온라인 에디터와 오프라인 에디터의 버전이 3.0이기 때문이다. 그리고 스크래치 프로젝트 파일 아이콘이 지정된 것은 오프라인 에디터를 설치하였기 때문이다.

개선 / 발전 방향

프로젝트에서 수정할 사항이나 개선 / 발전할 사항들을 정리한다.

- '안녕!', '만나서 반가워요.', '다시 만나 뵙게 되었군요.' 값들을 다른 값으로 변경하고, 말하기 블록의 시간을 2초로 변경한다. 그리고 기다리는 시간을 2초로 변경한다.
-
-

2.2 스프라이트 움직이고 무대 배경 추가하기

(1) 스프라이트의 방향에 따라 움직이기

스프라이트는 움직임을 갖는 존재이며, [동작] 팔레트의 블록들을 이용하여 움직일 수 있다. [동작] 팔레트의 블록 중 [10만큼 움직이기] 블록은 스프라이트의 현재 위치에서 현재 설정된 방향으로 10픽셀만큼 움직여서 위치를 변경하는 블록이다.

[10만큼 움직이기] 블록의 값을 '-10'으로 변경하면 진행 방향의 반대쪽으로 10픽셀만큼 움직인다. 위 그림의 경우처럼 방향이 90(오른쪽)으로 지정되어 있을 때 [-10만큼 움직이기] 블록을 실행하면 진행 방향의 반대쪽으로 10픽셀만큼 움직인다.

(2) 무한 반복하기

스크립트의 연결된 블록들은 기본적으로 위에서 아래 방향으로 순서대로 실행이 된다. 이러한 실행을 '순차적' 실행이라고 하며 블록들이 실행되는 가장 기본적인 실행 흐름 형태이다. 그러나 블록들이 실행되는 도중에 잠시 기다려야 하거나, 특정 블록 부분이 연속적으로 여러 번 반복하여 실행되기도 한다. 또한, 특정 블록 부분이 조건에 따라 선택되어 실행되기도 한다. 블록들이 실행되는 과정에 관여하여 실행의 흐름을 변경하는 것을 '제어'라고 하며 스크래치에서는 [제어] 팔레트에서 제어와 관련된 블록들을 제공하고 있다.

[제어] 팔레트의 [무한 반복하기] 블록은 사용자가 강제로 멈출 때까지 [무한 반복하기] 블록 내의 부분들을 연속적으로 무한히 반복하여 실행한다. [무한 반복하기] 블록 내에 [10만큼 움직이기] 블록을 연결하여 실행하면, 처음 위치인 x:0, y:0에서 10픽셀만큼 오른쪽으로 무한히 반복하여 움직이지만, 무대의 벽에 부딪혀 더는 이동하지 못하게 된다. [멈추기](🔴)를 누르거나 실행 중인 스크립트를 클릭하면 무한 반복 중인 상태를 멈추게 된다.

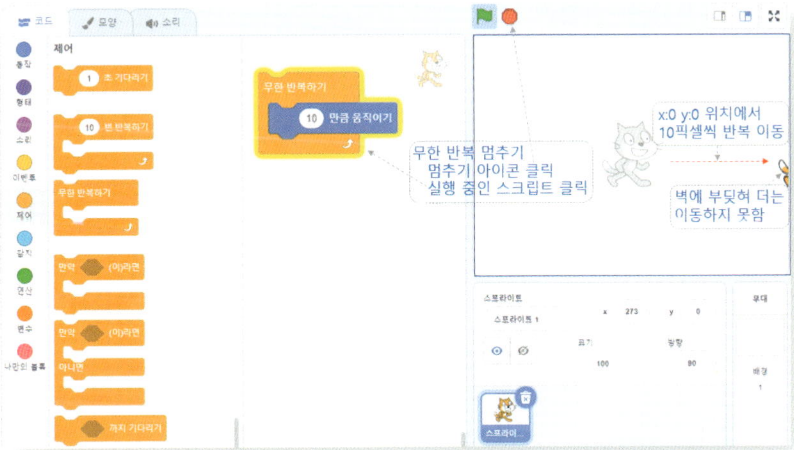

(3) 벽에 닿으면 튕기기와 회전 방식 정하기

스프라이트가 이동한 후에 벽에 닿으면 [동작] 팔레트의 [벽에 닿으면 튕기기] 블록을 이용하여 반대 방향으로 스프라이트를 회전시킬 수 있다. 이때 스프라이트의 회전 방식에 따라 스프라이트의 회전 모양이 결정된다. 스프라이트가 무대의 오른쪽 벽에 닿았을 때 회전 방식에 따라 [벽에 닿으면 튕기기] 블록이 실행된 경우는 다음과 같다.

실행 전	[벽에 닿으면 튕기기] 실행 후		
	회전하기	왼쪽 / 오른쪽	회전하지 않기
		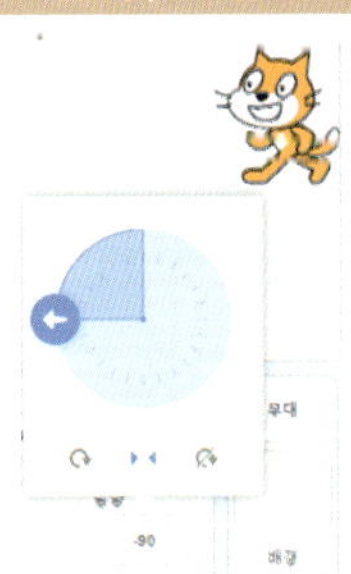	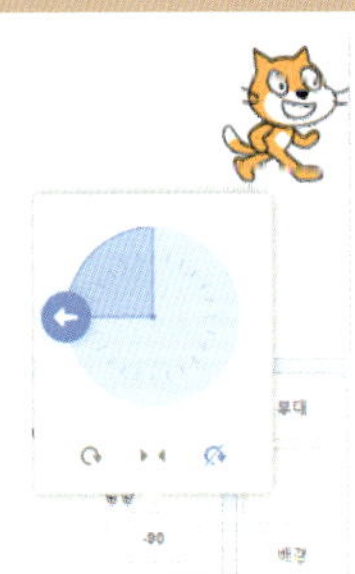

벽에 부딪혔을 때 고양이가 뒤집히지 않고 반대쪽으로 향하게 하려면 [무한 반복하기] 블록 전에 [동작] 팔레트의 [회전 방식을 왼쪽-오른쪽(으)로 정하기] 블록이 실행되어야 한다. 일반적으로 반복 전에 먼저 회전 방식을 정하고, 반복 내에서는 이동한 후 벽에 닿으면 튕기는 순서로 블록들을 연결한다.

(4) 무대 배경 추가하고 변경하기

무대Stage는 스크래치 프로젝트의 배경background이 되는 공간이며, 일반적으로 스프라이트가 위치하여 움직임을 나타내는 용도로 사용된다. 그렇지만 무대 자체적으로도 배경을 변경하거나 소리를 재생하는 등 일부 블록들을 제한적으로 사용할 수 있다.

무대의 [배경 고르기]를 이용하여 스크래치에서 제공하는 배경을 무대에 추가할 수 있다. [배경 고르기] 화면의 배경들은 [판타지], [음악] 등의 주제별로 구분되어 있으며, [모두]의 경우 전체 배경이 알파벳 영문자 순서로 나열되어 있다.

무대 배경을 변경하려면 [형태] 팔레트의 [다음 배경으로 바꾸기] 블록, [배경을 배경 1(으)로 바꾸기] 블록, [배경을 배경 1(으)로 바꾸고 기다리기] 블록 등을 이용한다. 다음은 무대를 클릭한 이벤트 처리에서 [다음 배경으로 바꾸기] 블록에 의해 첫 번째 '배경 1' 배경이 두 번째 'Xy-grid' 배경으로 변경된 상황이다.

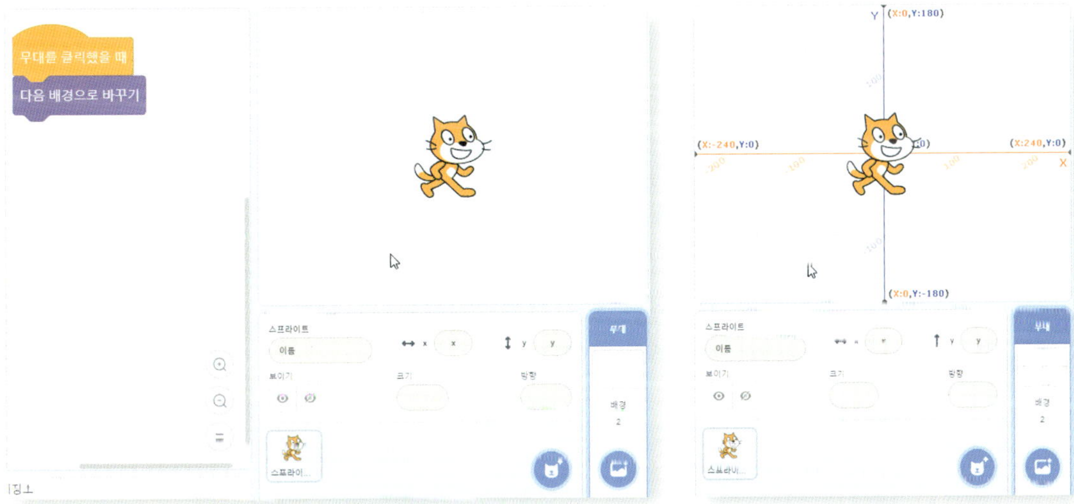

(5) 이벤트 처리하기

이벤트event는 어떤 사건이나 일을 뜻하는 단어이며, 스크래치에서 어떤 사건이나 일이 발생했을 때를 의미한다. 스크래치에서는 사용자가 [시작하기 깃발]을 클릭하는 일이 발생했거나 마우스를 클릭하는 일, 키보드의 키를 누르는 일, 스프라이트를 클릭하는 일, 무대를 클릭하는 일 등이 발생했을 때 이벤트가 발생한다.

이벤트가 발생했을 때 블록들이 실행되도록 하려면 해당 이벤트를 전달받아 실행의 시작을 알리는 블록이 필요하며, 스크래치에서는 이러한 블록들을 [이벤트] 팔레트에서 제공하고 있다. [이벤트] 팔레트의 [시작하기 클릭했을 때] 블록은 [시작하기 깃발]을 클릭하였을 때의 이벤트를 처리하며 [시작하기 클릭했을 때] 블록에 연결된 블록들이 실행된다. 그리고 [무대를 클릭했을 때] 블록은 마우스로 무대를 클릭하였을 때의 이벤트를 처리하며 무대에서 [무대를 클릭했을 때] 블록에 연결된 블록들이 실행된다.

(6) 시작하기 깃발을 사용하여 동시 실행하기

프로젝트를 작성할 때 여러 스프라이트가 포함되어 동시에 실행되거나 무대에서도 실행되는 경우가 많다. 이럴 때 여러 스프라이트와 무대의 스크립트를 동시에 실행하는 수단이 없다면 무대나 여러 스프라이트의 스크립트를 직접 클릭하여 실행할 수밖에 없다. 다음의 사례에서도 무대의 스크립트도 실행해야 하고 [고양이] 스프라이트의 스크립트도 실행해야 하는 경우이지만, 동시에 실행할 방법이 없어 각각의 스크립트를 순서대로 클릭하여 실행하게 된 상황이다.

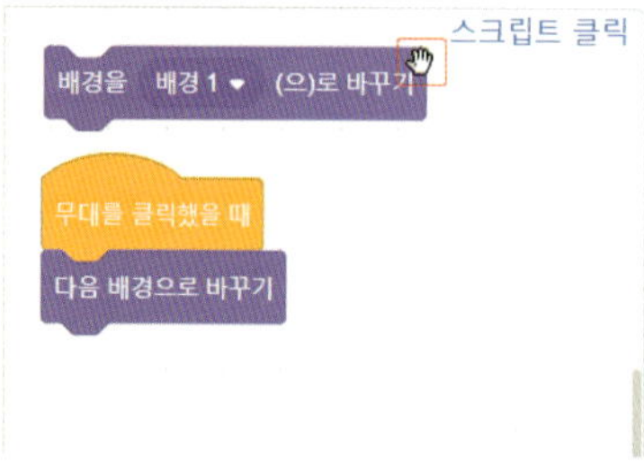

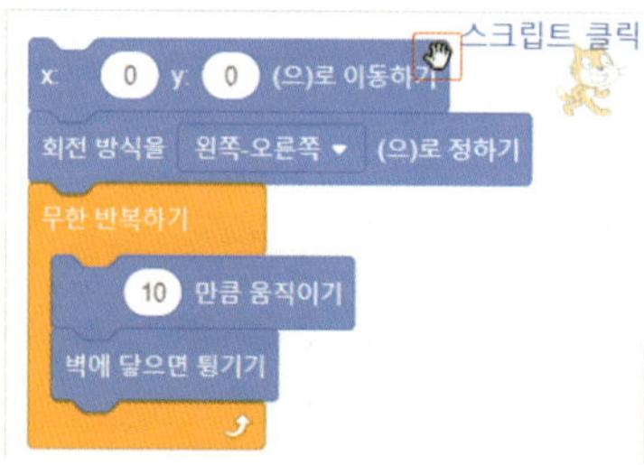

[이벤트] 팔레트의 [시작하기 클릭했을 때] 블록은 [시작하기 깃발]을 클릭하였을 때의 이벤트를 처리하며, 무대를 포함한 모든 스프라이트의 [시작하기 클릭했을 때] 블록에 연결된 스크립트들이 동시에 실행된다.

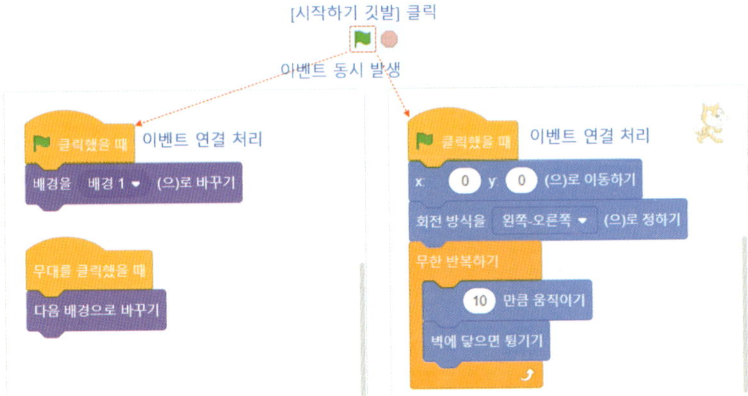

프로젝트 02-2

무한히 좌우로 이동하고, 무대를 클릭하면 배경 바꾸기

[고양이] 스프라이트는 무대의 중앙지점에서 출발하여, 오른쪽 벽을 향해 10픽셀씩 움직이고 오른쪽 벽에 도달하면 반대편으로 회전한다. 그리고 왼쪽 벽을 향해 10픽셀씩 움직이고 왼쪽 벽에 도달하면 반대편으로 회전한다. 오른쪽 벽과 왼쪽 벽에 닿아 회전할 때 고양이가 뒤집히지 않도록 한다. 이러한 좌우 이동과 벽에 닿으면 튕기는 것을 무한히 반복한다.

[고양이] 스프라이트가 이동하는 도중 무대를 클릭할 때마다 '배경 1' 배경과 'Xy-grid' 배경을 번갈아 바꾼다.

프로젝트 결과 화면

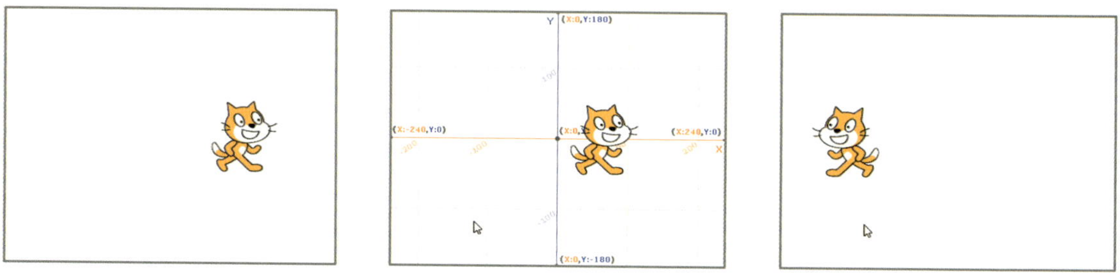

프로젝트 문제 분석

문제를 분석하여 필요한 기능이 무엇인지 정리한다.[4]

- [고양이] 스프라이트
  - 무대의 중앙지점에서 출발하기 위하여 무대 중앙 좌표가 필요하다.
  - 10픽셀씩 움직이도록 하는 기능이 필요하다.
  - 왼쪽 벽과 오른쪽 벽에 닿으면 회전하여 튕기는 기능이 필요하다.
  - 벽에서 회전하여 튕길 때 스프라이트가 뒤집히지 않도록 하는 기능이 필요하다.
  - 좌우로 움직이는 기능을 무한히 반복하는 기능이 필요하다.
- 무대
  - 시작할 때 '배경 1'로 바꾸는 기능이 필요하다.
  - 무대를 클릭할 때 처리할 이벤트 기능이 필요하다.
  - 다음 배경으로 바꾸는 기능이 필요하다.

4) 2.2절의 [프로젝트-02-2]에서는 [프로젝트 문제 분석] 방식을 설명하는 데 필요한 기능을 작성하여 제공하였다. 2장 연습문제부터는 빈칸으로 제공되므로 학습자 여러분들이 직접 작성하는 것을 권장하는 바이다.

프로젝트 알고리즘 설계

스프라이트, 무대의 문제 해결 알고리즘을 작성한다.

스프라이트	알고리즘
 스프라이트1	**[시작하기 깃발 클릭했을 때]** ① 무대의 중앙지점으로 이동한다. ② 회전 방식을 왼쪽-오른쪽으로 정한다. ③ 다음을 무한 반복한다. ③-1 10만큼 움직인다. ③-2 벽에 닿으면 튕긴다.

무 대	알고리즘
배경 1 Xy-grid	**[시작하기 깃발 클릭했을 때]** ① 배경을 배경 1로 바꾼다. **[무대를 클릭했을 때]** ① 다음 배경으로 바꾼다.

프로젝트 코딩

[프로젝트 알고리즘 설계]를 참고하여 코딩한다.

Step 01 [스프라이트 1] 스프라이트의 이름 변경하기

스프라이트 제어 부분에서 스프라이트 이름을 기존의 '스프라이트 1'에서 '고양이'로 변경한다.

Step 02 [고양이] 스프라이트의 처음 위치와 회전 방식 정하기

① [이벤트] 팔레트의 [시작하기 클릭했을 때] 블록을 코드 영역으로 끌어 놓는다.

② 프로젝트가 실행되면 [고양이] 스프라이트가 움직여 위치가 바뀌게 된다. 다시 프로젝트를 실행하면 마지막에 있었던 곳으로부터 움직이게 되는데, 처음 움직일 때의 위치를 일정하게 할 필요가 있다. 이렇게 프로젝트를 실행할 때 처음으로 위치를 정하거나 값을 정하는 것을 '초기화'한다고 하며, 초기화 작업은 프로젝트의 실행을 항상 일정하게 하는 작용을 한다. 프로젝트를 실행할 때 [고양이] 스프라이트의 처음 위치를 정하기 위하여, [동작] 팔레트의 [x:0 y:0(으)로 이동하기] 블록을 코드 영역으로 끌어와서 [시작하기 클릭했을 때] 블록에 이어 붙인다.

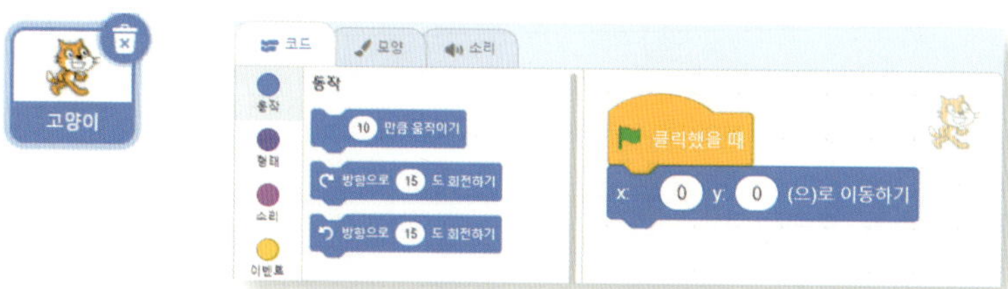

③ 시작할 때 [고양이] 스프라이트의 회전 방식을 정하기 위하여, [동작] 팔레트의 [회전 방식을 왼쪽-오른쪽(으)로 정하기] 블록을 코드 영역으로 끌어와서 [x:0 y:0(으)로 이동하기] 블록에 이어 붙인다.

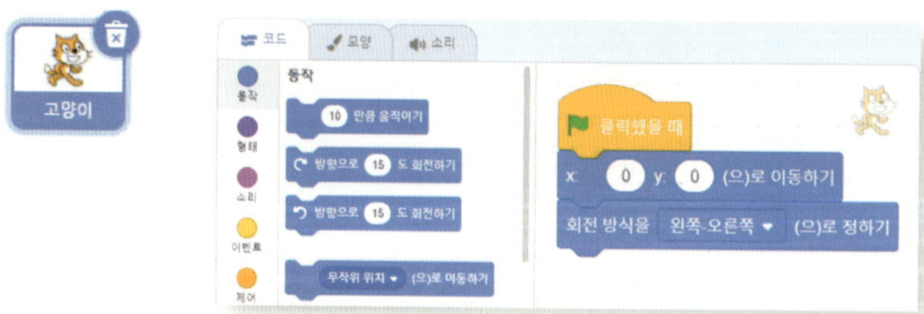

Step 03 무한 반복하며 움직이고 벽에 닿으면 튕기기

① [고양이] 스프라이트의 이동을 무한히 반복하기 위하여, [제어] 팔레트의 [무한 반복하기] 블록을 코드 영역으로 끌어와서 [회전 방식을 왼쪽-오른쪽(으)로 정하기] 블록에 이어 붙인다.

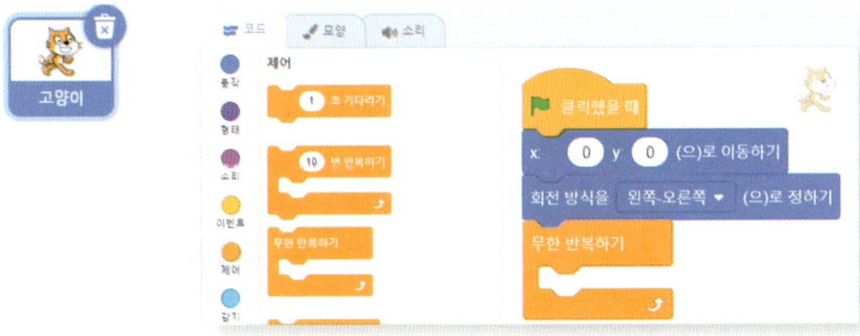

② [고양이] 스프라이트를 10픽셀만큼 움직이기 위하여, [동작] 팔레트의 [10만큼 움직이기] 블록을 코드 영역으로 끌어와서 [무한 반복하기] 블록 안에 끼워 넣는다.

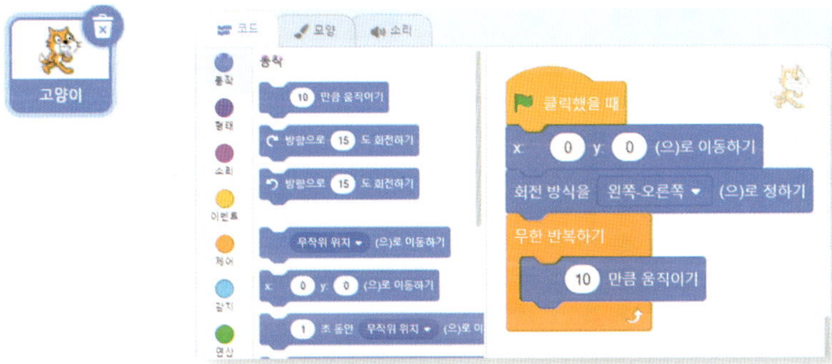

③ [고양이] 스프라이트가 움직이는 중에 무대의 오른쪽 벽이나 왼쪽 벽에 닿으면 반대 방향으로 튕겨 회전하기 위하여, [동작] 팔레트의 [벽에 닿으면 튕기기] 블록을 코드 영역으로 끌어와서 [10만큼 움직이기] 블록에 이어 붙인다.

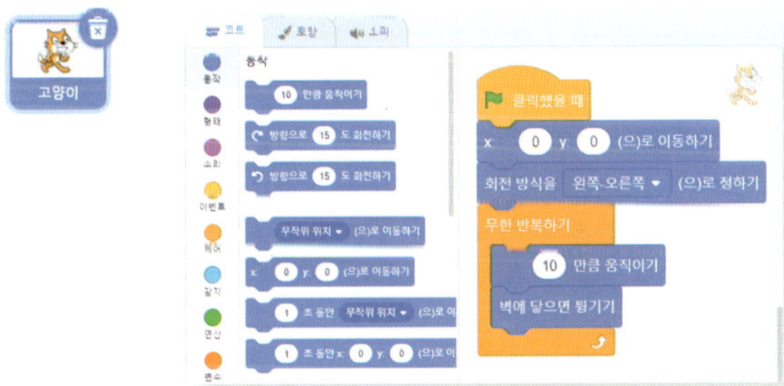

Step 04 새로운 배경 추가하기

① 새로운 배경을 추가하기 위하여, 무대 제어 부분의 [배경 고르기]를 클릭한다.

② [배경 고르기] 화면에서 [Xy-grid] 배경을 클릭한다.

③ 무대의 배경이 [Xy-grid] 배경으로 변경된다.

Step 05 무대의 처음 배경 정하기

① [이벤트] 팔레트의 [시작하기 클릭했을 때] 블록을 코드 영역으로 끌어 놓는다.

② 프로젝트가 실행될 때 무대의 배경을 '배경 1'로 바꾸기 위하여, [형태] 팔레트의 [배경을 Xy-grid(으)로 바꾸기] 블록을 코드 영역으로 끌어와서 [시작하기 클릭했을 때] 블록에 이어 붙인다. 그리고 블록의 값을 '배경 1'로 선택하여 변경한다.

Step 06 무대를 클릭하여 배경 바꾸기

① 무대를 클릭했을 때의 이벤트를 처리하기 위하여, [이벤트] 팔레트의 [무대를 클릭했을 때] 블록을 코드 영역으로 끌어 놓는다.

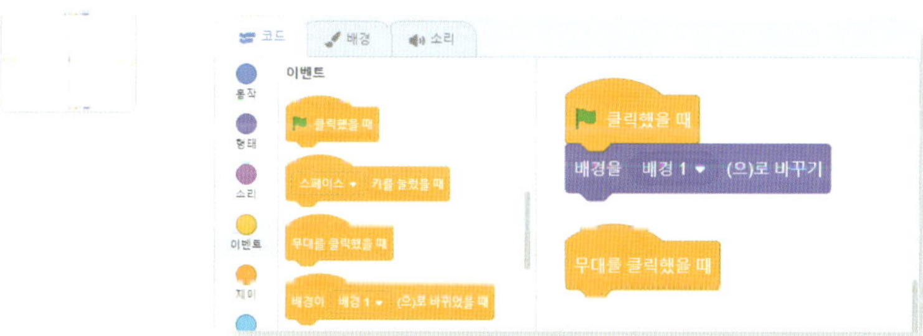

② 무대를 클릭할 때마다 다음 배경으로 바꾸기 위하여, [형태] 팔레트의 [다음 배경으로 바꾸기] 블록을 코드 영역으로 끌어와서 [무대를 클릭했을 때] 블록에 이어 붙인다.

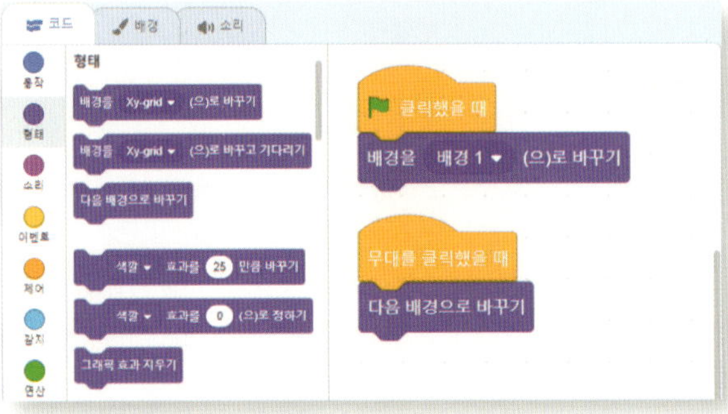

Step 07 프로젝트 저장하기

스크래치 프로젝트를 저장하기 위하여, 메뉴의 [프로젝트 이름]을 '스크래치 프로젝트'에서 '프로젝트-02-2'로 변경한다. 그리고 [파일] 메뉴의 [컴퓨터에 저장하기]를 실행하여 저장한다(온라인 에디터의 메뉴).

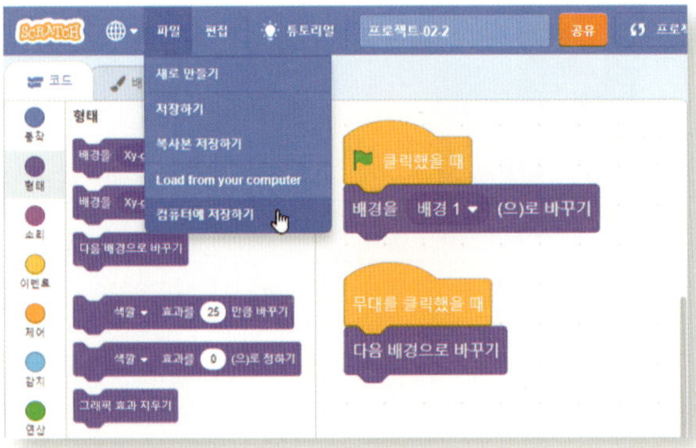

개선 / 발전 방향

프로젝트에서 수정할 사항이나 개선 / 발전할 사항들을 정리한다.

- [고양이] 스프라이트가 처음 시작할 때 오른쪽으로 움직이도록 기능을 추가하고, 처음 모양을 [모양 1]로 바꾼다. 그리고 10픽셀만큼 움직일 때마다 다음 모양으로 바꾼다.
-
-

2.3 연습문제

연습문제 02-1

무대에서 말하고 스프라이트 각자 움직이며 모양 바꾸기

[고양이] 스프라이트는 무대의 중앙에서 '저는 제자리에서 모양을 계속 바꾸겠습니다.'를 말하고 무한 반복하면서 다음 모양으로 바꾼다.

[강아지] 스프라이트는 무대의 왼쪽 위에서 '저는 좌우로 계속 움직이고 있습니다.'를 말하고 무한 반복하면서 10만큼 움직이며 다음 모양으로 바꾼다.

[코끼리] 스프라이트는 무대의 왼쪽 아래에서 '저는 무대에서 사라졌다 나타났다를 반복하겠습니다.'를 말하고 사라진 후, 무한 반복하면서 100만큼 움직이며 다음 모양으로 바꿔 무대에 나타나 '짠!'을 말하고, 3초 후 '안녕~'을 말한 후 무대에서 사라진다.

프로젝트 결과 화면

프로젝트 문제 분석

문제를 분석하여 필요한 기능이 무엇인지 정리한다.

프로젝트 알고리즘 설계

스프라이트, 무대의 문제 해결 알고리즘을 작성한다.

스프라이트	알고리즘
 스프라이트1	**[시작하기 깃발 클릭했을 때]** ① 무대의 중앙(x:0, y:0)으로 이동한다. ② '저는 제자리에서 모양을 계속 바꾸겠습니다.'를 2초 동안 말한다. ③ 다음을 무한 반복한다. ③-1 다음 모양으로 바꾼다. ③-2 1초 기다린다.
 Dog2	**[시작하기 깃발 클릭했을 때]** ① 회전 방식을 왼쪽-오른쪽으로 정한다. ② x:-160, y:130으로 이동한다. ③ '저는 좌우로 계속 움직이고 있습니다.'를 2초 동안 말한다. ④ 다음을 무한 반복한다. ④-1 10만큼 움직인다. ④-2 벽에 닿으면 튕긴다. ④-3 다음 모양으로 바꾼다.
 Elephant	**[시작하기 깃발 클릭했을 때]** ① 스프라이트를 무대에 보인다. ② 회전 방식을 왼쪽-오른쪽으로 정한다. ③ x:-100, y:-100으로 이동한다. ④ '저는 무대에서 사라졌다 나타났다를 반복하겠습니다.'를 2초 동안 말한다. ⑤ 스프라이트를 무대에서 숨긴다. ⑥ 다음을 무한 반복한다. ⑥-1 100만큼 움직인다. ⑥-2 벽에 닿으면 튕긴다. ⑥-3 다음 모양으로 바꾼다. ⑥-4 스프라이트를 무대에 보인다. ⑥-5 '짠!'을 말한다. ⑥-6 3초 기다린다. ⑥-7 '안녕~'을 0.5초 동안 말한다. ⑥-8 스프라이트를 무대에서 숨긴다. ⑥-9 2초 기다린다.

무 대	알고리즘
배경 1	필요한 알고리즘 없음

연습문제 02-2

스프라이트를 클릭하면 모양이나 방향 등을 바꾸기

[고양이] 스프라이트는 무대의 중앙에서 '모양1'로 모양을 바꾼 후, '저를 클릭하면 다음 모양으로 바꿉니다.'를 말한다. [고양이] 스프라이트를 클릭하면 다음 모양으로 바꾼다.

[강아지] 스프라이트는 무대의 오른쪽 위에서 오른쪽을 보며 '저를 클릭하면 좌우로 방향이 바뀝니다.'를 말한다. [강아지] 스프라이트를 클릭하면 ((방향) × −1)로 계산하여 방향을 결정한다.

[코끼리] 스프라이트는 무대의 왼쪽 아래에서 나타나 '저를 클릭하면 무대에서 사라졌다 다시 나타납니다.'를 말한다. [코끼리] 스프라이트를 클릭하면 무대에서 사라진 후, 2초 뒤 다시 나타나 '짠!'을 말한다.

프로젝트 결과 화면

프로젝트 문제 분석

문제를 분석하여 필요한 기능이 무엇인지 정리한다.

프로젝트 알고리즘 설계

스프라이트, 무대의 문제 해결 알고리즘을 작성한다.

스프라이트	알고리즘
 스프라이트1	**[시작하기 깃발 클릭했을 때]** ① 무대의 중앙(x:0, y:0)으로 이동한다. ② 모양을 모양1로 바꾼다. ③ '저를 클릭하면 다음 모양으로 바꿉니다.'를 2초 동안 말한다. **[이 스프라이트를 클릭했을 때]** ① 다음 모양으로 바꾼다.
 Dog2	**[시작하기 깃발 클릭했을 때]** ① 회전 방식을 왼쪽-오른쪽으로 정한다. ② x:140, y:120으로 이동한다. ③ 오른쪽(90도 방향)을 본다. ④ '저를 클릭하면 좌우로 방향이 바뀝니다.'를 2초 동안 말한다. **[이 스프라이트를 클릭했을 때]** ① ((방향) × −1)도 방향을 본다. (90 × −1 = −90, −90 × −1 = 90)
 Elephant	**[시작하기 깃발 클릭했을 때]** ① 스프라이트를 무대에 보인다. ② x:−100, y:−100으로 이동한다. ③ '저를 클릭하면 무대에서 사라졌다 다시 나타납니다.'를 2초 동안 말한다. **[이 스프라이트를 클릭했을 때]** ① 스프라이트를 무대에서 숨긴다. ② 2초 기다린다. ③ 스프라이트를 무대에 보인다. ④ '짠!'을 말한다.

무 대	알고리즘
배경 1	필요한 알고리즘 없음

연습문제 02-3

스프라이트를 클릭하면 무대 배경 바꾸기

[고양이] 스프라이트는 무대의 중앙에서 '저를 클릭하면 배경을 Beach Malibu로 변경합니다.'를 말한다. [고양이] 스프라이트를 클릭하면 배경을 Beach Malibu로 변경한다.

[강아지] 스프라이트는 무대의 오른쪽 위에서 '저를 클릭하면 배경을 Beach Rio로 변경합니다.'를 말한다. [강아지] 스프라이트를 클릭하면 배경을 Beach Rio로 변경한다.

[코끼리] 스프라이트는 무대의 왼쪽 아래에서 '저를 클릭하면 배경을 1초마다 Beach Malibu, Beach Rio, Savanna로 계속 변경합니다.'를 말한다. [코끼리] 스프라이트를 클릭하면 무한 반복하면서 1초마다 Beach Malibu, Beach Rio, Savanna로 변경한다.

프로젝트 결과 화면

프로젝트 문제 분석

문제를 분석하여 필요한 기능이 무엇인지 정리한다.

프로젝트 알고리즘 설계

스프라이트, 무대의 문제 해결 알고리즘을 작성한다.

<table>
<tr><th>스프라이트</th><th>알고리즘</th></tr>
<tr><td>
스프라이트1</td><td>[시작하기 깃발 클릭했을 때]
① 무대의 중앙(x:0, y:0)으로 이동한다.
② '저를 클릭하면 배경을 Beach Malibu로 변경합니다.'를 2초 동안 말한다.
[이 스프라이트를 클릭했을 때]
① 배경을 Beach Malibu로 바꾼다.</td></tr>
<tr><td>
Dog2</td><td>[시작하기 깃발 클릭했을 때]
① x:140, y:120으로 이동한다.
② '저를 클릭하면 배경을 Beach Rio로 변경합니다.'를 2초 동안 말한다.
[이 스프라이트를 클릭했을 때]
① 배경을 Beach Rio로 바꾼다.</td></tr>
<tr><td>
Elephant</td><td>[시작하기 깃발 클릭했을 때]
① x:−100, y:−100으로 이동한다.
② '저를 클릭하면 배경을 1초마다 Beach Malibu, Beach Rio, Savanna로 계속 변경합니다.'를 2초 동안 말한다.
[이 스프라이트를 클릭했을 때]
① 다음을 무한 반복한다.
①−1 배경을 Beach Malibu로 바꾼다.
①−2 1초 기다린다.
①−3 배경을 Beach Rio로 바꾼다.
①−4 1초 기다린다.
①−5 배경을 Savanna 바꾼다.
①−6 1초 기다린다.</td></tr>
</table>

<table>
<tr><th>무 대</th><th>알고리즘</th></tr>
<tr><td> 배경 1
 Beach Malibu
 Beach Rio
 Savanna</td><td>[시작하기 깃발 클릭했을 때]
① 배경을 배경 1로 바꾼다.
[무대를 클릭했을 때]
① 다음 배경으로 바꾼다.</td></tr>
</table>

3

스프라이트와 무대 배경 만들기

학습 목표

1. 페인트 에디터를 이용하여 원하는 스프라이트를 만들 수 있다.
2. 스프라이트의 모양을 복사하여 모양을 추가하고 변경할 수 있다.
3. 외부 그림 파일을 이용하여 원하는 모양을 추가할 수 있다.
4. 페인트 에디터를 이용하여 원하는 무대 배경을 만들 수 있다.
5. 무대 배경을 복사하여 무대 배경을 추가하고 변경할 수 있다.
6. 외부 그림 파일을 이용하여 원하는 무대 배경을 추가할 수 있다.

3

스프라이트와 무대 배경 만들기

3.1 스프라이트 만들기

(1) [그리기]를 이용한 스프라이트 만들기

스프라이트 저장소에서 제공되는 스프라이트 이외에 사용자가 직접 스프라이트를 만들어 사용할 수 있다. [스프라이트 고르기]의 [그리기]를 클릭하면 새로운 스프라이트가 추가되고, [모양] 탭의 페인트 에디터 화면에서 추가된 스프라이트의 모양을 만들면 된다.

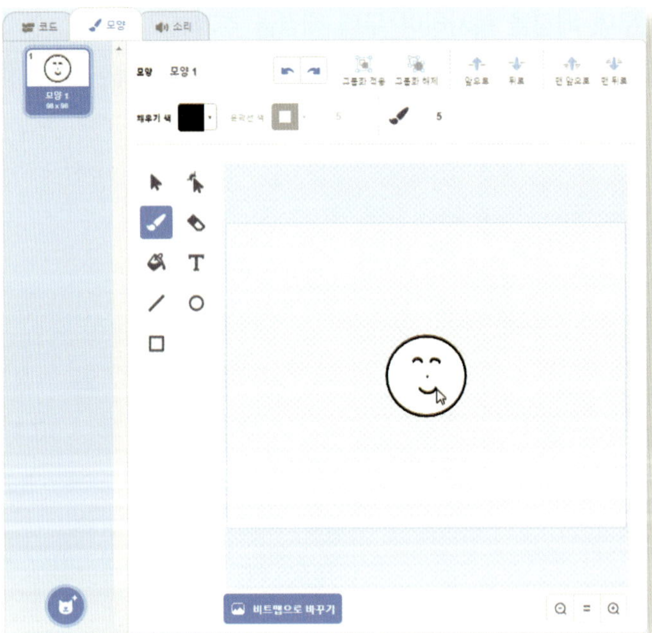

(2) 스프라이트 모양 복사 및 수정하기

스프라이트의 모양을 선택한 후 마우스 오른쪽 버튼을 클릭하여 나타나는 메뉴에서 [복사]를 실행하면 모양이 복사된다. 그리고 [붓] 도구나 [지우개] 도구 등을 이용하면 복사된 모양을 수정하여 사용할 수 있다.

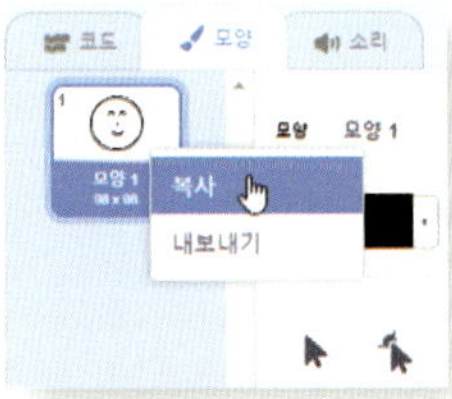

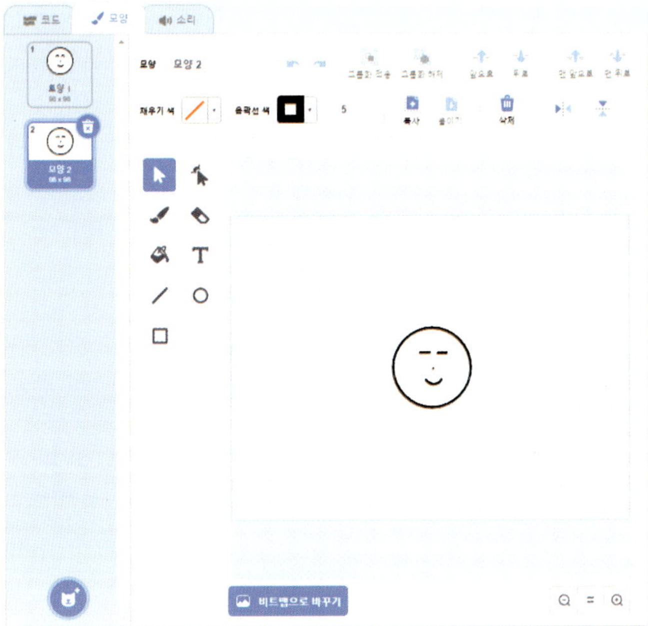

(3) [모양 업로드하기]를 이용한 스프라이트 모양 만들기

[모양 업로드하기]를 이용하면 컴퓨터에 저장된 그림 파일을 스프라이트의 모양으로 사용할 수 있다.

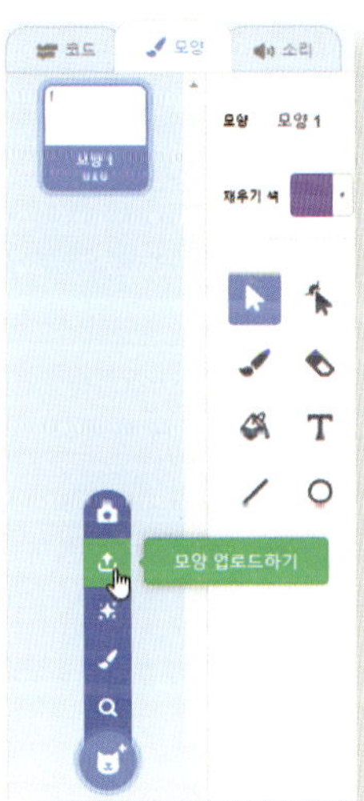

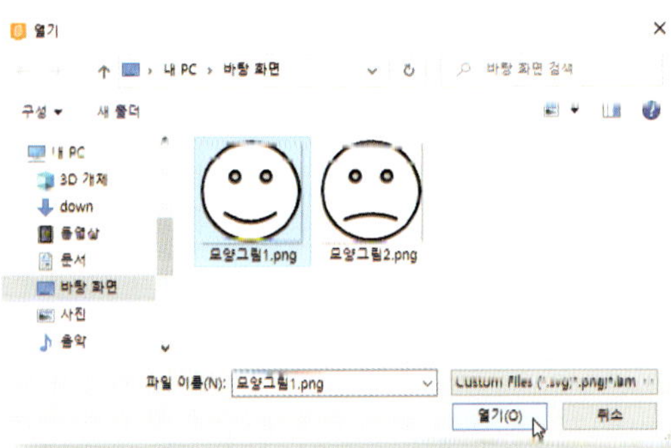

(4) 스프라이트의 복사

스프라이트를 선택한 후 마우스 오른쪽 버튼을 클릭하여 나타나는 메뉴에서 [복사]를 실행하면 스프라이트 자체도 복사하여 사용할 수 있다.

복사된 스프라이트는 원본 스프라이트와 같은 모양을 갖게 되고, 특히 원본 스프라이트의 스크립트 블록들도 함께 복사되기 때문에 스크립트 블록들을 대부분 그대로 활용해도 되고 아니면 일부 블록들만을 선택하거나 변경하여 사용할 수 있다. 이렇게 복사된 스프라이트들은 스프라이트 간의 위치가 서로 겹치지 않도록 위치를 변경한다. 아래 예에서 [시작하기 깃발]을 클릭하여 실행하면 두 개의 스프라이트가 서로 다른 위치에서 같은 일을 하게 된다.

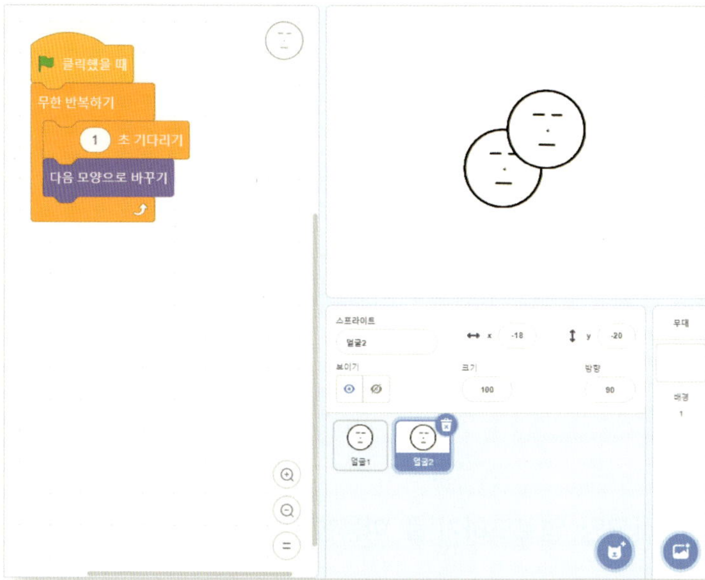

프로젝트 03-1

스프라이트를 만들고, 그림 파일로 모양 추가하기

페인트 에디터를 이용하여 [얼굴1] 스프라이트를 직접 만들고, 만들어진 [얼굴1] 스프라이트의 모양을 복사하여 모양을 추가하고 복사된 모양의 형태를 변경한다. [얼굴1] 스프라이트는 무한 반복하면서 1초 간격으로 스프라이트의 모양을 다음 모양으로 변경한다.

[얼굴1] 스프라이트를 복사하여 [얼굴2] 스프라이트를 만든다. [얼굴2] 스프라이트의 스크립트 블록을 수정하여 [시작하기 깃발]을 눌렀을 때 [얼굴2] 스프라이트의 시작 모양을 '모양 1'로 변경한다.

[모양그림1.png]와 [모양그림2.png] 파일을 업로드하여 [얼굴3] 스프라이트의 '모양 1'과 '모양 2'를 만들고, 무한 반복하면서 1초 간격으로 스프라이트의 모양을 다음 모양으로 변경한다.

프로젝트 결과 화면

프로젝트 문제 분석

문제를 분석하여 필요한 기능이 무엇인지 정리한다.

프로젝트 알고리즘 설계

스프라이트, 무대의 문제 해결 알고리즘을 작성한다.

스프라이트	알고리즘
 얼굴1	[시작하기 깃발 클릭했을 때] ① 다음을 무한 반복한다. ①-1 1초 기다린다. ①-2 다음 모양으로 바꾼다.

스프라이트	알고리즘
 얼굴2	**[시작하기 깃발 클릭했을 때]** ① 모양을 모양 1로 바꾼다. ② 다음을 무한 반복한다. ②-1 1초 기다린다. ②-2 다음 모양으로 바꾼다.
 얼굴3	**[시작하기 깃발 클릭했을 때]** ① 모양을 모양그림1로 바꾼다. ② 다음을 무한 반복한다. ②-1 1초 기다린다. ②-2 다음 모양으로 바꾼다.

무 대	알고리즘
배경 1	필요한 알고리즘 없음

프로젝트 코딩

[프로젝트 알고리즘 설계]를 참고하여 코딩한다.

Step 01 [스프라이트 1] 스프라이트 삭제하기

이번 프로젝트에서는 새로운 [얼굴1], [얼굴2], [얼굴3] 스프라이트를 만들고 기존의 [스프라이트 1] 스프라이트는 필요하지 않으므로, 스프라이트 제어 부분에서 [스프라이트 1] 스프라이트의 오른쪽 위에 있는 [삭제] 아이콘을 클릭하여 [스프라이트 1] 스프라이트를 삭제한다.

Step 02 스프라이트 새로 만들고, 이름 변경하기

스프라이트 제어 부분에서 [스프라이트 고르기]에 마우스를 위치시킨 후, [그리기]를 클릭하여 실행한다. 그리고 스프라이트의 이름을 '얼굴1'로 변경한다.

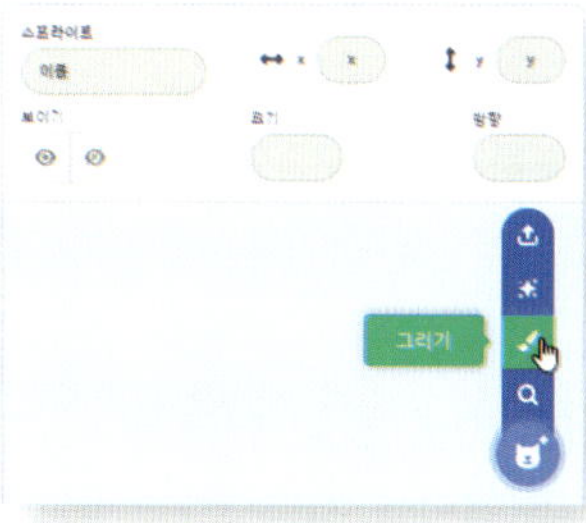

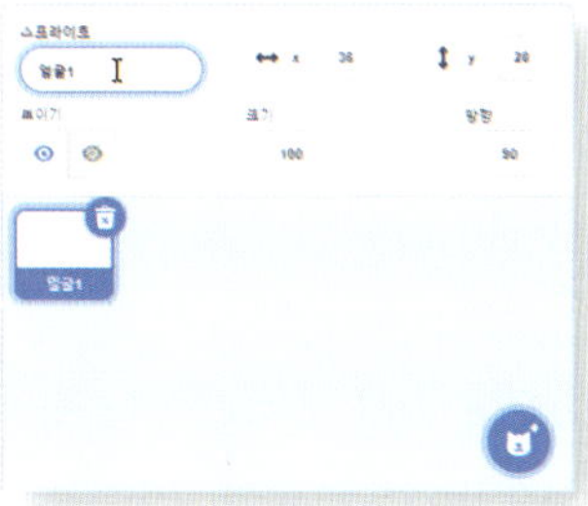

Step 03 [얼굴1] 스프라이트의 모양을 새로 그리기

① [얼굴1] 스프라이트의 얼굴 색을 흰색으로 채우기 위하여, [모양] 탭에서 [채우기 색]을 클릭하여 [채도] 값을 0 상태로 변경한다. 그리고 [윤곽선 색]은 검은색 상태로 그대로 두고, 선의 두께를 '5'로 변경한다.

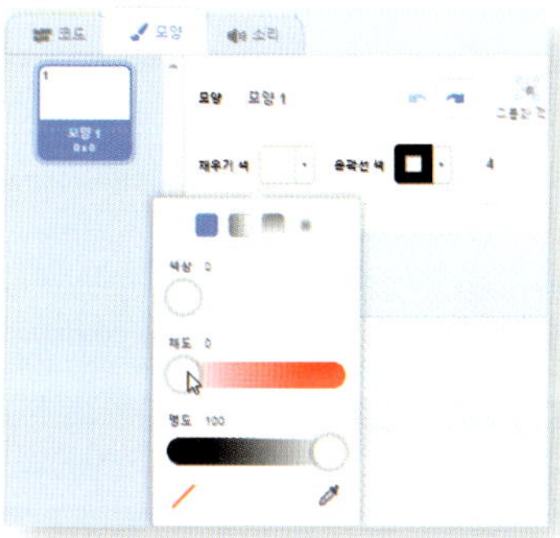

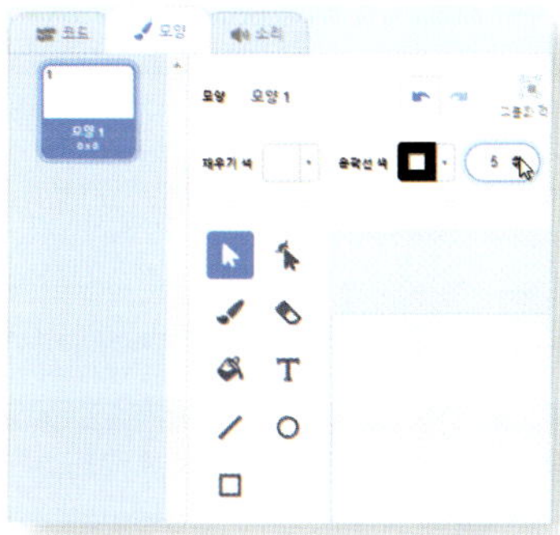

② [모양] 탭의 [원] 도구를 이용하여 [Shift] 키를 누른 채로 마우스를 드래그 하여 원형의 얼굴을 그린다. [Shift] 키를 누르지 않은 채로 마우스를 드래그하면 타원을 그릴 수 있다.

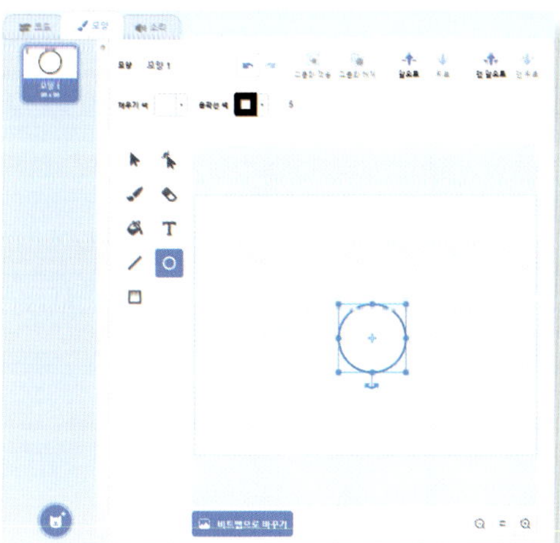

③ 얼굴 모양이 선택된 상태에서 마우스를 드래그하여 모양의 중심에 맞춘다.

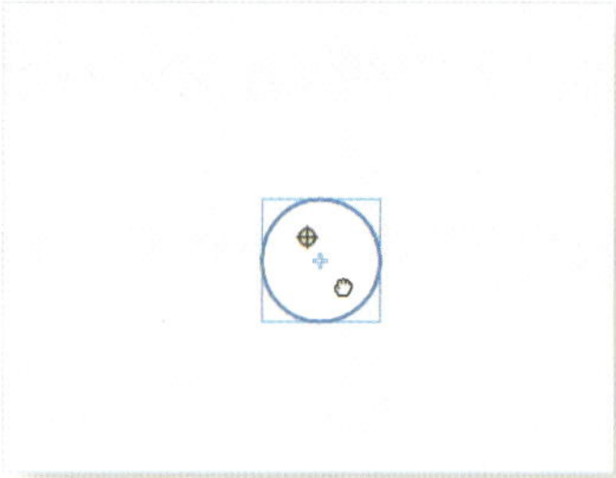

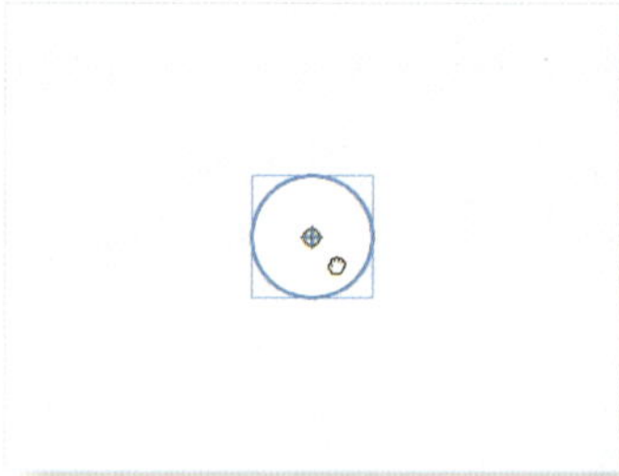

④ 얼굴 안에 눈, 코, 입을 그리기 위하여, [붓] 도구로 변경하고 붓의 [굵기]를 '5'로 변경한다. 그리고 [채우기 색]의 [색상]은 '0'으로, [채도]는 '100'으로, [명도]는 '0'으로 변경하여 검은색으로 변경한다.

⑤ [붓] 도구를 이용하여 눈, 코, 입을 그린다.

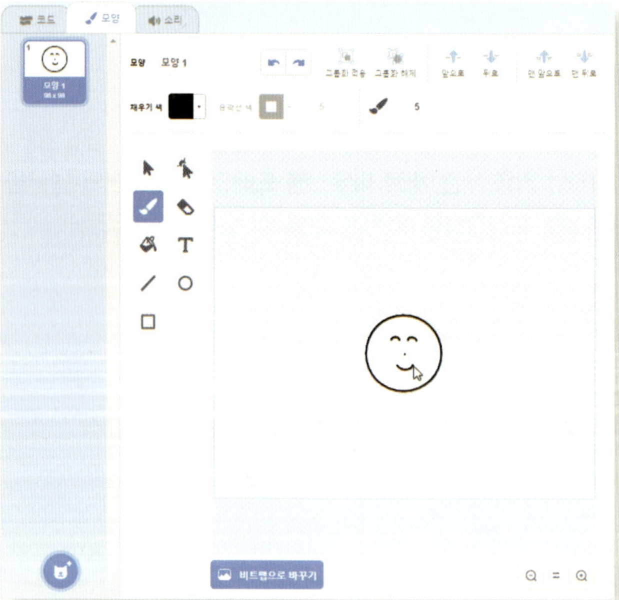

Step 04 '모양 1' 모양을 복사하여 '모양 2' 모양을 만들고 얼굴 형태 고치기

① '모양 1' 모양을 선택하고 마우스 오른쪽 버튼을 클릭하여 나타나는 메뉴에서 [복사]를 실행하면 '모양 2' 모양이 복사되어 만들어진다.

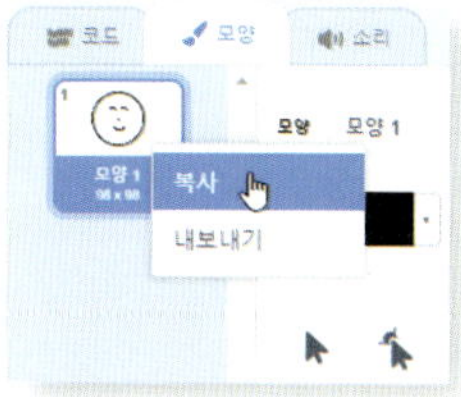

② '모양 2' 모양을 선택한 후, [선택] 도구를 이용하여 눈 부분을 클릭하여 선택하고 [Delete] 키를 눌러 삭제를 한다. 그리고 [선] 도구를 이용하여 [윤곽선 색] 굵기를 5로 변경한 후, 눈 부분을 아래와 같이 다시 그린다.

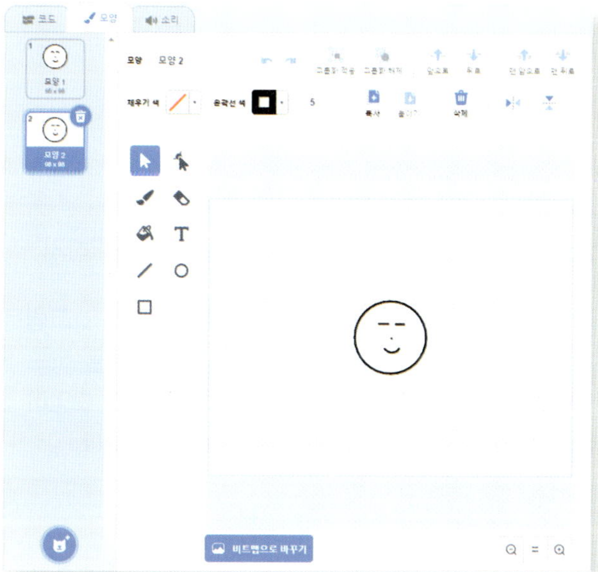

Step 05 '모양 2' 모양을 복사하여 '모양 3' 모양을 만들고 얼굴 형태 고치기

① '모양 2' 모양을 선택하고 마우스 오른쪽 버튼을 클릭하여 나타나는 메뉴에서 [복사]를 실행하면 '모양 3' 모양이 복사되어 만들어진다.

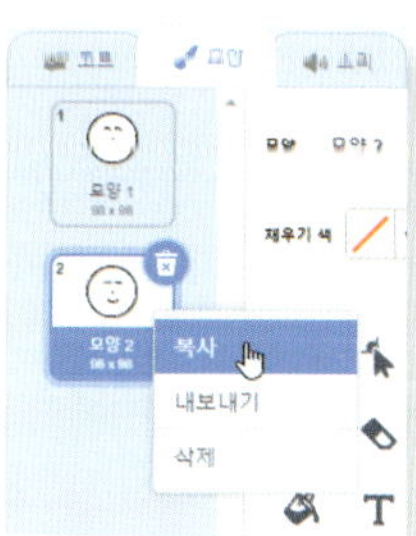
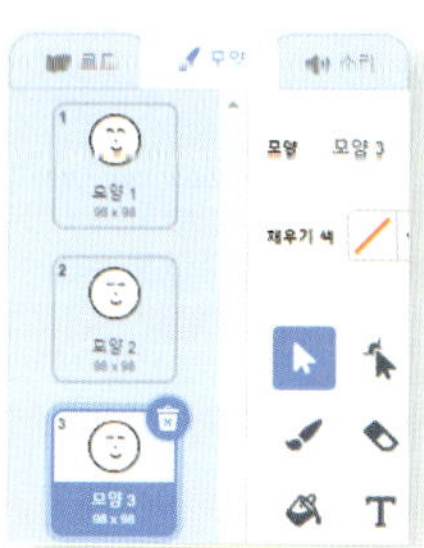

② '모양 3' 모양을 선택한 후, [선택] 도구를 이용하여 입 부분을 클릭하여 선택하고 [Delete] 키를 눌러 삭제를 한다. 그리고 [선] 도구를 이용하여 [윤곽선 색] 굵기를 5로 변경한 후, 입 부분을 아래와 같이 다시 그린다.

Step 06 [얼굴1] 스프라이트의 모양을 무한 반복하며 1초 간격으로 변경하기

① [얼굴1] 스프라이트가 무한 반복하면서 스프라이트의 모양을 1초 간격으로 변경하는 스크립트를 작성한다. 먼저, [코드] 탭을 선택한 후 [이벤트] 팔레트의 [시작하기 클릭했을 때] 블록을 코드 영역으로 끌어 놓는다. 참고로, [Step 05]의 마지막 작업에서 [얼굴1] 스프라이트의 '모양 3' 모양이 선택되어 무대에 나타나는 [얼굴1] 스프라이트의 모양이 '모양 3' 모양으로 나타남에 주의하자.

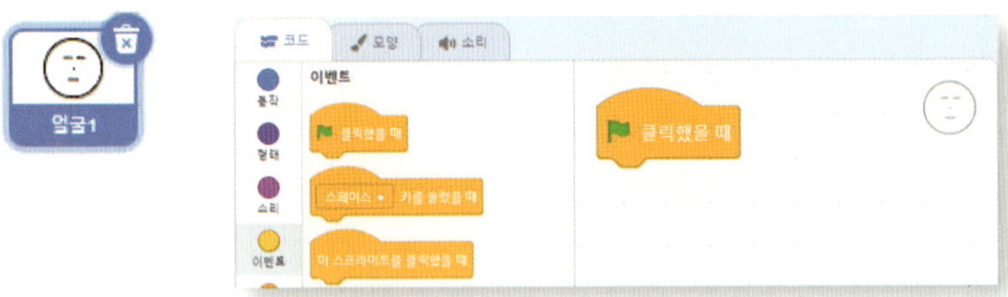

② [얼굴1] 스프라이트를 1초 기다리게 하려면, [제어] 팔레트의 [1초 기다리기] 블록을 코드 영역으로 끌어와서 [시작하기 클릭했을 때] 블록에 이어 붙인다.

③ 1초 기다린 후 다음 모양으로 변경하려면, [형태] 팔레트의 [다음 모양으로 바꾸기] 블록을 코드 영역으로 끌어와서 [1초 기다리기] 블록에 이어 붙인다.

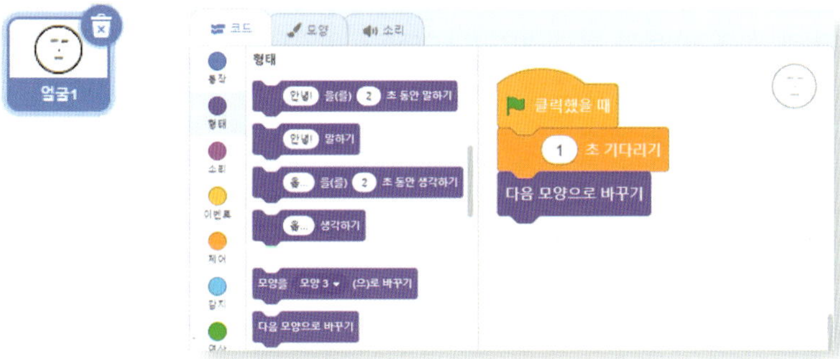

④ 1초 기다린 후 다음 모양으로 바꾸는 동작을 무한히 반복하도록, [제어] 팔레트의 [무한 반복하기] 블록을 코드 영역으로 끌어와서 [1초 기다리기] 블록과 [다음 모양으로 바꾸기] 블록을 감싸도록 끼워 넣는다.

⑤ 무대 위의 [시작하기 깃발]을 클릭하면 코드 영역의 스크립트 주변에 노란색 테두리가 생기면서 [얼굴1] 스프라이트의 모양이 1초 간격으로 계속 변경됨을 확인할 수 있다. 스크립트 주변의 노란색 테두리는 스크립트가 실행 중임을 나타내며, 실행을 멈추면 노란색 테두리는 사라진다. 실행을 멈추려면 무대 위의 [멈추기]를 클릭한다. [시작하기 깃발]을 클릭하여 실행할 때마다 [얼굴1] 스프라이트의 모양이 매번 다른 모양으로 시작함을 기억해 두자.

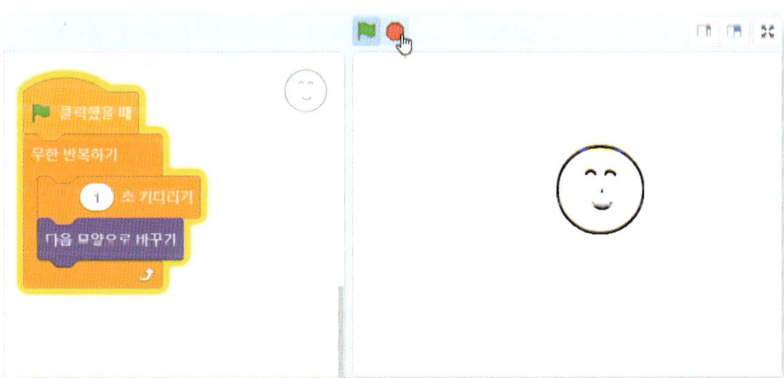

Step 07 [얼굴1] 스프라이트를 복사하여 [얼굴2] 스프라이트 만들고 시작 모양 변경하기

① 스프라이트 제어 부분의 [얼굴1] 스프라이트에서 마우스 오른쪽 버튼을 클릭하여 나타나는 메뉴 중 [복사]를 실행하면 [얼굴2] 스프라이트가 복사되어 만들어진다. 여기서 주의할 점은 스프라이트의 모양뿐만 아니라 스프라이트 내의 스크립트도 함께 복사된다는 것이다.

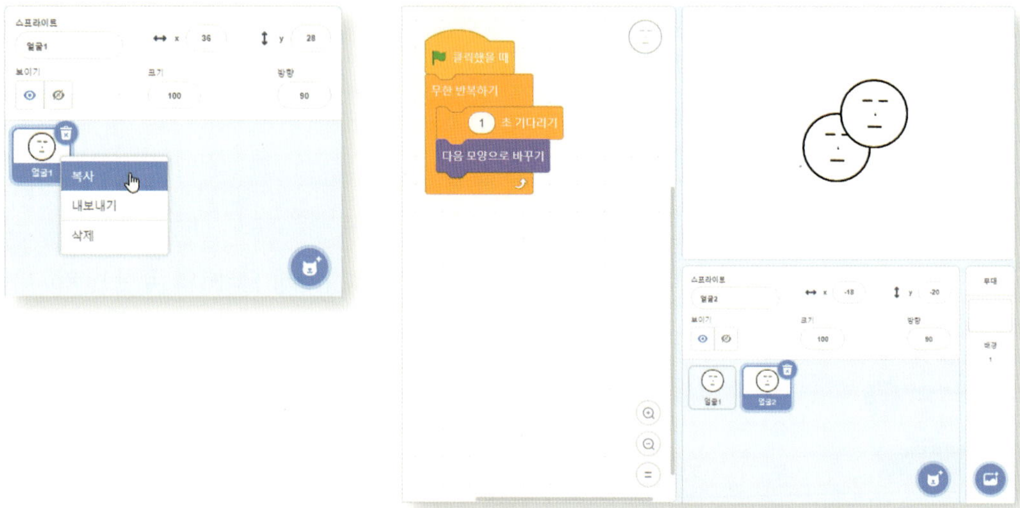

② 앞선 [Step 6]의 ⑤에서 [얼굴1] 스프라이트의 모양이 실행될 때마다 다른 모양으로 시작했음을 기억하였다. 복사된 [얼굴2] 스프라이트에서는 실행될 때의 모양이 항상 '모양 1'로 시작하도록 수정하고자 한다. [형태] 팔레트의 [모양을 모양3(으)로 바꾸기] 블록을 코드 영역으로 끌어 [시작하기] 블록 다음에 끼워 넣은 후, 블록의 값을 '모양1'로 변경한다.

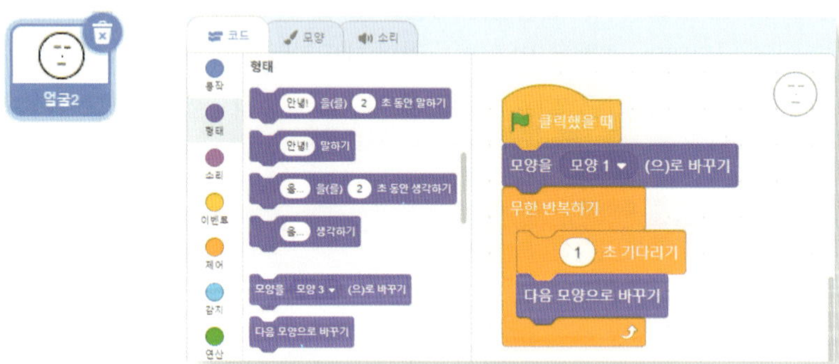

③ 무대에서 [얼굴1] 스프라이트와 [얼굴2] 스프라이트가 겹쳐 있고 모양이 같아 어느 스프라이트인지 구분하기 어려울 수 있다. 이런 경우에는 스프라이트 제어 부분의 [얼굴2] 스프라이트 부분을 클릭하면 무대의 스프라이트 주변에 파란색 사각형 무늬가 나타나 스프라이트를 구분할 수 있다. [얼굴2] 스프라이트를 확인하였으면 [얼굴2] 스프라이트가 [얼굴1] 스프라이트와 겹치지 않도록 무대의 왼쪽 아래로 드래그하여 이동시킨다.

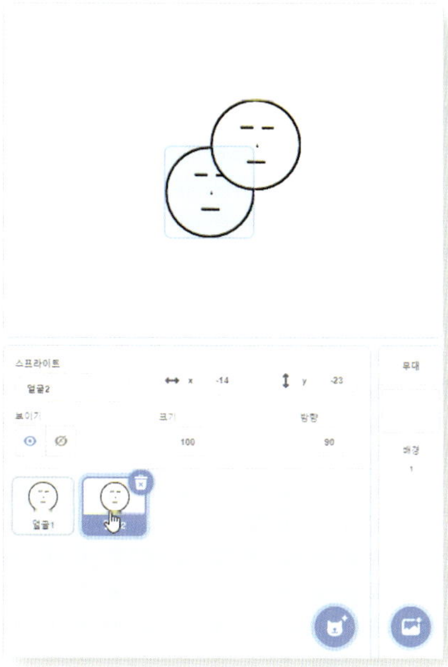

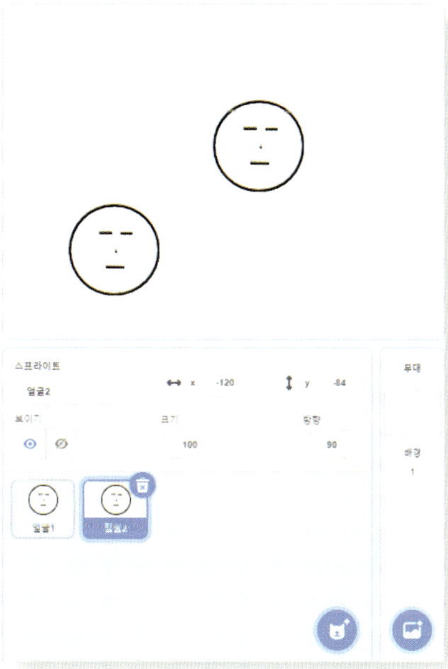

④ 무대 위의 [시작하기 깃발]을 클릭하면 [얼굴2] 스프라이트의 모양이 '모양 1'로 시작함을 확인할 수 있다. 실행을 멈추려면 무대 위의 [멈추기]를 클릭한다.

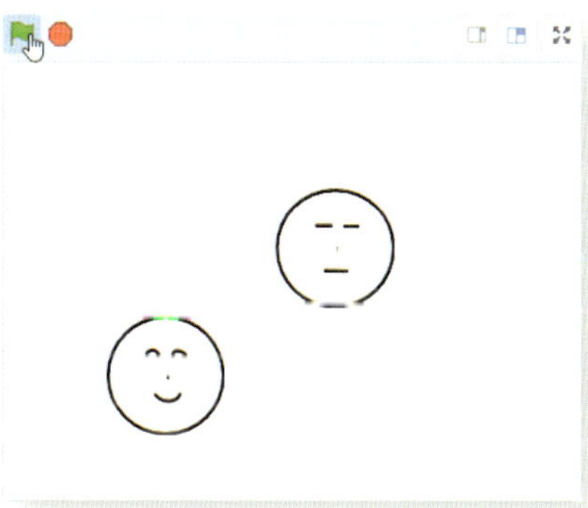

Step 08 외부 그림 파일을 이용하여 [얼굴3] 스프라이트 모양 만들기

① 스프라이트 제어 부분에서 [스프라이트 고르기]에 마우스를 위치시킨 후, [그리기]를 클릭하여 실행한다. 그리고 스프라이트의 이름을 '얼굴3'으로 변경한다.

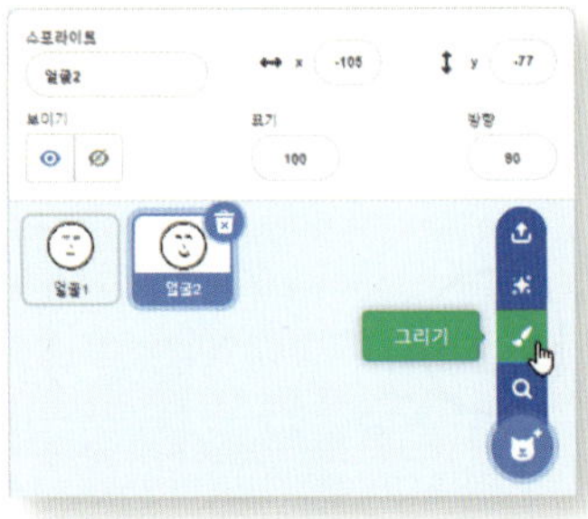

② [얼굴3] 스프라이트를 선택한 후, [모양] 탭의 [모양 고르기]에서 [모양 업로드하기]를 실행한다. 그리고 [열기] 대화상자에서 외부 그림 파일인 [모양그림1.png] 파일을 선택하고 [열기] 버튼을 클릭한다.

③ 페인터 에디터 창으로 외부 그림 파일이 불러들여지며, '모양그림1' 이름으로 모양이 추가된다.

④ 앞선 ② 단계의 방법을 다시 한 번 더 진행하여 [모양] 탭의 [모양 고르기]에서 [모양 업로드하기]를 실행한다. 그리고 [열기] 대화상자에서 외부 그림 파일인 [모양그림2.png] 파일을 선택하여 열면, '모양그림2' 이름으로 모양이 추가된다.

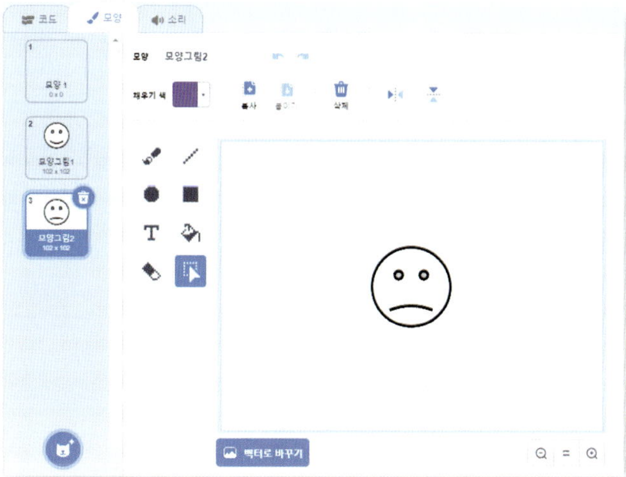

⑤ 사용하지 않을 '모양 1' 모양은 선택한 후 [삭제] 아이콘을 눌러 삭제한다.

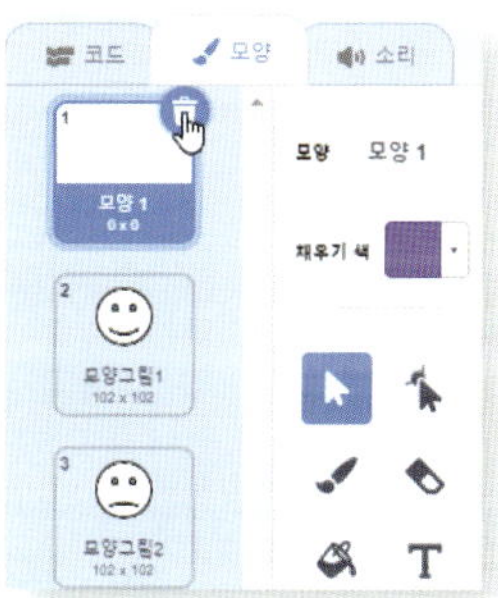

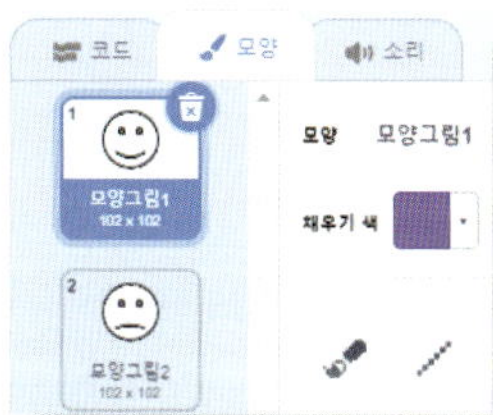

⑥ [얼굴3] 스프라이트를 무대의 오른쪽 아래로 드래그하여 이동한다.

Step 09 [얼굴2] 스프라이트의 스크립트 블록을 [얼굴3] 스프라이트로 복사하기

[얼굴3] 스프라이트는 무한 반복하면서 1초 간격으로 스프라이트의 모양을 다음 모양으로 변경할 예정이다. 이 실행 과정은 이미 [얼굴1]과 [얼굴2] 스프라이트에 있는 스크립트 블록이므로, 이 중 [얼굴2] 스프라이트의 스크립트 블록을 [얼굴3] 스프라이트로 복사하고자 한다. 스프라이트의 스크립트 블록을 다른 스프라이트로 드래그하여 놓으면 스크립트 블록이 복사된다.

① 스프라이트 제어 부분에서 [얼굴2] 스프라이트를 선택한 후, [코드] 탭의 [시작하기 클릭했을 때] 블록 부분을 마우스 왼쪽 버튼으로 누른 채로 [얼굴3] 스프라이트로 이동한다. 드래그하던 마우스 포인터가 [얼굴3] 스프라이트 위치에 도달하면 선택되었음을 알리기 위해 마우스 포인터 밑의 스프라이트가 잠시 흔들린다.

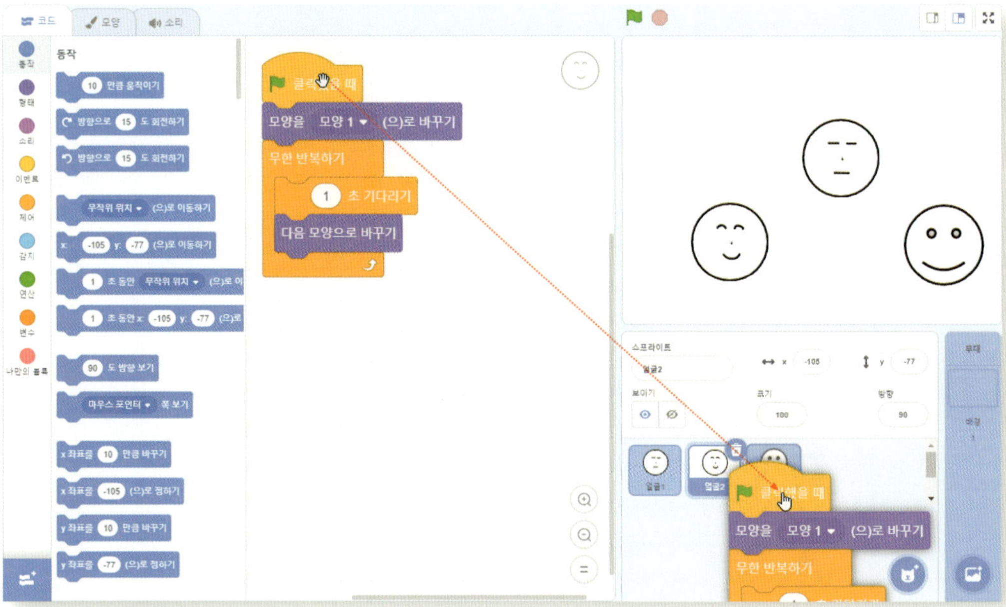

② 누르고 있던 손을 놓은 후, [얼굴3] 스프라이트를 클릭하면 [얼굴2] 스프라이트의 스크립트 블록이 [얼굴3] 스프라이트 코드 영역으로 복사되었음을 확인할 수 있다.

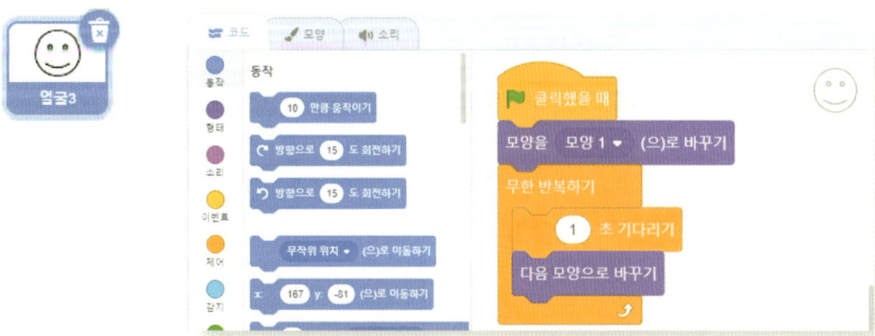

③ [모양을 모양 1(으)로 바꾸기] 블록의 값을 ‘모양그림1’로 변경한다.

Step 10 프로젝트 실행 및 저장하기

① 무대 위의 [시작하기 깃발]을 클릭하면 [얼굴3] 스프라이트의 모양이 ‘모양그림1’로 시작하여 1초 간격으로 다음 모양으로 변경함을 확인할 수 있다. 실행을 멈추려면 무대 위의 [멈추기]를 클릭한다.

② 스크래치 프로젝트를 저장하기 위하여, 메뉴의 [프로젝트 이름]을 ‘스크래치 프로젝트’에서 ‘프로젝트-03-1’로 변경한다. 그리고 [파일] 메뉴의 [컴퓨터에 저장하기]를 실행한 후, 컴퓨터의 폴더를 정하여 프로젝트를 저장한다.

개선 / 발전 방향

프로젝트에서 수정할 사항이나 개선 / 발전할 사항들을 정리한다.

- [시작하기 깃발]을 클릭했을 때 [얼굴1] 스프라이트의 모양을 ‘모양 2’로 시작하도록 변경한다. 그리고 [얼굴2] 스프라이트의 모양을 ‘모양 1’, ‘모양 2’, ‘모양 3’ 중 임의의 모양에서 시작하도록 변경한다. (‘모양 1’, ‘모양 2’, ‘모양 3’의 모양 번호가 1, 2, 3으로 지정되어 있음을 확인하고, [연산] 팔레트의 (1부터 10 사이의 난수) 블록을 이용하여 해결할 수 있다)
-
-

3.2 무대 배경 만들기

(1) [그리기]를 이용한 무대 배경 만들기

배경 저장소에서 제공되는 무대 배경 이외에 사용자가 직접 새로운 배경을 만들 수 있다. [배경 고르기]의 [그리기]를 클릭하면 새로운 배경이 추가되고, [배경] 탭의 페인트 에디터 화면에서 새로운 배경을 그린다.

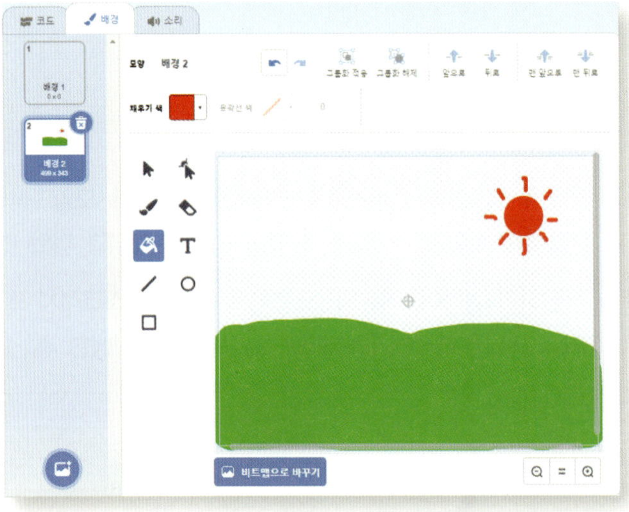

(2) 배경의 복사 및 수정하기

배경을 선택한 후 마우스 오른쪽 버튼을 클릭하여 나타나는 팝업 메뉴에서 [복사]를 실행하면 배경이 복사된다. 그리고 복사된 배경을 수정하려면 [붓] 도구나 [채우기 색] 도구 등을 이용한다.

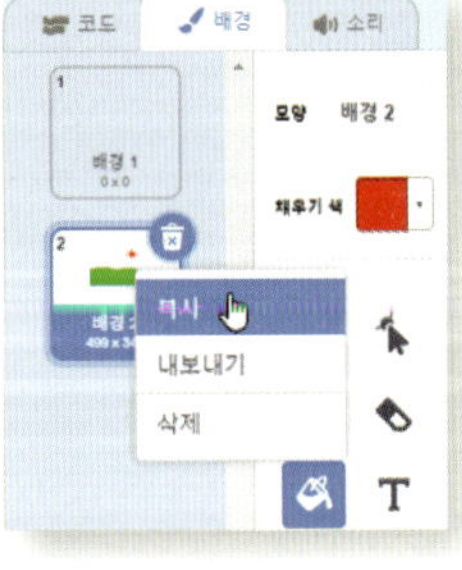

(3) [배경 업로드하기]를 이용한 배경 만들기

[배경 업로드하기]를 이용하면 컴퓨터에 저장된 그림 파일을 배경으로 추가하여 사용할 수 있다.

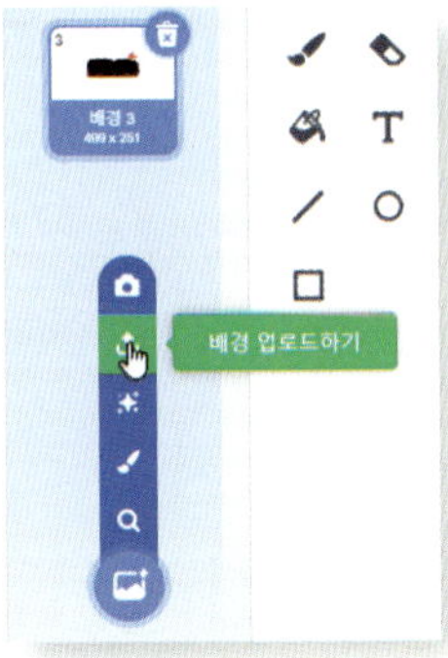

프로젝트 03-2

새로운 무대 배경을 만들고, 그림 파일로 배경 추가하기

페인트 에디터를 이용하여 '배경 2'를 직접 만든다. 만들어진 '배경 2'를 복사하여 '배경 3'을 추가하고 형태를 변경한다.

[배경그림.png] 파일을 업로드하여 '배경그림' 배경을 추가한다.

[시작하기 깃발]을 클릭하면 무한 반복하며 1초 간격으로 무대 배경을 '배경 2', '배경 3', '배경그림', '배경 2', ... 순으로 배경을 바꾼다.

프로젝트 결과 화면

프로젝트 문제 분석

문제를 분석하여 필요한 기능이 무엇인지 정리한다.

프로젝트 알고리즘 설계

스프라이트, 무대의 문제 해결 알고리즘을 작성한다.

스프라이트	알고리즘
 스프라이트1	필요한 알고리즘 없음

무 대	알고리즘
 	**[시작하기 깃발 클릭했을 때]** ① 다음을 무한 반복한다. ①-1 배경을 배경 2로 바꾼다. ①-2 1초 기다린다. ①-3 배경을 배경 3으로 바꾼다. ①-4 1초 기다린다. ①-5 배경을 배경그림으로 바꾼다. ①-6 1초 기다린다.

프로젝트 코딩

[프로젝트 알고리즘 설계]를 참고하여 코딩한다.

Step 01 배경 [그리기]를 이용하여 무대 배경 추가하기

기존 무대 배경은 그대로 둔 채로 새로운 배경을 추가하기 위하여, [배경 고르기]의 [그리기]를 클릭하여 실행하면, [배경] 탭으로 탭 화면이 바뀌면서 새로운 '배경 2'가 추가된다.

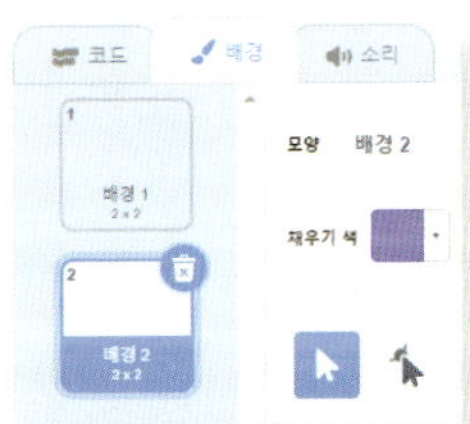

Step 02 페인터 에디터를 이용하여 '배경 2'에서 배경 그리기

① 페인터 에디터에서 [붓] 도구를 선택한 후, [채우기 색]에서 [색상] 값을 35로, [채도] 값을 100으로, [명도] 값을 90으로 변경한다. 그리고 선의 두께를 '100'으로 변경한다.

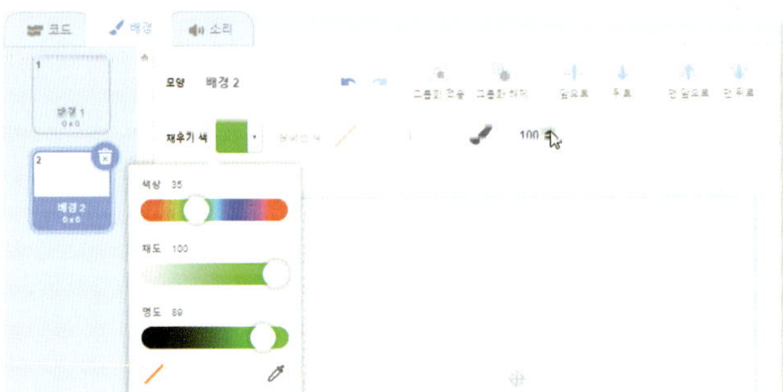

② [붓] 도구를 이용하여 다음과 같은 형태로 그린다.

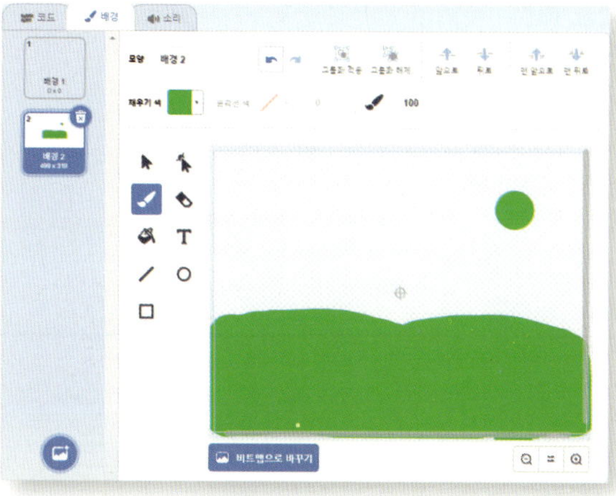

③ [붓] 도구의 [채우기 색]에서 [색상] 값을 0으로 변경하고, 선의 두께를 '10'으로 변경한다. 그리고 다음과 같은 형태로 그린다.

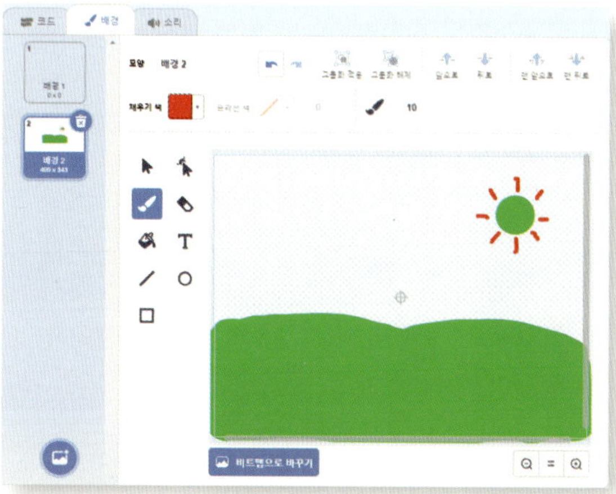

④ [채우기 색] 도구를 이용하여 해부분을 클릭하면 색상이 변경된다.

Step 03 '배경 2' 배경을 복사하여 '배경 3' 배경을 만들고 변경하기

① '배경 2' 배경을 선택하고 마우스 오른쪽 버튼을 클릭하여 나타나는 메뉴에서 [복사]를 실행하면 '배경 3' 배경이 복사되어 만들어진다.

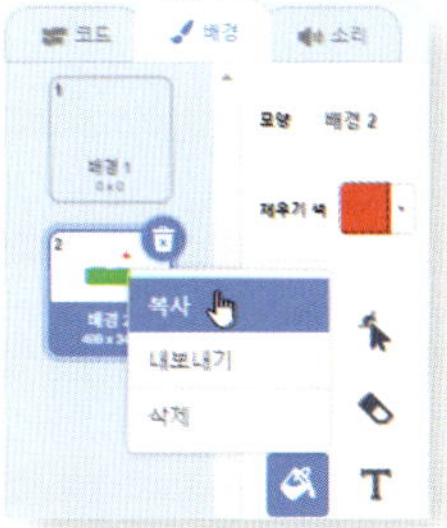

② [채우기 색] 도구의 [채우기 색]에서 [명도] 값을 40으로 변경하고, 녹색 부분을 클릭하여 색상을 변경한다.

③ [선택] 도구를 이용하여 해를 선택하고, 선택된 상태에서 드래그하여 해의 위치를 아래로 이동한다.

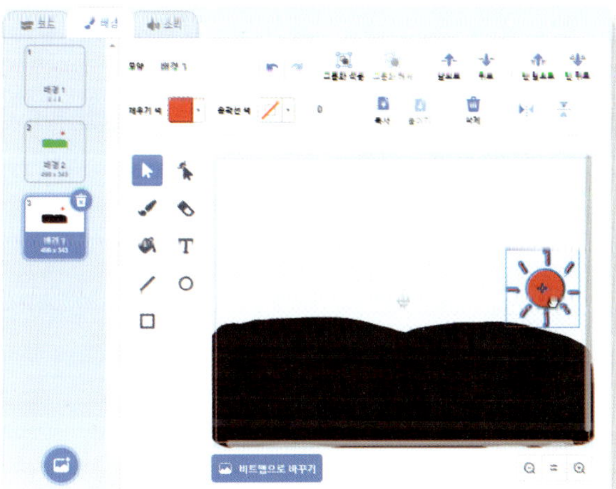

Step 04 외부 그림 파일을 이용하여 '배경그림' 배경 만들기

① [배경] 탭의 [모양 고르기]에서 [배경 업로드하기]를 실행한다. 그리고 [열기] 대화상자에서 외부 그림 파일인 [배경그림.png] 파일을 선택하고 [열기] 버튼을 클릭한다.

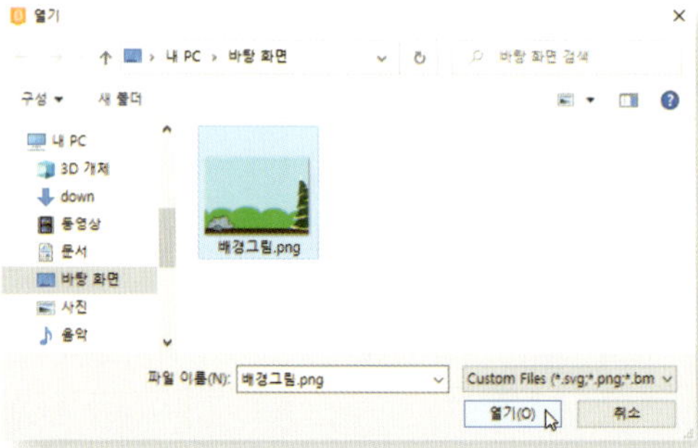

② 페인터 에디터 창으로 외부 그림 파일이 불러들여지며, '배경그림' 이름으로 배경이 추가된다.

Step 05 무한 반복하며 '배경 2', '배경 3', '배경그림' 배경을 1초 간격으로 바꾸기

무대 위의 [시작하기 깃발]을 클릭하면 무한 반복하며 '배경 2', '배경 3', '배경그림' 배경을 1초 간격으로 바꾸고자 한다. 이때 주의할 점은 '배경 1'을 제외하고 나머지 배경들을 계속해서 순서대로 바꾸는 것이다.

① [코드] 탭을 선택한 후 [이벤트] 팔레트의 [시작하기 클릭했을 때] 블록을 코드 영역으로 끌어 놓는다.

② [제어] 팔레트의 [무한 반복하기] 블록을 코드 영역으로 끌어와서 [시작하기 클릭했을 때] 블록에 이어 붙인다.

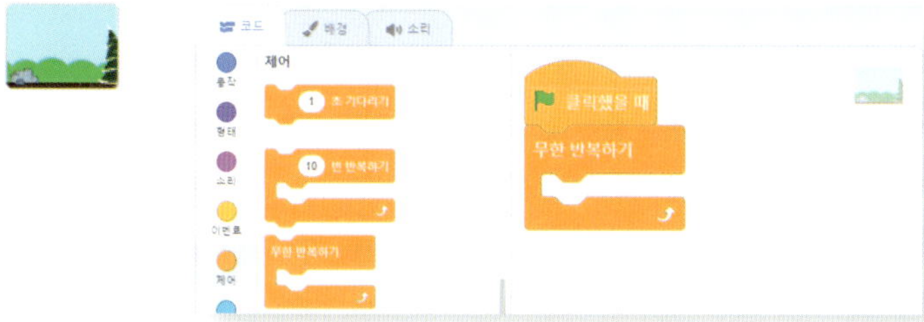

③ [형태] 팔레트의 [배경을 배경그림(으)로 바꾸기] 블록을 코드 영역으로 끌어 [무한 반복하기] 블록 안에 끼워 넣은 후, 값을 '배경 2'로 변경한다. 그리고, [제어] 팔레트의 [1초 기다리기] 블록을 코드 영역으로 끌어와서 [배경을 배경 2(으)로 바꾸기] 블록에 이어 붙인다.

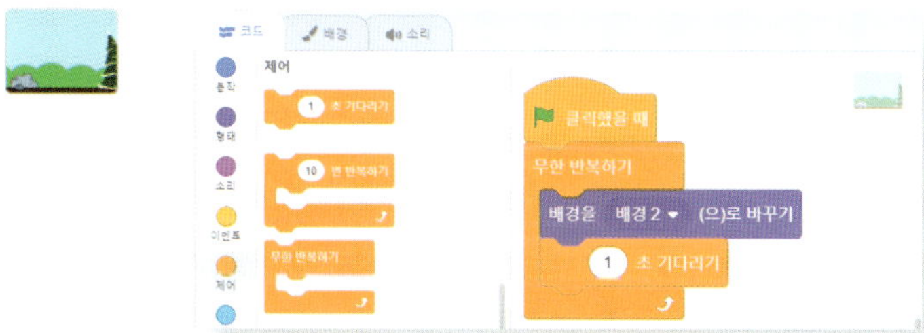

④ '배경 2' 배경과 '배경그림' 배경으로 바꾸는 블록들은 ③ 과정의 두 블록을 복사하여 만들고자 한다. [배경을 배경 2(으)로 바꾸기] 블록에서 마우스 오른쪽 버튼을 클릭하여 나타나는 메뉴 중 [복사]를 선택하면, 복사된 블록이 분리되어 나타난다.

⑤ 복사된 두 블록을 [1초 기다리기] 블록 아래에 이어 붙이고, '배경 2'의 값을 '배경 3'으로 변경한다.

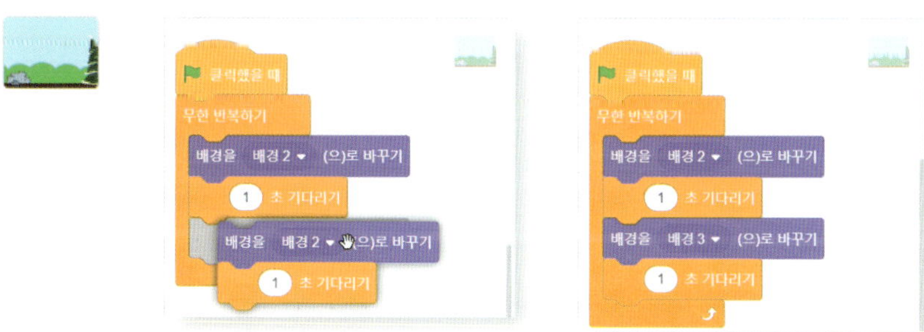

⑥ 앞선 ④과 ⑤ 과정을 이용하여 두 블록을 다시 복사한다. 복사된 두 블록을 [1초 기다리기] 블록 아래에 이어 붙이고, '배경 3'의 값을 '배경그림'으로 변경한다.

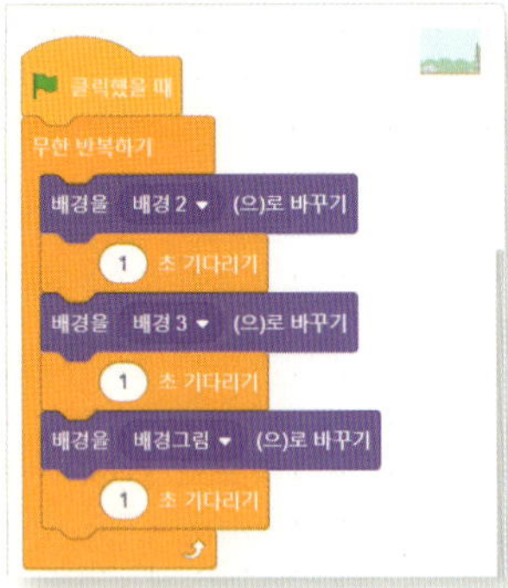

Step 06 프로젝트 실행 및 저장하기

① 무대 위의 [시작하기 깃발]을 클릭하여 프로젝트가 알고리즘대로 올바르게 동작하는지 확인해 보자.

② 스크래치 프로젝트를 저장하기 위하여, 메뉴의 [프로젝트 이름]을 '스크래치 프로젝트'에서 '프로젝트-03-2'로 변경한다. 그리고 [파일] 메뉴의 [컴퓨터에 저장하기]를 실행한 후, 컴퓨터의 폴더를 정하여 프로젝트를 저장한다.

개선 / 발전 방향

프로젝트에서 수정할 사항이나 개선 / 발전할 사항들을 정리한다.

- '배경그림', '배경 3', '배경 2' 순으로 바꾸도록 스크립트 블록을 변경한다.
- '배경 1' 배경을 삭제하면 스크립트 블록의 개수를 줄여 단순하게 코딩할 수 있다. '배경 1' 배경을 삭제하고, [시작하기 깃발]을 눌렀을 때 '배경 2'로 시작하여, '배경 3', '배경그림', '배경 2' 순으로 바꾸도록 스크립트 블록을 변경한다.
-
-

3.3 연습문제

연습문제 03-1

스프라이트를 직접 그려서 인사하기

페인트 에디터를 이용하여 새로운 스프라이트를 직접 그리고, 스프라이트 이름은 [사람]으로 정한다.

[사람] 스프라이트는 무대의 중앙에 위치시킨 후, '안녕, 나는 직접 그려진 스프라이트야.'를 2초 동안 말한다. 그리고 무한 반복하면서 10만큼 움직이고 다음 모양을 바꾸며 계속 이동한다.

프로젝트 결과 화면

프로젝트 문제 분석

문제를 분석하여 필요한 기능이 무엇인지 정리한다.

프로젝트 알고리즘 설계

스프라이트, 무대의 문제 해결 알고리즘을 작성한다.

스프라이트	알고리즘
 사람	**[시작하기 깃발 클릭했을 때]** ① 무대의 중앙(x:0, y:0)으로 이동한다. ② '안녕, 나는 직접 그려진 스프라이트야.'를 2초 동안 말한다. ③ 다음을 무한 반복한다. ③-1 10만큼 움직인다. ③-2 벽에 닿으면 튕긴다. ③-3 다음 모양으로 바꾼다.

무 대	알고리즘
배경 1	필요한 알고리즘 없음

연습문제 03-2

무대 배경을 직접 그려서 클릭하여 바꾸기

'배경 1' 배경에 페인트 에디터의 [텍스트] 도구를 이용하여 빨간색 텍스트의 '무대 배경을 바꿉니다.'를 작성한다. '배경 1' 배경을 복사하여 '배경 2'를 추가한 후, '두 번째 배경입니다.'로 수정한다. '배경 2' 배경을 복사하여 '배경 3'을 추가한 후, '세 번째 배경은 사각형이 추가되었습니다.'로 수정하고, 무대 중앙 부분에 파란색 외곽선으로 사각형을 그린다. '배경 2' 배경을 복사하여 '배경 4'를 추가한 후, '네 번째 배경은 여러분이 자유롭게 그려보세요.'로 수정하고 다양한 도형이나 그림 등으로 배경을 그린다.

[시작하기 깃발]을 클릭하여 프로젝트가 시작되면 처음 배경은 '배경 1'로 정하고, 무대를 클릭하면 다음 배경으로 바꾼다.

프로젝트 결과 화면

프로젝트 문제 분석

문제를 분석하여 필요한 기능이 무엇인지 정리한다.

프로젝트 알고리즘 설계

스프라이트, 무대의 문제 해결 알고리즘을 작성한다.

스프라이트	알고리즘
 스프라이트1	필요한 알고리즘 없음

무 대	알고리즘
	**[시작하기 깃발 클릭했을 때]** ① 배경을 배경 1로 바꾼다. **[무대를 클릭했을 때]** ① 다음 배경으로 바꾼다.

연습문제 03-3

미로 찾기 배경을 추가하기

기존 '배경 1'은 삭제하고, 외부 그림 파일로 저장된 미로 찾기 배경 그림을 업로드하여 무대 배경을 추가한다.

[시작하기 깃발]을 클릭하여 프로젝트가 시작되면 처음 배경은 [게임화면1]로 정하고, 무대를 클릭하면 다음 배경으로 바꾼다.

[쥐] 스프라이트는 무대 왼쪽 위의 파란색 원형 안에 위치한다.

프로젝트 결과 화면

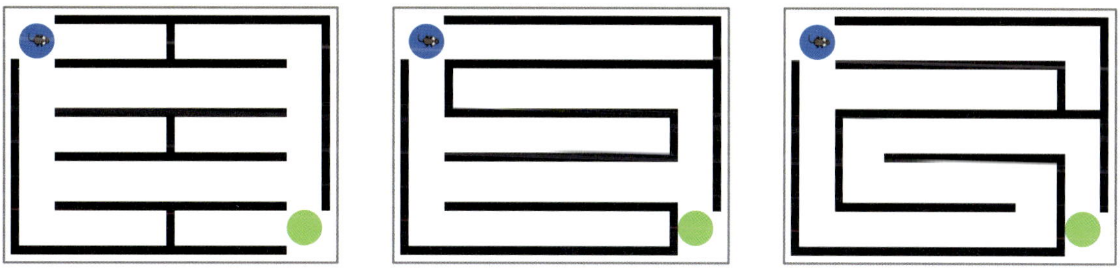

프로젝트 문제 분석

문제를 분석하여 필요한 기능이 무엇인지 정리한다.

프로젝트 알고리즘 설계

스프라이트, 무대의 문제 해결 알고리즘을 작성한다.

스프라이트	알고리즘
 쥐 Mouse1	**[시작하기 깃발 클릭했을 때]** ① 크기를 30%로 정한다. ② x:−190 y:135로 이동한다.

무 대	알고리즘
 	**[시작하기 깃발 클릭했을 때]** ① 배경을 게임화면1로 바꾼다. **[무대를 클릭했을 때]** ① 다음 배경으로 바꾼다.

4

무대에서 좌표 이동하기

학습 목표

1. 무대의 좌표와 벽에 대해 이해한다.
2. 좌표를 이용하여 이동할 수 있다.
3. 무대에서 무작위 위치로 이동할 수 있다.
4. 스프라이트의 x 좌표와 y 좌표의 값을 결합하여 말할 수 있다.
5. 제한된 좌표 이내로 조금씩 이동할 수 있다.

4 무대에서 좌표 이동하기

4.1 무대에서의 좌표 이동과 무작위 위치로 이동하기

(1) 무대의 좌표

스크래치의 무대는 가로 480픽셀pixel과 세로 360픽셀의 고정 크기로 구성되어 있다. 무대 중앙의 픽셀에 x:0 y:0 좌표가 부여되고, 무대 중앙 좌표를 기준으로 x축의 왼쪽 부분은 -240부터 0까지, 오른쪽 부분은 0부터 240까지의 좌표가 부여된다. y축의 경우 위쪽 부분은 180부터 0까지, 아래쪽 부분은 0부터 -180까지의 좌표가 부여된다.

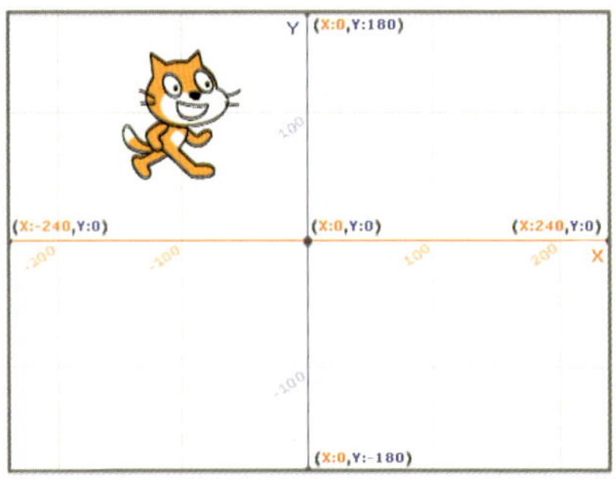

무대 위의 스프라이트는 현재 x:-100 y:100 좌표에 있으며, 블록을 사용하여 x:100 y:-100 위치로 이동시키면 해당 좌표로 이동하게 된다.

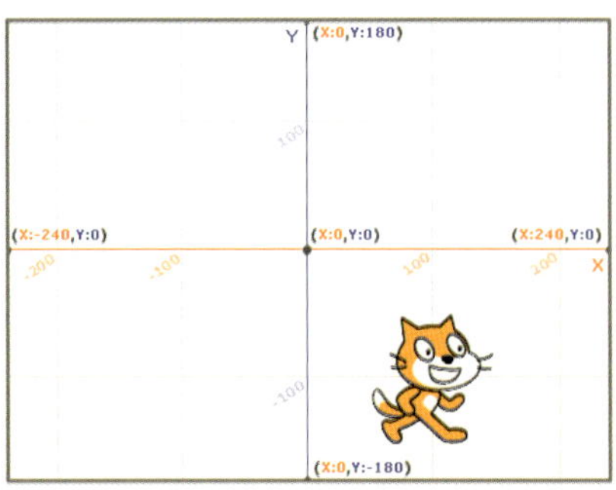

(2) 좌표를 이용한 이동하기

무대에서 스프라이트의 이동은 좌표를 기준으로 이동하며, [동작] 팔레트에서 좌표 관련 블록을 제공하고 있다.

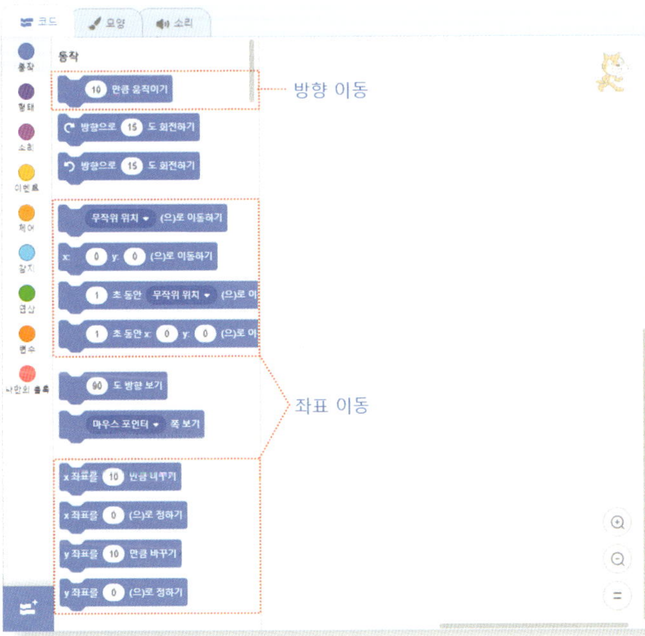

스프라이트를 무대 중앙인 x:0 y:0 좌표에 위치시킨 후 x:100 y:100 좌표로 이동하려면, [x:0 y:0 (으)로 이동하기] 블록과 [x:100 y:100(으)로 이동하기] 블록을 사용한다.

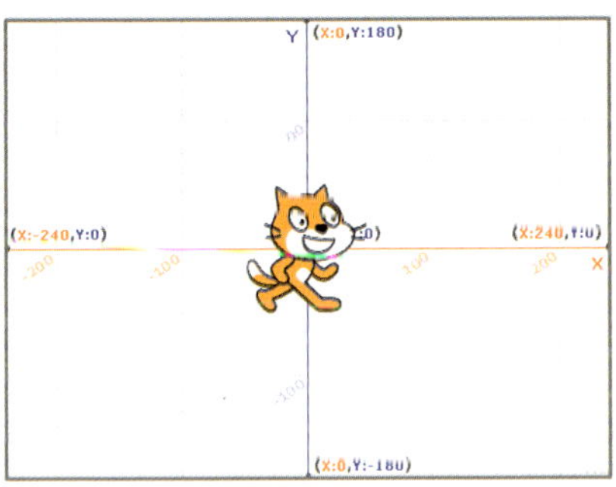

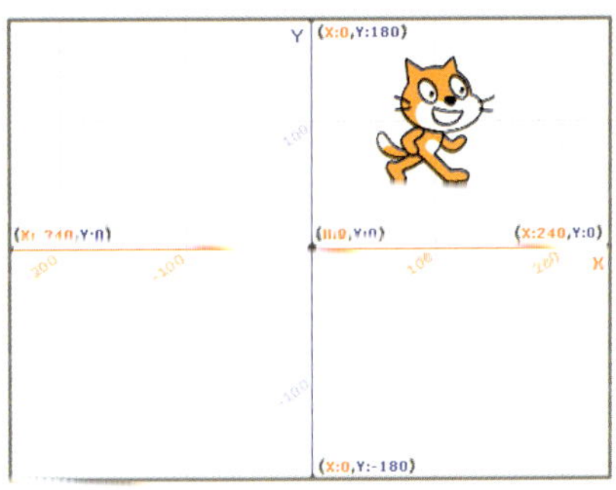

스프라이트의 이동은 무대에 설정된 x 좌표의 범위 -240~240, y 좌표의 범위 -180~180 범위 내에서만 움직일 수 있고 이러한 좌표 사용을 권장하고 있는 것이 일반적이다. 다만, 무대 안에서 무대 밖으로 서서히 사라지거나 무대 밖에서 무대 안으로 서서히 진입하는 애니메이션 효과를 부여하기 위하여 예외적으로 무대에 설정된 좌표 범위를 벗어난 좌표를 사용하기도 한다.

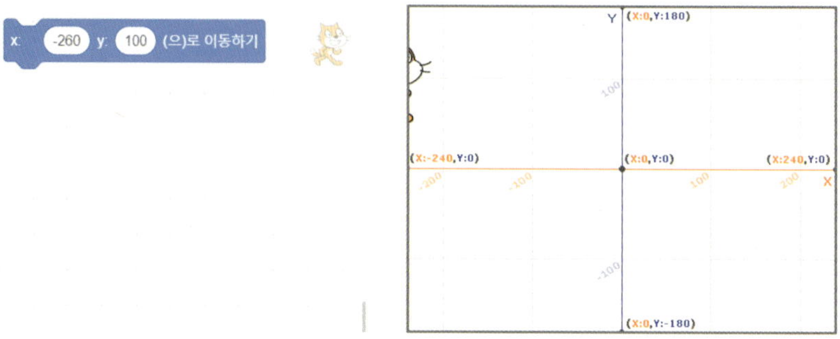

(3) 결합하여 말하기

스프라이트가 무대에서 말하려면 [형태] 팔레트의 [안녕!을(를) 2초 동안 말하기] 블록이나 [안녕! 말하기] 블록을 사용한다. 말하기 관련 블록을 통해 원하는 특정 값을 스프라이트가 말하여 표현할 수 있다. 예를 들어 스프라이트가 현재 x 좌표를 말하고 이어서 y 좌표를 말하려면 [(x 좌표)을(를) 2초 동안 말하기] 블록과 [(y 좌표)을(를) 2초 동안 말하기] 블록을 연달아 실행하면 된다.

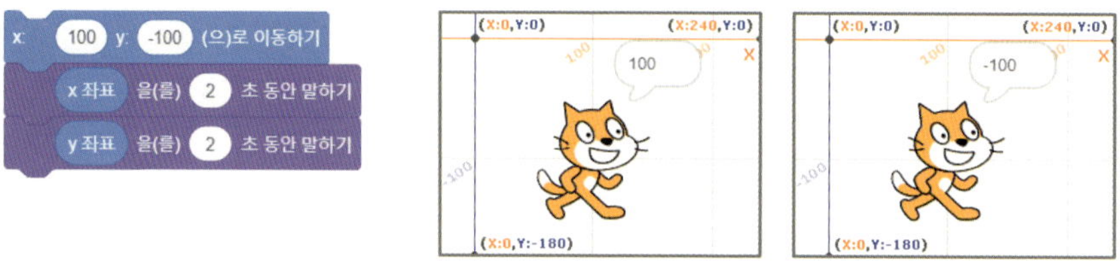

x 좌표와 y 좌표를 동시에 말하려면 두 좌표를 하나의 값으로 결합해주는 [연산] 팔레트의 (가위와(과) 나무 결합하기) 블록을 사용해야 한다.

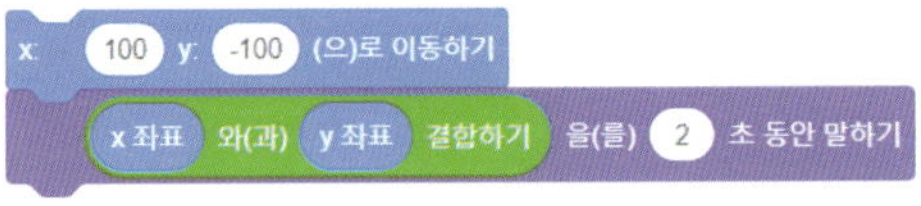

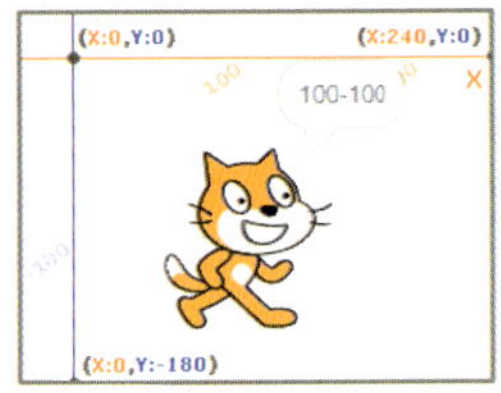

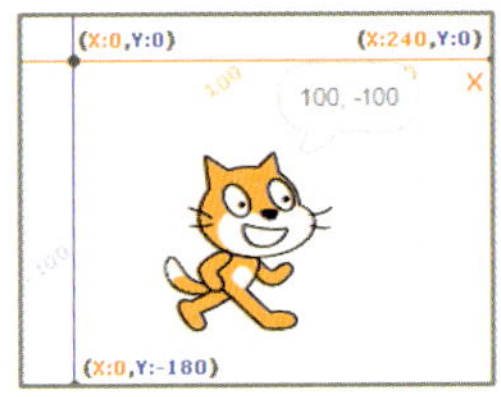

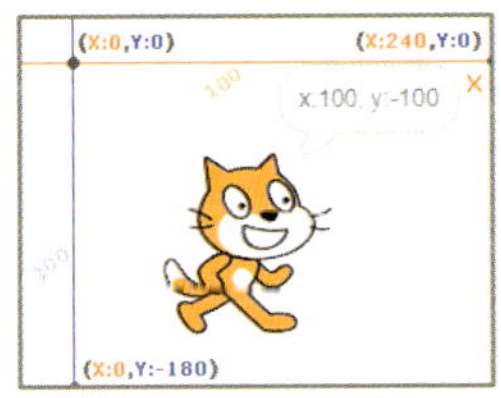

프로젝트 04-1

무대에서의 좌표 이동과 현재 좌표 말하기

[고양이] 스프라이트를 무대의 중앙에 위치시키고 1초 동안 현재 좌표를 말한다. 그리고 스프라이트를 무대의 오른쪽 벽, 왼쪽 벽, 위쪽 벽, 아래쪽 벽으로 순서대로 이동하고 각 위치에서 1초 동안 현재 좌표를 말한다.

[고양이] 스프라이트를 클릭하면 무대에서 무작위 위치로 이동하고 1초 동안 현재 좌표를 말한다.

프로젝트 결과 화면

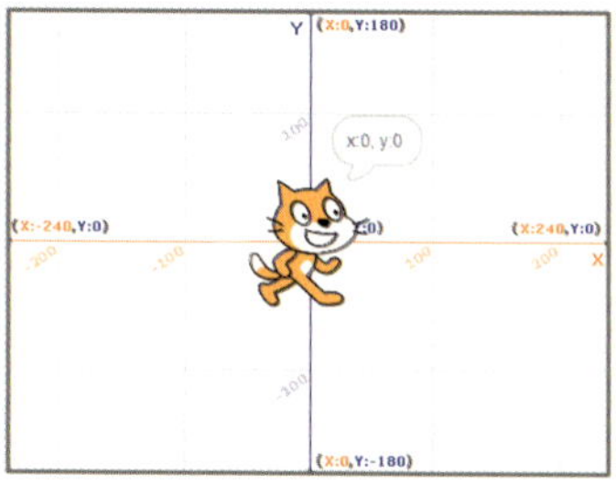

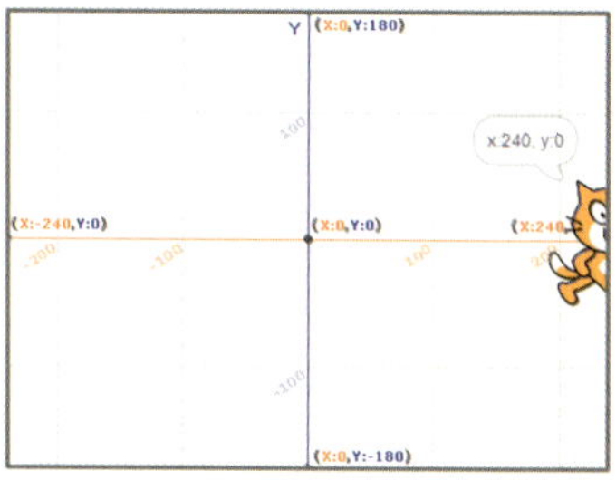

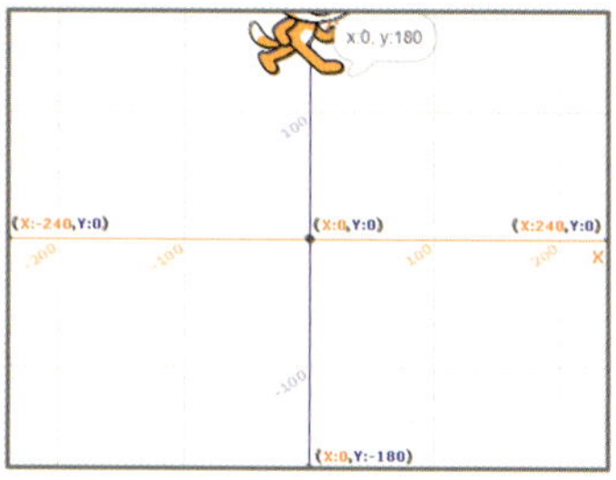

프로젝트 문제 분석

문제를 분석하여 필요한 기능이 무엇인지 정리한다.

프로젝트 알고리즘 설계

스프라이트, 무대의 문제 해결 알고리즘을 작성한다.

스프라이트	알고리즘
 스프라이트1	**[시작하기 깃발 클릭했을 때]** ① 무대의 중앙(x:0, y:0)으로 이동하고 'x:0, y:0' 형식으로 좌표를 1초 동안 말한다. ② 무대의 오른쪽 벽(x:240, y:0)으로 이동하고 'x:240, y:0' 형식으로 좌표를 1초 동안 말한다. ③ 무대의 왼쪽 벽(x:−240, y:0)으로 이동하고 'x:−240, y:0' 형식으로 좌표를 1초 동안 말한다. ④ 무대의 위쪽 벽(x:0, y:180)으로 이동하고 'x:0, y:180' 형식으로 좌표를 1초 동안 말한다. ⑤ 무대의 아래쪽 벽(x:0, y:−180)으로 이동하고 'x:0, y:−180' 형식으로 좌표를 1초 동안 말한다.

스프라이트	알고리즘
	[이 스프라이트를 클릭했을 때] ① 무대의 무작위 위치로 이동하고 'x:100, y:100' 형식으로 좌표를 1초 동안 말한다.

무 대	알고리즘
 Xy-grid	필요한 알고리즘 없음

프로젝트 코딩

[프로젝트 알고리즘 설계]를 참고하여 코딩한다.

Step 01 무대 배경의 변경 및 스프라이트 이름 변경하기

① 무대 배경을 추가하여 변경하려면, 무대 제어 부분의 [배경 고르기]를 클릭하고 [배경 고르기] 화면에서 [Xy-grid] 배경을 클릭한다.

② 스프라이트 이름을 '고양이'로 변경한다.

Step 02 무대의 중앙으로 이동하고 좌표 말하기

① [이벤트] 팔레트의 [시작하기 클릭했을 때] 블록을 코드 영역으로 끌어 놓는다.

② [동작] 팔레트의 [x:0 y:0(으)로 이동하기] 블록을 코드 영역으로 끌어와서 [시작하기 클릭했을 때] 블록에 이어 붙인다.

③ [형태] 팔레트의 [안녕!을(를) 2초 동안 말하기] 블록을 코드 영역으로 끌어와서 [x:0 y:0(으)로 이동하기] 블록에 이어 붙이고 블록의 값을 '1'로 변경한다.

④ [연산] 팔레트의 (가위와(과) 나무 결합하기) 블록 세 개를 코드 영역으로 끌어오고, [동작] 팔레트의 (x 좌표) 블록과 (y 좌표) 블록을 코드 영역으로 끌어온다.

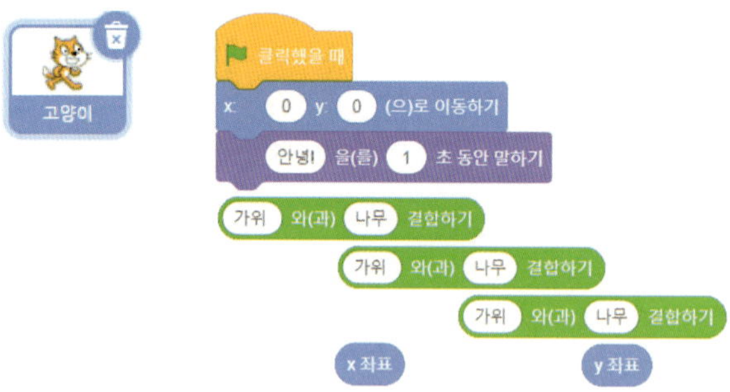

⑤ (가위와(과) 나무 결합하기) 블록들을 연결하고 (x 좌표) 블록과 (y 좌표) 블록을 끼워 넣는다. 그리고 첫 번째 '가위'는 'x:'로 변경하고, 두 번째 '가위'는 ', y:'로 변경한 후, [안녕!을(를) 2초 동안 말하기] 블록의 '안녕' 부분에 끼워 넣는다.

Step 03 무대의 오른쪽 벽, 왼쪽 벽으로 이동하고 좌표 말하기

① [x:0 y:0(으)로 이동하기] 블록에서 마우스 오른쪽 버튼을 클릭하면 나타나는 메뉴의 [복사하기]를 실행한다.

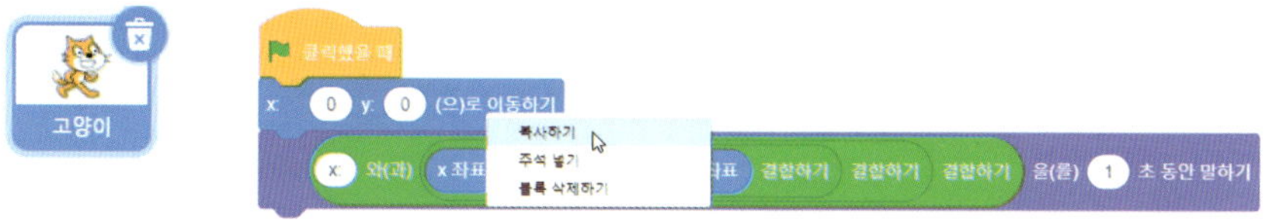

② 복사된 두 블록을 스크립트의 끝에 이어 붙인다.

③ 복사된 [x:0 y:0(으)로 이동하기] 블록에서 'x:'의 값을 '240'으로 변경한다.

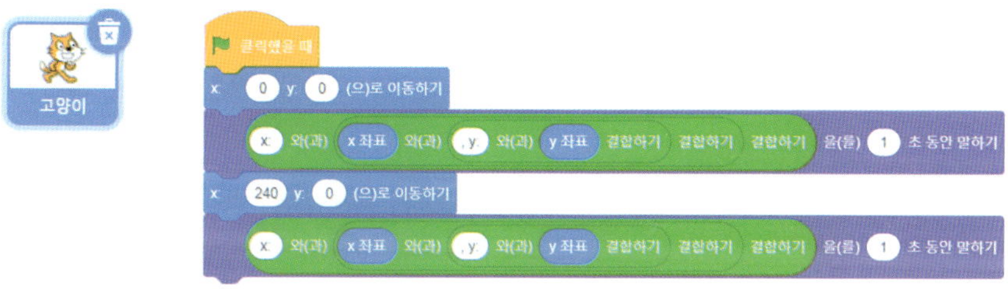

④ [x:240 y:0(으)로 이동하기] 블록에서 위의 ①~③ 방식을 이용하여 블록을 복사하고 스크립트의 끝에 이어 붙인다.

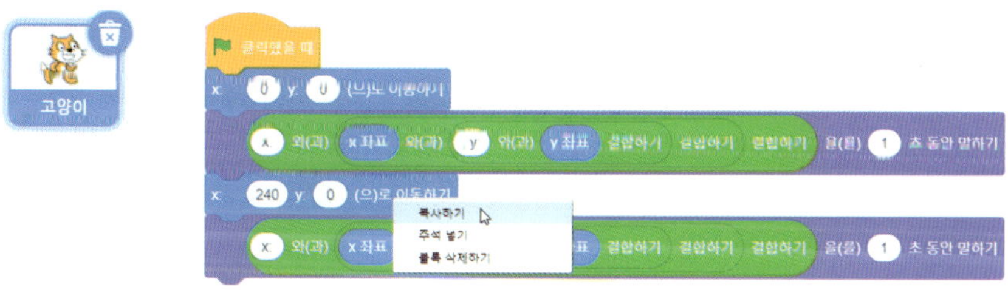

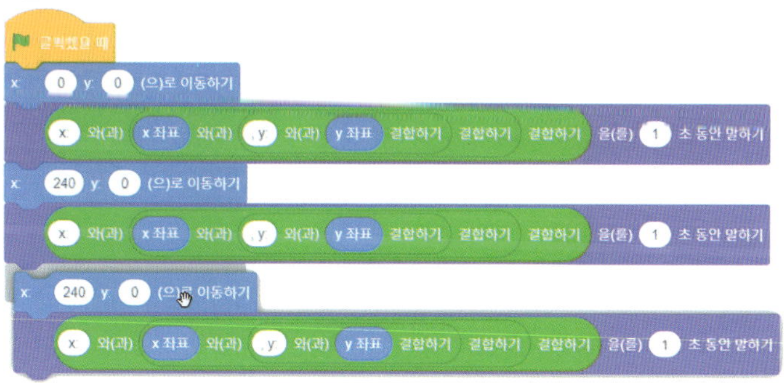

⑤ 복사된 [x:240 y:0(으)로 이동하기] 블록에서 'x:'의 값을 '-240'으로 변경한다.

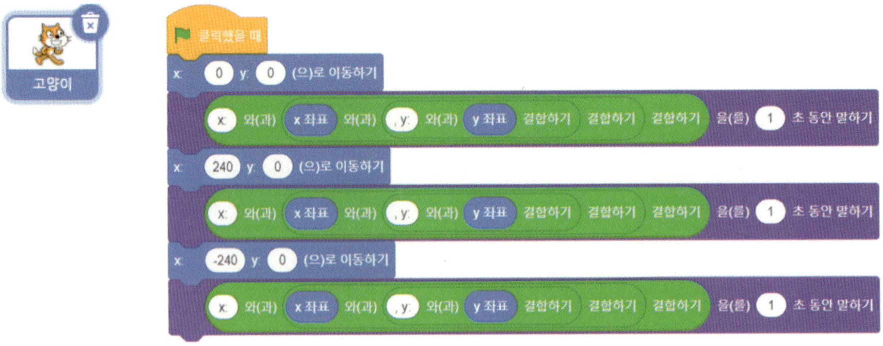

Step 04 무대의 위쪽 벽, 아래쪽 벽으로 이동하고 좌표 말하기

① [Step 03]의 블록 복사 방식을 이용하여 블록들을 복사하여 스크립트의 끝에 이어 붙인다.

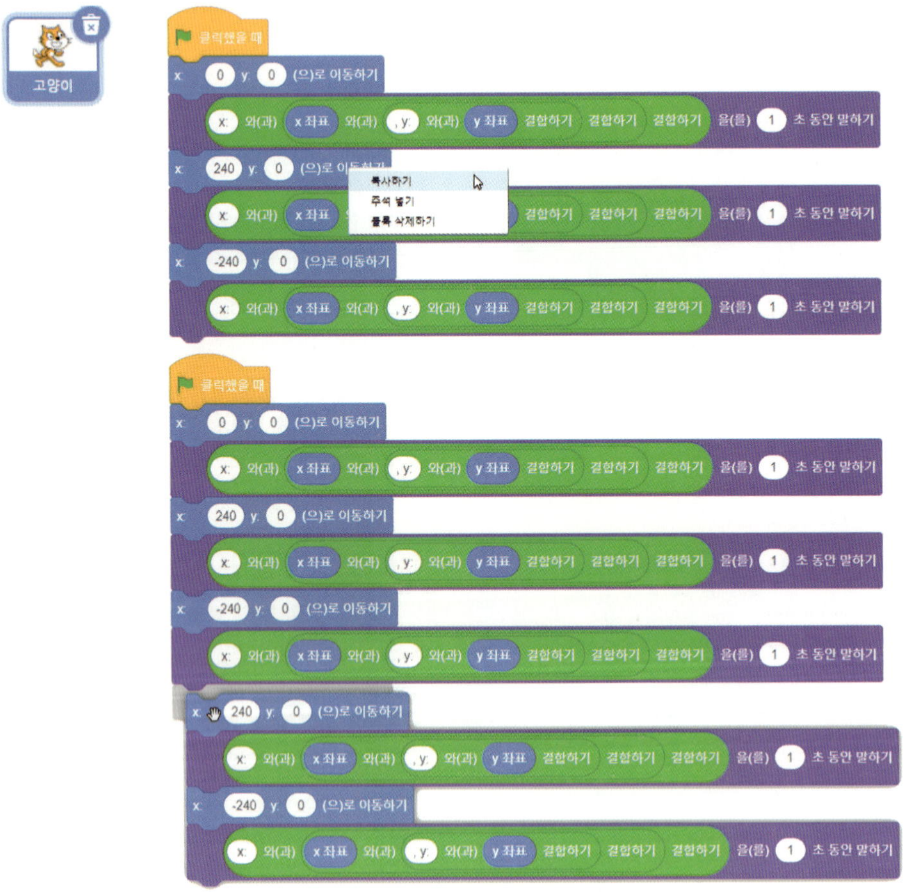

② 복사된 블록의 값을 'x:0 y:180'과 'x:0 y:-180'으로 변경한다.

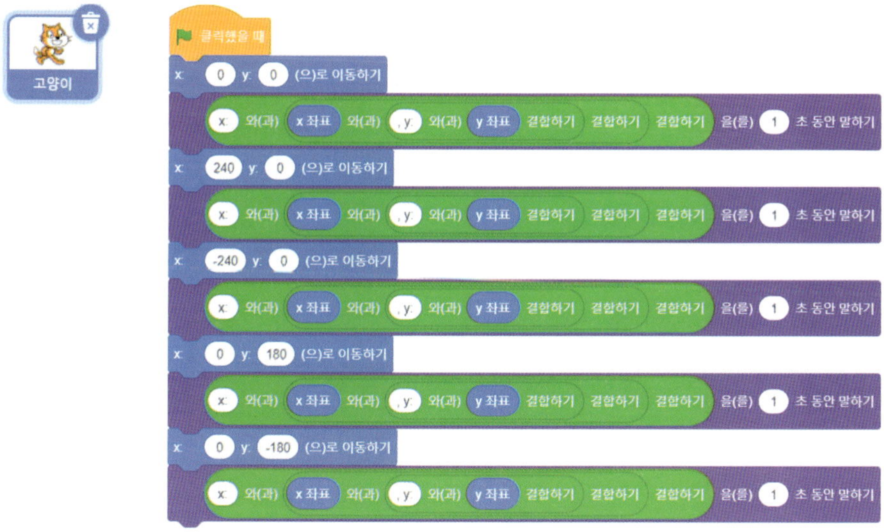

Step 05 스프라이트를 클릭하면 무작위 위치로 이동하고 좌표 말하기

① [이벤트] 팔레트의 [이 스프라이트를 클릭했을 때] 블록을 코드 영역으로 끌어 놓는다.

② [동작] 팔레트의 [무작위 위치(으)로 이동하기] 블록을 코드 영역으로 끌어와서 [이 스프라이트를 클릭했을 때] 블록에 이어 붙인다.

③ [Step 04]에서 만들었던 [~ 말하기] 블록 하나를 복사하여 [무작위 위치(으)로 이동하기] 블록에 이어 붙인다.

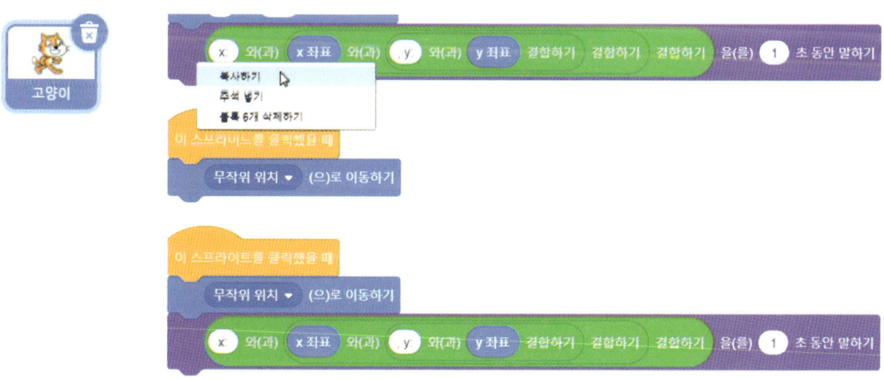

Step 06 프로젝트 실행 및 저장하기

① 무대 위의 [시작하기 깃발]을 클릭하여 프로젝트가 알고리즘대로 올바르게 동작하는지 확인해 보자.

② 스크래치 프로젝트를 저장하기 위하여, 메뉴의 [프로젝트 이름]을 '스크래치 프로젝트'에서 '프로젝트-04-1'로 변경한다. 그리고 [파일] 메뉴의 [컴퓨터에 저장하기]를 실행한 후, 컴퓨터의 폴더를 정하여 프로젝트를 저장한다.

개선 / 발전 방향

프로젝트에서 수정할 사항이나 개선 / 발전할 사항들을 정리한다.

- [x:0 y:0 (으)로 이동하기] 블록은 [1초 동안 x:0 y:0(으)로 이동하기] 블록으로 모두 변경하고, [무작위 위치(으)로 이동하기] 블록은 [1초 동안 무작위 위치(으)로 이동하기] 블록으로 변경한 후, 실행되는 결과가 본문의 [프로젝트-04-1]과 어떻게 다르게 움직이는지 확인한다.
- [고양이] 스프라이트가 무대의 중앙에서 움직인 후, 오른쪽 벽에서 다시 중앙으로, 왼쪽 벽에서 다시 중앙으로, 위쪽 벽에서 다시 중앙으로, 아래쪽 벽에서 다시 중앙으로 이동하도록 변경한다. 각 벽에서 중앙으로 이동한 후에는 좌표를 이야기하지 않고 1초를 기다린다.
-
-

4.2 현재 위치 기준의 좌표 이동과 다른 스프라이트의 좌표 구하기

(1) 현재 위치를 기준으로 좌표 이동하기

[동작] 팔레트의 [x:0 y:0(으)로 이동하기] 블록은 스프라이트의 현재 위치에 상관없이 무대 내의 절대적 좌표 위치로 이동할 때 사용하며, 스프라이트의 현재 위치에서 일정한 거리 내의 좌표로 이동할 때는 사용할 수 없다.

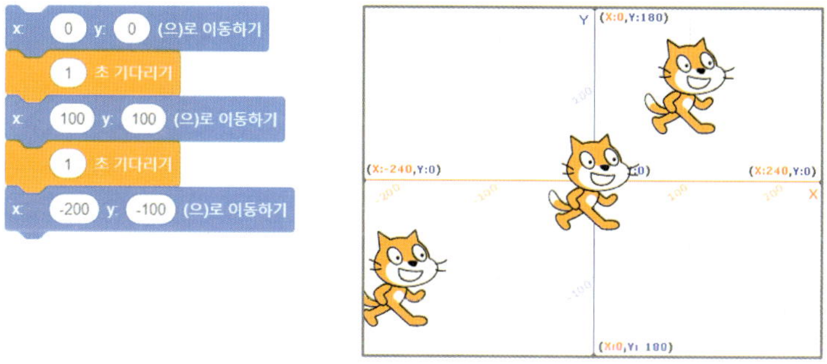

스프라이트의 현재 위치를 기준으로 좌표를 변경하여 움직이려면 [동작] 팔레트의 [x 좌표를 10만큼 바꾸기] 블록과 [y 좌표를 10만큼 바꾸기] 블록이 필요하다.

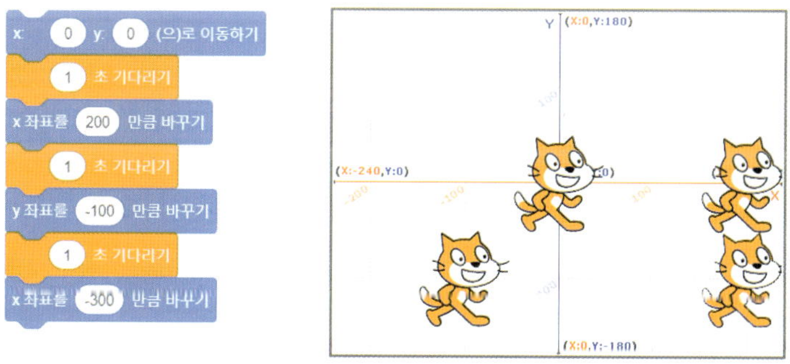

(2) 현재 위치를 기준으로 난수를 이용한 제한된 거리 내의 좌표 이동하기

[동작] 팔레트의 [무작위 위치(으)로 이동하기] 블록은 스프라이트의 현재 위치에 상관없이 무대 내의 무작위 위치로 이동할 때 사용하지만, 스프라이트의 현재 위치를 기준으로 제한된 거리 내의 좌표로 이동할 때는 사용할 수 없다. 이런 경우에는 [연산] 팔레트의 (1부터 10 사이의 난수) 블록에 의한 난수 값에 의해 현재 좌표에서 x 좌표와 y 좌표를 바꿔 제한된 거리 내의 좌표로 이동할 수 있다.

난수 값이 85, –89 발생한 경우, x:0 y:0 좌표에서 x:85 y:–89 좌표로 이동

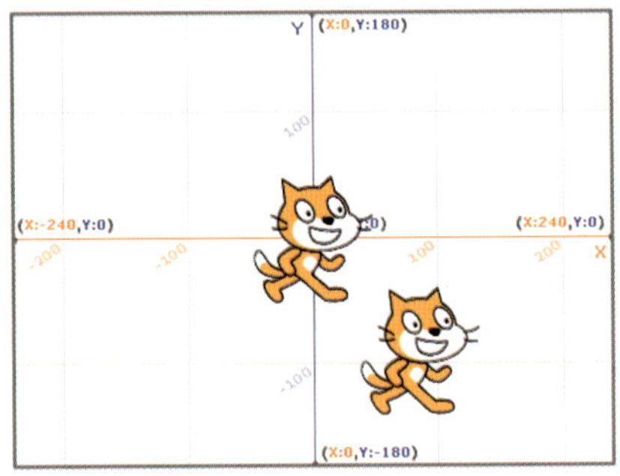

(3) 다른 스프라이트의 좌표 구하기

[동작] 팔레트의 (x 좌표) 블록과 (y 좌표) 블록은 스프라이트 자신의 x 좌표와 y 좌표를 구할 때 사용한다. 다른 스프라이트의 좌표는 [감지] 팔레트의 (무대의 배경 번호) 블록의 값을 ('다른스프라이트'의 'x좌표')와 ('다른스프라이트'의 'y좌표')로 변경하여 구할 수 있다.

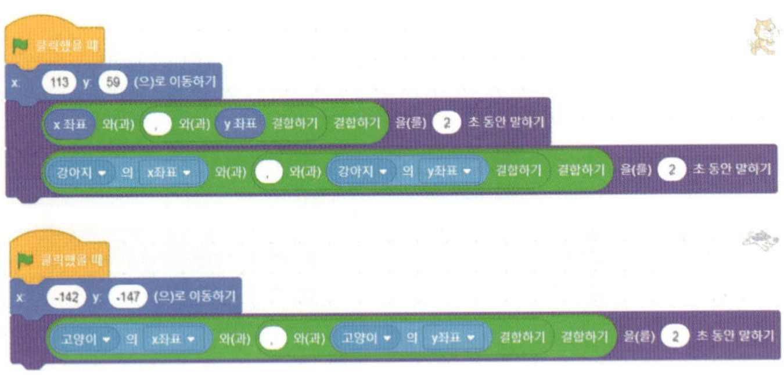

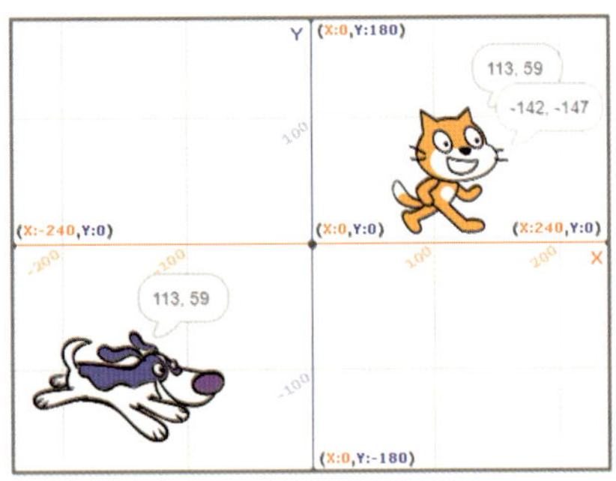

프로젝트 04-2

현재 위치에서 제한된 좌표 이내로 조금씩 이동하기

[고양이] 스프라이트를 무대의 중앙에 위치시키고 1초를 기다린다. 그리고 x 좌표는 -50~50 사이의 난수, y 좌표는 -50~50 사이의 난수를 이용하여 현재 위치에서 이동한 후 1초 기다리는 동작을 무한 반복한다.

[강아지] 스프라이트를 클릭하면, [고양이] 스프라이트 쪽을 바라보고 현재 좌표를 1초 동안 말한다.

프로젝트 결과 화면

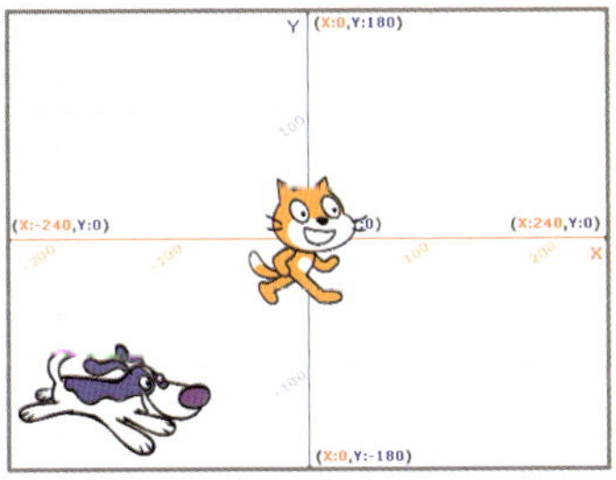

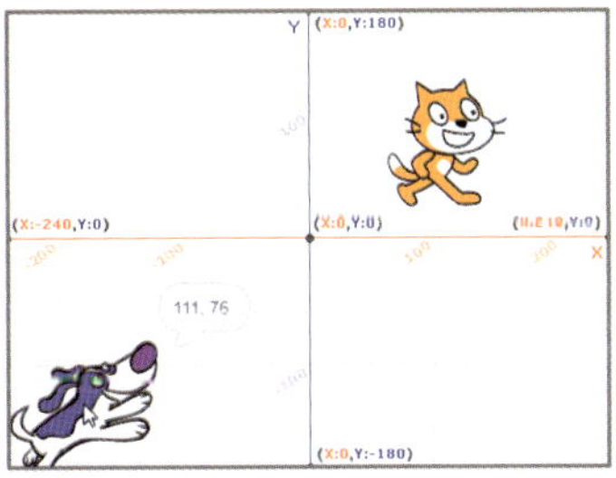

프로젝트 문제 분석

문제를 분석하여 필요한 기능이 무엇인지 정리한다.

프로젝트 알고리즘 설계

스프라이트, 무대의 문제 해결 알고리즘을 작성한다.

스프라이트	알고리즘
 스프라이트1	**[시작하기 깃발 클릭했을 때]** ① 무대의 중앙(x:0, y:0)으로 이동한다. ② 1초 기다린다. ③ 다음을 무한 반복한다. ③-1 x 좌표를 -50~50 사이의 난수만큼 바꾼다. ③-2 y 좌표를 -50~50 사이의 난수만큼 바꾼다. ③-3 1초 기다린다.

스프라이트	알고리즘
 Dog1	**[시작하기 깃발 클릭했을 때]** ① x:−150, y:−160으로 이동한다. ② 오른쪽(90도 방향)을 본다. **[이 스프라이트를 클릭했을 때]** ① [고양이] 스프라이트 쪽을 본다. ② 'x:100, y:100' 형식으로 [고양이] 스프라이트의 좌표를 1초 동안 말한다.

무 대	알고리즘
Xy−grid	필요한 알고리즘 없음

프로젝트 코딩

[프로젝트 알고리즘 설계]를 참고하여 코딩한다.

Step 01 무대 배경의 변경 및 스프라이트 추가하기

① 무대 배경을 추가하여 변경하려면, 무대 제어 부분의 [배경 고르기]를 클릭하고 [배경 고르기] 화면에서 [Xy−grid] 배경을 클릭한다.

② [스프라이트 1] 스프라이트의 이름을 '고양이'로 변경한다.

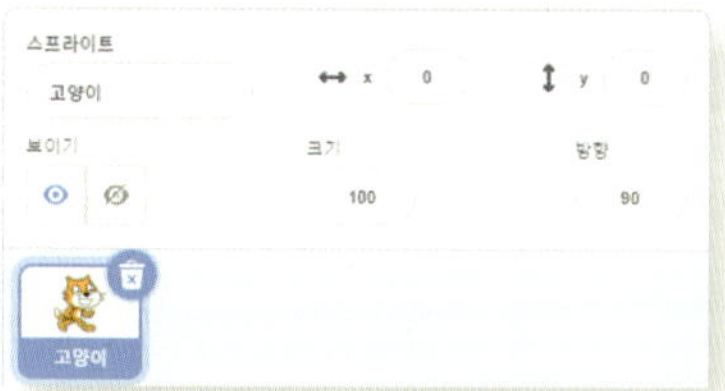

③ 새로운 스프라이트를 추가하려면, 스프라이트 제어 부분의 [스프라이트 고르기]를 클릭하여 [스프라이트 고르기] 화면에서 [Dog 1] 스프라이트를 클릭하여 추가한다.

④ [Dog 1] 스프라이트의 이름을 '강아지'로 변경한다.

Step 02 [강아지] 스프라이트의 처음 위치와 방향 정하기

① [이벤트] 팔레트의 [시작하기 클릭했을 때] 블록을 코드 영역으로 끌어 놓는다.

② [동작] 팔레트의 [x:0 y:0(으)로 이동하기] 블록을 코드 영역으로 끌어와서 [시작하기 클릭했을 때] 블록에 이어 붙이고, 블록의 값을 '-150', '-160'으로 변경한다.

③ [강아지] 스프라이트를 클릭하면 [강아지] 스프라이트가 [고양이] 스프라이트를 바라보게 된다. 프로젝트를 시작할 때 [강아지] 스프라이트를 오른쪽 90도 방향으로 바라보게 하려면, [동작] 팔레트의 [90도 방향 보기] 블록을 코드 영역으로 끌어와서 [x:-150 y:-160(으)로 이동하기] 블록에 이어 붙인다.

Step 03 [강아지] 스프라이트를 클릭하면 [고양이] 스프라이트를 보고 좌표 말하기

① [이벤트] 팔레트의 [이 스프라이트를 클릭했을 때] 블록을 코드 영역으로 끌어 놓는다.

② [동작] 팔레트의 [마우스 포인터 쪽 보기] 블록을 코드 영역으로 끌어와서 [이 스프라이트를 클릭했을 때] 블록에 이어 붙이고, 블록의 값을 '고양이'로 변경한다.

③ [고양이] 스프라이트의 좌표를 말하기 위하여, [형태] 팔레트의 [안녕!을(를) 2초 동안 말하기] 블록을 코드 영역으로 끌어와서 [고양이 쪽 보기] 블록에 이어 붙이고 '2'초 부분의 값을 '1'로 변경한다.

④ [고양이] 스프라이트의 x 좌표와 y 좌표, ', ' 값들을 결합하기 위하여, [연산] 팔레트의 (가위와(과) 나무 결합하기) 블록 두 개를 코드 영역으로 끌어온다. 그리고 [감지] 팔레트의 (무대의 배경 번호) 블록 두 개를 코드 영역으로 끌어와서 '고양이', 'x좌표', '고양이', 'y좌표'로 변경한다.

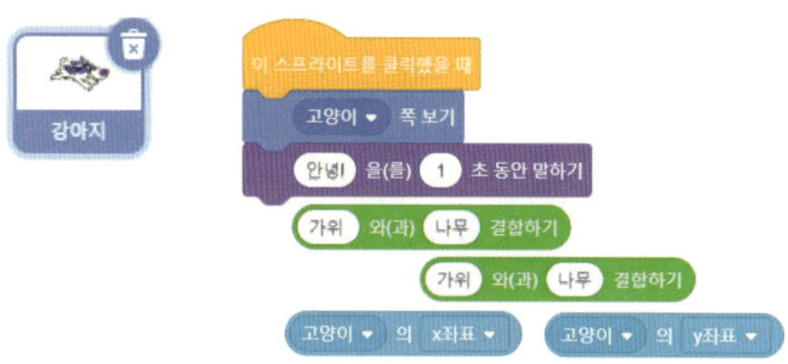

⑤ (가위와(과) 나무 결합하기) 블록들을 끼워 연결한 후, (고양이의 x좌표) 블록과 (고양이의 y좌표) 블록을 [~ 결합하기] 블록 내에 끼워 넣고, [~ 결합하기] 블록의 가운데 값은 ', '로 변경한다. 그리고 [~ 결합하기] 블록 전체를 [안녕!을(를) 1초 동안 말하기] 블록의 '안녕' 부분에 끼워 넣는다.

⑥ [Step 02]부터 [Step 03]까지 작성한 [강아지] 스프라이트의 전체 스크립트는 다음과 같다.

Step 04 [고양이] 스프라이트가 무대의 중앙으로 이동하고 1초 기다리기

① [이벤트] 팔레트의 [시작하기 클릭했을 때] 블록을 코드 영역으로 끌어 놓는다.

② [동작] 팔레트의 [x:0 y:0(으)로 이동하기] 블록을 코드 영역으로 끌어와서 [시작하기 클릭했을 때] 블록에 이어 붙인다.

③ [제어] 팔레트의 [1초 기다리기] 블록을 코드 영역으로 끌어와서 [x:0 y:0(으)로 이동하기] 블록에 이어 붙인다.

Step 05 무한 반복하며 현재 좌표를 기준으로 난수 값만큼 이동하기

① [제어] 팔레트의 [무한 반복하기] 블록을 코드 영역으로 끌어와서 [1초 기다리기] 블록에 이어 붙인다.

② [동작] 팔레트의 [x 좌표를 10만큼 바꾸기] 블록을 코드 영역으로 끌어와서 [무한 반복하기] 블록 안에 끼워 넣는다. 그리고 [연산] 팔레트의 (1부터 10 사이의 난수) 블록을 코드 영역으로 끌어와서 블록의 값을 '-50', '50'으로 변경하고 [x 좌표를 10만큼 바꾸기] 블록 안에 끼워 넣는다.

③ [동작] 팔레트의 [y 좌표를 10만큼 바꾸기] 블록을 코드 영역으로 끌어와서 [무한 반복하기] 블록 안에 끼워 넣는다. 그리고 [연산] 팔레트의 (1부터 10 사이의 난수) 블록을 코드 영역으로 끌어와서 블록의 값을 '-50', '50'으로 변경하고 [y 좌표를 10만큼 바꾸기] 블록 안에 끼워 넣는다.

④ [제어] 팔레트의 [1초 기다리기] 블록을 코드 영역으로 끌어와서 [무한 반복하기] 블록 안의 [y 좌표를 (-50부터 50 사이의 난수)만큼 바꾸기] 블록 뒤에 이어 붙인다.

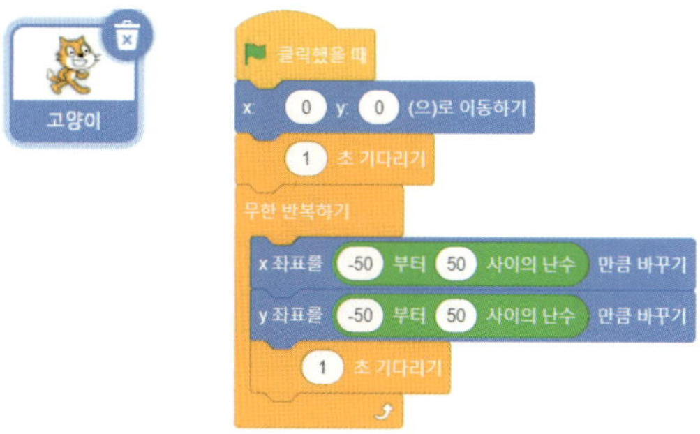

⑤ [Step 04]부터 [Step 05]까지 작성한 [고양이] 스프라이트의 전체 스크립트는 다음과 같다.

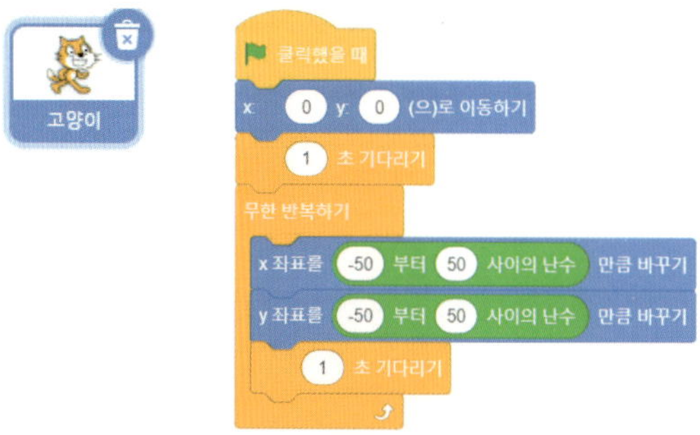

Step 06 프로젝트 실행 및 저장하기

① 무대 위의 [시작하기 깃발]을 클릭하여 프로젝트가 알고리즘대로 올바르게 동작하는지 확인해 보자.

② 스크래치 프로젝트를 저장하기 위하여, 메뉴의 [프로젝트 이름]을 '스크래치 프로젝트'에서 '프로젝트-04-2'로 변경한다. 그리고 [파일] 메뉴의 [컴퓨터에 저장하기]를 실행한 후, 컴퓨터의 폴더를 정하여 프로젝트를 저장한다.

개선 / 발전 방향

프로젝트에서 수정할 사항이나 개선 / 발전할 사항들을 정리한다.

- 난수 발생의 값을 -50~50보다 크거나(예: -100~100) 작은(예: -20~20) 값으로 변경하여 실행한 후 [고양이] 스프라이트의 움직임을 확인한다. [스페이스] 키를 누르면 [강아지] 스프라이트가 [고양이] 스프라이트 위치로 이동하여 0.5초를 기다린 후, 1초 동안 원래 위치한 곳으로 되돌아온다.
-
-

4.3 연습문제

연습문제 04-1

마우스 포인터 쪽을 보고 움직이기

[고양이] 스프라이트는 무대 중앙에서 오른쪽을 바라본다. 그리고 무한 반복하면서 마우스 포인터 쪽을 바라보고, 1초 동안 마우스 포인터 위치로 이동한다. [고양이] 스프라이트를 클릭하면 무대에서 스프라이트를 숨긴 후, 2초 동안 기다리고 다시 무대에 나타난다.

프로젝트 결과 화면

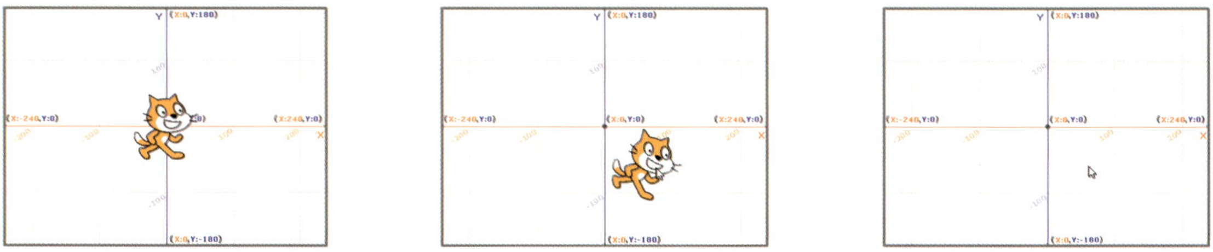

프로젝트 문제 분석

문제를 분석하여 필요한 기능이 무엇인지 정리한다.

프로젝트 알고리즘 설계

스프라이트, 무대의 문제 해결 알고리즘을 작성한다.

스프라이트	알고리즘	
 스프라이트1	**[시작하기 깃발 클릭했을 때]** ① 회전 방식을 회전하기로 정한다. ② 무대의 중앙(x:0, y:0)으로 이동한다. ③ 오른쪽(90도 방향)을 본다. ④ 다음을 무한 반복한다. ④-1 마우스 포인터 쪽을 본다. ④-2 1초 동안 마우스 포인터로 이동한다.	**[이 스프라이트를 클릭했을 때]** ① 스프라이트를 무대에서 숨긴다. ② 2초 기다린다. ③ 스프라이트를 무대에 보인다.

무 대	알고리즘
 Xy-grid	필요한 알고리즘 없음

연습문제 04-2

떨어지는 눈송이를 클릭하여 없애기

[눈송이1] 스프라이트는 무대 상단의 x:-240~240 y:100~180 사이 위치에서 나타나 아래 방향으로, 10만큼 움직이고 0.1~0.2초 기다리는 것을 무한 반복한다. 떨어지는 [눈송이1] 스프라이트를 클릭하면 무대에서 사라지고, 0.1초 기다린 후, 무대 상단의 x:-240~240 y:100~180 사이 위치에서 나타난다.

[눈송이2] 스프라이트와 [눈송이3] 스프라이트는 [눈송이1]스프라이트를 복사하여 추가한다.

프로젝트 결과 화면

프로젝트 문제 분석

문제를 분석하여 필요한 기능이 무엇인지 정리한다.

프로젝트 알고리즘 설계

스프라이트, 무대의 문제 해결 알고리즘을 작성한다.

스프라이트	알고리즘	
 Snowflake	**[시작하기 깃발 클릭했을 때]** ① 스프라이트를 무대에 보인다. ② 크기를 30%로 정한다. ③ 아래쪽(180도 방향)을 본다. ④ x:(−240~240 사이의 난수) y:(100~180 사이의 난수)로 이동한다. ⑤ 다음을 무한 반복한다. ⑤−1 10만큼 움직인다. ⑤−2 (0.1~0.2 사이의 난수)초 기다린다.	**[이 스프라이트를 클릭했을 때]** ① 스프라이트를 무대에서 숨긴다. ② 1초 기다린다. ③ x:(−240~240 사이의 난수) y:(100~180 사이의 난수)로 이동한다. ④ 스프라이트를 무대에 보인다.

무 대	알고리즘
 Winter	필요한 알고리즘 없음

연습문제 04-3

달리는 차의 현재 위치 말하기

[차1] 스프라이트는 도로의 왼쪽에서 오른쪽으로 출발하며, [차2] 스프라이트는 도로의 오른쪽에서 왼쪽으로 출발한다. 두 차는 모두 도로의 좌우로 무한 반복하면서 움직인다.

[로봇] 스프라이트는 무대의 오른쪽 위에서 [차1] 스프라이트와 [차2] 스프라이트의 x 좌표 위치를 '차1:10 / 차2:20' 형식으로 결합하여 말하며 다음 모양으로 바꾸기를 무한 반복한다.

프로젝트 결과 화면

프로젝트 문제 분석

문제를 분석하여 필요한 기능이 무엇인지 정리한다.

프로젝트 알고리즘 설계

스프라이트, 무대의 문제 해결 알고리즘을 작성한다.

스프라이트	알고리즘
 Robot	**[시작하기 깃발 클릭했을 때]** ① 크기를 80%로 정한다. ② x:180 y:100으로 이동한다. ③ 다음을 무한 반복한다. ③–1 '차1:10 / 차2:20' 형식으로 결합하여 말한다. ③–2 다음 모양으로 바꾼다. ③–3 (0.1~0.3 사이의 난수)초 기다린다.

스프라이트	알고리즘
 Convertible	**[시작하기 깃발 클릭했을 때]** ① 크기를 60%로 정한다. ② 회전 방식을 왼쪽-오른쪽으로 정한다. ③ x:-170 y:-70으로 이동한다. ④ 오른쪽(90도 방향)을 본다. ⑤ 다음을 무한 반복한다. ⑤-1 10만큼 움직인다. ⑤-2 벽에 닿으면 튕긴다.
 Convertible 2	**[시작하기 깃발 클릭했을 때]** ① 크기를 60%로 정한다. ② 회전 방식을 왼쪽-오른쪽으로 정한다. ③ x:195 y:-95로 이동한다. ④ 왼쪽(-90도 방향)을 본다. ⑤ 다음을 무한 반복한다. ⑤-1 10만큼 움직인다. ⑤-2 벽에 닿으면 튕긴다.

무 대	알고리즘
 Night City	필요한 알고리즘 없음

5

횟수와 조건에 따라 반복하기

학습 목표

1. 지정한 횟수만큼 스프라이트의 동작을 반복할 수 있다.
2. 조건이 만족할 때까지 스프라이트의 동작을 반복할 수 있다.
3. 조건이 만족할 때까지 스프라이트를 기다리게 할 수 있다.

5

횟수와 조건에 따라 반복하기

5.1 횟수만큼 반복하기

(1) 순차적 실행

스크립트의 연결된 블록들은 기본적으로 위에서 아래 방향으로 순서대로 실행이 된다. 이러한 실행을 '순차적' 실행이라고 하며 블록들이 실행되는 가장 기본적인 실행 흐름 형태이다.

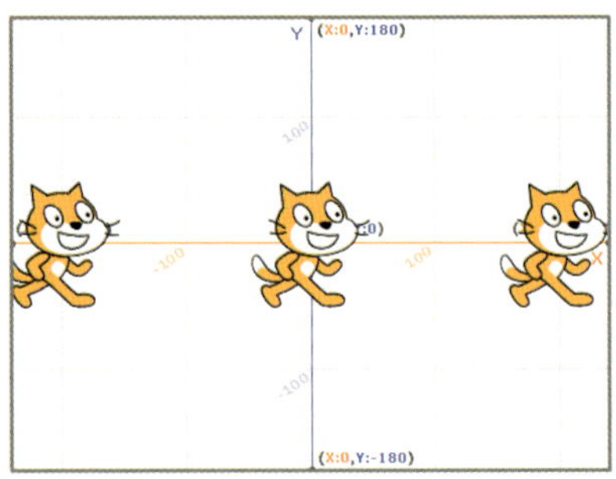

(2) 실행 흐름의 제어 및 [제어] 팔레트

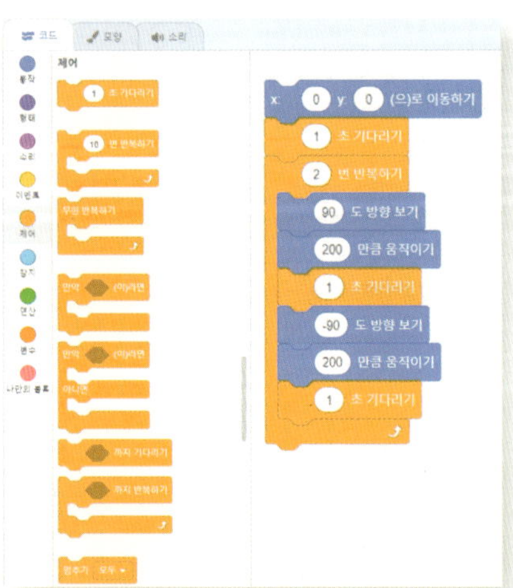

블록들이 실행되는 과정에서 잠시 기다려야 하거나, 특정 블록 부분이 연속적으로 여러 번 반복되어 실행되기도 한다. 또한, 특정 블록 부분이 조건에 따라 선택되어 실행되기도 한다.

블록들이 실행되는 과정에 관여하여 실행의 흐름을 변경하는 것을 '제어'라고 하며 스크래치에서는 [제어] 팔레트에서 '제어'에 관련된 블록들을 제공하고 있다.

(3) 반복 실행

특정 블록 부분이 연속적으로 여러 번 실행될 때 '반복적'으로 실행된다고 한다. 반복 실행되는 특정 블록 부분은 [제어] 팔레트의 반복하기 블록들을 이용하여 블록의 반복 사용을 줄일 수 있다.

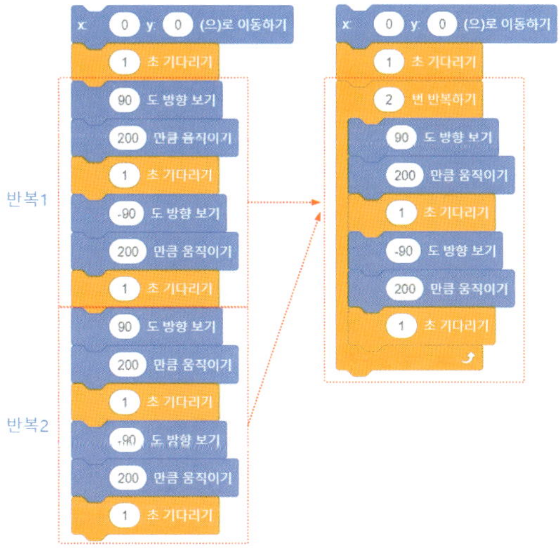

(4) [반복하기] 블록의 종류

스크래치에서의 반복 실행 형태는 무한 반복, 횟수 반복, 조건이 참일 때까지 반복의 경우가 있다. [무한 반복하기] 블록은 사용자가 강제적으로 멈출 때까지 이 블록이 감싼 블록들을 순차적으로 무한히 반복하여 실행한다. [(횟수)번 반복하기] 블록은 이 블록이 감싼 블록들을 순차적으로 지정한 횟수만큼 반복하여 실행한다. [〈조건〉까지 반복하기] 블록은 〈조건〉이 참true이 될 때까지 이 블록이 감싼 블록들을 반복하여 실행한다.

(5) [기다리기] 블록

[기다리기] 블록은 지정한 값만큼 실행을 잠시 멈추게 한다. 지정한 값의 단위는 초second이며, 소수점 이하의 숫자를 사용하여 밀리 초ms 단위의 값을 지정하거나 분, 시간 등의 값을 지정할 수 있다.

1초 기다리기　　100밀리 초 기다리기　　1분 기다리기　　1시간 기다리기

프로젝트 05-1

지정한 횟수만큼 반복하며 움직이기

[고양이] 스프라이트는 무대의 중앙에서 오른쪽을 보고 1초 기다린다. 이어서 100만큼 움직인 후 x 좌표와 y 좌표를 결합하여 말하고 1초 기다리는 동작을 두 번 반복한다. 반복이 끝나면 말하는 것을 중단하고 왼쪽을 보고 1초 기다린다. 그리고 100만큼 움직인 후 x 좌표와 y 좌표를 결합하여 말하고 1초 기다리는 동작을 네 번 반복한다. 반복이 끝나면 말하는 것을 중단한다.

[u] 키를 누르면 y 좌표를 50만큼 바꾸어 위로 위치를 변경하고, [d] 키를 누르면 y 좌표를 -50만큼 바꾸어 아래로 위치를 변경한다.

프로젝트 결과 화면

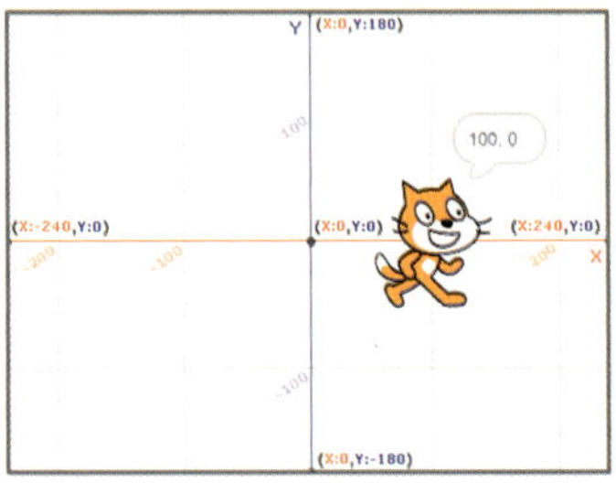

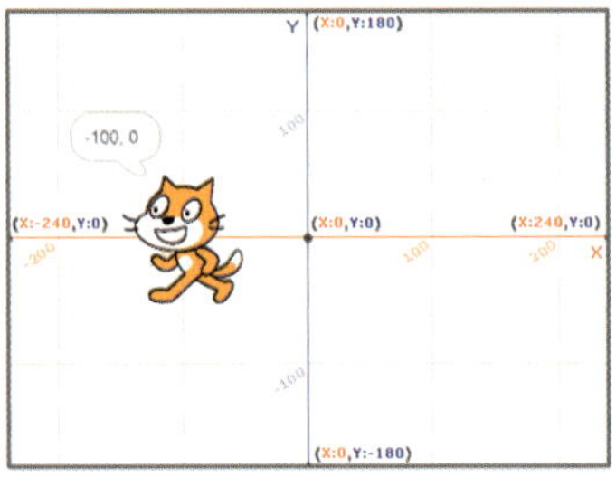

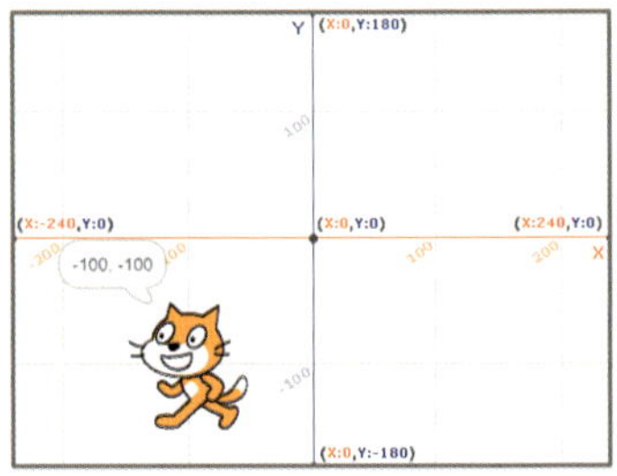

프로젝트 문제 분석

문제를 분석하여 필요한 기능이 무엇인지 정리한다.

프로젝트 알고리즘 설계

스프라이트, 무대의 문제 해결 알고리즘을 작성한다.

스프라이트	알고리즘
 스프라이트1	[시작하기 깃발 클릭했을 때] ① 회전 방식을 왼쪽-오른쪽으로 정한다. ② 무대의 중앙(x:0, y:0)으로 이동한다. ③ 오른쪽(90도 방향)을 본다. ④ 1초 기다린다.

스프라이트	알고리즘
	⑤ 다음 동작을 두 번 반복한다. ⑤-1 100만큼 움직인다. ⑤-2 '100, 0' 형식으로 x 좌표와 y 좌표를 결합하여 말한다. ⑤-3 1초 기다린다. ⑥ 말하는 것을 중단한다.(블록의 값을 지워 '' 상태로 변경) ⑦ 왼쪽(-90도 방향)을 본다. ⑧ 1초 기다린다. ⑨ 다음 동작을 네 번 반복한다. ⑨-1 100만큼 움직인다. ⑨-2 '100, 0' 형식으로 x 좌표와 y 좌표를 결합하여 생각한다. ⑨-3 1초 기다린다. ⑩ 말하는 것을 중단한다.(블록의 값을 지워 '' 상태로 변경) **[u 키를 클릭했을 때]** ① y 좌표를 50만큼 바꾼다. **[d 키를 클릭했을 때]** ① y 좌표를 -50만큼 바꾼다.

무 대	알고리즘
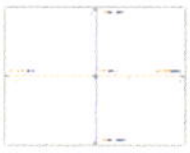 Xy-grid	필요한 알고리즘 없음

프로젝트 코딩

[프로젝트 알고리즘 설계]를 참고하여 코딩한다.

Step 01 무대 배경의 변경 및 스프라이트 추가하기

① 무대 배경을 추가하여 변경하려면, 무대 제어 부분의 [배경 고르기]를 클릭하고 [배경 고르기] 화면에서 [Xy-grid] 배경을 클릭한다.

② [스프라이트 1] 스프라이트의 이름을 '고양이'로 변경한다.

Step 02 스프라이트의 회전 방식과 처음 위치, 방향 정하기

① [이벤트] 팔레트의 [시작하기 클릭했을 때] 블록을 코드 영역으로 끌어 놓는다.

② [동작] 팔레트의 [회전 방식을 왼쪽-오른쪽(으)로 정하기] 블록을 코드 영역으로 끌어와서 [시작하기 클릭했을 때] 블록에 이어 붙인다.

③ [동작] 팔레트의 [x:0 y:0(으)로 이동하기] 블록을 코드 영역으로 끌어와서 [회전 방식을 왼쪽-오른쪽(으)로 정하기] 블록에 이어 붙인다.

④ 프로젝트를 시작할 때 스프라이트를 오른쪽 90도 방향으로 바라보게 하려면, [동작] 팔레트의 [90도 방향 보기] 블록을 코드 영역으로 끌어와서 [x:0 y:0(으)로 이동하기] 블록에 이어 붙인다.

⑤ 반복하기 전에 잠시 기다리기 위하여, [제어] 팔레트의 [1초 기다리기] 블록을 코드 영역으로 끌어와서 [90도 방향 보기] 블록에 이어 붙인다.

Step 03 오른쪽으로 두 번 반복하며 움직이고 좌표 말하기

① [제어] 팔레트의 [10번 반복하기] 블록을 코드 영역으로 끌어와서 [1초 기다리기] 블록에 이어 붙이고 값을 '2'로 변경한다.

② [동작] 팔레트의 [10만큼 움직이기] 블록을 코드 영역으로 끌어와서 [2번 반복하기] 블록의 안쪽에 끼워 넣고 값을 '100'으로 변경한다.

③ [형태] 팔레트의 [안녕! 말하기] 블록을 코드 영역으로 끌어와서 [100만큼 움직이기] 블록에 이어 붙인다. 그리고 스프라이트의 x 좌표, y 좌표, ‘, ’ 값들을 결합하기 위하여, [연산] 팔레트의 (가위와(과) 나무 결합하기) 블록 두 개를 코드 영역으로 끌어오고, [동작] 팔레트의 (x 좌표) 블록과 (y 좌표) 블록을 코드 영역으로 끌어와서 다음과 같이 블록들을 배치한다.

④ (가위와(과) 나무 결합하기) 블록들을 끼워 연결한 후, (x좌표) 블록과 (y좌표) 블록을 결합하기 블록 내에 끼워 넣고, 결합하기 블록의 가운데 값은 ‘, ’로 변경한다. 그리고 결합하기 블록 전체를 [안녕! 말하기] 블록의 ‘안녕’ 부분에 끼워 넣는다.

⑤ [제어] 팔레트의 [1초 기다리기] 블록을 코드 영역으로 끌어와서 [~ 말하기] 블록에 이어 붙인다.

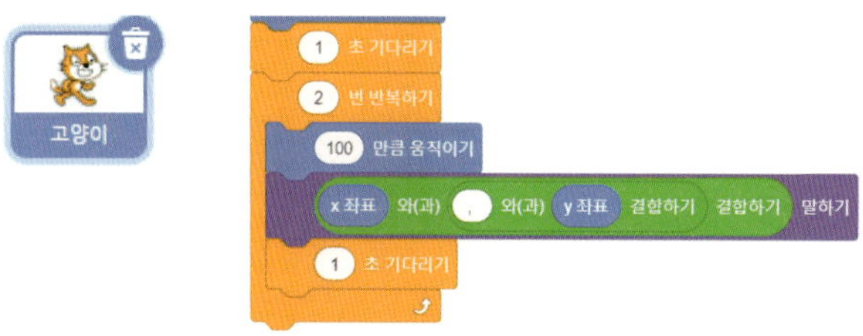

Step 04 말하기를 중단하기

[~ 말하기] 블록은 시간제한 없이 계속 말하므로 말하기를 잠시 중단하려면 [~ 말하기] 블록의 값을 지워 ‘ ’의 비어 있는 값으로 변경하면 된다. [형태] 팔레트의 [안녕! 말하기] 블록을 코드 영역으로 끌어와서 [2번 반복하기] 블록에 이어 붙이고, ‘안녕!’ 값을 지운다.

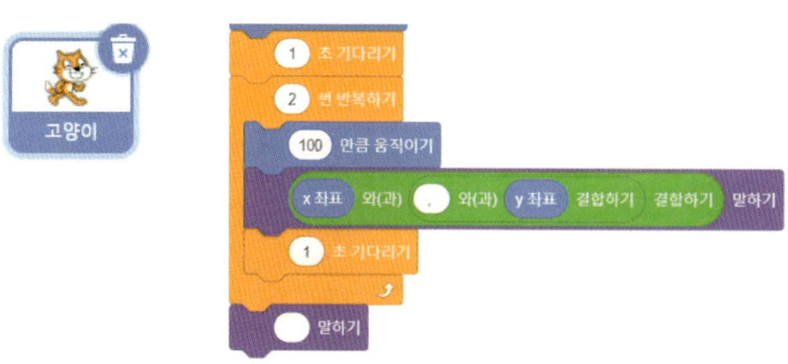

Step 05 왼쪽으로 두 번 반복하며 움직이고 좌표 말하기

① 왼쪽으로 두 번 반복하며 움직이고 좌표를 말하는 블록들은 앞선 [Step 02]부터 [Step 04]까지 만든 블록들을 복사하여 사용하면 더 효율적이다. [90도 방향 보기] 블록에서 마우스 오른쪽 버튼을 클릭하면 나타나는 메뉴의 [복사하기]를 실행한다.

② 복사된 블록을 스크립트의 끝에 이어 붙인다. 그리고 [90도 방향 보기] 블록의 값은 '-90'으로 변경하고, [2번 반복하기] 블록의 값은 '4'로 변경한다.

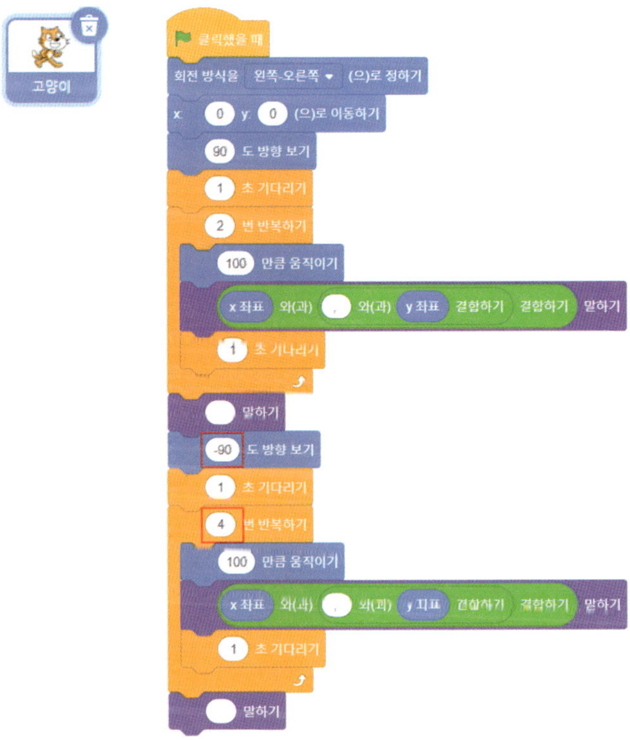

Step 06 [u] 키를 누르면 y 좌표를 50만큼 바꾸기

① [u] 키를 눌렀을 때의 이벤트를 처리하기 위하여, [이벤트] 팔레트의 [스페이스 키를 눌렀을 때] 블록을 코드 영역으로 끌어오고 블록의 값을 'u'로 변경한다.

② 스프라이트의 좌표를 위쪽 값으로 바꾸기 위하여, [동작] 팔레트의 [y 좌표를 10만큼 바꾸기] 블록을 코드 영역으로 끌어와서 [u 키를 눌렀을 때] 블록에 이어 붙이고, 블록의 값을 '50'으로 변경한다.

Step 07 [d] 키를 누르면 y 좌표를 −50만큼 바꾸기

① [d] 키를 눌렀을 때의 이벤트 처리와 y 좌표를 바꾸는 블록은 앞선 [Step 06]의 블록들을 복사하여 사용하면 더 효율적이다. [u 키를 눌렀을 때] 블록에서 마우스 오른쪽 버튼을 클릭하면 나타나는 메뉴의 [복사하기]를 실행한다.

② 복사된 블록을 코드 영역의 빈 곳에 위치시킨다. 그리고 [u 키를 눌렀을 때] 블록의 값은 'd'로 변경하고, [y 좌표를 50만큼 바꾸기] 블록의 값은 '−50'으로 변경한다.

Step 08 [고양이] 스프라이트의 전체 스크립트

[고양이] 스프라이트의 전체 스크립트는 다음과 같다.

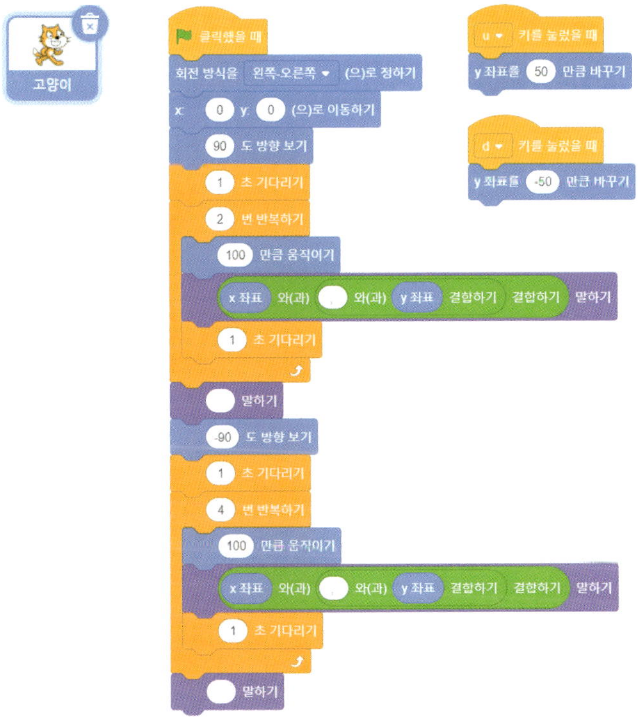

Step 09 프로젝트 실행 및 저장하기

① 무대 위의 [시작하기 깃발]을 클릭하여 프로젝트가 알고리즘대로 올바르게 동작하는지 확인해 보자.

② 스크래치 프로젝트를 저장하기 위하여, 메뉴의 [프로젝트 이름]을 '스크래치 프로젝트'에서 '프로젝트-05-1'로 변경한다. 그리고 [파일] 메뉴의 [컴퓨터에 저장하기]를 실행한 후, 컴퓨터의 폴더를 정하여 프로젝트를 저장한다.

개선 / 발전 방향

프로젝트에서 수정할 사항이나 개선 / 발전할 사항들을 정리한다.

- [j] 키를 누르면 y 좌표를 50만큼 바꾸고 0.1초 기다린 후, y 좌표를 -50만큼 바꾸어 마치 위로 점프했다 내려오는 듯한 움직임을 갖도록 개선한다.
-
-

5.2 조건이 맞을 때까지 반복하고 기다리기

(1) 조건이 맞을 때까지 반복하기

[〈조건〉까지 반복하기] 블록은 〈조건〉이 참true이 될 때까지 블록 내의 부분들을 반복하여 실행한다. 이 반복의 형태는 〈조건〉 블록이 사용되는 것이 특징이다.

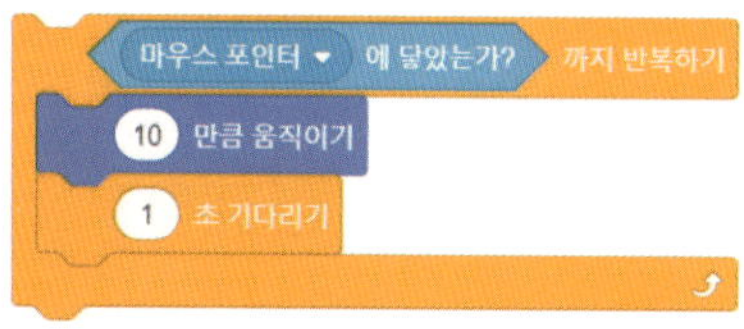

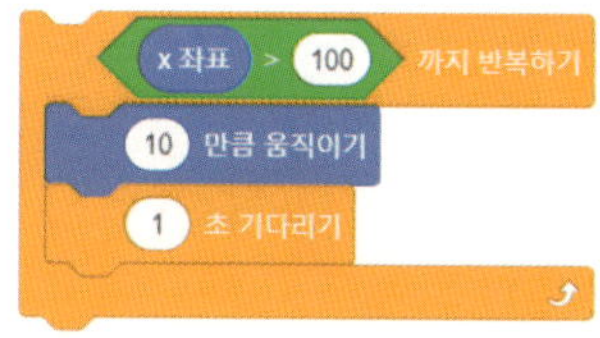

왼쪽의 스크립트는 [10만큼 움직이기] 블록과 [1초 기다리기] 블록을 스프라이트가 마우스 포인터에 닿을 때까지, 즉 마우스 포인터에 닿지 않았으면 계속 반복하며, 스프라이트가 마우스 포인터에 닿으면 반복을 끝낸다. 오른쪽의 스크립트는 [10만큼 움직이기] 블록과 [1초 기다리기] 블록을 스프라이트의 x 좌표가 100보다 클 때까지, 즉 x 좌표가 100보다 작으면 계속 반복하며, 스프라이트의 x 좌표가 100보다 크면 반복을 끝낸다.

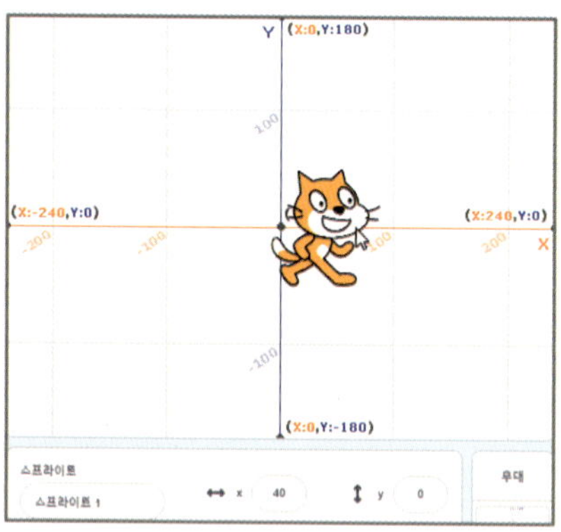

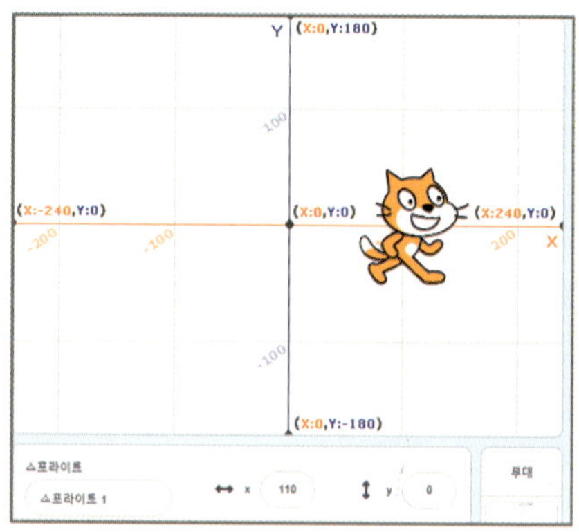

(2) 〈조건〉 블록

〈조건〉 블록은 [감지] 팔레트의 감지 조건 블록들을 사용하거나 [연산] 팔레트의 관계 블록들과 논리 블록들을 사용하여 작성한다. 〈조건〉 블록은 참true이거나 거짓false의 결과를 제공하며, 〈조건〉 블록이 [〈조건〉까지 반복하기] 블록에 사용되면 〈조건〉의 결과가 참true이 될 때 반복을 끝낸다.

(3) 조건이 맞을 때까지 기다리기

[〈조건〉까지 기다리기] 블록은 조건이 참true이 될 때까지 실행을 잠시 멈추게 한다. 즉, 〈조건〉이 거짓false이면 계속 기다린다.

왼쪽의 스크립트는 [50만큼 움직이기] 블록이 실행된 후 [〈마우스 포인터에 닿았는가?〉까지 기다리기] 블록에 의해 실행을 멈추고 기다리다, 스프라이트가 마우스 포인터에 닿으면 다음 블록인 [100만큼 움직이기] 블록이 실행된다. 오른쪽의 스크립트는 [50만큼 움직이기] 블록이 실행된 후 [〈(x 좌표) 〉 100〉까지 기다리기] 블록에 의해 실행을 멈추고 기다리다, 스프라이트를 마우스로 끌어 스프라이트의 위치가 x 좌표의 100보다 큰 위치에 놓으면 다음 블록인 [100만큼 움직이기] 블록이 실행된다.

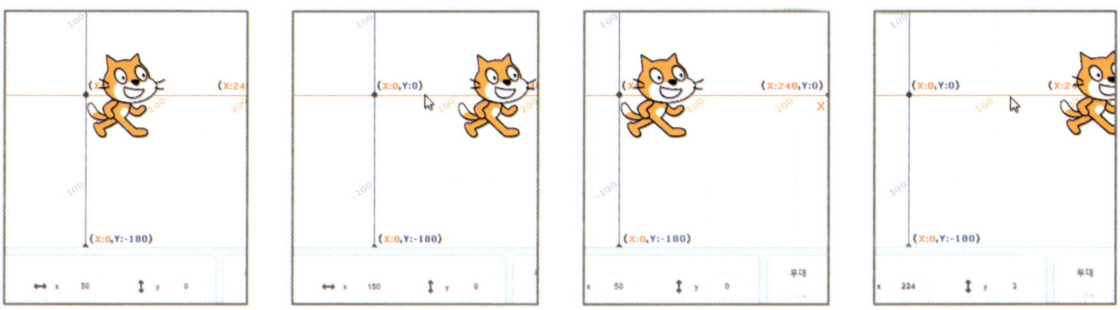

프로젝트 05-2

오른쪽 벽과 다른 스프라이트에 닿을 때까지 움직이기

[고양이] 스프라이트는 무대의 중앙에서 오른쪽 벽에 닿을 때까지 반복하며 움직이고, 오른쪽 벽에 닿으면 움직이는 동작을 멈춘 후 벽에 닿았음을 말한다. 그리고 마우스를 클릭할 때까지 기다리다 마우스를 클릭하면 왼쪽에 있는 [쥐] 스프라이트에 닿을 때까지 반복하며 움직인다. [쥐] 스프라이트에 닿으면 쥐에 닿았음을 말한다.

[쥐] 스프라이트는 무대 왼쪽에 위치하기만 한다.

프로젝트 결과 화면

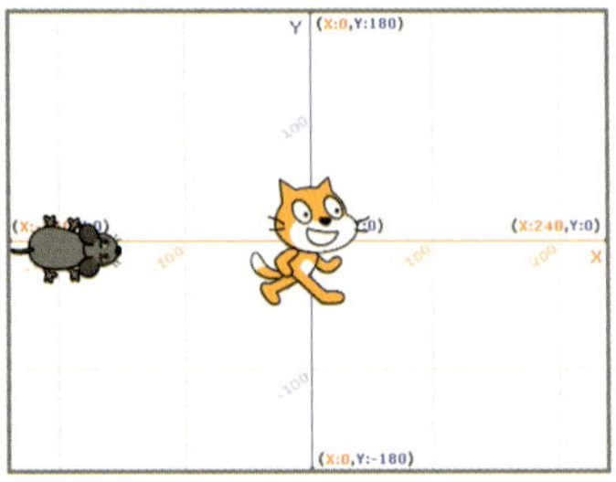

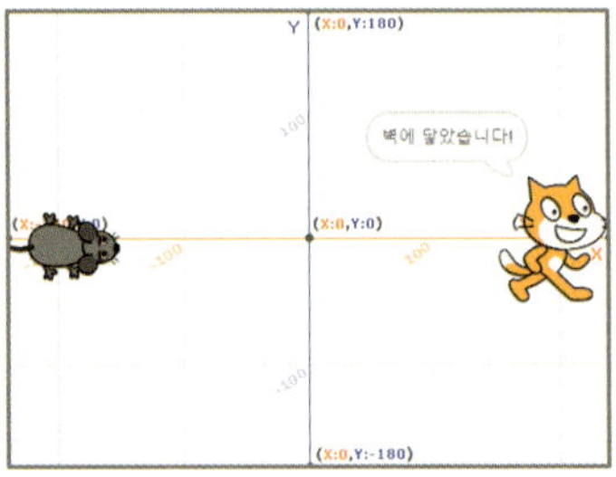

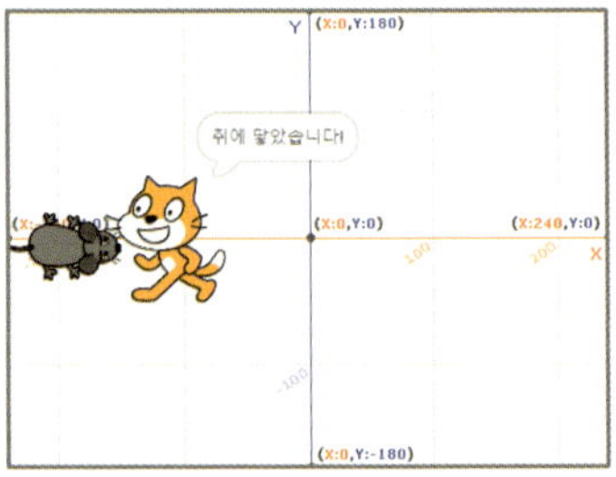

프로젝트 문제 분석

문제를 분석하여 필요한 기능이 무엇인지 정리한다.

프로젝트 알고리즘 설계

스프라이트, 무대의 문제 해결 알고리즘을 작성한다.

스프라이트	알고리즘
 스프라이트1	**[시작하기 깃발 클릭했을 때]** ① 회전 방식을 '왼쪽-오른쪽'으로 정한다. ② 무대의 중앙(x:0, y:0)으로 이동한다. ③ 오른쪽(90도 방향)을 본다. ④ 1초 기다린다.

스프라이트	알고리즘
	⑤ 벽에 닿을 때까지 다음 동작을 반복한다. ⑤–1 10만큼 움직인다. ⑤–2 다음 모양으로 바꾼다. ⑥ '벽에 닿았습니다!'를 1초 동안 말한다. ⑦ 벽에 닿으면 튕긴다. ⑧ '마우스를 클릭하면 반대편 벽으로 출발합니다.'를 1초 동안 말한다. ⑨ 마우스를 클릭할 때까지 기다린다. ⑩ [쥐] 스프라이트에 닿을 때까지 다음 동작을 반복한다. ⑩–1 10만큼 움직인다. ⑩–2 다음 모양으로 바꾼다. ⑪ '쥐에 닿았습니다!'를 1초 동안 말한다.
 Mouse1	**[시작하기 깃발 클릭했을 때]** ① x:–200, y:0으로 이동한다.

무 대	알고리즘
 Xy–grid	필요한 알고리즘 없음

프로젝트 코딩

[프로젝트 알고리즘 설계]를 참고하여 코딩한다.

Step 01 무대 배경의 변경 및 스프라이트 추가하기

① 무대 배경을 추가하여 변경하려면, 무대 제어 부분의 [배경 고르기]를 클릭하고 [배경 고르기] 화면에서 [Xy–grid] 배경을 클릭한다.

② [스프라이트 1] 스프라이트의 이름을 '고양이'로 변경한다.

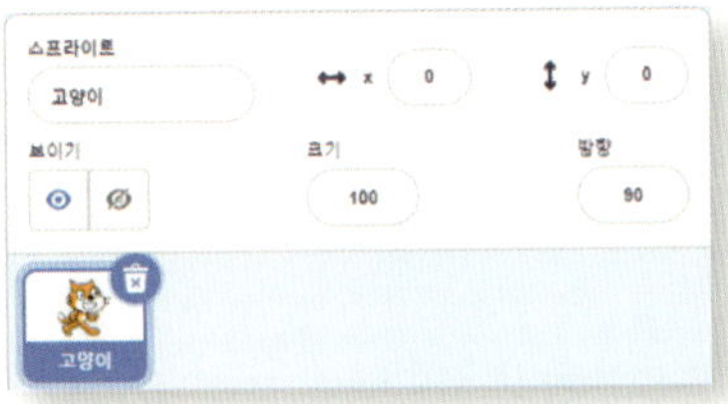

③ 새로운 스프라이트를 추가하려면, 스프라이트 제어 부분의 [스프라이트 고르기]를 클릭하여 [스프라이트 고르기] 화면에서 [Mouse1] 스프라이트를 클릭하여 추가한다.

④ [Mouse1] 스프라이트의 이름을 '쥐'로 변경한다.

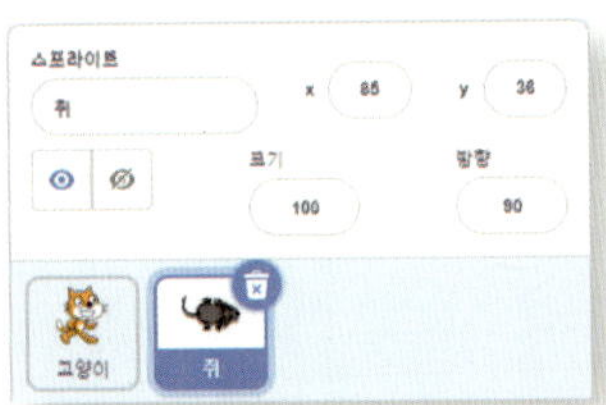

Step 02 [쥐] 스프라이트의 처음 위치 정하기

① [이벤트] 팔레트의 [시작하기 클릭했을 때] 블록을 코드 영역으로 끌어 놓는다.

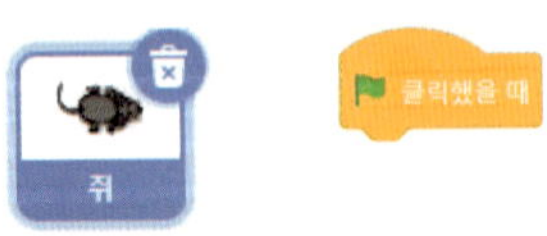

② [동작] 팔레트의 [x:0 y:0(으)로 이동하기] 블록을 코드 영역으로 끌어와서 [시작하기 클릭했을 때] 블록에 이어 붙이고, 블록의 값을 '-200', '0'으로 변경한다.

Step 03 [고양이] 스프라이트의 회전 방식과 처음 위치, 방향 정하기

① [이벤트] 팔레트의 [시작하기 클릭했을 때] 블록을 코드 영역으로 끌어 놓는다.

② [동작] 팔레트의 [회전 방식을 왼쪽-오른쪽(으)로 정하기] 블록을 코드 영역으로 끌어와서 [시작하기 클릭했을 때] 블록에 이어 붙인다.

③ [동작] 팔레트의 [x:0 y:0(으)로 이동하기] 블록을 코드 영역으로 끌어와서 [회전 방식을 왼쪽-오른쪽(으)로 정하기] 블록에 이어 붙인다.

④ 프로젝트를 시작할 때 스프라이트를 오른쪽 90도 방향으로 바라보게 하려면, [동작] 팔레트의 [90도 방향 보기] 블록을 코드 영역으로 끌어와서 [x:0 y:0(으)로 이동하기] 블록에 이어 붙인다.

⑤ 반복하기 전에 잠시 기다리기 위하여, [제어] 팔레트의 [1초 기다리기] 블록을 코드 영역으로 끌어와서 [90도 방향 보기] 블록에 이어 붙인다.

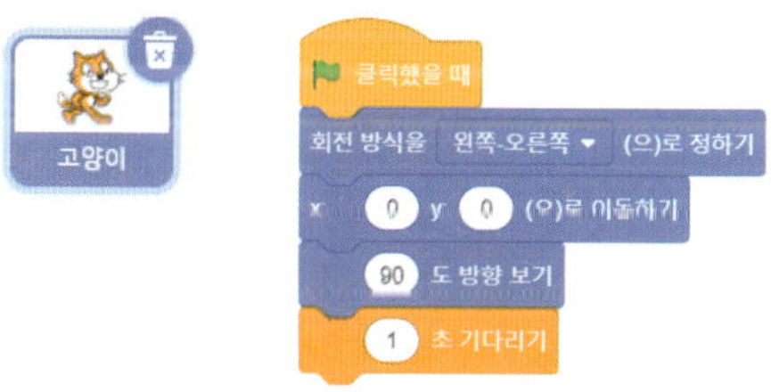

Step 04 벽에 닿을 때까지 반복하면서 움직이고 모양 바꾸기

① '벽에 닿을 때까지 반복하기'를 작성하기 위하여, [제어] 팔레트의 [<조건>까지 반복하기] 블록을 코드 영역으로 끌어와서 [1초 기다리기] 블록에 이어 붙인다.

② [감지] 팔레트의 <마우스 포인터에 닿았는가?> 블록을 코드 영역으로 끌어와서 [<조건>까지 반복하기] 블록의 조건 부분(<>)에 끼워 넣는다. 그리고 블록의 값을 '벽'으로 변경한다.

③ [동작] 팔레트의 [10만큼 움직이기] 블록을 코드 영역으로 끌어와서 [<벽에 닿았는가?>까지 반복하기] 블록의 안쪽에 끼워 넣는다.

④ [고양이] 스프라이트의 모양을 다음 모양으로 변경하기 위하여, [형태] 팔레트의 [다음 모양으로 바꾸기] 블록을 코드 영역으로 끌어와서 [10만큼 움직이기] 블록에 이어 붙인다.

Step 05 벽에 닿았음을 말하고 벽에서 반대 방향으로 향해 기다리기

① '벽에 닿았습니다!'를 말하기 위하여, [형태] 팔레트의 [안녕!을(를) 2초 동안 말하기] 블록을 코드 영역으로 끌어와서 [<벽에 닿았는가?>까지 반복하기] 블록에 이어 붙인다. 그리고 블록의 값을 '벽에 닿았습니다!', '1'로 변경한다.

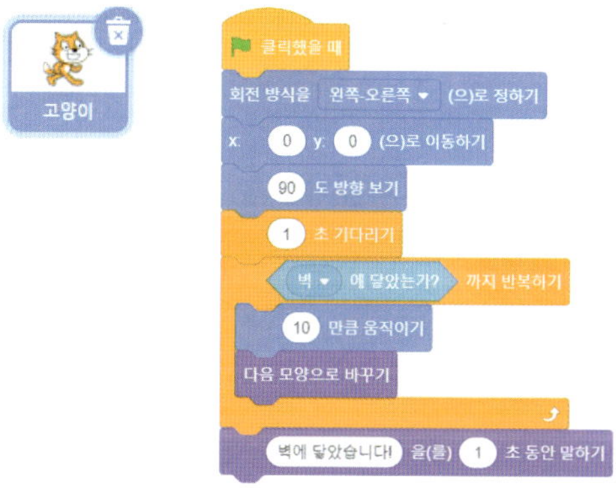

② 벽에 닿았을 때 진행 방향을 반대로 바꾸기 위하여, [동작] 팔레트의 [벽에 닿으면 튕기기] 블록을 코드 영역으로 끌어와서 [벽에 닿았습니다!을(를) 1초 동안 말하기] 블록에 이어 붙인다.

③ 마우스를 클릭할 때까지 기다리기 위하여, [제어] 팔레트의 [<조건>까지 기다리기] 블록과 [감지] 팔레트의 <마우스를 클릭했는가?> 블록을 코드 영역으로 끌어와서, [벽에 닿으면 튕기기] 블록에 이어 붙인다.

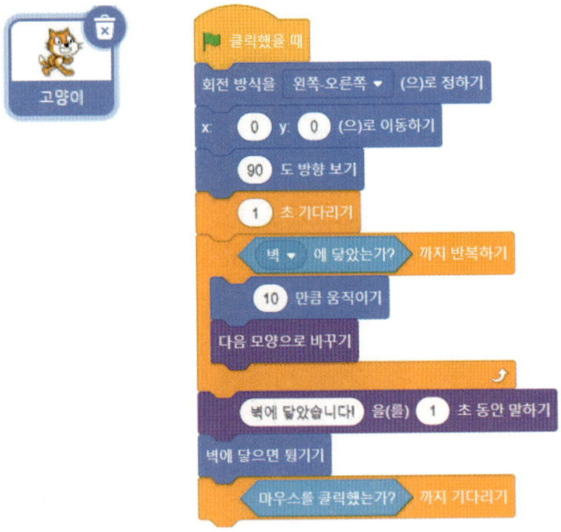

Step 06 [쥐] 스프라이트에 닿을 때까지 움직이고 모양 바꾸기를 반복하기

[쥐] 스프라이트에 닿을 때까지 움직이고 모양 바꾸기를 반복하는 블록들과 [쥐] 스프라이트에 닿았을 때 닿았음을 말하는 블록들은 앞서 만든 블록들을 복사하여 사용하고자 한다.

① [<벽에 닿았는가?>까지 반복하기] 블록에서 마우스 오른쪽 버튼을 클릭하면 나타나는 메뉴의 [복사하기]를 실행한다.

② 복사된 블록을 스크립트의 끝에 이어 붙인다. 그리고 [벽에 닿으면 튕기기] 블록과 [<마우스를 클릭했는가?>까지 기다리기] 블록을 삭제한다.

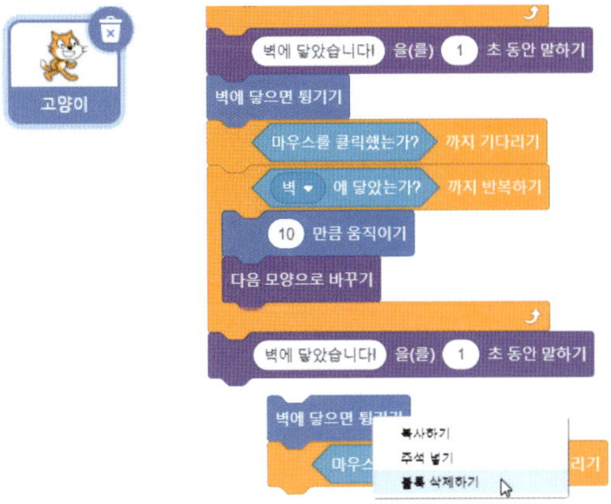

③ [<벽에 닿았는가?>까지 반복하기] 블록의 값을 '쥐'로 변경하고, [벽에 닿았습니다!을(를) 1초 동안 말하기] 블록의 값을 '쥐에 닿았습니다!'로 변경한다.

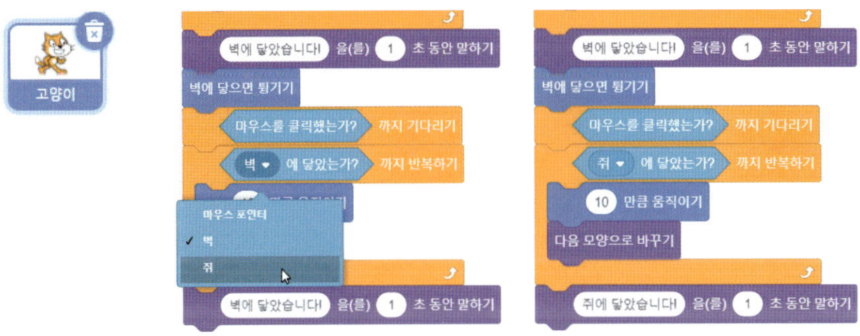

Step 07 [쥐], [고양이] 스프라이트의 전체 스크립트

[쥐], [고양이] 스프라이트의 전체 스크립트는 다음과 같다.

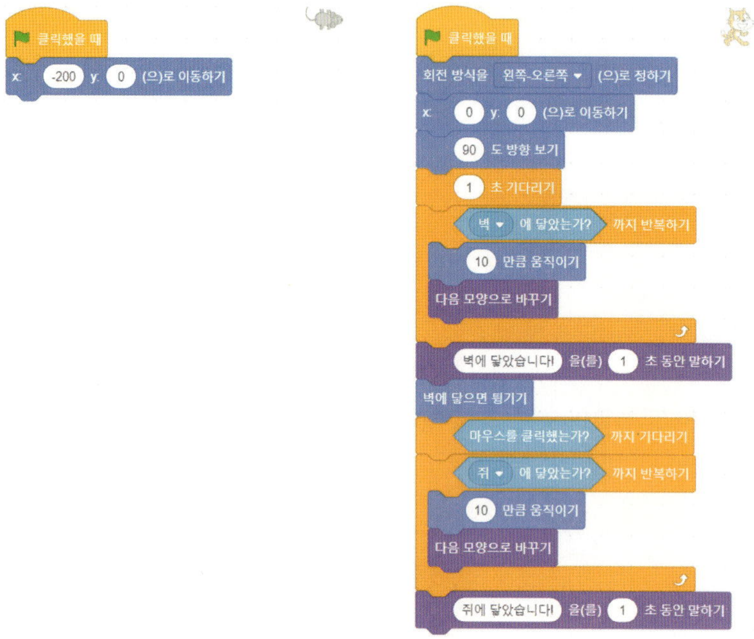

Step 08 프로젝트 실행 및 저장하기

① 무대 위의 [시작하기 깃발]을 클릭하여 프로젝트가 알고리즘대로 올바르게 동작하는지 확인해 보자.

② 스크래치 프로젝트를 저장하기 위하여, 메뉴의 [프로젝트 이름]을 '스크래치 프로젝트'에서 '프로젝트-05-2'로 변경한다. 그리고 [파일] 메뉴의 [컴퓨터에 저장하기]를 실행한 후, 컴퓨터의 폴더를 정하여 프로젝트를 저장한다.

개선 / 발전 방향

프로젝트에서 수정할 사항이나 개선 / 발전할 사항들을 정리한다.

- [쥐] 스프라이트를 마우스로 끌어 다른 위치에 이동시켜 놓으면 [고양이] 스프라이트가 오른쪽 벽에 닿은 후 [쥐] 스프라이트를 향해 움직이도록 스크립트를 수정한다.
-
-

5.3 연습문제

연습문제 05-1

마우스 클릭한 곳까지 이동하기

[고양이] 스프라이트는 무대의 중앙에서 시작하여 마우스를 클릭할 때까지 기다리고 있다. 무대의 한 지점을 마우스로 클릭하면 마우스 포인터 쪽을 본 후, 1초 동안 마우스 포인터 위치로 이동하는 것을 무한 반복한다.

프로젝트 결과 화면

프로젝트 문제 분석

문제를 분석하여 필요한 기능이 무엇인지 정리한다.

프로젝트 알고리즘 설계

스프라이트, 무대의 문제 해결 알고리즘을 작성한다.

스프라이트	알고리즘
 스프라이트1	**[시작하기 깃발 클릭했을 때]** ① 회전 방식을 회전하기로 정한다. ② 무대의 중앙(x:0, y:0)으로 이동한다. ③ 오른쪽(90도 방향)을 본다.

스프라이트	알고리즘
	④ 다음을 무한 반복한다. ④-1 마우스를 클릭했을 때까지 기다린다. ④-2 마우스 포인터 쪽을 본다. ④-3 1초 동안 마우스 포인터 위치로 이동한다.

무 대	알고리즘
배경 1	필요한 알고리즘 없음

연습문제 05-2

카운트 애니메이션 진행하기

[고양이] 스프라이트의 기존 '모양 1' 모양 위에 'Glow-5', 'Glow-4', 'Glow-3', 'Glow-2', 'Glow-1', 'Glow-0' 모양을 추가한다. 'Glow-5'의 모양 번호는 1, 'Glow-4'의 모양 번호는 2 순으로 진행하여, 'Glow-0'의 모양 번호는 6, '모양 1'의 모양 번호는 7, '모양 2'의 모양 번호는 8이 되도록 배치한다.

[시작하기 깃발]을 클릭하면 5, 4, 3, 2, 1, 0 순으로 1초에 하나씩 모양을 표시한다. 이어서 고양이가 나타나서 '이제 제가 사라졌다가 다시 나타납니다.'를 2초 동안 말하고, 무대에서 사라졌다가 2초 후 다시 나타난다.

프로젝트 결과 화면

프로젝트 문제 분석

문제를 분석하여 필요한 기능이 무엇인지 정리한다.

프로젝트 알고리즘 설계

스프라이트, 무대의 문제 해결 알고리즘을 작성한다.

스프라이트	모 양	알고리즘
 스프라이트1		**[시작하기 깃발 클릭했을 때]** ① 모양을 Glow-5로 바꾼다. ② 다음을 5번 반복한다. ②-1 1초 기다린다. ②-2 다음 모양으로 바꾼다. ③ 모양을 모양 1로 바꾼다. ④ '이제 제가 사라졌다가 다시 나타납니다.'를 2초 동안 말한다. ⑤ 스프라이트를 무대에서 숨긴다. ⑥ 1초 기다린다. ⑦ 스프라이트를 무대에 보인다.

무 대	알고리즘
배경 1	필요한 알고리즘 없음

연습문제 05-3

G7 국가 선택하여 무대 하단에서 지나가게 하기

기존 고양이 스프라이트를 삭제하고, [스프라이트 고르기]의 [그리기] 기능을 이용하여 [G7] 스프라이트를 새로 만든다. 그리고 [모양] 탭의 페인트 에디터에서 [텍스트] 도구를 이용하여 '미국' 글자를 입력하여 '모양 1' 모양을 만들고, 이어서, 같은 방법으로 '일본', '독일', '영국', '프랑스', '이탈리아', '캐나다' 글자를 입력하여 '모양 2'부터 '모양 7'까지의 모양을 만든다.

[시작하기 깃발]을 클릭하면 무대의 중앙에서 [G7] 스프라이트를 보이고, 10번 반복하면서 1부터 7 사이의 난수를 이용하여 모양을 바꾼다. 10번 반복이 끝나면 [G7] 스프라이트를 무대에서 숨기고, x:250 y:-140으로 이동한다. [G7] 스프라이트를 무대에서 다시 보인 후, 2초 동안 x:-250 y:-140으로 이동하고 무대에서 숨긴다.

프로젝트 결과 화면

프로젝트 문제 분석

문제를 분석하여 필요한 기능이 무엇인지 정리한다.

프로젝트 알고리즘 설계

스프라이트, 무대의 문제 해결 알고리즘을 작성한다.

스프라이트	모 양	알고리즘
 G7		**[시작하기 깃발 클릭했을 때]** ① 무대의 중앙(x:0, y:0)으로 이동한다. ② 스프라이트를 무대에 보인다. ③ 다음을 10번 반복한다. ③-1 모양을 (1~7 사이의 난수)로 바꾼다. ③-2 0.1초 기다린다. ④ 스프라이트를 무대에서 숨긴다. ⑤ x:250 y:-140으로 이동한다. ⑥ 스프라이트를 무대에 보인다. ⑦ 2초 동안 x:-250 y:-140으로 이동한다. ⑧ 스프라이트를 무대에서 숨긴다.

무 대	알고리즘
배경 1	필요한 알고리즘 없음

6

조건과 이벤트에 따라 다르게 움직이기

학습목표

1. 조건에 따라 스프라이트의 동작을 선택할 수 있다.
2. 스프라이트의 동작을 상황에 따라 멈출 수 있다.
3. 이벤트에 의한 처리와 감지에 의한 처리를 구분하여 사용할 수 있다.
4. 나만의 블록을 이용하여 중복된 블록을 단순화할 수 있다.

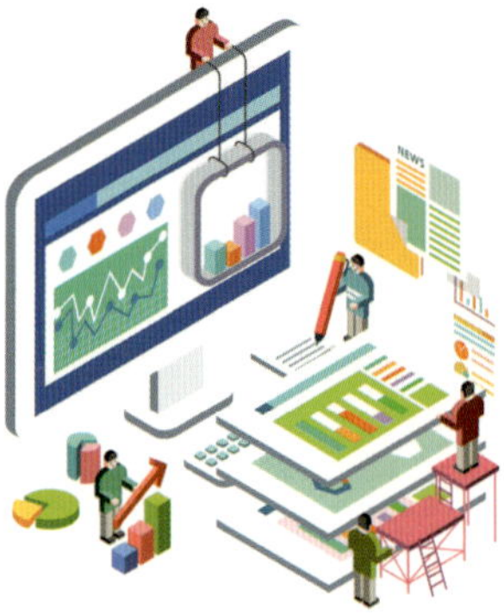

6 조건과 이벤트에 따라 다르게 움직이기

6.1 조건에 따라 다르게 움직이기

(1) 조건 블록의 값에 따른 선택 실행

〈조건〉 블록은 조건의 결과로 참true 또는 거짓false의 결과를 발생한다. 참과 거짓으로 구분되는 〈조건〉 블록을 이용하여 스크립트의 실행을 '참인 경우의 실행 부분'과 '거짓인 경우의 실행 부분'으로 선택하여 실행할 수 있다. 특정 블록 부분이 〈조건〉 블록의 결과에 따라 구분되어 실행될 때 '선택적'으로 실행되었다고 한다.

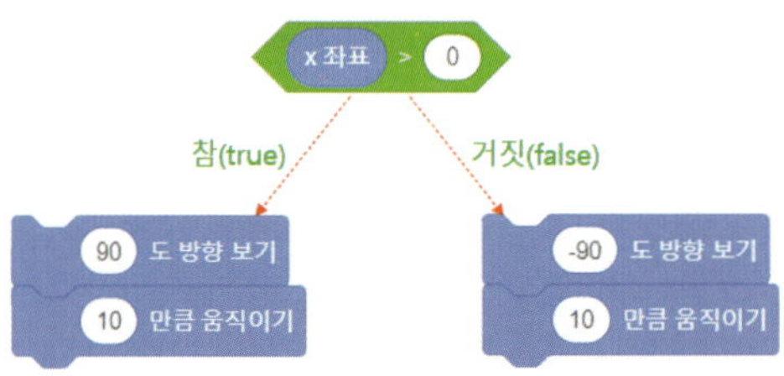

조건에 의한 선택 실행은 [제어] 팔레트의 선택 블록들을 이용하여 작성할 수 있다. 그리고 선택 블록들에 사용되는 〈조건〉 블록은 [감지] 팔레트, [연산] 팔레트, [변수] 팔레트의 〈조건〉 블록들을 사용하여 작성한다.

팔레트	블 록
제어	
감지	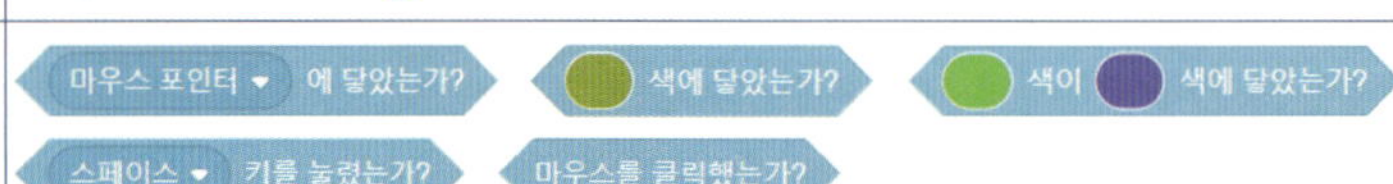

팔레트	블 록
연산	( ) > 50 / ( ) < 50 / ( ) = 50 / 〈 〉 그리고 〈 〉 / 〈 〉 또는 〈 〉 / 〈 〉 이(가) 아니다 / 가위 이(가) 가 을(를) 포함하는가?
변수	목록 ▾ 이(가) 항목 을(를) 포함하는가?

[제어] 팔레트의 [만약 〈 〉(이)라면] 블록은 〈조건〉의 값이 참true일 때는 '참인 경우의 실행 부분'인 블록들을 실행하고, 〈조건〉의 값이 거짓false일 때는 '참인 경우의 실행 부분'인 블록들을 실행하지 않고 [만약 〈 〉(이)라면] 블록의 실행을 마친 후 다음 블록을 실행하게 된다.

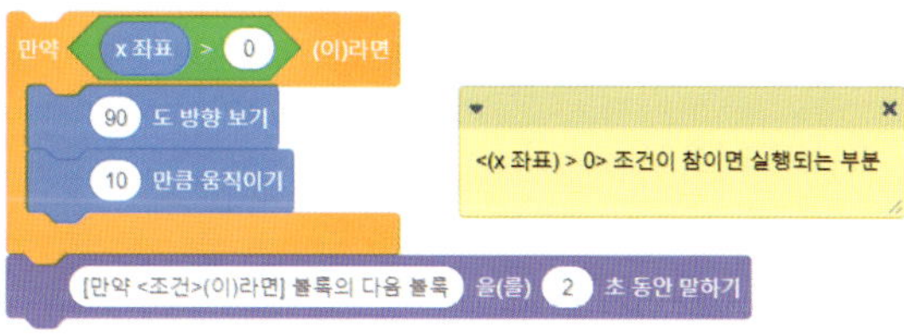

[만약 〈 〉(이)라면 아니면] 블록은 〈조건〉의 값이 참true일 때는 '참인 경우의 실행 부분'인 블록들을 실행하고, 〈조건〉의 값이 거짓false일 때는 '거짓인 경우의 실행 부분'인 블록들을 실행한다. 즉 [만약 〈 〉(이)라면 아니면] 블록은 〈조건〉의 결과에 따라 둘 중 한 부분만을 선택하여 실행한다.

(2) 실행의 멈추기

프로젝트가 실행되는 도중에 사용자는 무대 위의 멈추기( )를 클릭하여 실행을 멈출 수 있다. 또한 [제어] 팔레트의 [멈추기 모두] 블록을 이용하여 스크립트 내에서도 실행을 멈출 수 있다.

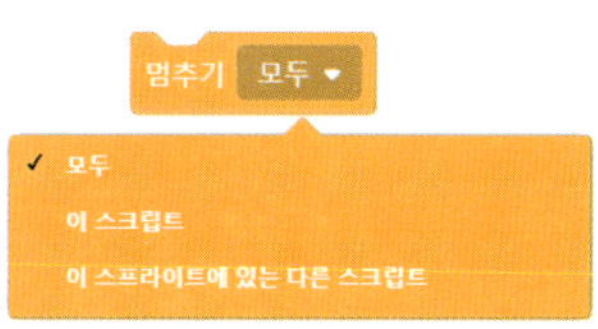

[멈추기 모두] 블록은 모든 스프라이트의 스크립트 전체 실행을 즉시 멈추게 하며, 무대 위의 멈추기(●)를 클릭한 것과 같은 효과를 제공한다. [멈추기 이 스크립트] 블록은 자신이 포함된 스크립트의 실행만을 멈추게 하며, [멈추기 이 스프라이트에 있는 다른 스크립트] 블록은 스프라이트의 스크립트 중 자신이 포함된 스크립트를 제외한 나머지 모든 스크립트의 실행을 멈추게 한다.

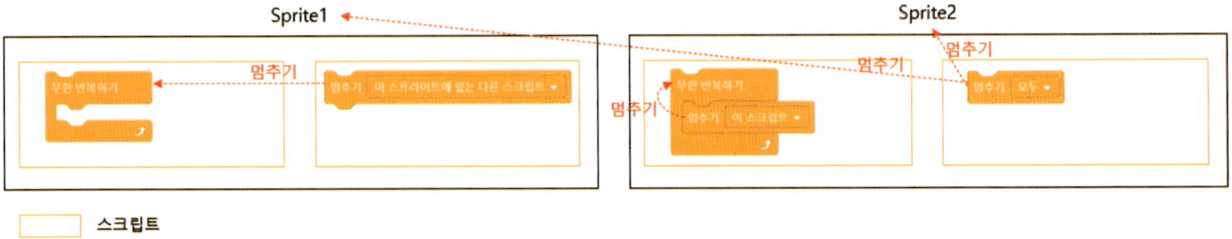

프로젝트 06-1

좌표를 넘거나 스프라이트에 닿으면 되돌아 움직이기

[고양이] 스프라이트는 무대의 중앙에서부터 다음을 무한 반복한다.
오른쪽으로 10만큼 움직이면서 현재 x 좌표를 생각하고 다음 모양으로 바꾸며, 만약 스프라이트의 현재 x 좌표가 200보다 크면 위로 100만큼 점프했다가 내려와서 왼쪽을 바라본다.
왼쪽으로 10만큼 움직이면서 현재 x 좌표를 생각하고 다음 모양으로 바꾸며, 만약 [쥐] 스프라이트에 닿으면 위로 100만큼 점프했다가 내려와서 오른쪽을 바라본다.

[고양이] 스프라이트를 클릭하면 [고양이] 스프라이트에 있는 다른 스크립트의 실행을 멈춘다.

[쥐] 스프라이트는 무대 왼쪽에 위치하기만 한다.

프로젝트 결과 화면

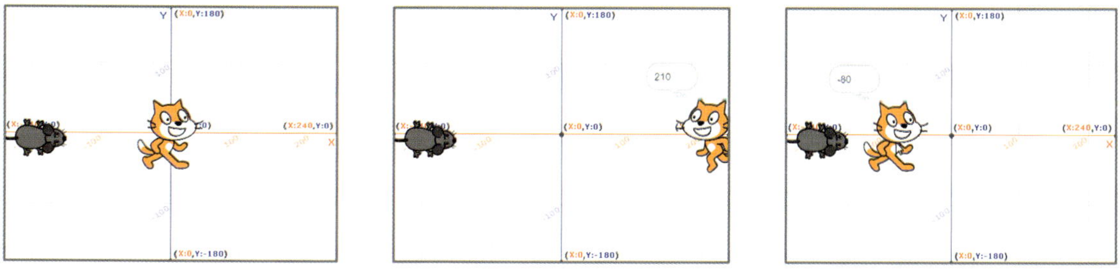

프로젝트 문제 분석

문제를 분석하여 필요한 기능이 무엇인지 정리한다.

프로젝트 알고리즘 설계

스프라이트, 무대의 문제 해결 알고리즘을 작성한다.

스프라이트	알고리즘
 스프라이트1	**[시작하기 깃발 클릭했을 때]** ① 회전 방식을 '왼쪽-오른쪽'으로 정한다. ② 무대의 중앙(x:0, y:0)으로 이동한다. ③ 오른쪽(90도 방향)을 본다.

스프라이트	알고리즘
	④ 1초 기다린다. ⑤ 다음을 무한 반복한다. ⑤-1 10만큼 움직이고, x 좌표를 생각한다. ⑤-2 다음 모양으로 바꾼다. ⑤-3 만약 x 좌표가 200보다 크면 ⑤-3-1 y 좌표를 100만큼 바꾸고, 0.1초 기다린다. ⑤-3-2 y 좌표를 -100만큼 바꾸고, 왼쪽(-90도 방향)을 바라본다. ⑤-4 만약 [쥐] 스프라이트에 닿으면 ⑤-4-1 y 좌표를 100만큼 바꾸고, 0.1초 기다린다. ⑤-4-2 y 좌표를 -100만큼 바꾸고, 오른쪽(90도 방향)을 바라본다. **[이 스프라이트를 클릭했을 때]** ① [고양이] 스프라이트에 있는 다른 스크립트를 멈춘다.
 Mouse1	**[시작하기 깃발 클릭했을 때]** ① x:-200, y:0으로 이동한다.

무 대	알고리즘
 Xy-grid	필요한 알고리즘 없음

프로젝트 코딩

[프로젝트 알고리즘 설계]를 참고하여 코딩한다.

Step 01 무대 배경의 변경 및 스프라이트 추가하기

① 무대 배경을 추가하여 변경하려면, 무대 제어 부분의 [배경 고르기]를 클릭하고 [배경 고르기] 화면에서 [Xy-grid] 배경을 클릭한다.

② [스프라이트 1] 스프라이트의 이름을 '고양이'로 변경한다.

③ 새로운 스프라이트를 추가하려면, 스프라이트 제어 부분의 [스프라이트 고르기]를 클릭하여 [스프라이트 고르기] 화면에서 [Mouse1] 스프라이트를 클릭하여 추가한다.

④ [Mouse1] 스프라이트의 이름을 '쥐'로 변경한다.

Step 02 [쥐] 스프라이트의 처음 위치 정하기

① [이벤트] 팔레트의 [시작하기 클릭했을 때] 블록을 코드 영역으로 끌어 놓는다.

② [동작] 팔레트의 [x:0 y:0(으)로 이동하기] 블록을 코드 영역으로 끌어와서 [시작하기 클릭했을 때] 블록에 이어 붙이고, 블록의 값을 '-200', '0'으로 변경한다.

Step 03 [고양이] 스프라이트의 회전 방식과 처음 위치, 방향 정하기

① [이벤트] 팔레트의 [시작하기 클릭했을 때] 블록을 코드 영역으로 끌어 놓는다.

② [동작] 팔레트의 [회전 방식을 왼쪽-오른쪽(으)로 정하기] 블록을 코드 영역으로 끌어와서 [시작하기 클릭했을 때] 블록에 이어 붙인다.

③ [동작] 팔레트의 [x:0 y:0(으)로 이동하기] 블록을 코드 영역으로 끌어와서 [회전 방식을 왼쪽-오른쪽(으)로 정하기] 블록에 이어 붙인다.

④ 프로젝트를 시작할 때 스프라이트를 오른쪽 90도 방향으로 바라보게 하려면, [동작] 팔레트의 [90도 방향 보기] 블록을 코드 영역으로 끌어와서 [x:0 y:0(으)로 이동하기] 블록에 이어 붙인다.

⑤ 반복하기 전에 잠시 기다리기 위하여, [제어] 팔레트의 [1초 기다리기] 블록을 코드 영역으로 끌어와서 [90도 방향 보기] 블록에 이어 붙인다.

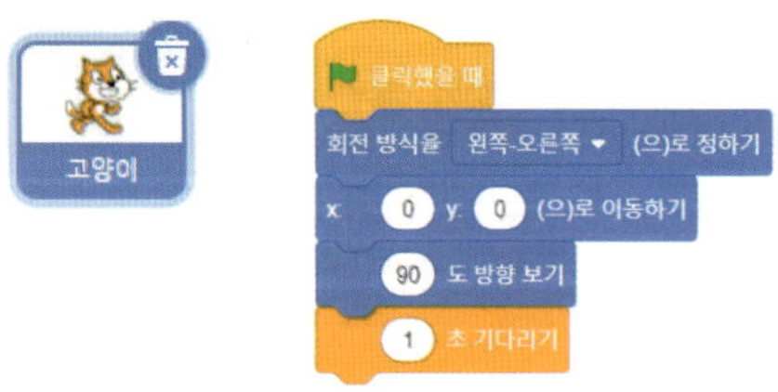

Step 04 [고양이] 스프라이트가 무한 반복으로 이동하며 x 좌표를 생각하고 모양 바꾸기

① [제어] 팔레트의 [무한 반복하기] 블록을 코드 영역으로 끌어와서 [1초 기다리기] 블록에 이어 붙인다.

② [동작] 팔레트의 [10만큼 움직이기] 블록을 코드 영역으로 끌어와서 [무한 반복하기] 블록 안쪽에 끼워 넣는다.

③ [형태] 팔레트의 [음... 생각하기] 블록을 코드 영역으로 끌어와서 [무한 반복하기] 블록 안쪽의 [10만큼 움직이기] 블록에 이어 붙인다. 그리고 [동작] 팔레트의 (x 좌표) 블록을 [음... 생각하기] 블록의 '음...' 부분에 끼워 넣는다.

④ [형태] 팔레트의 [다음 모양으로 바꾸기] 블록을 코드 영역으로 끌어와서 [무한 반복하기] 블록 안쪽의 [(x 좌표) 생각하기] 블록에 이어 붙인다.

Step 05 오른쪽 이동 한계 위치의 조건 비교 및 위로 점프하고 내려와 방향 바꾸기

① 오른쪽으로 이동할 수 있는 x 좌표가 200이므로 스프라이트의 현재 x 좌표가 200을 넘는지 조건 비교를 해야 한다. [제어] 팔레트의 [만약 < >(이)라면] 블록, [동작] 팔레트의 (x 좌표) 블록, [연산] 팔레트의 <( ) > 50> 블록을 코드 영역으로 끌어와서 'x 좌표가 200보다 크면'이라는 조건에 따라 블록들을 끼워 넣고 블록의 값을 '200'으로 변경한다.

② 'x 좌표가 200보다 크면' 위로 100만큼 점프하고 내려오도록, [동작] 팔레트의 [y 좌표를 10만큼 바꾸기] 블록을 코드 영역으로 끌어와서 [만약 <(x 좌표) > 200>(이)라면] 블록 안에 끼워 넣고, 블록의 값을 '100'으로 변경한다. [y 좌표를 100만큼 바꾸기] 블록을 복사하여 [y 좌표를 100만큼 바꾸기] 블록에 이어 붙이고, 블록의 값을 '-100'으로 변경한다.

③ 위로 100만큼 올라간 후 -100만큼 다시 내려오므로 마치 점프한 효과를 낼 수 있지만, 올라갔다 내려오는 동작이 너무 빨라 효과를 파악하기가 어렵다. 그러므로 [0.1초 기다리기] 블록을 사용하여 블록의 실행을 지연시켜야 점프 효과를 확인할 수 있다. [제어] 팔레트의 [1초 기다리기] 블록을 코드 영역으로 끌어와서 [y 좌표를 100만큼 바꾸기] 다음에 끼워 넣고, 블록의 값을 '0.1'로 변경한다.

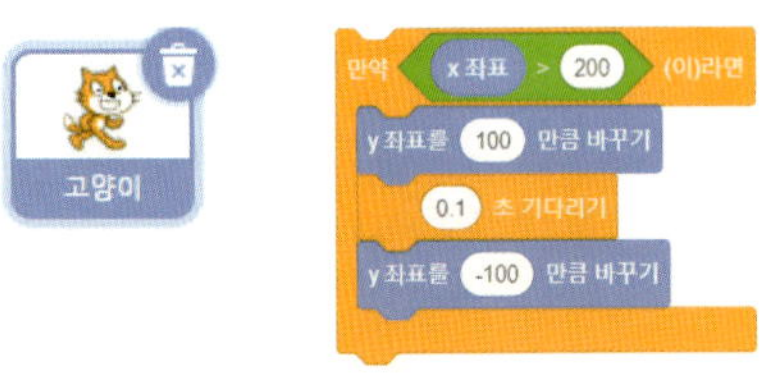

④ 위로 올라갔다 내려온 후, 왼쪽(-90도 방향)으로 방향을 바꿔야 하므로, [동작] 팔레트의 [90도 방향 바꾸기] 블록을 코드 영역으로 끌어와서 [y 좌표를 -100 만큼 바꾸기] 블록에 이어 붙이고, 블록의 값을 '-90'으로 변경한다.

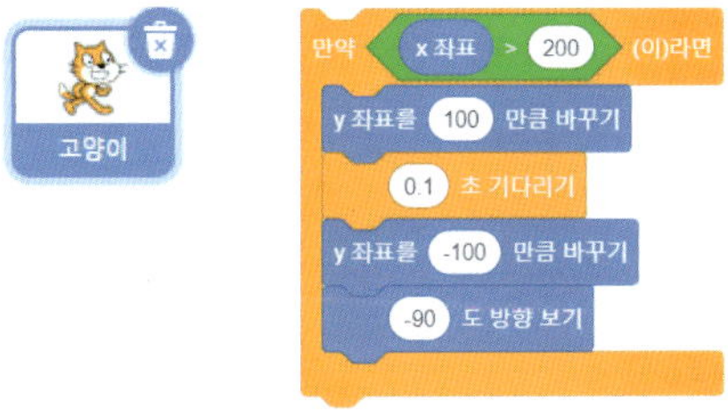

⑤ [만약 <(x 좌표) > 200>(이)라면] 블록 전체를 [무한 반복하기] 블록 안의 [다음 모양으로 바꾸기] 블록에 이어 붙인다.

Step 06 [쥐] 스프라이트에 닿았으면 위로 점프하고 내려와 방향 바꾸기

[고양이] 스프라이트가 [쥐] 스프라이트에 닿았을 때의 처리 블록들은 앞서 만든 블록들을 복사하여 사용하고자 한다.

① [만약 <(x 좌표) > 200>(이)라면] 블록에서 마우스 오른쪽 버튼을 클릭하면 나타나는 메뉴의 [복사하기]를 실행한다.

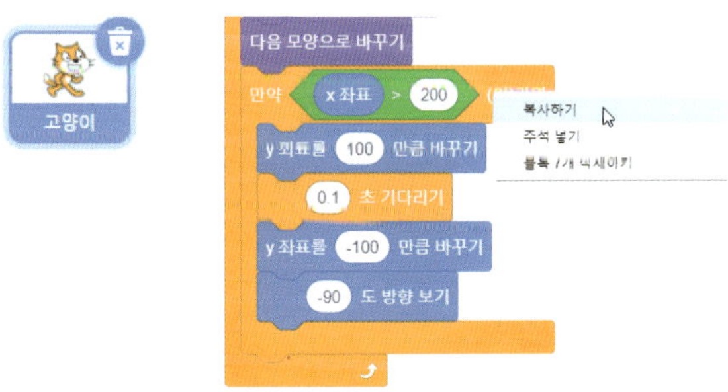

② 복사된 블록을 [만약 <(x 좌표) > 200>(이)라면] 블록 뒤에 이어 붙인다. 그리고 [만약 <(x 좌표) > 200>(이)라면] 블록의 조건인 <(x 좌표) > 200> 블록을 삭제한다.

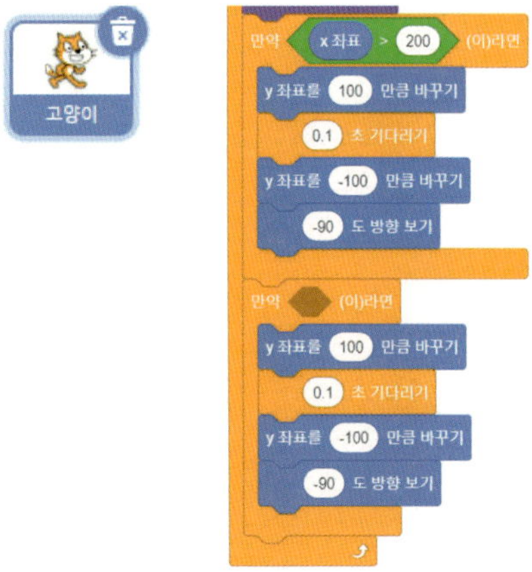

③ [감지] 팔레트의 <마우스 포인터에 닿았는가?> 블록을 코드 영역으로 끌어와서 블록의 값을 '쥐'로 변경하고 [만약 < >(이)라면] 블록의 <조건> 부분에 끼워 넣는다.

④ 위로 올라갔다 내려온 후, 오른쪽(90도 방향)으로 방향을 바꿔야 하므로, [-90도 방향 보기] 블록의 값을 '90'으로 변경한다.

Step 07 [고양이] 스프라이트를 클릭했을 때의 이벤트 추가 및 스크립트 멈추기

① [고양이] 스프라이트를 클릭했을 때 무한 반복이 멈추도록, [이벤트] 팔레트의 [이 스프라이트를 클릭했을 때] 블록을 코드 영역에 끌어 놓는다.

② [제어] 팔레트의 [멈추기 모두] 블록을 코드 영역으로 끌어와서 [이 스프라이트를 클릭했을 때] 블록에 이어 붙이고 블록의 값을 '이 스프라이트에 있는 다른 스크립트'로 변경한다. [멈추기 이 스프라이트에 있는 다른 스크립트] 블록은 [시작하기 클릭했을 때]의 스크립트 부분에 있는 [무한 반복하기] 블록의 실행만을 멈추게 한다.

Step 08 [쥐], [고양이] 스프라이트의 전체 스크립트

[쥐], [고양이] 스프라이트의 전체 스크립트는 다음과 같다.

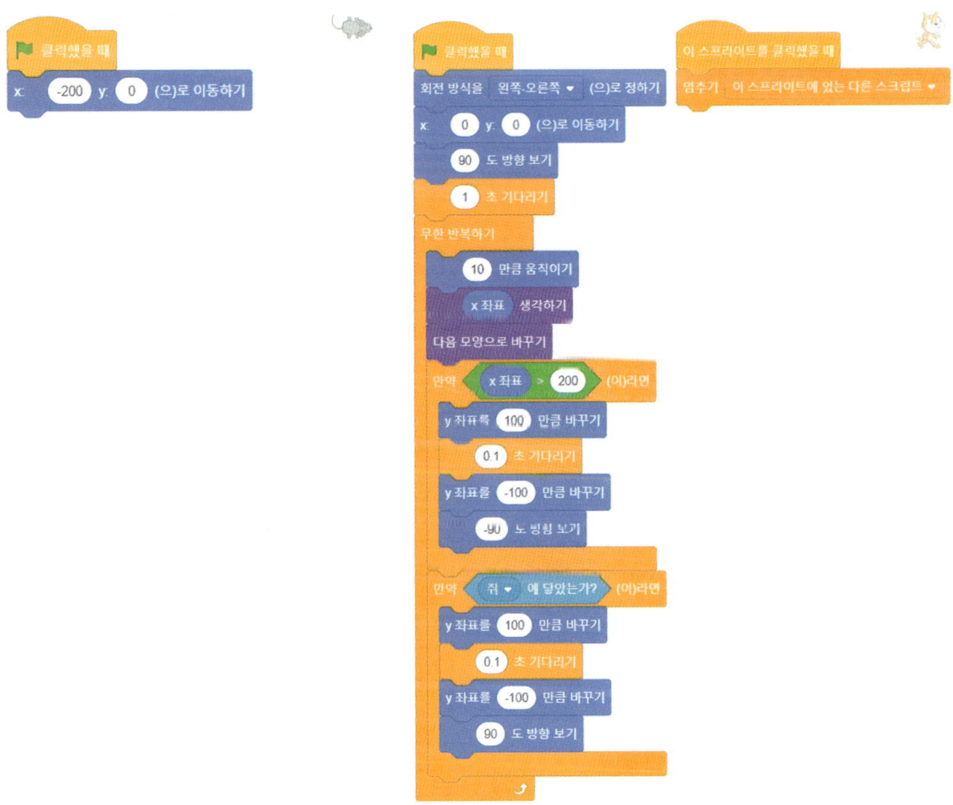

Step 09 프로젝트 실행 및 저장하기

① 무대 위의 [시작하기 깃발]을 클릭하여 프로젝트가 알고리즘대로 올바르게 동작하는지 확인해 보자.

② 스크래치 프로젝트를 저장하기 위하여, 메뉴의 [프로젝트 이름]을 '스크래치 프로젝트'에서 '프로젝트-06-1'로 변경한다. 그리고, [파일] 메뉴의 [컴퓨터에 저장하기]를 실행한 후, 컴퓨터의 폴더를 정하여 프로젝트를 저장한다.

개선 / 발전 방향

프로젝트에서 수정할 사항이나 개선 / 발전할 사항들을 정리한다.

- [고양이] 스프라이트의 스크립트에서 [만약 <(x 좌표) > 200>(이)라면] 블록과 [만약 <쥐에 닿았는가?>(이)라면] 블록을 [연산] 팔레트의 << > 또는 < >> 블록을 사용하여 하나로 합친다. 두 블록을 하나로 합칠 때 [-90도 방향 보기] 블록과 [90도 방향 보기] 블록의 선택은 [제어] 팔레트의 [만약 < > (이)라면 아니면] 블록과 [연산] 팔레트의 <( ) = 50> 블록, [동작] 팔레트의 (방향) 블록을 활용한다.
- 위 첫 번째 기능개선을 반영하여 스크립트를 수정하고 [시작하기 깃발]을 클릭하여 실행하면 [쥐] 스프라이트에 닿았을 때 위로 올라갔다 내려오면서 방향을 바꾸는 동작을 무한 반복하는 문제가 발생한다. 그 이유가 무엇인지 생각하고 해결 방안을 찾아 수정한다.
-
-

6.2 이벤트에 따라 다르게 움직이기

(1) 이벤트와 [이벤트] 팔레트의 블록

이벤트event는 사건, 어떤 일이 발생했음을 뜻하는 단어이다. 스크래치에서는 사용자가 [시작하기 깃발]을 클릭하거나, 키보드의 키를 누르거나, 스프라이트를 클릭하거나, 메시지 신호를 받았을 때 등 다양한 사건에 대한 이벤트가 발생한다.

이벤트가 발생하면 해당 이벤트를 전달받아 실행의 시작을 알리는 블록이 필요하며, 스크래치에서는 이러한 블록들을 [이벤트] 팔레트에서 제공하고 있다.

[이벤트] 팔레트의 블록 중, [시작하기 클릭했을 때] 블록은 무대 위의 [시작하기 깃발]을 클릭할 때 발생하는 이벤트를 처리하는데 [시작하기 클릭했을 때] 블록에 연결된 블록들이 실행된다.

키보드의 키를 눌렀을 때 이벤트가 처리되도록 하려면 [스페이스 키를 눌렀을 때] 블록을 사용한다. [스페이스 키를 눌렀을 때] 블록의 선택 항목에서 누르고자 하는 키보드의 키로 변경하면 해당 키보드의 키 이벤트를 처리하게 된다.

프로젝트에 포함된 스프라이트 중 하나를 클릭했을 때의 이벤트가 발생하도록 하려면 [이 스프라이트를 클릭했을 때] 블록을 사용한다.

(2) 이벤트 블록을 통한 처리와 감지 조건 블록을 통한 처리

이벤트가 발생했을 때 이벤트 블록을 이용하지 않고 [만약 〈 〉(이)라면] 블록과 〈스페이스 키를 눌렀는가?〉 등의 감지 조건 블록을 이용하여 해당 일을 처리할 수 있다.

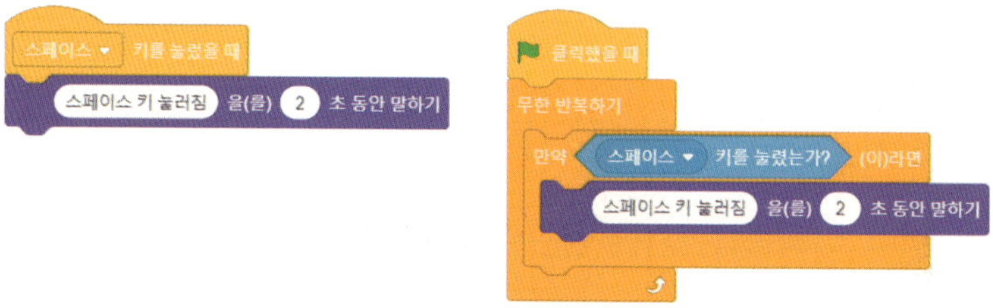

이벤트가 발생했을 때 이벤트 블록으로 처리하는 방법과 제어와 감지 조건 블록으로 처리하는 방법의 차이점은 프로젝트의 실행이 중단되었을 때 차이가 발생한다. 이벤트 블록의 경우 프로젝트의 실행이 중단되어도 이벤트 기능은 계속 활성화되어 동작이 되지만, 제어와 감지 조건 블록으로 처리하는 방법은 프로젝트의 실행이 중단되면 해당 블록이 실행될 수 없게 된다. 즉, 프로젝트의 실행이 중단된 상태에서 [스페이스] 키를 누르면 왼쪽의 [스페이스 키를 눌렀을 때]의 스크립트는 실행되지만, [무한 반복하기]의 스크립트는 실행되지 않는다.

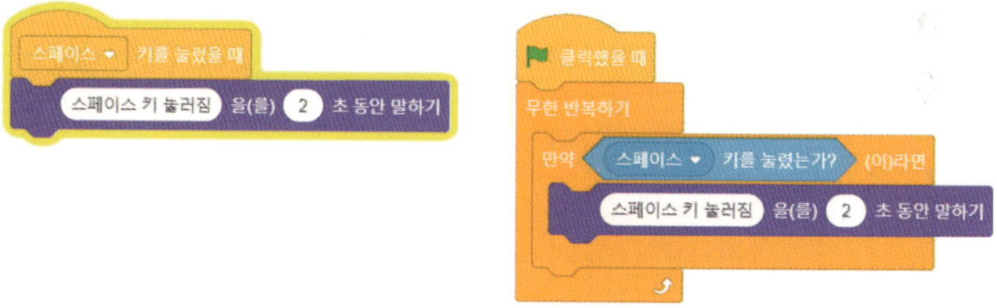

이벤트 블록으로 처리하는 방법은 키보드 누름 등의 이벤트를 정확하게 처리한다는 장점이 있지만, 이벤트의 처리 반응이 약간 느리다는 단점이 있다. 제어와 감지 조건 블록으로 처리하는 방법은 키보드 누름 등의 처리를 이중으로 하는 등의 단점이 있지만, 처리를 즉각적으로 빠르게 처리한다는 장점이 있다.

(3) 나만의 블록으로 새로운 블록 정의하기와 새로 만든 블록 사용하기

스프라이트의 스크립트 블록들을 코딩하는 과정에서 같은 기능을 수행하는 블록들이 중복으로 여러 군데 사용되는 경우가 종종 발생한다. 이러한 중복된 블록들은 [나만의 블록] 팔레트의 [블록 만들기] 기능을 사용하여 중복된 블록을 하나의 블록으로 바꿀 수 있다. 6.1절의 [프로젝트-06-1]에서 [고양이] 스프라이트의 스크립트 중 중복된 블록이 사용되고 있다.

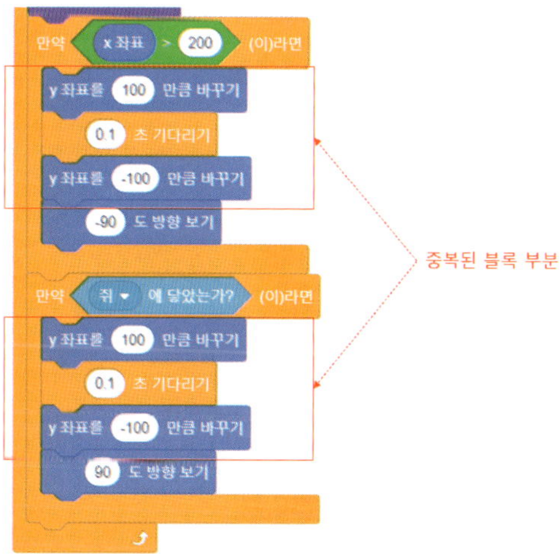

[나만의 블록] 팔레트의 [블록 만들기]를 클릭하여 나타나는 [블록 만들기] 화면에서 새로운 블록의 이름을 입력하고 [확인] 버튼을 클릭하면 새로운 블록을 만들 수 있다.

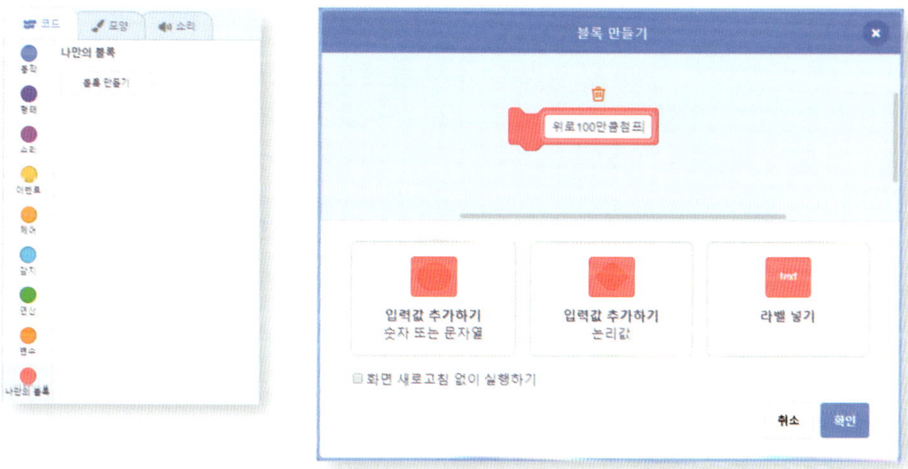

[나만의 블록] 팔레트에 입력한 이름으로 [위로100만큼점프] 블록이 만들어지고, 코드 영역에 [위로100만큼점프 정의하기] 블록이 만들어진다. 기존의 중복 블록들을 새로 만든 [위로100만큼점프 정의하기] 블록에 이어 붙이고, 기존의 중복 블록들 자리에 [나만의 블록] 팔레트의 [위로100만큼점프] 블록을 끼워 넣으면 된다.

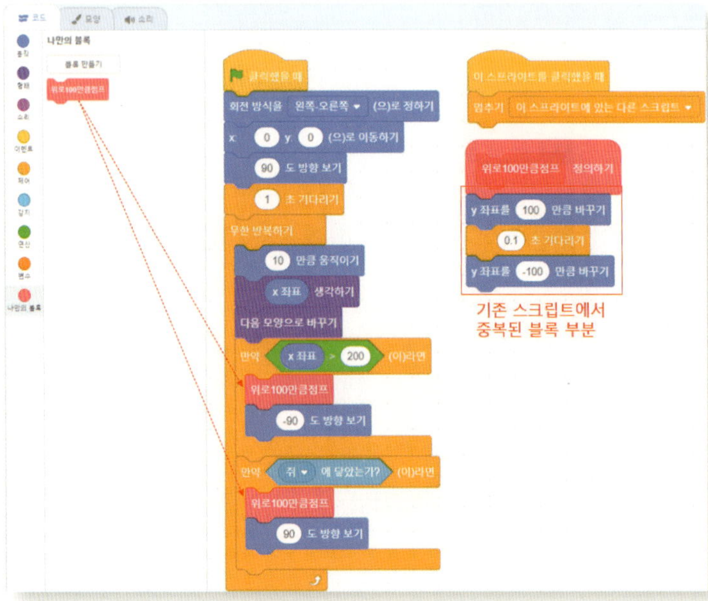

(4) 새로운 블록 정의에서 입력값 추가하기

나만의 블록을 만들 때 [블록 만들기] 화면에서 [입력값 추가하기 / 숫자 또는 문자열] 항목을 클릭하면 블록 이름 입력 항목 옆에 (number or text) 입력 항목이 생긴다. 이곳에 새로운 블록으로 전달할 입력값 이름을 작성한다. 입력값으로 숫자, 문자열, 논리값, 라벨을 지정할 수 있다.

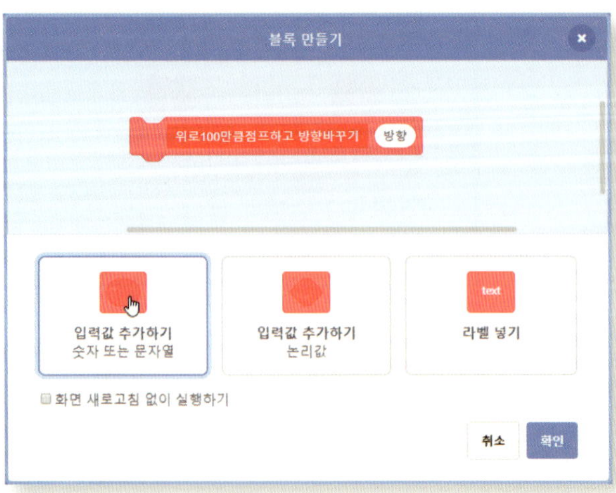

[나만의 블록] 팔레트에 입력한 이름으로 [위로100만큼점프하고 방향바꾸기( )] 블록이 만들어지고, 코드 영역에 [위로100만큼점프하고 방향바꾸기 (방향) 정의하기] 블록이 만들어진다. 기존의 중복 세 블록을 이어 붙이고, '-90'과 '90' 으로 방향이 바뀌는 [( )도 방향 보기] 블록을 이어 붙인다. 그리고, [위로100만큼점프하고 방향바꾸기 (방향) 정의하기]에 있는 (방향) 블록을 [( )도 방향 보기] 블록 안에 끼워 넣는다.

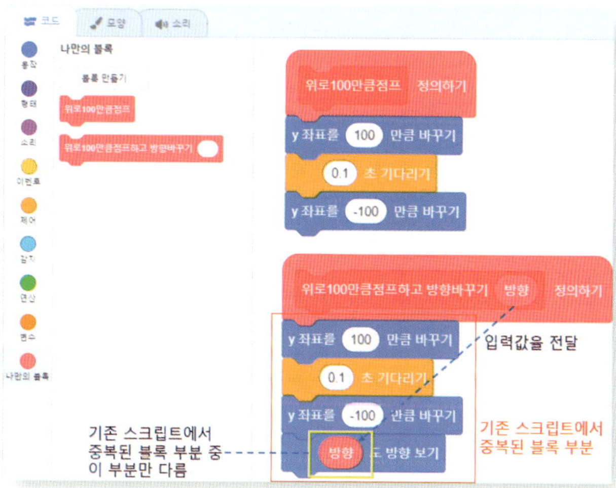

기존의 중복 블록들 자리에 [나만의 블록] 팔레트의 [위로100만큼점프하고 방향바꾸기( )] 블록을 끼워 넣고, 블록의 값으로 '-90'과 '90'을 각각 입력한다. [위로100만큼점프하고 방향바꾸기(-90)] 블록이 실행되면, [위로100만큼점프하고 방향바꾸기 (방향)] 블록의 (방향) 입력값 변수에 전달되고, 전달된 입력값은 [(방향)도 방향 보기] 블록에서 (방향) 블록의 값으로 '-90'으로 사용된다. 그리고, [위로100만큼점프하고 방향바꾸기(90)] 블록이 실행되면, [위로100만큼점프하고 방향바꾸기 (방향)] 블록의 (방향) 입력값 변수에 전달되고, 전달된 입력값은 [(방향)도 방향 보기] 블록에서 (방향) 블록의 값으로 '90'으로 사용된다.

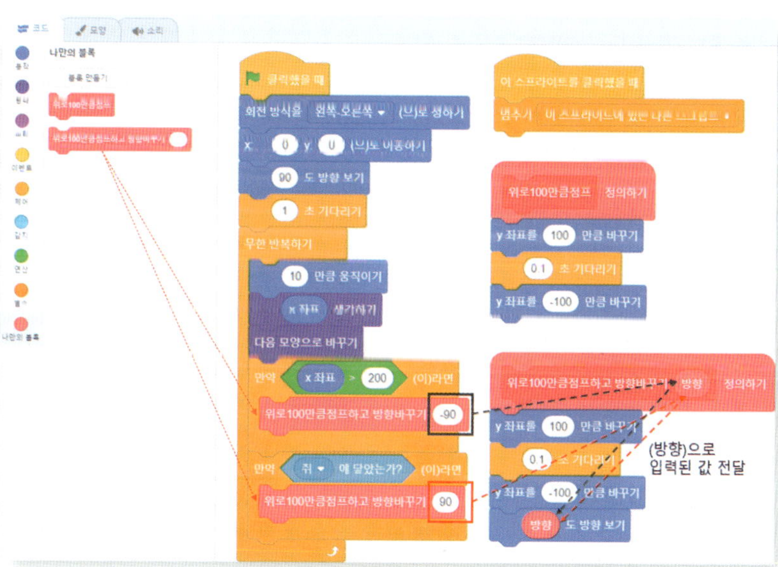

프로젝트 06-2

화살표 키로 스프라이트 움직이기

[고양이] 스프라이트는 무대의 중앙에 위치한다.

[오른쪽 화살표] 키를 누르면 오른쪽으로 10만큼 움직인다. [왼쪽 화살표] 키를 누르면 왼쪽으로 10만큼 움직인다. [위쪽 화살표] 키를 누르면 위쪽으로 10만큼 움직인다. [아래쪽 화살표] 키를 누르면 아래쪽으로 10만큼 움직인다.

[쥐] 스프라이트는 무대의 왼쪽 아래에서부터 다음을 무한 반복한다.
   무대의 무작위 위치로 이동하여 무대에 나타나고 1초 후 사라진다. 만약 [고양이] 스프라이트의 주황색에 닿으면 [쥐] 스프라이트는 무한 반복을 멈춘다.

[q] 키를 누르면 모든 스프라이트의 실행이 멈춘다.

프로젝트 결과 화면

프로젝트 문제 분석

문제를 분석하여 필요한 기능이 무엇인지 정리한다.

프로젝트 알고리즘 설계

스프라이트, 무대의 문제 해결 알고리즘을 작성한다.

스프라이트	알고리즘	
 스프라이트1	**[시작하기 깃발 클릭했을 때]** ① 무대의 중앙(x:0, y:0)으로 이동한다. **[위쪽 화살표 키를 눌렀을 때]** ① 회전 방식을 '회전하기'로 정한다. ② 위쪽(0도 방향)을 본다. ③ 10만큼 움직인다. ④ 벽에 닿으면 튕긴다. ⑤ 다음 모양으로 바꾼다. **[아래쪽 화살표 키를 눌렀을 때]** ① 회전 방식을 '회전하기'로 정한다. ② 아래쪽(180도 방향)을 본다. ③ 10만큼 움직인다. ④ 벽에 닿으면 튕긴다. ⑤ 다음 모양으로 바꾼다.	 **[왼쪽 화살표 키를 눌렀을 때]** ① 회전 방식을 '왼쪽-오른쪽'으로 정한다. ② 왼쪽(-90도 방향)을 본다. ③ 10만큼 움직인다. ④ 벽에 닿으면 튕긴다. ⑤ 다음 모양으로 바꾼다. **[오른쪽 화살표 키를 눌렀을 때]** ① 회전 방식을 '왼쪽-오른쪽'으로 정한다. ② 오른쪽(90도 방향)을 본다. ③ 10만큼 움직인다. ④ 벽에 닿으면 튕긴다. ⑤ 다음 모양으로 바꾼다.
 Mouse1	**[시작하기 깃발 클릭했을 때]** ① 크기를 60%로 정한다. ② 다음을 무한 반복한다. ②-1 무작위 위치로 이동한다. ②-2 스프라이트를 무대에 보인다. ②-3 1초 기다린다. ②-4 스프라이트를 무대에서 숨긴다. ②-5 1초 기다린다. ②-6 만약 고양이의 주황색에 닿으면 ②-6-1 '꽥!'을 1초 동안 말한다. ②-6-2 이 스크립트를 멈춘다.	**[q 키를 눌렀을 때]** ① 모든 스프라이트의 실행을 멈춘다.

무 대	알고리즘
 Tree	필요한 알고리즘 없음

프로젝트 코딩

[프로젝트 알고리즘 설계]를 참고하여 코딩한다.

Step 01 무대 배경의 변경 및 스프라이트 추가하기

① 무대 배경을 추가하여 변경하려면, 무대 제어 부분의 [배경 고르기]를 클릭하고 [배경 고르기] 화면에서 [Tree] 배경을 클릭한다.

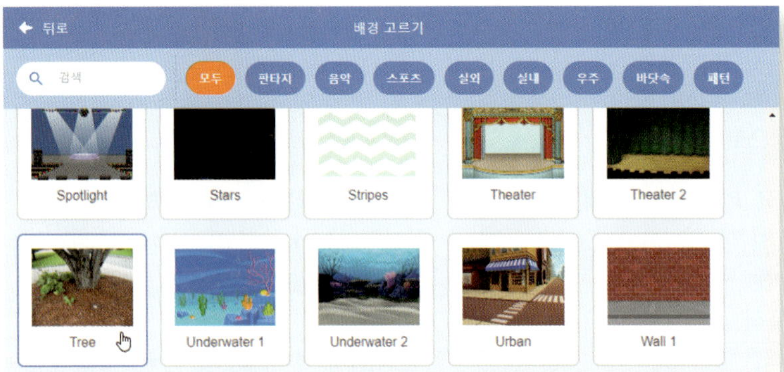

② [스프라이트 1] 스프라이트의 이름을 '고양이'로 변경한다.

③ 새로운 스프라이트를 추가하려면, 스프라이트 제어 부분의 [스프라이트 고르기]를 클릭하여 [스프라이트 고르기] 화면에서 [Mouse1] 스프라이트를 클릭하여 추가한다.

④ [Mouse1] 스프라이트의 이름을 '쥐'로 변경한다.

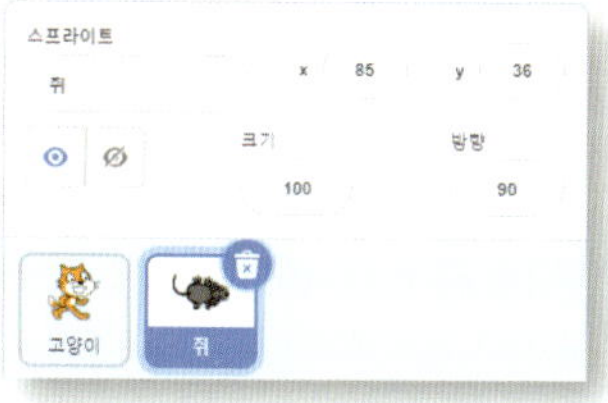

Step 02 [고양이] 스프라이트의 처음 위치 정하기

① [이벤트] 팔레트의 [시작하기 클릭했을 때] 블록을 코드 영역으로 끌어 놓는다.

② [동작] 팔레트의 [x:0 y:0(으)로 이동하기] 블록을 코드 영역으로 끌어와서 [시작하기 클릭했을 때] 블록에 이어 붙인다.

Step 03 [고양이] 스프라이트에서 [위쪽 화살표] 키를 눌렀을 때의 이벤트 처리하기

① [위쪽 화살표] 키를 눌렀을 때의 이벤트를 처리하기 위하여, [이벤트] 팔레트의 [스페이스 키를 눌렀을 때] 블록을 코드 영역으로 끌어와서 블록의 값을 '위쪽 화살표'로 변경한다.

② 위쪽(0도 방향)으로 이동할 때 [고양이] 스프라이트가 위쪽을 바라보게 하는 것이 좋다. [고양이] 스프라이트를 위쪽으로 회전할 수 있도록, [동작] 팔레트의 [회전 방식을 왼쪽-오른쪽(으)로 정하기] 블록을 코드 영역으로 끌어와서 [위쪽 화살표 키를 눌렀을 때] 블록에 이어 붙이고 블록의 값을 '회전하기'로 변경한다.

③ 위쪽(0도 방향)으로 회전하기 위하여, [동작] 팔레트의 [90도 방향 보기] 블록을 코드 영역으로 끌어와서 [회전 방식을 회전하기(으)로 정하기] 블록에 이어 붙이고 블록의 값을 '0'으로 변경한다.

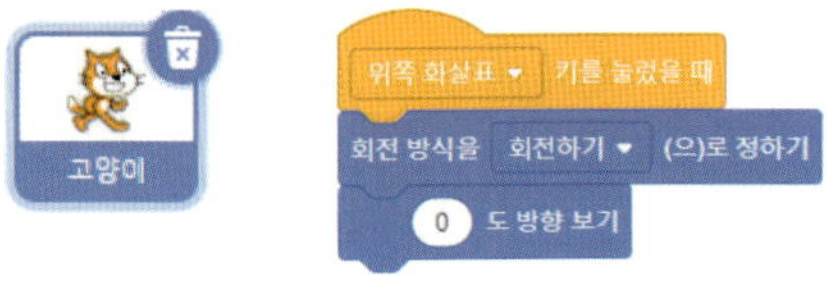

④ 위쪽으로 10만큼 이동하고, 이동한 후에 벽에 도달하면 벽에서 반대 방향으로 방향을 바꿀 필요가 있다. [동작] 팔레트의 [10만큼 움직이기] 블록과 [벽에 닿으면 튕기기] 블록을 코드 영역으로 끌어와서 [0도 방향 보기] 블록에 이어 붙인다.

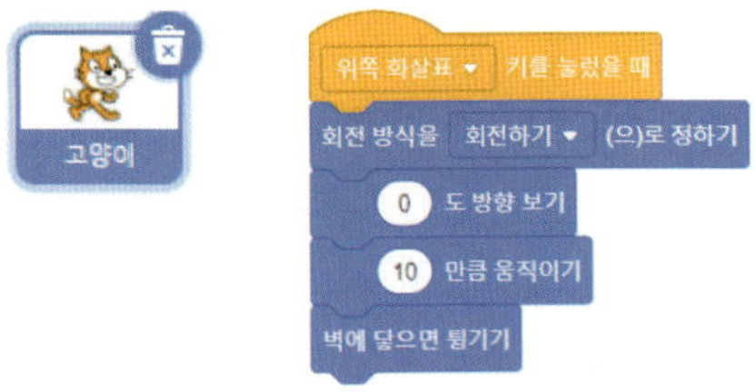

⑤ [형태] 팔레트의 [다음 모양으로 바꾸기] 블록을 코드 영역으로 끌어와서 [벽에 닿으면 튕기기] 블록에 이어 붙인다.

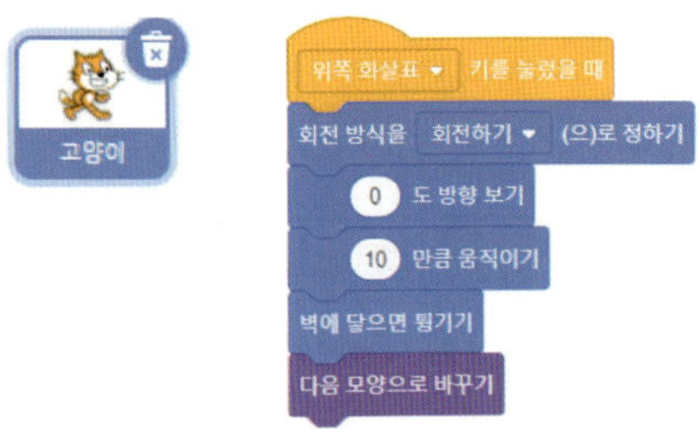

Step 04 [고양이] 스프라이트에서 [아래쪽 화살표] 키를 눌렀을 때의 이벤트 처리하기

① [아래쪽 화살표] 키를 눌렀을 때의 이벤트 처리 블록들은 앞의 [Step 03] 단계에서 만든 블록들을 복사하여 사용하고자 한다. [위쪽 화살표 키를 눌렀을 때] 블록에서 마우스 오른쪽 버튼을 누르면 나타나는 팝업 메뉴의 [복사하기]를 실행한다.

② 복사된 블록들을 코드 영역의 빈 곳에 위치시키고, [위쪽 화살표 키를 눌렀을 때] 블록의 값을 '아래쪽 화살표'로 변경하고, [0도 방향 보기] 블록의 값을 '180'으로 변경한다.

Step 05 [왼쪽 화살표] 키와 [오른쪽 화살표] 키를 눌렀을 때의 이벤트 처리하기

① [왼쪽 화살표] 키를 눌렀을 때의 이벤트 처리 블록들은 앞의 [Step 03] 단계에서 만든 블록들을 복사하여 사용하고자 한다. [위쪽 화살표 키를 눌렀을 때] 블록에서 마우스 오른쪽 버튼을 누르면 나타나는 팝업 메뉴의 [복사하기]를 실행한다. 그리고 복사된 블록들을 코드 영역의 빈 곳에 위치시키고, [위쪽 화살표 키를 눌렀을 때] 블록의 값을 '왼쪽 화살표'로 변경하고, [회전 방식을 회전하기(으)로 정하기] 블록의 값을 '왼쪽-오른쪽'으로 변경하고, [0도 방향 보기] 블록의 값을 '-90'으로 변경한다.

② [오른쪽 화살표] 키를 눌렀을 때의 이벤트 처리 블록들은 앞의 [Step 05] 단계 ①에서 만든 블록들을 복사하여 사용하고자 한다. [왼쪽 화살표 키를 눌렀을 때] 블록에서 마우스 오른쪽 버튼을 누르면 나타나는 팝업 메뉴의 [복사하기]를 실행한다. 그리고 복사된 블록들을 코드 영역의 빈 곳에 위치시키고, [왼쪽 화살표 키를 눌렀을 때] 블록의 값을 '오른쪽 화살표'로 변경하고, [-90도 방향 보기] 블록의 값을 '90'으로 변경한다.

Step 06 [쥐] 스프라이트가 무작위 위치로 이동하고 무대에서 나타났다 사라지기

① [이벤트] 팔레트의 [시작하기 클릭했을 때] 블록을 코드 영역으로 끌어 놓는다.

② 스프라이트의 크기를 줄이기 위하여, [형태] 팔레트의 [크기를 100%로 정하기] 블록을 코드 영역으로 끌어와서 [시작하기 클릭했을 때] 블록에 이어 붙이고, 블록의 값을 '60'으로 변경한다.

③ [제어] 팔레트의 [무한 반복하기] 블록을 코드 영역으로 끌어와서 [크기를 60%로 정하기] 블록에 이어 붙인다.

④ 무대의 무작위 위치로 이동하여 잠시 보인 후 무대에서 사라지도록, [동작] 팔레트의 [무작위 위치(으)로 이동하기] 블록을 코드 영역으로 끌어와서 [무한 반복하기] 블록 안에 끼워 넣는다. 그리고, [형태] 팔레트의 [보이기] 블록, [제어] 팔레트의 [1초 기다리기] 블록, [형태] 팔레트의 [숨기기] 블록, [제어] 팔레트의 [1초 기다리기] 블록을 코드 영역으로 끌어와서 [무한 반복하기] 블록 안의 [무작위 위치(으)로 이동하기] 블록에 순서대로 이어 붙인다.

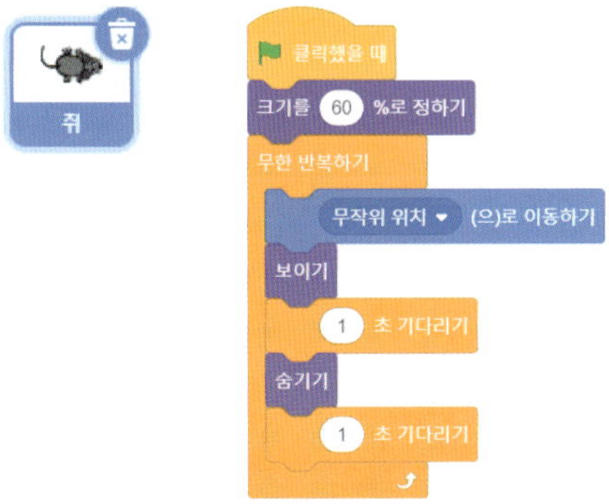

Step 07 [쥐] 스프라이트가 [고양이] 스프라이트의 주황색에 닿으면 스크립트 멈추기

① [쥐] 스프라이트가 [고양이] 스프라이트의 주황색에 닿았는지를 확인하기 위하여, [제어] 팔레트의 [만약 < >(이)라면] 블록과 [감지] 팔레트의 <( ) 색에 닿았는가?> 블록을 코드 영역으로 가져온다. 그리고 <( ) 색에 닿았는가?> 블록을 [만약 < >(이)라면] 블록의 <조건> 위치에 끼워 넣는다.

② <( ) 색에 닿았는가?> 블록의 ( ) 색상 부분을 클릭하면 색상 선택 창이 나타난다. 색상 선택 스포이드를 클릭하면 스크래치 화면이 회색으로 변하면서 마우스 포인터가 위치한 곳이 원형의 돋보기처럼 확대되어 나타난다. 원형 돋보기의 가운데 사각형 포인터를 원하는 색상에 위치시킨 후 클릭을 하면 해당 위치의 색이 선택된다.

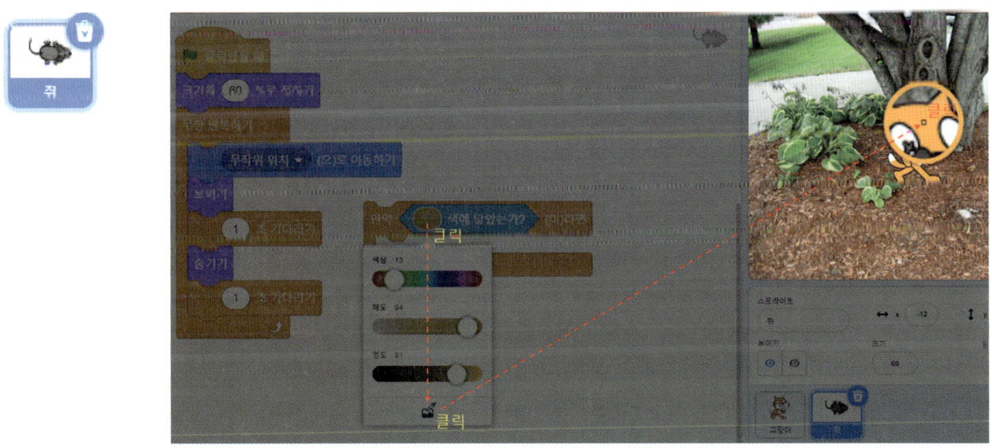

③ [만약 <주황색에 닿았는가?>(이)라면] 블록을 [무한 반복하기] 안의 [1초 기다리기] 블록에 이어 붙인다.

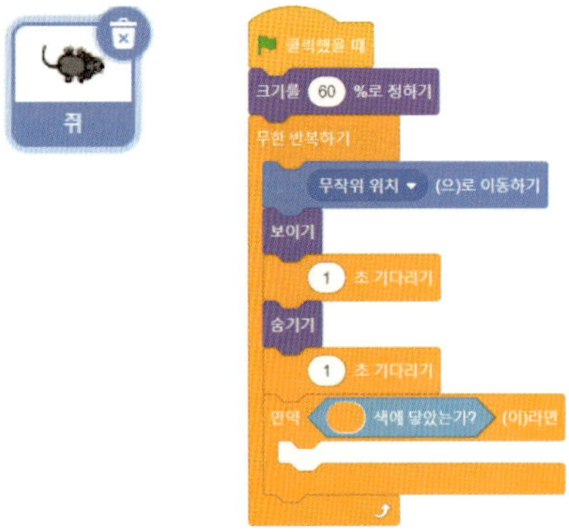

④ [고양이] 스프라이트의 주황색에 닿으면 '꽥!'을 1초 동안 말하려면 무대에서 숨겨진 [쥐] 스프라이트를 무대에 나타내어야 한다. [형태] 팔레트의 [보이기] 블록과 [안녕을(를) 2초 동안 말하기] 블록을 코드 영역으로 가져와서 [만약 <주황색에 닿았는가?>(이)라면] 안에 순서대로 끼워 넣는다. 그리고 [안녕을(를) 2초 동안 말하기] 블록의 값을 '꽥!'과 '1'로 변경한다.

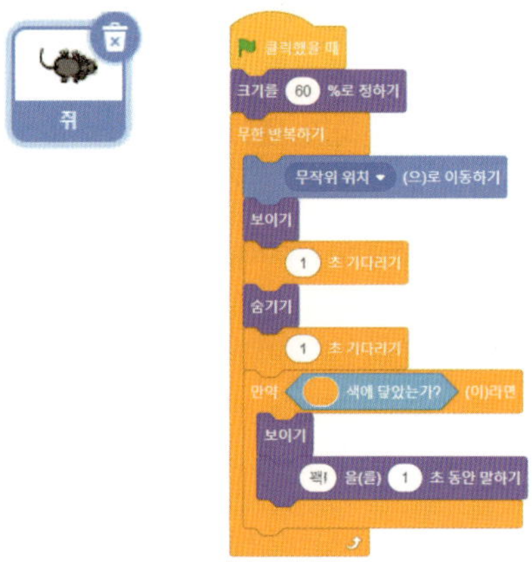

⑤ [고양이] 스프라이트의 주황색에 닿으면 무한 반복을 멈추기 위하여, [제어] 팔레트의 [멈추기 모두] 블록을 [만약 <주황색에 닿았는가?>(이)라면] 안에 끼워 넣는다. 그리고 블록의 값을 '이 스크립트'로 변경한다.

Step 08 [쥐] 스프라이트에서 [q] 키를 눌렀을 때의 이벤트 추가 및 모두 멈추기

① [쥐] 스프라이트에서 [q] 키를 눌렀을 때의 이벤트를 처리하기 위하여, [이벤트] 팔레트의 [스페이스 키를 눌렀을 때] 블록을 코드 영역의 빈 곳에 위치시키고, 블록의 값을 'q'로 변경한다.

② [쥐] 스프라이트와 [고양이] 스프라이트의 모든 실행을 멈추기 위하여, [제어] 팔레트의 [멈추기 모두] 블록을 코드 영역으로 끌어와서 [q 키를 눌렀을 때] 블록에 이어 붙인다.

Step 09 [고양이], [쥐] 스프라이트의 전체 스크립트

[고양이]와 [쥐] 스프라이트의 전체 스크립트는 다음과 같다.

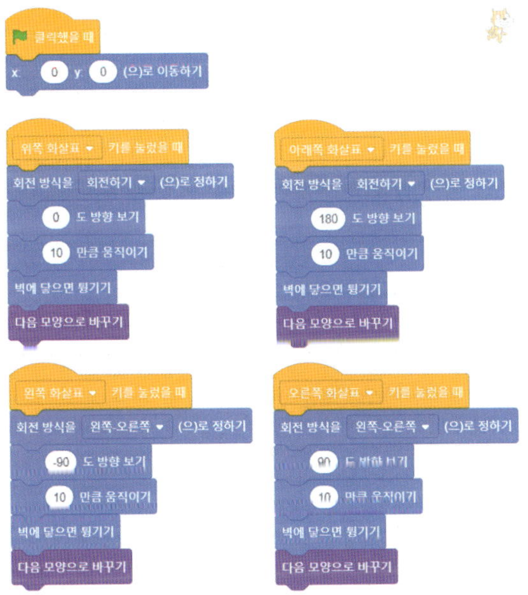

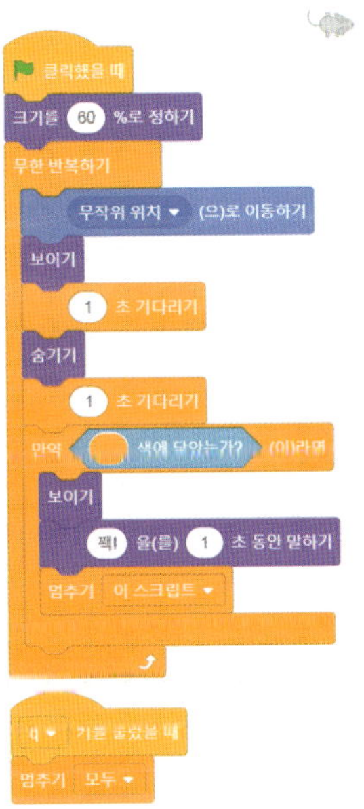

Step 10 프로젝트 실행 및 저장하기

① 무대 위의 [시작하기 깃발]을 클릭하여 프로젝트가 알고리즘대로 올바르게 동작하는지 확인해 보자.

② 스크래치 프로젝트를 저장하기 위하여, 메뉴의 [프로젝트 이름]을 '스크래치 프로젝트'에서 '프로젝트-06-2-1'로 변경한다. 그리고, [파일] 메뉴의 [컴퓨터에 저장하기]를 실행한 후, 컴퓨터의 폴더를 정하여 프로젝트를 저장한다.

Step 11 나만의 블록을 사용하여 중복된 블록을 단순화하기

① [고양이] 스프라이트의 스크립트들을 자세히 살펴보면 같은 연속적 기능을 수행하는 블록들이 중복되어 있음을 확인할 수 있다.

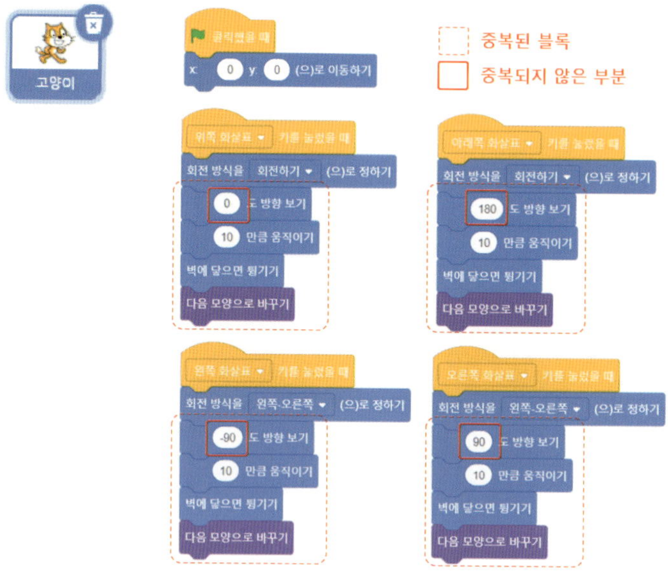

② 중복된 블록은 나만의 블록을 사용하여 하나의 블록으로 바꿀 수 있으며, 위의 경우처럼 중복되지 않은 부분이 있으면 나만의 블록을 정의할 때 입력값 항목을 추가하여 해결할 수 있다. [나만의 블록] 팔레트의 [블록 만들기]를 클릭하여 나타나는 [블록 만들기] 화면에서 새로운 블록의 이름을 '방향에 맞춰 움직이기'로 입력한다. 그리고 중복되지 않은 부분을 처리하기 위하여, [입력값 추가하기 / 숫자 또는 문자열] 항목을 클릭하고 블록 이름 입력 항목 옆에 (number or text) 입력 항목이 생기면 입력값 이름을 '방향'으로 작성한다. 나만의 블록 이름과 입력값 이름을 모두 입력하였으면 [확인] 버튼을 클릭한다.

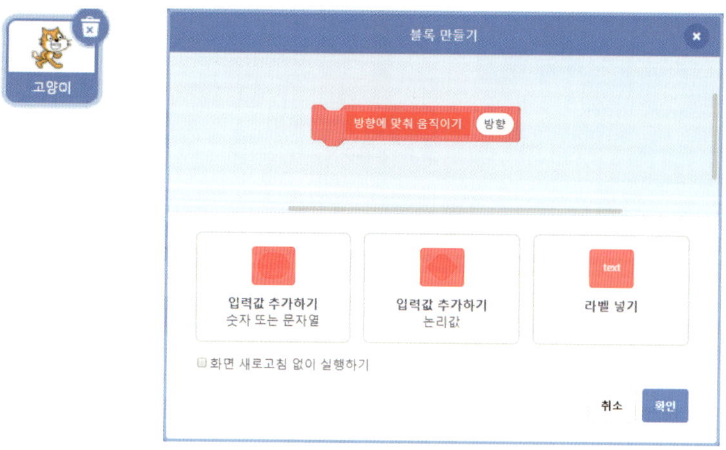

③ [나만의 블록] 팔레트에 입력한 이름으로 [방향에 맞춰 움직이기 ( )] 블록이 만들어지고, 코드 영역에 [방향에 맞춰 움직이기 (방향) 정의하기] 블록이 만들어진다. 기존의 중복된 블록 중 네 블록을 [방향에 맞춰 움직이기 (방향) 정의하기] 블록에 이어 붙인다. 그리고 [방향에 맞춰 움직이기 (방향) 정의하기]에 있는 (방향) 블록을 [(   )도 방향 보기] 블록 안에 끼워 넣는다.

④ 기존의 중복 블록들 자리에 [나만의 블록] 팔레트의 [방향에 맞춰 움직이기 ( )] 블록을 끼워 넣고, 블록의 값으로 '0', '180', '-90', '90'을 각각 입력한다.

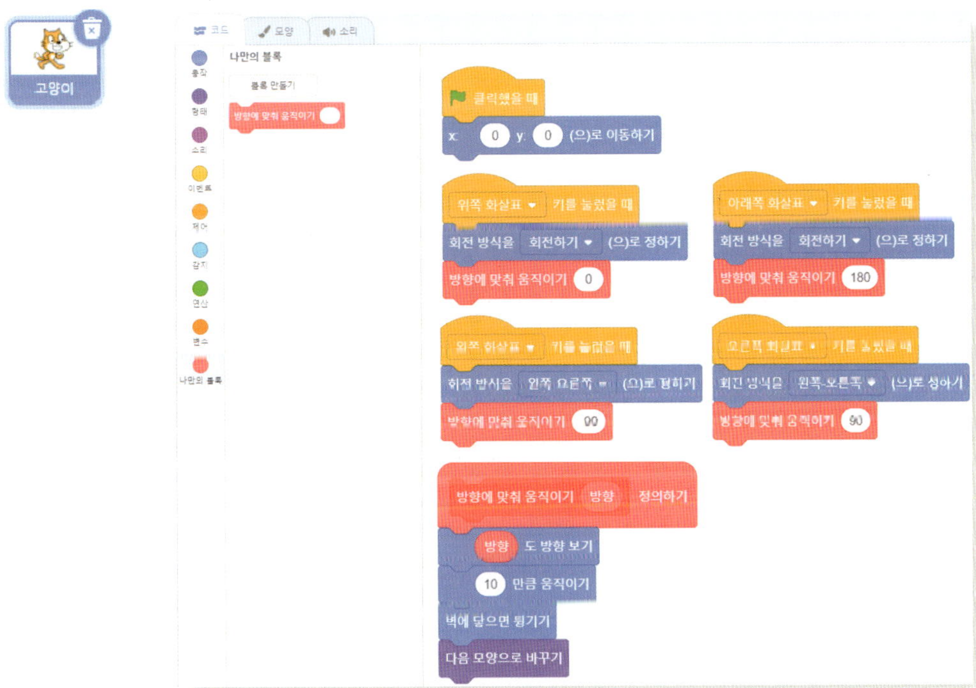

Step 12 프로젝트 실행 및 저장하기

① 무대 위의 [시작하기 깃발]을 클릭하여 프로젝트가 알고리즘대로 올바르게 동작하는지 확인해 보자.

② 스크래치 프로젝트를 저장하기 위하여, 메뉴의 [프로젝트 이름]을 '스크래치 프로젝트'에서 '프로젝트-06-2-2'로 변경한다. 그리고, [파일] 메뉴의 [컴퓨터에 저장하기]를 실행한 후, 컴퓨터의 폴더를 정하여 프로젝트를 저장한다.

개선 / 발전 방향

프로젝트에서 수정할 사항이나 개선 / 발전할 사항들을 정리한다.

- [q] 키를 눌러 모든 스프라이트의 실행이 멈춰도 [왼쪽 / 오른쪽 / 위쪽 / 아래쪽 화살표] 키를 누르면 [고양이] 스프라이트는 여전히 움직인다. 그 이유는 프로젝트의 시작과 상관없이 이벤트에 대한 실행이 이루어지기 때문이다. [프로젝트-06-2-2] 프로젝트를 이용하여 [q] 키를 눌러 모든 스프라이트의 실행이 멈추거나 무대 위의 [멈추기]를 클릭하면 화살표 키에 대한 실행이 진행되지 않도록 감지 조건 방식으로 화살표 키를 처리한다.
- [프로젝트-06-2-2] 프로젝트에서는 [쥐] 스프라이트가 [고양이] 스프라이트의 주황색에 닿았는지를 [무한 반복하기] 블록과 [만약 <주황색에 닿았는가?>(이)라면] 블록을 이용하여 처리하고 있다. [<주황색에 닿았는가?>까지 반복하기] 블록을 사용하여, [무한 반복하기] 블록과 [만약 <주황색에 닿았는가?>(이)라면] 블록을 사용하지 않도록 기능을 개선한다.
-
-

6.3 연습문제

연습문제 06-1

마우스 클릭한 곳으로 이동하여 사분면과 좌표 말하기

[고양이] 스프라이트는 무대의 중앙에서 마우스 클릭 여부를 확인한다. 마우스를 클릭한 곳으로 1초 동안 이동한 후, 해당 위치가 1사분면이면 '1사분면 - x:10, y:10' 형식으로, 2사분면이면 '2사분면 - x:-10, y:10' 형식으로, 3사분면이면 '3사분면 - x:-10, y:-10' 형식으로, 4사분면이면 '4사분면 - x:10, y:-10' 형식으로 1초 동안 말하고, 1초 동안 무대 중앙으로 되돌아온다.

프로젝트 결과 화면

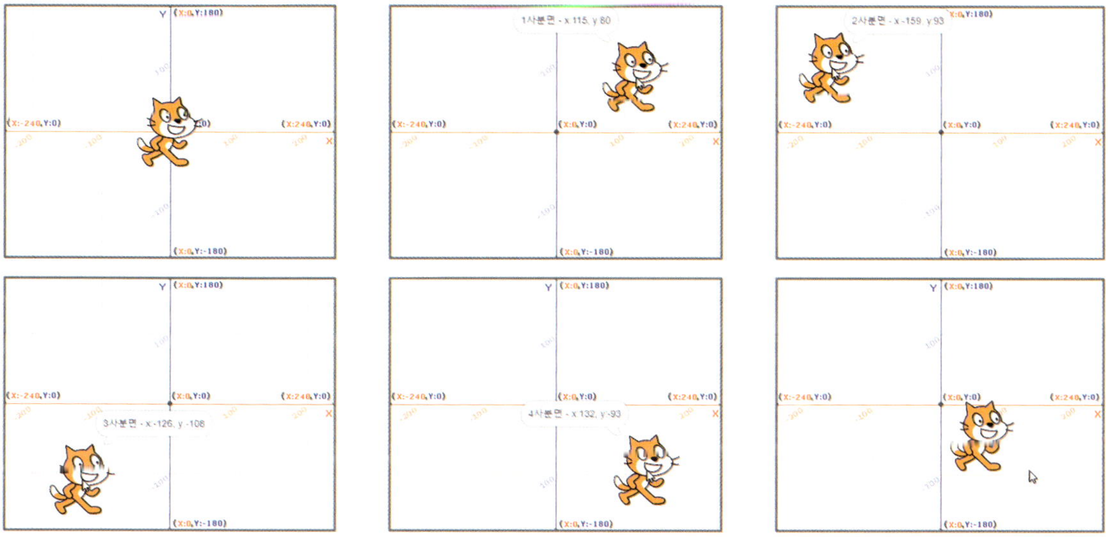

프로젝트 문제 분석

문제를 분석하여 필요한 기능이 무엇인지 정리한다.

프로젝트 알고리즘 설계

스프라이트, 무대의 문제 해결 알고리즘을 작성한다.

스프라이트	알고리즘
 스프라이트1	**[시작하기 깃발 클릭했을 때]** ① 무대의 중앙(x:0, y:0)으로 이동한다. ② 다음을 무한 반복한다. ②-1 마우스를 클릭했을 때까지 기다린다. ②-2 1초 동안 마우스 포인터 위치로 이동한다. ②-3 만약 x좌표가 0보다 크고 y좌표가 0보다 크면 ②-3-1 '1사분면 – x:10, y:10' 형식으로 결합하여 1초 동안 말한다. 아니면 ②-3-1 만약 x좌표가 0보다 작고 y좌표가 0보다 크면 ②-3-1-1 '2사분면 – x:-10, y:10' 형식으로 결합하여 1초 동안 말한다. 아니면 ②-3-1-1 만약 x좌표가 0보다 작고 y좌표가 0보다 작으면 ②-3-1-1-1 '3사분면 – x:-10, y:-10' 형식으로 결합하여 1초 동안 말한다. 아니면 ②-3-1-1-1 '4사분면 – x:10, y:-10' 형식으로 결합하여 1초 동안 말한다. ②-4 1초 동안 무대의 중앙(x:0, y:0)으로 이동한다.

무 대	알고리즘
 Xy-grid	필요한 알고리즘 없음

연습문제 06-2

모터사이클로 케이크 실어 나르기

[Motorcycle] 스프라이트는 무대 중앙에서 오른쪽을 보고, 무한 반복하면서 오른쪽 벽과 왼쪽 벽을 왕복으로 움직인다. [Motorcycle] 스프라이트를 클릭하면 프로젝트의 실행이 멈춘다.

[Cake] 스프라이트는 무대의 왼쪽 아래에서 오른쪽을 본다. [Cake] 스프라이트를 클릭하면 무한 반복하면서 다음의 조건을 비교하여 해당 좌표로 이동한다.

만약 [Motorcycle] 스프라이트의 방향이 오른쪽이면 x:(Motorcycle의 x좌표 - 25), y:(Motorcycle의 y좌표 + 20)으로 이동하고, [Motorcycle] 스프라이트의 방향이 왼쪽이면 x:(Motorcycle의 x좌표 + 25), y: (Motorcycle의 y좌표 + 20)으로 이동한다.

프로젝트 결과 화면

프로젝트 문제 분석

문제를 분석하여 필요한 기능이 무엇인지 정리한다.

프로젝트 알고리즘 설계

스프라이트, 무대의 문제 해결 알고리즘을 작성한다.

스프라이트	알고리즘
 Motorcycle	[시작하기 깃발 클릭했을 때] ① 회전 방식을 왼쪽-오른쪽으로 정한다. ② x:0, y:-70으로 이동한다. ③ 오른쪽(90도 방향)을 본다.

스프라이트	알고리즘
	④ 다음을 무한 반복한다. 　④-1 10만큼 움직인다. 　④-2 벽에 닿으면 튕긴다. **[이 스프라이트를 클릭했을 때]** ① 모두 멈춘다.
 Cake	**[시작하기 깃발 클릭했을 때]** ① 크기를 50%로 정한다. ② 회전 방식을 왼쪽-오른쪽으로 정한다. ③ x:-160, y:-120으로 이동한다. ④ 오른쪽(90도 방향)을 본다. **[이 스프라이트를 클릭했을 때]** ① 다음을 무한 반복한다. 　①-1 만약 Motorcycle의 방향이 90이면 　　①-1-1 x:(Motorcycle의 x좌표-25), y: (Motorcycle의 y좌표+20)으로 이동한다. 　아니면 　　①-1-1 x:(Motorcycle의 x좌표+25), y: (Motorcycle의 y좌표+20)으로 이동한다.

무 대	알고리즘
 Night City	필요한 알고리즘 없음

연습문제 06-3

물고기를 잡아먹는 상어

[상어] 스프라이트는 처음 모양을 'shark2-a'로 바꾼 후, 다음을 무한 반복한다.
마우스 포인터 쪽을 보며 조금씩 움직이고, 벽에 닿으면 튀어나오고, 만약 [물고기1] 또는 [물고기2] 또는 [물고기3] 스프라이트와 닿았으면 모양을 'shark2-b'로 바꾸었다 0.1초 후 모양을 'shark2-a'로 바꾼다.

[물고기1], [물고기2], [물고기3] 스프라이트는 처음 모양을 (1~4 사이의 난수) 모양으로 바꾸고, 크기를 50%로 정하여 무대에 나타나서 오른쪽을 본다. 그리고 다음을 무한 반복한다.
오른쪽 회전 방향으로 (-3~3 사이의 난수)도 회전하고, (1~3 사이의 난수)만큼 움직이고, 벽에 닿으면 튕긴다. 만약 [상어] 스프라이트에 닿았으면 무대에서 사라지고, 2초 후 무대의 무작위 위치에서 다시 나타난다.

프로젝트 결과 화면

프로젝트 문제 분석

문제를 분석하여 필요한 기능이 무엇인지 정리한다.

프로젝트 알고리즘 설계

스프라이트, 무대의 문제 해결 알고리즘을 작성한다.

스프라이트	알고리즘
 Shark 2	**[시작하기 깃발 클릭했을 때]** ① 모양을 shark2-a로 바꾼다. ② 회전 방식을 왼쪽-오른쪽으로 정한다. ③ 다음을 무한 반복한다. ③-1 마우스 포인터 쪽을 본다. ③-2 5만큼 움직인다. ③-3 벽에 닿으면 튕긴다. ③-4 만약 물고기1에 닿았거나 물고기2에 닿았거나 물고기3에 닿았으면 ③-4-1 모양을 shark2-b로 바꾼다. ③-4-2 0.1초 기다린다. ③-4-3 모양을 shark2-a로 바꾼다.
   Fish	**[시작하기 깃발 클릭했을 때]** ① 모양을 (1~4 사이의 난수)로 바꾼다. ② 크기를 50%로 정한다. ③ 스프라이트를 무대에 보인다. ④ 회전 방식을 왼쪽-오른쪽으로 정한다. ⑤ 오른쪽(90도 방향)을 본다. ⑥ 다음을 무한 반복한다. ⑥-1 오른쪽 회전 방향으로 (-3~3 사이의 난수)도 회전한다. ⑥-2 (1~3 사이의 난수)만큼 움직인다. ⑥-3 벽에 닿으면 튕긴다. ⑥-4 만약 상어에 닿았으면 ⑥-4-1 스프라이트를 무대에서 숨긴다. ⑥-4-2 2초 기다린다. ⑥-4-3 무대의 무작위 위치로 이동한다. ⑥-4-4 스프라이트를 무대에 보인다.

무 대	알고리즘
 Underwater 2	필요한 알고리즘 없음

7

타이머에 의한 실행 제한 및 복제하기

학습 목표

1. 타이머를 초기화하고, 타이머의 값을 활용할 수 있다.
2. 확장 기능을 추가하여 [펜] 팔레트를 추가할 수 있다.
3. 스프라이트의 모양을 도장찍기로 복사하여 무대에 나타내고, 무대에서 지울 수 있다.
4. 스프라이트를 복제하고, 복제되었을 때의 이벤트 처리 및 복제된 스프라이트를 삭제할 수 있다.

7 타이머에 의한 실행 제한 및 복제하기

7.1 타이머로 실행 제한하기

(1) 타이머와 타이머 초기화

타이머timer는 프로젝트의 실행에서 시간의 경과나 제한이 필요할 때 사용하는 시간의 감지 기능이다. 스크래치는 프로젝트가 실행됨과 동시에 타이머 기능이 자동으로 실행된다. 타이머는 스크래치의 내부 프로그램이 관리하므로 사용자는 타이머로 시간을 감지할 수는 있지만 타이머 동작을 멈출 수는 없다. 스크래치에서 타이머 관련 블록은 [감지] 팔레트에서 제공하고 있다.

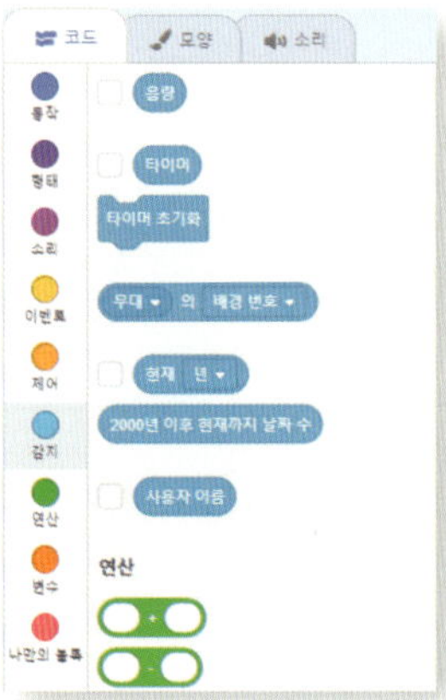

(타이머) 블록은 타이머를 처리하는 기능과는 무관하게 얼마의 시간이 지났는지 확인하기 위한 블록이고, (타이머) 블록 앞의 체크를 설정하면 무대에 타이머가 나타난다.

[타이머 초기화] 블록은 타이머의 시간 값을 0으로 초기화한다. 타이머가 초기화되더라도 값이 그대로 0인 상태로 있는 것이 아니라 시간 경과에 따라 자동으로 값이 계속 변하게 된다.

(2) 타이머 설정 시간 도달 확인

프로젝트에서 일정한 시간제한을 설정하려면 조건 비교를 사용하여 타이머의 시간이 설정한 시간을 초과했는지 확인해야 한다. 그리고 타이머가 설정한 시간을 초과하면 [만약 〈(타이머) 〉 3〉(이)라면] 블록과 [타이머 초기화] 블록 사이에 있는 블록들에 의해서 원하는 일을 처리할 수 있다.

또한, 8장에서 다룰 예정인 [제어] 팔레트의 [메시지 신호 보내기] 블록과 [메시지 신호를 받았을 때] 블록을 이용하여 메시지 신호를 받은 곳에서 원하는 일을 처리할 수 있다.

[이벤트] 팔레트의 [타이머 〉 (설정값)일 때] 블록을 사용하면 타이머 설정 시간을 초과하는 경우 [타이머 〉 (설정값)일 때] 블록에 연결된 블록들이 실행된다.

(3) [펜] 팔레트 추가 및 [도장찍기] 블록에 의한 스프라이트 모양 복사

[동작] 팔레트 등의 기본 팔레트 외에 [확장 기능 추가하기]를 통해 새로운 팔레트를 추가할 수 있다. [확장 기능 추가하기]는 [코드] 탭의 기본 팔레트 아래에 있다. [확장 기능 추가하기]를 클릭하면 [확장 기능 고르기] 창이 나타나며, 원하는 확장 기능을 추가할 수 있다. 이번 7.1절에서는 [모두 지우기] 블록과 [도장찍기] 블록이 사용되므로 [펜] 기능을 클릭하여, [펜] 팔레트를 추가해야 한다.

[확장 기능 고르기]에서 [펜] 기능을 클릭하면 [코드] 탭의 팔레트에 [펜] 팔레트가 추가된다.

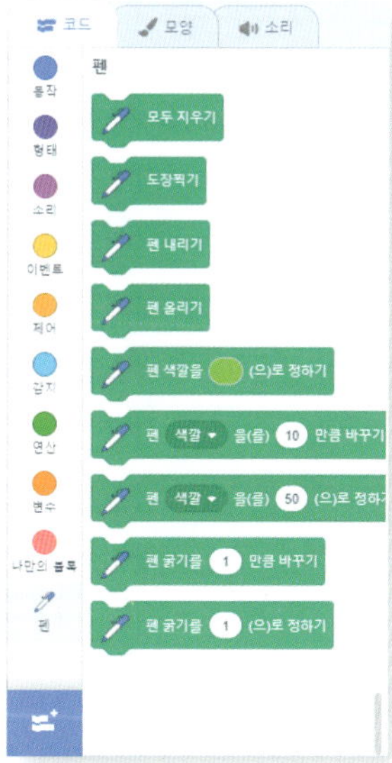

7.1절에서 사용될 [모두 지우기] 블록은 [펜] 팔레트의 블록들에 의해 무대에 만들어진 선이나 선에 의한 도형, 스프라이트 모양의 복사 등을 무대에서 지울 때 사용한다. 그리고 [도장찍기] 블록은 스프라이트의 현재 위치에 도장 찍듯이 스프라이트의 모양을 복사한다.

아래의 스크립트를 클릭하여 실행하면 [모두 지우기] 블록에 의해 무대의 모든 펜 흔적이 삭제되고, [도장찍기] 블록에 의해 스프라이트의 모양이 복사된다. 처음 복사된 [고양이] 스프라이트 모양은 주황색이다. 타이머의 값이 2초를 넘으면 스프라이트는 무대의 무작위 위치로 이동하고 색깔 효과를 바꾼 후, [도장찍기] 블록에 의해 스프라이트의 모양이 복사된다. [타이머 초기화] 블록에 의해 타이머의 값이 0으로 다시 초기화되고 타이미의 값이 계속 변하게 된다. '제가 실제 스프라이트입니다'라고 말하는 스프라이트가 실제 스프라이트이다.

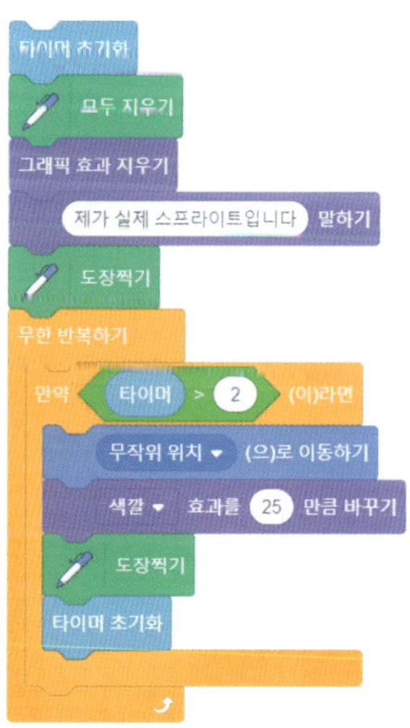

프로젝트 07-1

모양을 복사하며 흔적 남기는 쥐를 시간 안에 잡기

[쥐] 스프라이트는 무대의 무작위 위치에서 이동을 시작하여 2초마다 무대에 스프라이트 모양의 복사 흔적을 남기고 난수를 이용하여 현재의 위치에서 일정한 거리 이내로 움직이며 '찍~찍~'을 계속 말한다. [고양이] 스프라이트와 닿으면 '꽥!'을 말하고 무대의 흔적을 모두 지우며, [쥐] 스프라이트는 더는 움직이지 않는다.

[고양이] 스프라이트는 무대의 중앙에서 시작하여 오른쪽을 바라본다. 감지 조건을 이용하여 [왼쪽 / 오른쪽 / 위쪽 / 아래쪽 화살표] 키를 누르면 [쥐] 스프라이트 방향으로 조금씩 움직인다.

[시작하기 깃발]을 클릭했을 때 [고양이] 스프라이트에서 타이머가 초기화되며, 10초 안에 [쥐] 스프라이트를 잡아야 한다. 타이머가 10초를 넘으면 '시간 안에 못잡았네'를 생각하고 모든 스프라이트의 움직임을 멈춘다.

프로젝트 결과 화면

프로젝트 문제 분석

문제를 분석하여 필요한 기능이 무엇인지 정리한다.

프로젝트 알고리즘 설계

스프라이트, 무대의 문제 해결 알고리즘을 작성한다.

스프라이트	알고리즘
 스프라이트1	**[움직이기 (방향) 정의하기]** ① (방향)도 방향을 본다. ② 10만큼 움직인다. ③ 벽에 닿으면 튕긴다. ④ 다음 모양으로 바꾼다. **[시작하기 깃발 클릭했을 때]** ① 무대의 중앙(x:0, y:0)으로 이동한다. ② 오른쪽(90도 방향)을 본다. ③ 다음을 무한 반복한다. ③-1 만약 위쪽 화살표 키를 눌렀으면 ③-1-1 회전 방식을 회전하기로 정한다. ③-1-2 [움직이기 (0)] 호출 ③-2 만약 아래쪽 화살표 키를 눌렀으면 ③-2-1 회전 방식을 회전하기로 정한다. ③-2-2 [움직이기 (180)] 호출 ③-3 만약 왼쪽 화살표 키를 눌렀으면 ③-3-1 회전 방식을 왼쪽-오른쪽으로 정한다. ③-3-2 [움직이기 (-90)] 호출 ③-4 만약 오른쪽 화살표 키를 눌렀으면 ③-4-1 회전 방식을 왼쪽-오른쪽으로 정한다. ③-4-2 [움직이기 (90)] 호출 **[시작하기 깃발 클릭했을 때]** ① 타이머를 초기화한다 ② 다음을 무한 반복한다. ②-1 만약 타이머 〉 10이면 ②-1-1 '시간 안에 못잡았네'를 2초 동안 생각한다. ②-1-2 모두 멈춘다.
 Mouse1	**[시작하기 깃발 클릭했을 때]** ① 크기를 60%로 정한다. ② 무작위 위치로 이동한다. ③ 투명도 효과를 0으로 정한다. ④ 무대에 도장을 찍어 복사된 [쥐] 스프라이트의 모양을 모두 지운다. ⑤ 다음을 무한 반복한다. ⑤-1 2초 기다린다. ⑤-2 투명도 효과를 40으로 정한다. ⑤-3 도장을 찍어 무대에 [쥐] 스프라이트 모양을 복사한다. ⑤-4 난수를 이용하여 x 좌표를 -100~100 이내에서 바꾼다. ⑤-5 난수를 이용하여 y 좌표를 -100~100 이내에서 바꾼다. ⑤-6 투명도 효과를 0으로 정한다. ⑤-7 '찍~찍~'을 말한다.

스프라이트	알고리즘
	⑤-8 만약 [고양이] 스프라이트에 닿으면 ⑤-8-1 '꽥!'을 1초 동안 말한다. ⑤-8-2 무대에 도장을 찍어 복사된 [쥐] 스프라이트의 모양을 모두 지운다. ⑤-8-3 투명도 효과를 0으로 정한다. ⑤-8-4 다음을 10번 반복한다. ⑤-8-4-1 투명도 효과를 10만큼 바꾼다. ⑤-8-4-2 0.1초 기다린다. ⑤-8-5 이 스크립트를 멈춘다.

무 대	알고리즘
 Tree	필요한 알고리즘 없음

프로젝트 코딩

[프로젝트 알고리즘 설계]를 참고하여 코딩한다.

Step 01 무대 배경의 변경 및 스프라이트 추가하기

① 무대 배경을 추가하여 변경하려면, 무대 제어 부분의 [배경 고르기]를 클릭하고 [배경 고르기] 화면에서 [Tree] 배경을 클릭한다.

② [스프라이트 1] 스프라이트의 이름을 '고양이'로 변경한다.

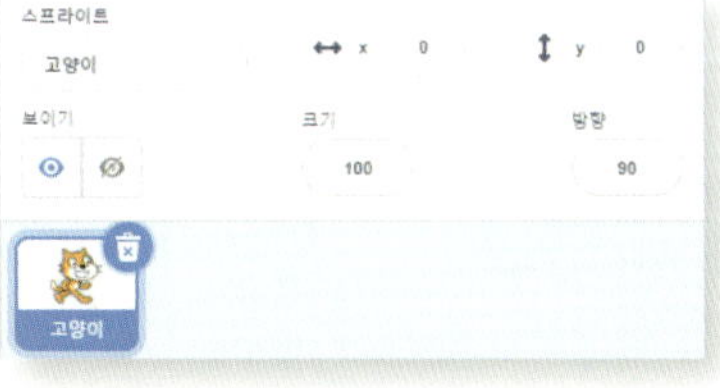

③ 새로운 스프라이트를 추가하려면, 스프라이트 제어 부분의 [스프라이트 고르기]를 클릭하여 [스프라이트 고르기] 화면에서 [Mouse1] 스프라이트를 클릭하여 추가한다.

④ [Mouse1] 스프라이트의 이름을 '쥐'로 변경한다.

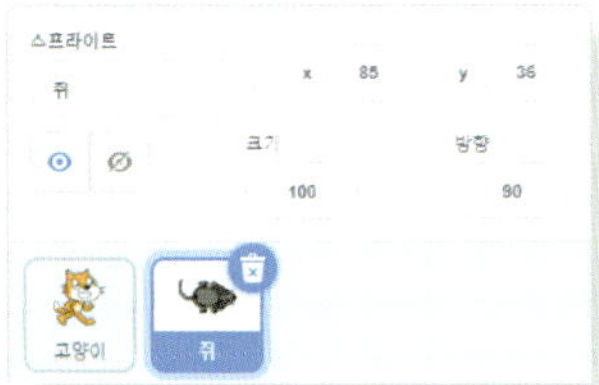

Step 02 [쥐] 스프라이트가 무작위 위치로 이동하고 투명도 효과를 0으로 초기화하기

① [이벤트] 팔레트의 [시작하기 클릭했을 때] 블록을 코드 영역으로 끌어 놓는다.

② 스프라이트의 크기를 줄이기 위하여, [형태] 팔레트의 [크기를 100%로 정하기] 블록을 코드 영역으로 끌어와서 [시작하기 클릭했을 때] 블록에 이어 붙이고, 블록의 값을 '60'으로 변경한다.

③ 무대의 무작위 위치로 이동하기 위하여, [동작] 팔레트의 [무작위 위치(으)로 이동하기] 블록을 코드 영역으로 끌어와서 [크기를 60%로 정하기] 블록에 이어 붙인다.

④ [쥐] 스프라이트는 움직이는 과정에서 투명도 효과 80인 상태에서 도장을 찍어 자신의 모양을 무대에 복사하며, [고양이] 스프라이트에 닿으면 투명도 효과를 변경하여 무대에서 사라지는 듯한 효과를 주게 된다. [쥐] 스프라이트의 실행 도중에 투명도 효과가 변경되어 있으므로, 프로젝트를 다시 시작할 때는 투명도 효과를 처음 상태인 0으로 초기화해야 한다. [형태] 팔레트의 [색깔 효과를 0(으)로 정하기] 블록을 코드 영역으로 끌어와서 [무작위 위치(으)로 이동하기] 블록에 이어 붙이고, 블록의 값을 '투명도'로 변경한다.

Step 03 [쥐] 스프라이트의 모양을 도장 찍어 복사하기

① [제어] 팔레트의 [무한 반복하기] 블록을 코드 영역으로 끌어와서 [투명도 효과를 0(으)로 정하기] 블록에 이어 붙인다.

② [제어] 팔레트의 [1초 기다리기] 블록을 코드 영역으로 끌어와서 [무한 반복하기] 블록 안에 끼워 넣고, 블록의 값을 '2'로 변경한다.

③ [쥐] 스프라이트의 모양을 복사할 때 투명도 효과가 40인 상태, 즉 약간 흐린 상태의 모양을 복사하고자 한다. [형태] 팔레트의 [색깔 효과를 0(으)로 정하기] 블록을 코드 영역으로 끌어와서 [2초 기다리기] 블록에 이어 붙이고, 블록의 값을 '투명도', '40'으로 변경한다.

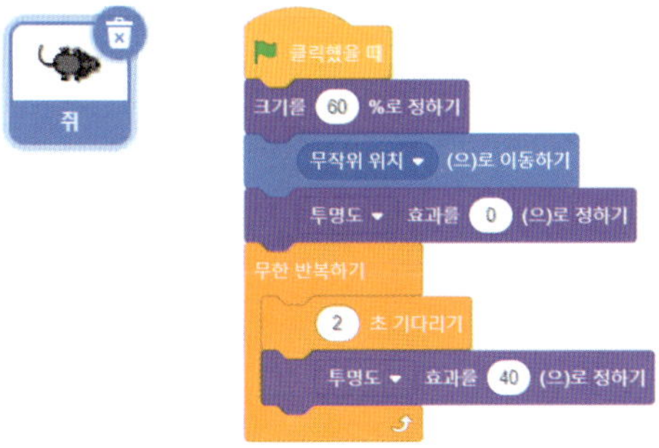

④ 스프라이트의 모양 복사는 [펜] 팔레트의 [도장찍기] 블록을 사용하면 되지만, [펜] 팔레트는 기본 팔레트가 아니므로, [확장 기능 추가하기]를 통해 [펜] 팔레트를 추가해야 한다. 팔레트 아래쪽에 있는 [확장 기능 추가하기]를 클릭하면 [확장 기능 고르기] 창이 나타나며, [펜] 항목을 클릭하면 [펜] 팔레트가 추가된다.

⑤ [펜] 팔레트의 [도장찍기] 블록을 코드 영역으로 끌어와서 [투명도 효과를 40(으)로 정하기] 블록에 이어 붙인다.

⑥ 도장을 찍으면 무대에 [쥐] 스프라이트의 모양이 남아 있게 되므로, 프로젝트를 실행할 때 복사된 모양을 모두 지울 필요가 있다. [펜] 팔레트의 [모두 지우기] 블록을 코드 영역으로 끌어와서 [투명도 효과를 0(으)로 정하기] 블록과 [무한 반복하기] 블록 사이에 끼워 넣는다.

Step 04 [쥐] 스프라이트가 현재 위치에서 일정한 거리 이내로 이동한 후 말하기

① [쥐] 스프라이트는 [난수] 블록을 사용하여 현재 위치에서 일정한 거리 이내의 임의 위치로 이동하려 한다. [동작] 팔레트의 [x 좌표를 10만큼 바꾸기] 블록과 [y 좌표를 10만큼 바꾸기] 블록, [연산] 팔레트의 (1부터 10 사이의 난수) 블록 두 개를 코드 영역으로 끌어와서 각 블록을 연결하고, 블록의 값을 각각 '-100', '100'으로 변경한다. 그리고 연결된 두 블록을 [도장찍기] 블록에 이어 붙인다.

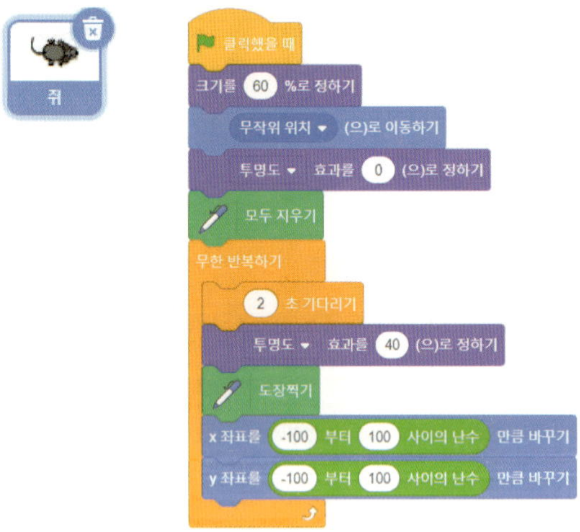

② 복사된 [쥐] 스프라이트의 모양이 아닌, 이동 중인 [쥐] 스프라이트는 투명도 효과가 0인 상태, 즉 모양이 제대로 보인 상태에서 '찍~찍~'을 말하고자 한다. [형태] 팔레트의 [색깔 효과를 0(으)로 정하기] 블록과 [안녕! 말하기] 블록을 코드 영역으로 끌어와서 블록의 값을 '투명도'와 '찍~찍~'으로 각각 변경한다. 그리고 두 블록을 [y 좌표를 (-100부터 100사이의 난수)만큼 바꾸기] 블록에 이어 붙인다.

Step 05 [고양이] 스프라이트에 닿았으면 '꽥!'을 말하고 복사된 모양 모두 지우기

① [쥐] 스프라이트가 [고양이] 스프라이트에 닿았는지를 확인하기 위하여, [제어] 팔레트의 [만약 < >(이)라면] 블록과 [감지] 팔레트의 <마우스 포인터에 닿았는가?> 블록을 코드 영역의 빈 곳으로 가져온다. <마우스 포인터에 닿았는가?> 블록의 값을 '고양이'로 변경한 후, [만약 < >(이)라면] 블록의 <조건> 위치에 끼워 넣는다.

② [쥐] 스프라이트가 [고양이] 스프라이트에 닿았으면 '꽥!'을 1초 동안 말하고 복사된 쥐 모양을 모두 지우고자 한다. [형태] 팔레트의 [안녕!(을)를 2초 동안 말하기] 블록을 코드 영역으로 가져와서 블록의 값을 '꽥!', '1'로 변경하고, [만약 <고양이에 닿았는가?>(이)라면] 블록 안에 끼워 넣는다. 그리고 [펜] 팔레트의 [모두 지우기] 블록을 코드 영역으로 가져와 [꽥!을(를) 1초 동안 말하기] 블록에 이어 붙인다.

Step 06 [쥐] 스프라이트를 서서히 사라지게 하기

① 투명도 효과를 0부터 100까지 10만큼씩 바꾸면서 서서히 [쥐] 스프라이트가 사라지는 효과를 주고자 한다. [형태] 팔레트의 [색깔 효과를 0(으)로 정하기] 블록을 코드 영역으로 끌어와서 블록의 값을 '투명도'로 변경하고, [모두 지우기] 블록에 이어 붙인다.

② 투명도 효과를 0부터 100까지 10만큼씩 바꾸기 위해서는 10번 반복을 해야 한다. [제어] 팔레트의 [10번 반복하기] 블록을 코드 영역으로 가져와서 [투명도 효과를 0(으)로 정하기] 블록에 이어 붙인다.

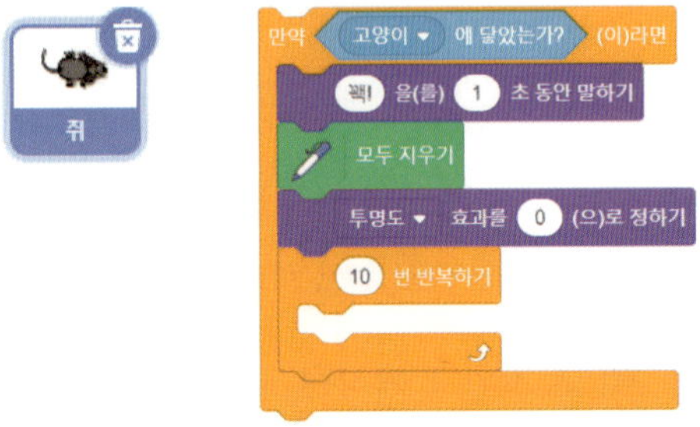

③ [형태] 팔레트의 [색깔 효과를 10만큼 바꾸기] 블록을 코드 영역으로 끌어와서 블록의 값을 '투명도'로 변경하고, [10번 반복하기] 블록 안에 끼워 넣는다. 그리고 [제어] 팔레트의 [1초 기다리기] 블록을 코드 영역으로 끌어와서 블록의 값을 '0.1'로 변경하고, [투명도 효과를 10만큼 바꾸기] 블록에 이어 붙인다.

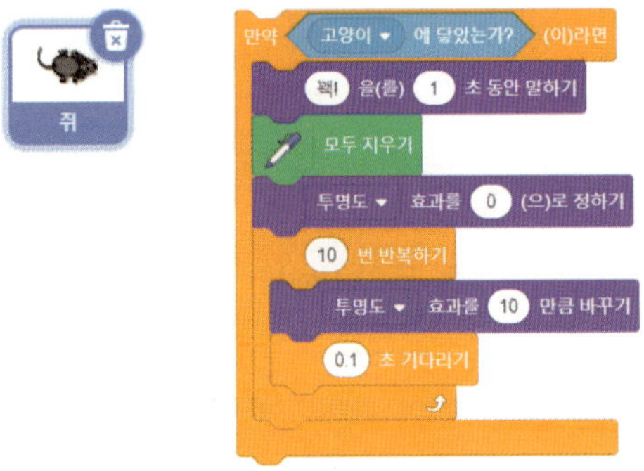

④ [고양이] 스프라이트에 닿으면 무한 반복을 멈추기 위하여, [제어] 팔레트의 [멈추기 모두] 블록을 코드 영역으로 가져와서 블록의 값을 '이 스크립트'로 변경한다. 그리고 [10번 반복하기] 블록에 이어 붙인다.

⑤ [만약 <고양이에 닿았는가?>(이)라면] 스크립트 전체를 [무한 반복하기] 블록 안의 [찍~찍~ 말하기] 블록에 이어 붙인다.

Step 07 [고양이] 스프라이트의 처음 위치와 방향 정하기

① [이벤트] 팔레트의 [시작하기 클릭했을 때] 블록을 코드 영역으로 끌어 놓는다.

② [동작] 팔레트의 [x:0 y:0(으)로 이동하기] 블록을 코드 영역으로 끌어와서 [시작하기 클릭했을 때] 블록에 이어 붙인다.

③ 프로젝트를 시작할 때 스프라이트를 오른쪽 90도 방향으로 바라보게 하려면, [동작] 팔레트의 [90도 방향 보기] 블록을 코드 영역으로 끌어와서 [x:0 y:0(으)로 이동하기] 블록에 이어 붙인다.

Step 08 감지 조건 방식으로 [위쪽 화살표] 키를 눌렀는지 검사하기

① 감지 조건 방식으로 [위쪽 화살표] 키를 눌렀을 때의 이벤트를 처리하려면 무한 반복하면서 각 화살표 키를 눌렀는지 계속 조건 검사를 해야 한다. [제어] 팔레트의 [무한 반복하기] 블록을 코드 영역으로 끌어와서 [90도 방향 보기] 블록에 이어 붙인다.

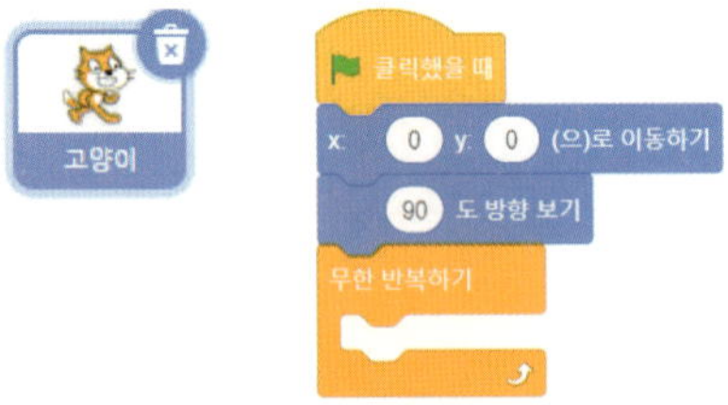

② 무한 반복 안에서 [감지] 팔레트의 <위쪽 화살표 키를 눌렀는가?> 블록을 사용하여 <위쪽 화살표> 키를 눌렀는지 검사하며, 해당 조건 블록은 [만약 < >(이)라면] 블록을 사용하여 조건 검사를 하게 된다. [제어] 팔레트의 [만약 < >(이)라면] 블록과 [감지] 팔레트의 <스페이스 키를 눌렀는가?> 블록을 코드 영역으로 끌어와서 두 블록을 결합하고, 블록의 값을 '위쪽'으로 변경한다. 그리고 결합한 블록을 [무한 반복하기] 블록 안에 끼워 넣는다.

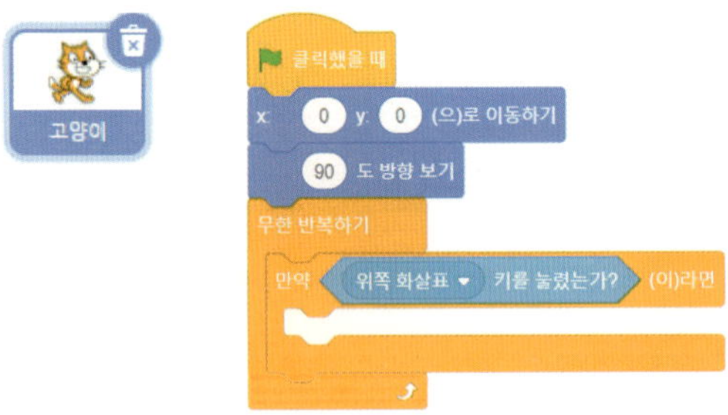

③ [위쪽 화살표] 키를 포함한 [아래쪽 / 왼쪽 / 오른쪽 화살표] 키를 눌렀을 때 처음으로 처리할 일은 화살표 키를 누른 해당 방향으로 방향을 바꿀 때의 회전 방식을 정해야 한다. [동작] 팔레트의 [회전 방식을 왼쪽-오른쪽(으)로 정하기] 블록을 코드 영역으로 끌어와서 블록의 값을 '회전하기'로 변경한 후, 블록을 [만약 <위쪽 화살표 키를 눌렀는가?>(이)라면] 블록 안에 끼워 넣는다.

Step 09 나만의 블록을 사용하여 중복된 블록을 단순화하기

회전 방식을 정한 후 이어지는 과정은, 위쪽(또는 아래쪽 / 왼쪽 / 오른쪽) 방향을 보고, 10만큼 움직이고, 벽에 닿으면 튕기고, 다음 모양으로 바꾸는 과정이 이어진다. 이들 과정은 [위쪽 화살표] 키를 눌렀을 때뿐만 아니라 [아래쪽 / 왼쪽 / 오른쪽 화살표] 키를 눌렀을 때도 진행되는 과정이므로, 중복된 블록을 단일 블록으로 만드는 '나만의 블록'을 통해 새로운 블록을 만드는 것이 더 효율적일 수 있다.

① [나만의 블록] 팔레트의 [블록 만들기]를 클릭하여 나타나는 [블록 만들기] 화면에서 새로운 블록의 이름을 '움직이기'로 입력한다. 그리고 중복되지 않은 부분을 처리하기 위하여, [입력값 추가하기 / 숫자 또는 문자열] 항목을 클릭하고 블록 이름 입력 항목 옆에 (number or text) 입력 항목이 생기면 입력값 이름을 '방향'으로 작성한다. 나만의 블록 이름과 입력값 이름을 모두 입력하였으면 [확인] 버튼을 클릭한다.

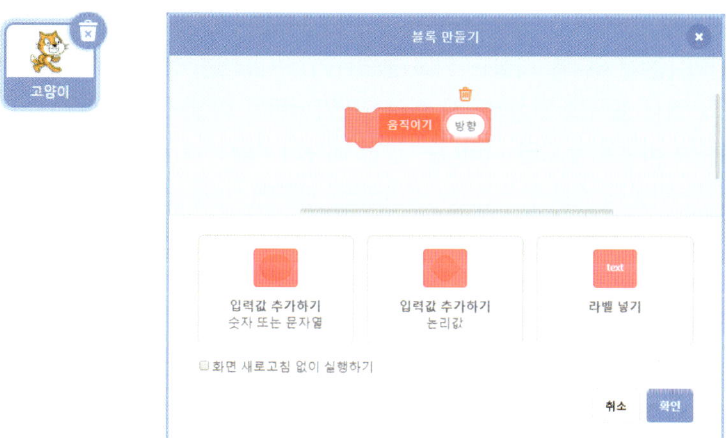

② [나만의 블록] 팔레트에 입력한 이름으로 [움직이기 ( )] 블록이 만들어지고, 코드 영역에 [움직이기 (방향) 정의하기] 블록이 만들어진다. [위쪽 / 아래쪽 / 왼쪽 / 오른쪽 화살표] 키를 눌렀을 때의 중복되는 블록인 [90도 방향 보기], [10만큼 움직이기], [벽에 닿으면 튕기기], [다음 모양으로 바꾸기] 블록을 각각 코드 영역으로 끌어와서 [움직이기 (방향) 정의하기] 블록에 이어 붙인다. 그리고 [움직이기 (방향) 정의하기] 블록에 있는 (방향) 블록을 [90도 방향 보기] 블록의 '90' 위치에 끼워 넣는다.

③ [나만의 블록] 팔레트의 [움직이기 ( )] 블록을 코드 영역으로 끌어와서 [만약 <위쪽 화살표 키를 눌렀는가?>(이)라면] 블록 안의 [회전 방식을 회전하기(으)로 정하기] 블록에 이어 붙인다. 그리고 블록의 값을 '0'으로 입력한다.

Step 10 [아래쪽 / 왼쪽 / 오른쪽 화살표] 키를 눌렀는지 검사하기

① [무한 반복하기] 블록 안의 [만약 <위쪽 화살표 키를 눌렀는가?>(이)라면] 블록을 복사하여 [아래쪽 화살표] 키를 눌렀을 때의 검사 블록을 완성하고자 한다. [만약 <위쪽 화살표 키를 눌렀는가?>(이)라면] 블록에서 마우스 오른쪽 버튼을 누르면 나타나는 팝업 메뉴의 [복사하기]를 실행한다. 그리고 복사된 블록들을 [만약 <위쪽 화살표 키를 눌렀는가?>(이)라면] 블록에 이어 붙이고, 복사하여 붙인 블록의 값을 '아래쪽 화살표'로 변경하고, [움직이기 0] 블록의 값을 '180'으로 변경한다.

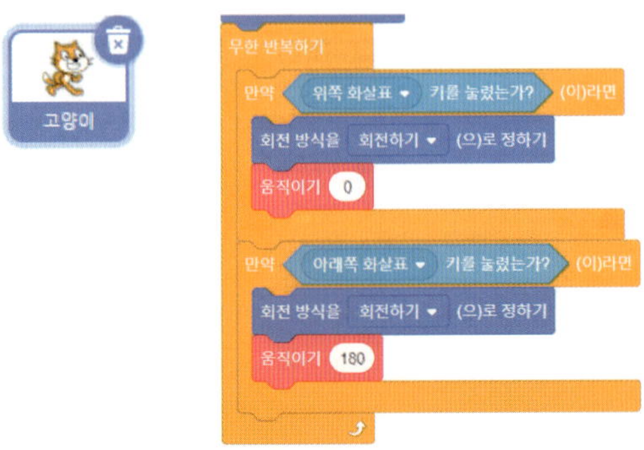

② [무한 반복하기] 블록 안의 [만약 <위쪽 화살표 키를 눌렀는가?>(이)라면] 블록과 [만약 <아래쪽 화살표 키를 눌렀는가?>(이)라면] 블록을 둘 다 복사하여 [왼쪽 / 오른쪽 화살표] 키를 눌렀을 때의 검사 블록을 완성하고자 한다. [만약 <위쪽 화살표 키를 눌렀는가?>(이)라면] 블록에서 마우스 오른쪽 버튼을 누르면 나타나는 팝업 메뉴의 [복사하기]를 실행한다. 그리고 복사된 블록들을 [만약 <아래쪽 화살표 키를 눌렀는가?>(이)라면] 블록에 이어 붙인다. 복사하여 붙인 블록의 값을 '왼쪽 화살표', '왼쪽-오른쪽', '-90'과 '오른쪽 화살표', '왼쪽-오른쪽', '90'으로 변경한다.

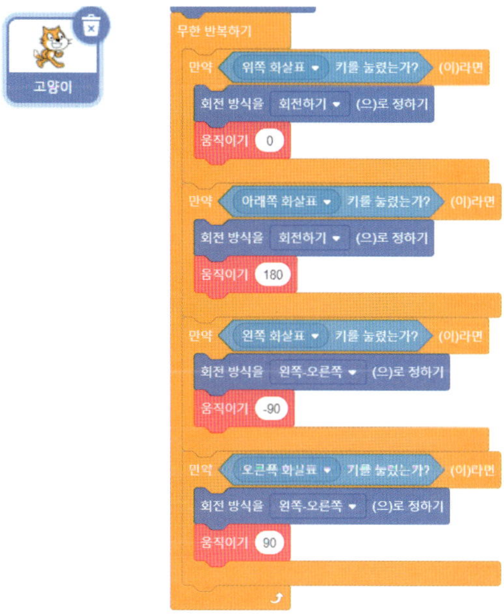

Step 11 타이머를 사용하여 [쥐] 스프라이트를 잡는 시간 제한하기

① 한 스프라이트 안에 같은 [시작하기 클릭했을 때] 블록이 있으면 무대 위의 [시작하기 깃발]을 클릭할 때 두 스크립트가 동시에 실행된다. 같은 이벤트를 이용하여 동시에 실행되는 방법을 이용하여 한쪽 [시작하기 클릭했을 때] 블록 스크립트에서는 [고양이] 스프라이트를 움직이도록 하고, 다른 [시작하기 클릭했을 때] 블록 스크립트에서는 타이머를 설정할 수 있다. [이벤트] 팔레트의 [시작하기 클릭했을 때] 블록을 코드 영역으로 끌어 놓는다.

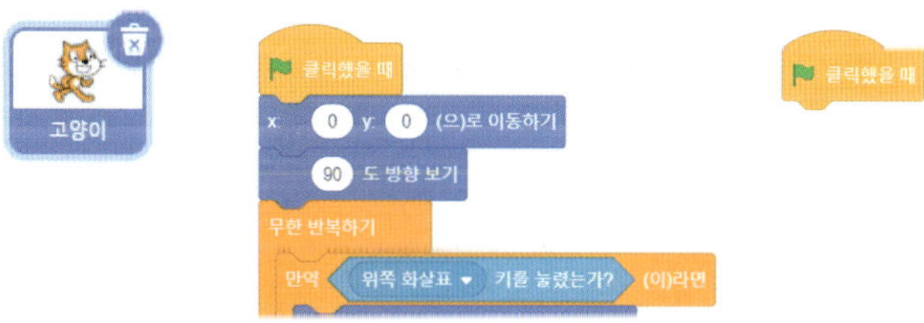

② [감지] 팔레트의 [타이머 초기화] 블록을 코드 영역으로 끌어와서 [시작하기 클릭했을 때] 블록에 이어 붙인다.

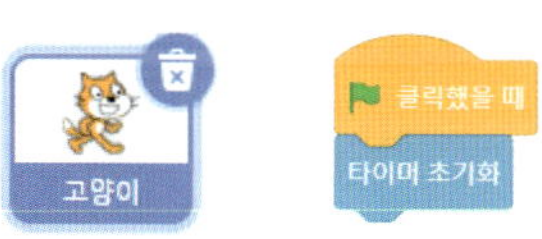

③ 타이머에 의한 시간 초과 검사는 무한 반복하며 검사해야 한다. [제어] 팔레트의 [무한 반복하기] 블록을 코드 영역으로 끌어와서 [타이머 초기화] 블록에 이어 붙인다.

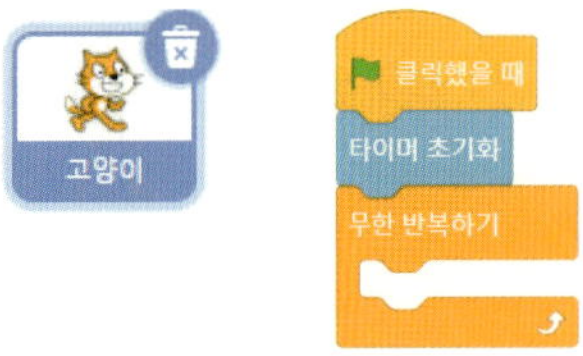

④ 무한 반복 안에서 타이머의 값이 정해진 시간을 초과했는지 검사해야 한다. [제어] 팔레트의 [만약 < > (이)라면] 블록, [연산] 팔레트의 <() > 50> 블록, [감지] 팔레트의 (타이머) 블록을 코드 영역으로 각각 끌어와서 블록들을 결합하고, 블록의 값을 '10'으로 변경한다. 그리고 결합한 블록을 [무한 반복하기] 블록 안에 끼워 넣는다.

⑤ 타이머가 10초를 넘으면 [고양이] 스프라이트가 '시간 안에 못잡았네'를 생각하고자 한다. [형태] 팔레트의 [음...을(를) 2초 동안 생각하기] 블록을 코드 영역으로 끌어와서 블록의 값을 '시간 안에 못잡았네'로 변경한 후, [만약 <(타이머) > 10>(이)라면] 블록 안에 끼워 넣는다.

⑥ [고양이] 스프라이트와 [쥐] 스프라이트의 실행을 모두 멈추기 위하여, [제어] 팔레트의 [멈추기 모두] 블록을 코드 영역으로 끌어와서 [시간 안에 못잡았네을(를) 2초 동안 생각하기] 블록에 이어 붙인다.

Step 12 [고양이], [쥐] 스프라이트의 전체 스크립트

① [고양이] 스프라이트의 전체 스크립트는 다음과 같다.

② [쥐] 스프라이트의 전체 스크립트는 다음과 같다.

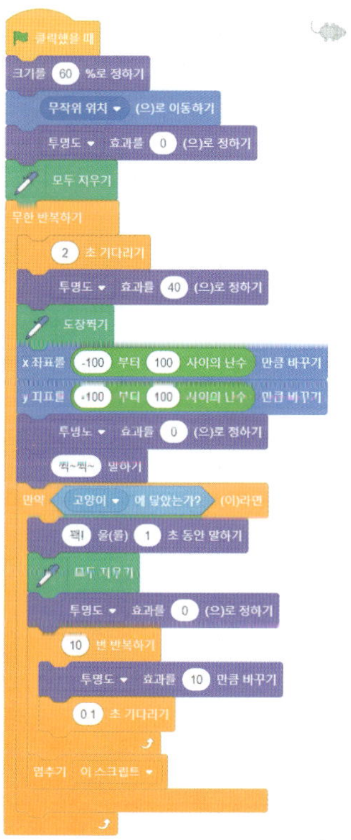

Step 13 프로젝트 실행 및 저장하기

① 무대 위의 [시작하기 깃발]을 클릭하여 프로젝트가 알고리즘대로 올바르게 동작하는지 확인해 보자.

② 스크래치 프로젝트를 저장하기 위하여, 메뉴의 [프로젝트 이름]을 '스크래치 프로젝트'에서 '프로젝트-07-1'로 변경한다. 그리고 [파일] 메뉴의 [컴퓨터에 저장하기]를 실행한 후, 컴퓨터의 폴더를 정하여 프로젝트를 저장한다.

개선 / 발전 방향

프로젝트에서 수정할 사항이나 개선 / 발전할 사항들을 정리한다.

- 이벤트 블록 방법으로 [왼쪽 / 오른쪽 / 위쪽 / 아래쪽 화살표] 키를 처리한다.
-
-

7.2 스프라이트 복제하기

(1) 스프라이트의 복제

스프라이트는 실행 도중에 스프라이트 자신을 복제하거나 다른 스프라이트를 복제할 수 있다. 스크래치에서 스프라이트 복제 관련 블록은 [제어] 팔레트에서 제공하고 있다.

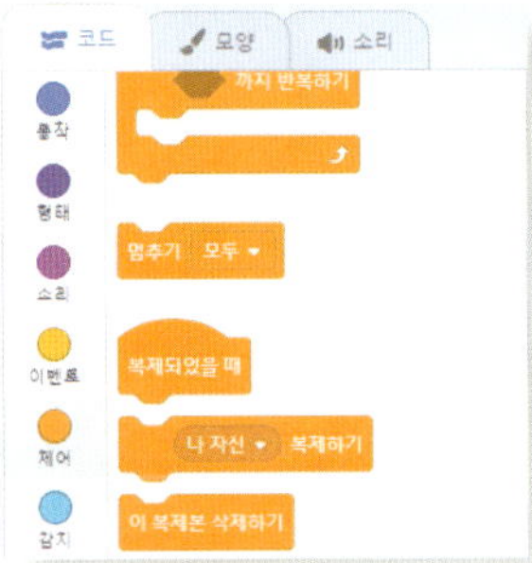

[나 자신 복제하기] 블록은 스프라이트 자신을 복제하거나 다른 스프라이트를 복제할 수 있다. 프로젝트 내에 스프라이트 혼자 존재하면 스프라이트 자신만을 복제할 수 있고, 프로젝트 내에 다른 스프라이트가 존재하면 다른 스프라이트도 복제할 수 있다.

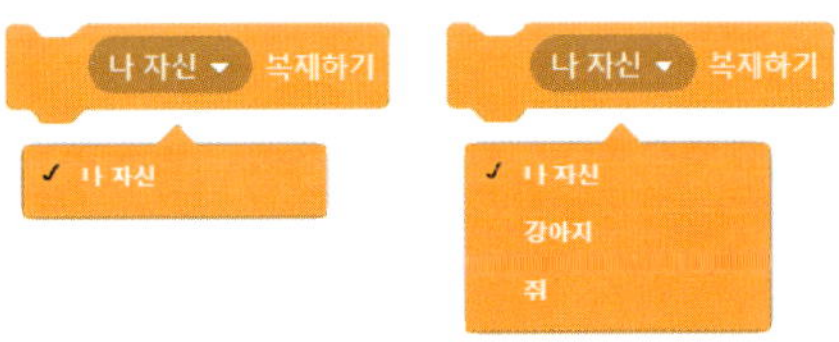

복제된 스프라이트는 복제된 시점의 원본 스프라이트의 상태, 즉 원래의 위치, 방향, 모양, 크기, 보이기 / 숨기기 여부, 그래픽 효과 등 모든 속성을 그대로 물려받는다. 특히 원본 스프라이트의 스크립트 블록 전체를 내부적으로 그대로 물려받기 때문에 복제된 스프라이트에서도 원본 스프라이트의 스크립트와 같은 기능을 수행할 수 있다.

다음 스크립트에서는 왼쪽 아래의 주황색 고양이가 오른쪽 아래로 이동하면서 자기 자신을 복제한다. 왼쪽 주황색 고양이와 가운데 주황색 고양이는 오른쪽 아래의 원본 고양이에서 복제된 것이며, 원본 고양이와 복제된 고양이를 각각 클릭하면 다시 자기 자신을 복제하고 색깔 효과를 바꾸며 위로 이동을 한다.

(2) 스프라이트가 복제되었을 때의 처리

[복제되었을 때] 블록은 복제가 이루어졌을 때의 이벤트를 처리하며, 복제되었을 때 처리해야 될 블록을 작성한다. 복제된 스프라이트도 스크래치 내부적으로는 같은 일을 처리하는 별도의 스프라이트나 마찬가지이므로, 복제된 스프라이트가 더는 필요 없으면 [이 복제본 삭제하기] 블록을 사용하여 복제된 스프라이트를 삭제하는 것이 좋다.

다음 스크립트에서는 고양이가 복제되면 [복제되었을 때] 블록에 의해 '안녕! 나는 복제본이야.'를 1초 동안 말하고, 1초 후 복제된 스프라이트를 삭제한다. 그리고 고양이 스프라이트를 클릭하여 고양이가 복제되더라도 [복제되었을 때] 블록에 의해 복제본임을 말하고 복제된 스프라이트를 삭제한다.

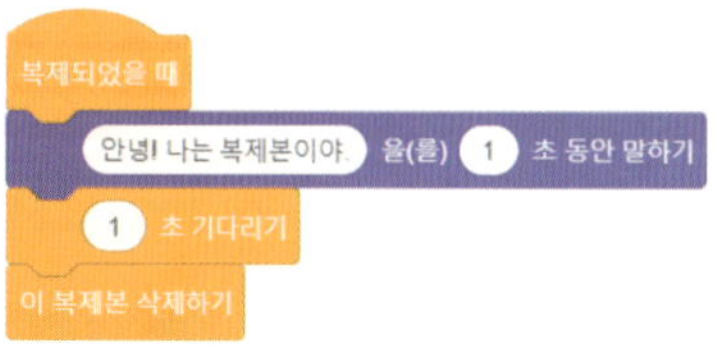

프로젝트 07-2

자기 자신과 다른 스프라이트 복제하고 삭제하기

[시작하기 깃발]을 클릭했을 때 [고양이] 스프라이트는 무대의 왼쪽 아래에서 자기 자신의 복제 방법과 [하마] 스프라이트의 복제 방법을 말한다. [고양이] 스프라이트를 클릭하면 [고양이] 스프라이트 자신을 복제하고, [스페이스] 키를 누르면 [하마] 스프라이트를 복제한다. [고양이] 스프라이트가 복제되면 무대의 오른쪽 아래로 이동하고 왼쪽을 바라본다. 그리고 복제된 고양이임을 말하고 2초 후, 만나서 반가웠음을 말하며 복제된 자기 자신을 삭제하고 사라진다.

[시작하기 깃발]을 클릭했을 때 [하마] 스프라이트는 오른쪽을 바라보고, 크기를 60%로 줄인 뒤 무대에서 사라진다. [하마] 스프라이트가 복제되면 무대의 하늘 부분 임의의 곳에서 나타나 무한 반복하며 조금씩 움직인다. [하마] 스프라이트를 클릭하면 '안녕~'을 말하고 복제된 자기 자신을 삭제하고 사라진다.

프로젝트 결과 화면

프로젝트 문제 분석

문제를 분석하여 필요한 기능이 무엇인지 정리한다.

프로젝트 알고리즘 설계

스프라이트, 무대의 문제 해결 알고리즘을 작성한다.

스프라이트	알고리즘
 스프라이트1	**[시작하기 깃발 클릭했을 때]** ① x:−180, y:−120으로 이동한다. ② '저를 클릭하면 제가 복제되어 나타났다 사라집니다.'를 1초 동안 말한다. ③ '스페이스 키를 누르면 하마가 복제되어 나타나며,'를 1초 동안 말한다. ④ '복제된 하마를 클릭하면 하마가 사라집니다.'를 1초 동안 말한다. **[이 스프라이트를 클릭했을 때]** ① 나 자신을 복제한다. **[스페이스 키를 눌렀을 때]** ① [하마] 스프라이트를 복제한다. **[복제되었을 때]** ① x:180, y:−120으로 이동한다. ② 회전 방식을 왼쪽–오른쪽으로 정한다. ③ 왼쪽(−90도 방향)을 본다. ④ '안녕! 나는 복제된 고양이야.'를 2초 동안 말한다. ⑤ 2초 기다린다. ⑥ '만나서 반가웠어.'를 2초 동안 말한다. ⑦ 복제본을 삭제한다.
 Hippo1	**[시작하기 깃발 클릭했을 때]** ① 회전 방식을 왼쪽–오른쪽으로 정한다. ② 오른쪽(90도 방향)을 본다. ③ 크기를 60%로 정한다. ④ 스프라이트를 무대에서 숨긴다. **[복제되었을 때]** ① x:(−180~180 사이의 난수), y:(−40~150 사이의 난수)로 이동한다. ② 스프라이트를 무대에 보인다. ③ 다음을 무한 반복한다. ③–1 10만큼 움직인다. ③–2 벽에 닿으면 튕긴다. ③–3 다음 모양으로 바꾼다. ③–4 0.1초 기다린다. **[이 스프라이트를 클릭했을 때]** ① '안녕~'을 1초 동안 말한다. ② 복제본을 삭제한다.

무 대	알고리즘
 Boardwalk	필요한 알고리즘 없음

프로젝트 코딩

[프로젝트 알고리즘 설계]를 참고하여 코딩한다.

Step 01 무대 배경의 변경 및 스프라이트 추가하기

① 무대 배경을 추가하여 변경하려면, 무대 제어 부분의 [배경 고르기]를 클릭하고 [배경 고르기] 화면에서 [Boardwalk] 배경을 클릭한다.

② [스프라이트 1] 스프라이트의 이름을 '고양이'로 변경한다.

③ 새로운 스프라이트를 추가하려면, 스프라이트 제어 부분의 [스프라이트 고르기]를 클릭하여 [스프라이트 고르기] 화면에서 [Hippo1] 스프라이트를 클릭하여 추가한다.

④ [Hippo1] 스프라이트의 이름을 '하마'로 변경한다.

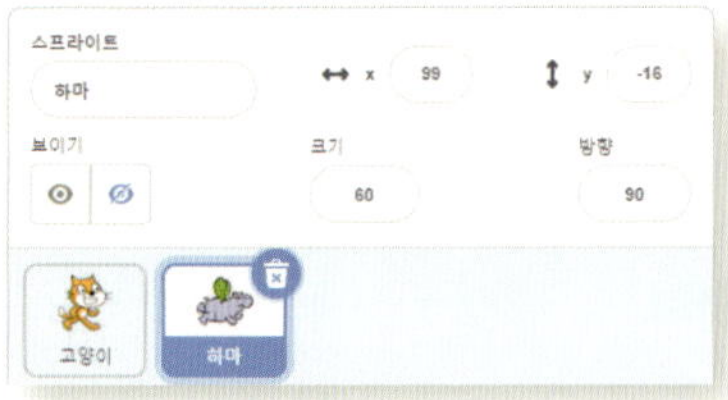

Step 02 [고양이] 스프라이트의 처음 위치와 복제 방법 말하기

① [이벤트] 팔레트의 [시작하기 클릭했을 때] 블록을 코드 영역으로 끌어 놓는다.

② [동작] 팔레트의 [x:0 y:0(으)로 이동하기] 블록을 코드 영역으로 끌어와서 [시작하기 클릭했을 때] 블록에 이어 붙이고, 블록의 값을 '-180', '-120'으로 변경한다.

③ 프로젝트를 시작할 때 [고양이] 스프라이트 자기 자신의 복제 방법과 [하마] 스프라이트의 복제 방법, 그리고 복제된 [하마] 스프라이트의 삭제 방법을 순서대로 소개하기 위하여, [형태] 팔레트의 [안녕!을(를) 2초 동안 말하기] 블록 세 개를 코드 영역으로 끌어와서 [x:-180 y:-120(으)로 이동하기] 블록에 순서대로 이어 붙인다. 그리고 첫 번째 블록의 값을 각각 '저를 클릭하면 제가 복제되어 나타났다 사라집니다.', '스페이스 키를 누르면 하마가 복제되어 나타나며,', '복제된 하마를 클릭하면 하마가 사라집니다.'로 변경하고 두 번째 블록의 값을 모두 '1'로 변경한다.

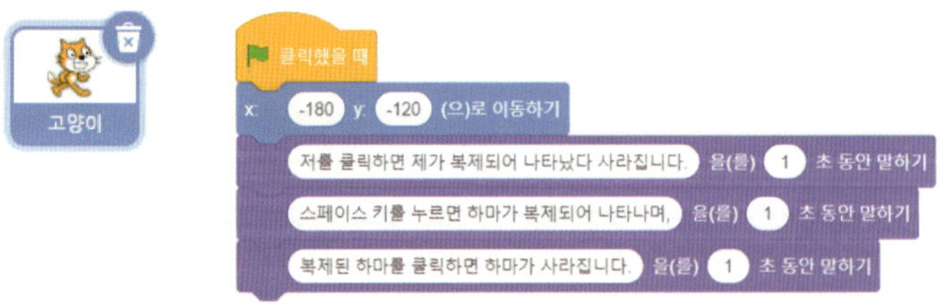

Step 03 [고양이] 스프라이트를 클릭하면 자기 자신 복제하기

① [고양이] 스프라이트를 클릭하면 자기 자신을 복제하기 위하여, [이벤트] 팔레트의 [이 스프라이트를 클릭했을 때] 블록을 코드 영역으로 끌어 놓는다.

② [제어] 팔레트의 [나 사신 복제하기] 블록을 코드 영역으로 끌어와서 [이 스프라이트를 클릭했을 때] 블록에 이어 붙인다.

Step 04 [스페이스] 키를 누르면 [하마] 스프라이트 복제하기

① [스페이스] 키를 누르면 [하마] 스프라이트를 복제하기 위하여, [이벤트] 팔레트의 [스페이스 키를 눌렀을 때] 블록을 코드 영역으로 끌어 놓는다.

② [제어] 팔레트의 [나 자신 복제하기] 블록을 코드 영역으로 끌어와서 [스페이스 키를 눌렀을 때] 블록에 이어 붙이고, 블록의 값을 '하마'로 변경한다.

Step 05 [고양이] 스프라이트 복제본이 반대 위치로 이동하여 말하고 삭제되기

① [고양이] 스프라이트가 복제되면 '복제되었을 때' 이벤트가 발생한다. 일반적인 이벤트 처리는 [이벤트] 팔레트의 블록들을 이용하지만, '복제되었을 때'의 이벤트는 [제어] 팔레트의 블록인 [복제되었을 때] 블록을 이용하여 이벤트를 처리하게 된다. [제어] 팔레트의 [복제되었을 때] 블록을 코드 영역으로 끌어 놓는다.

② 복제된 [고양이] 스프라이트는 원본 스프라이트의 반대편인 오른쪽에서 왼쪽을 바라보며 위치하고자 한다. [동작] 팔레트의 [x:0 y:0(으)로 이동하기] 블록, [회전 방식을 왼쪽-오른쪽(으)로 정하기] 블록, [90도 방향 보기] 블록을 코드 영역으로 각각 끌어와서 [복제되었을 때] 블록에 순서대로 이어 붙인다. 그리고, 각 블록의 값을 '180', '-120'과 '-90'으로 변경한다.

③ 자신이 복제된 고양이임을 말하고, 2초 후 삭제되어 사라지며 만나서 반가웠음을 말하기 위하여, [형태] 팔레트의 [안녕!을(를) 2초 동안 말하기] 블록, [제어] 팔레트의 [1초 기다리기] 블록, [안녕!을(를) 2초 동안 말하기] 블록을 코드 영역으로 각각 끌어와서 [-90도 방향 보기] 블록에 이어 붙인다. 그리고 각 블록의 값을 '안녕! 나는 복제된 고양이야.' '2'와 '만나서 반가웠어.'로 각각 변경한다.

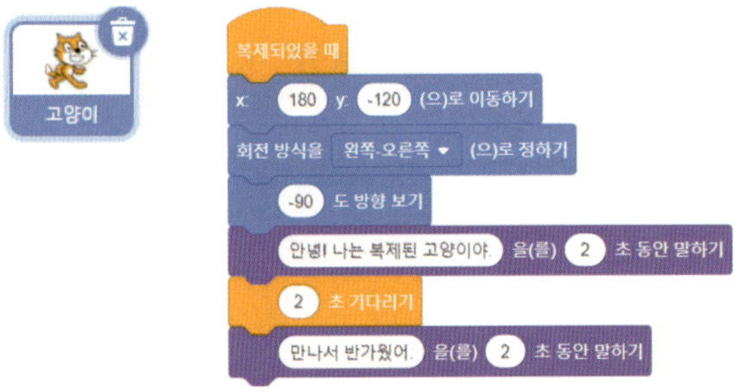

④ [제어] 팔레트의 [이 복제본 삭제하기] 블록을 코드 영역으로 끌어와서 [만나서 반가웠어.(을)를 2초 동안 말하기] 블록에 이어 붙인다.

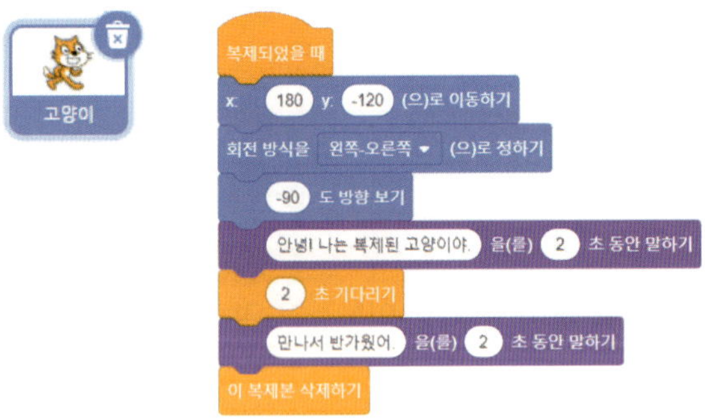

Step 06 [하마] 스프라이트의 회전 방식, 방향, 크기를 정하고 무대에서 숨기기

① [이벤트] 팔레트의 [시작하기 클릭했을 때] 블록을 코드 영역으로 끌어 놓는다.

② [하마] 스프라이트 복제본이 무대에서 왼쪽과 오른쪽으로 계속 반복하며 움직일 때 뒤집히지 않도록 회전 방식을 왼쪽-오른쪽으로 정할 필요가 있다. 그리고 처음 바라보는 방향을 오른쪽으로 정하고자 한다. [동작] 팔레트의 [회전 방식을 왼쪽-오른쪽(으)로 정하기] 블록과 [90도 방향 보기] 블록을 코드 영역으로 끌어와서 [시작하기 클릭했을 때] 블록에 순서대로 이어 붙인다.

③ [하마] 스프라이트의 복제본 여러 마리가 무대의 하늘 부분에 위치할 수 있도록 스프라이트의 크기를 조금 줄이고, 원본 스프라이트는 무대에서 숨겨 복제본만 나타내고자 한다. [형태] 팔레트의 [크기를 100%로 정하기] 블록과 [숨기기] 블록을 코드 영역으로 끌어와서 [90도 방향 보기] 블록에 이어 붙이고, 블록의 값을 '60'으로 변경한다.

Step 07 복제본이 무대 하늘 부분에 나타나 왼쪽과 오른쪽을 계속 반복하며 움직이기

① [하마] 스프라이트가 복제되었을 때의 이벤트를 처리하기 위하여, [제어] 팔레트의 [복제되었을 때] 블록을 코드 영역으로 끌어 놓는다.

② 복제된 [하마] 스프라이트는 난수를 이용하여 무대의 하늘 부분으로 이동하려고 한다. [동작] 팔레트의 [x:0 y:0(으)로 이동하기] 블록과 [연산] 팔레트의 (1부터 10 사이의 난수) 블록 두 개를 코드 영역으로 각각 끌어와서 블록들을 연결한 후 [복제되었을 때] 블록에 이어 붙인다. 그리고 각 블록의 값을 '-180', '180', '-40', '150'으로 변경한다.

③ 원본 [하마] 스프라이트가 무대에서 사라져 보이지 않는 상태이므로 복제된 스프라이트도 무대에서 보이지 않는 상태가 된다. 다시 무대에 보이기 위하여, [형태] 팔레트의 [보이기] 블록을 코드 영역으로 끌어와서 [x:-180부터 180 사이의 난수 y:-40부터 150 사이의 난수(으)로 이동하기] 블록에 이어 붙인다.

④ 복제된 [하마] 스프라이트가 무대의 하늘 부분에서 왼쪽과 오른쪽으로 무한히 이동하기 위하여, [제어] 팔레트의 [무한 반복하기] 블록을 코드 영역으로 끌어와서 [보이기] 블록에 이어 붙인다.

⑤ 복제된 [하마] 스프라이트가 이동한 후 벽에 닿으면 튕기고 다음 모양으로 바꾸기 위하여, [동작] 팔레트의 [10만큼 움직이기] 블록, [벽에 닿으면 튕기기] 블록, [형태] 팔레트의 [다음 모양으로 바꾸기] 블록, [제어] 팔레트의 [1초 기다리기] 블록을 코드 영역으로 각각 끌어와서 [무한 반복하기] 블록 안에 순서대로 끼워 넣는다. 그리고 [1초 기다리기] 블록의 값을 '0.1'로 변경한다.

Step 08 복제된 [하마] 스프라이트를 클릭하면 복제된 자기 자신 삭제하기

① 복제된 [하마] 스프라이트를 클릭하면 복제된 자기 자신을 삭제하기 위하여, [이벤트] 팔레트의 [이 스프라이트를 클릭했을 때] 블록을 코드 영역으로 끌어 놓는다.

② [형태] 팔레트의 [안녕!을(를) 2초 동안 말하기] 블록을 코드 영역으로 가져와서 [이 스프라이트를 클릭했을 때] 블록에 이어 붙이고, 블록의 값을 '안녕~', '1'로 변경한다. 그리고 [제어] 팔레트의 [이 복제본 삭제하기] 블록을 코드 영역으로 끌어와서 [안녕~을(를) 1초 동안 말하기] 블록에 이어 붙인다.

Step 09 [고양이], [하마] 스프라이트의 전체 스크립트

① [고양이] 스프라이트의 전체 스크립트는 다음과 같다.

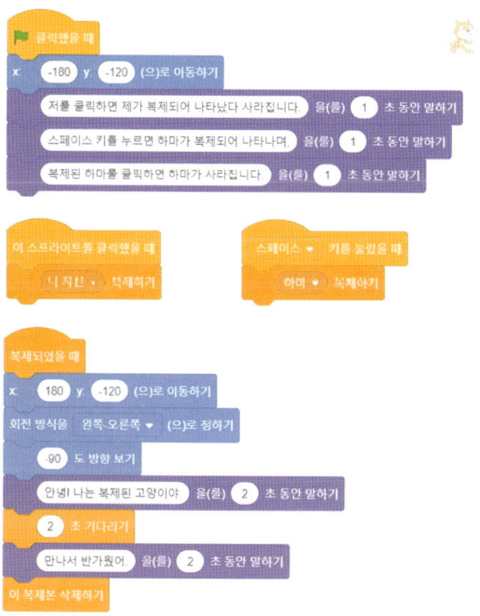

② [하마] 스프라이트의 전체 스크립트는 다음과 같다.

Step 10 프로젝트 실행 및 저장하기

① 무대 위의 [시작하기 깃발]을 클릭하여 프로젝트가 알고리즘대로 올바르게 동작하는지 확인해 보자.

② 스크래치 프로젝트를 저장하기 위하여, 메뉴의 [프로젝트 이름]을 '스크래치 프로젝트'에서 '프로젝트-07-2'로 변경한다. 그리고 [파일] 메뉴의 [컴퓨터에 저장하기]를 실행한 후, 컴퓨터의 폴더를 정하여 프로젝트를 저장한다.

개선 / 발전 방향

프로젝트에서 수정할 사항이나 개선 / 발전할 사항들을 정리한다.

- [하마] 스프라이트를 클릭하면 무한 반복하기를 멈추고 현재 좌표에서 x 좌표는 그대로 둔 채로 y 좌표만 -120인 곳으로 1초 동안 이동한다. 그리고 5초 기다린 후, '안녕~'을 1초 동안 말하고 복제본을 삭제하여 사라진다. 이때 [y 좌표를 -120(으)로 정하기] 블록을 사용하지 않고, [1초 동안 x:(x 좌표) y:-120(으)로 이동하기] 블록을 사용하는 이유가 무엇인지 생각해 본다.
-
-

7.3 연습문제

연습문제 07-1

대기하고 있다가 무대에 올라 춤추기

[champ99] 스프라이트는 무대의 왼쪽에서 타이머 시간 5초 동안 대기하고 있다가 타이머 시간 5초가 지나면 무대 위로 올라가 8초 동안 춤을 추고 원래 있던 무대의 왼쪽으로 이동하여 대기하는 과정을 무한 반복한다. [champ99] 스프라이트의 모양은, 대기하는 도중에는 'champ99-b', 무대로 이동 중에는 'champ99-c', 무대에서 처음에는 'champ99-a', 춤을 출 때는 모양을 (1~7 사이의 난수) 모양으로 정한다. 그리고 춤을 다 추고 이동 중에는 'champ99-a', 대기 중에는 'champ99-b'로 바꾼다.

[champ99] 스프라이트를 클릭하면 실행을 멈춘다.

프로젝트 결과 화면

프로젝트 문제 분석

문제를 분석하여 필요한 기능이 무엇인지 정리한다.

프로젝트 알고리즘 설계

스프라이트, 무대의 문제 해결 알고리즘을 작성한다.

스프라이트	알고리즘
 champ99	**[시작하기 깃발 클릭했을 때]** ① 크기를 60%로 정한다. ② 모양을 champ99-b로 바꾼다. ③ x:-165, y:-10으로 이동한다. ④ 타이머를 초기화한다. ⑤ 다음을 무한 반복한다. ⑤-1 만약 타이머 〉 5이면 ⑤-1-1 모양을 champ99-c로 바꾼다. ⑤-1-2 1초 동안 x:10, y:15로 이동한다. ⑤-1-3 모양을 champ99-a로 바꾼다. ⑤-1-4 1초 기다린다. ⑤-1-5 타이머를 초기화한다. ⑤-1-6 dace celebrate를 재생한다. ⑤-1-7 타이머 〉 8일 때까지 반복한다. ⑤-1-7-1 모양을 (1~7 사이의 난수)로 바꾼다. ⑤-1-7-2 (0.2~0.4 사이의 난수)초 기다린다. ⑤-1-8 모양을 champ99-a로 바꾼다. ⑤-1-9 1초 기다린다. ⑤-1-10 1초 동안 x:-165, y:-10 으로 이동한다. ⑤-1-11 타이머를 초기화한다. ⑤-1-12 모양을 champ99-b로 바꾼다. **[이 스프라이트를 클릭했을 때]** ① 모두 멈춘다.

무 대	알고리즘
 Spotlight	필요한 알고리즘 없음

연습문제 07-2

떨어지는 사과를 바구니로 받기

[시작하기 깃발]을 클릭했을 때 [사과] 스프라이트는 무대에서 숨기고 크기를 50%로 정하며, 도장찍기에 의해 복사된 사과들을 지운다. 그리고 타이머를 초기화한 후, 무한 반복하면서 스스로를 복제하고 타이머가 10을 넘으면 모두 멈춘다.

[사과] 스프라이트가 복제되면, x:(-240~240 사이의 난수), y:(150~180 사이의 난수) 위치로 이동하고, 무대에 나타난다. 그리고 무한 반복하면서 y 좌표를 -5만큼 바꿔 아래로 내려간나. 만약 y 좌표가 -147보다 작으면 도장찍기로 [사과] 스프라이트의 모양을 복사하고 복제본을 삭제한다. 만약 [바구니] 스프라이트에 닿으면 복제본을 삭제한다.

[바구니] 스프라이트는 크기를 200%로 정하고 무대의 가운데 아래에 위치한다.

[왼쪽 화살표] 키를 누르면 왼쪽을 보고 10만큼 움직인다. [오른쪽 화살표] 키를 누르면 오른쪽을 보고 10만큼 움직인다.

프로젝트 결과 화면

프로젝트 문제 분석

문제를 분석하여 필요한 기능이 무엇인지 정리한다.

프로젝트 알고리즘 설계

스프라이트, 무대의 문제 해결 알고리즘을 작성한다.

스프라이트	알고리즘
 Apple	**[시작하기 깃발 클릭했을 때]** ① 스프라이트를 무대에서 숨긴다. ② 크기를 50%로 정한다. ③ 도장찍기로 만든 모든 사과를 지운다. ④ 타이머를 초기화한다. ⑤ 다음을 무한 반복한다. ⑤-1 나 자신을 복제한다. ⑤-2 만약 타이머 〉 10이면 ⑤-2-1 모두 멈춘다. ⑤-3 1초 기다린다. **[복제되었을 때]** ① x:(-240~240 사이의 난수), y:(150~180 사이의 난수)로 이동한다. ② 스프라이트를 무대에 보인다. ③ 다음을 무한 반복한다. ③-1 y좌표를 -5만큼 바꾼다. ③-2 만약 y좌표 〈 -147이면 ③-2-1 도장찍기로 사과 모양을 복사한다. ③-2-2 이 복제본을 삭제한다. ③-3 만약 바구니에 닿았으면 ③-3-1 이 복제본을 삭제한다.
 Bowl	**[시작하기 깃발 클릭했을 때]** ① 크기를 200%로 정한다. ② 회전 방식을 왼쪽-오른쪽으로 정한다. ③ x:0, y:-110으로 이동한다. **[왼쪽 화살표 키를 눌렀을 때]** ① 왼쪽(-90도 방향)을 본다. ② 10만큼 움직인다. **[오른쪽 화살표 키를 눌렀을 때]** ① 오른쪽(90도 방향)을 본다. ② 10만큼 움직인다.

무 대	알고리즘
 Blue Sky	필요한 알고리즘 없음

연습문제 07-3

마우스 포인터를 따라 선 그리기

[시작하기 깃발]을 클릭했을 때 [Pencil] 스프라이트는 무대에 그려진 모든 선을 지우고, 펜을 올린 후 오른쪽 아래 [선그리기선택] 스프라이트 위로 이동한다. 그리고 무한 반복하면서, 만약 [선그리기선택] 스프라이트의 모양 번호가 2이면 펜을 내려 마우스 포인터 위치로 이동하며 선을 그리고, 만약 모양 번호가 2가 아니면 펜을 올려 선을 그리지 않도록 한다.

[c] 키를 누르면 무대에 그려진 모든 선을 지운다.

[선그리기선택] 스프라이트는 무대의 오른쪽 아래에 위치하며, 모양을 button3-a로 바꾼다.

[선그리기선택] 스프라이트를 클릭하면, 만약 모양 번호가 1이면 모양을 button3-b로 바꾸고, 1이 아니면 모양을 button3-a로 바꾼다.

프로젝트 결과 화면

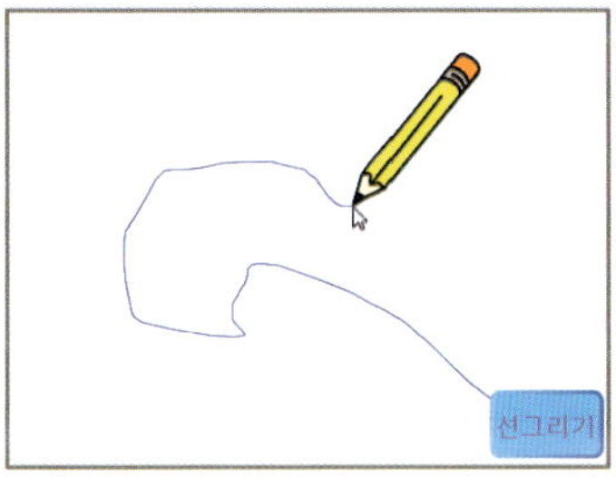

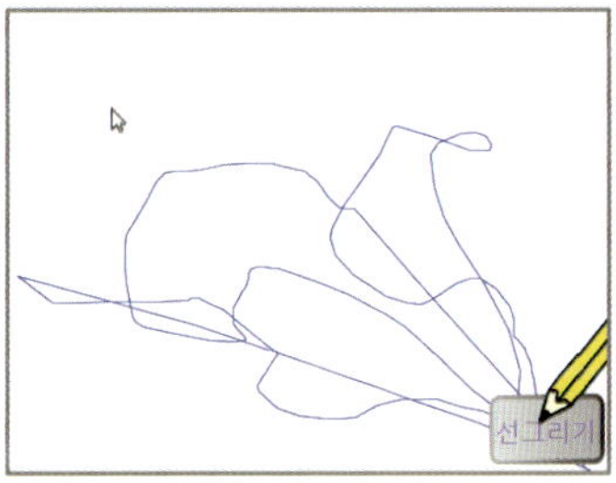

프로젝트 문제 분석

문제를 분석하여 필요한 기능이 무엇인지 정리한다.

프로젝트 알고리즘 설계

스프라이트, 무대의 문제 해결 알고리즘을 작성한다.

스프라이트	알고리즘

Pencil
	[시작하기 깃발 클릭했을 때]
	① 무대의 모든 선을 지운다.
	② 펜을 올린다.
	③ x:190, y:−150으로 이동한다.
	④ 다음을 무한 반복한다.
	  ④−1 만약 [선그리기선택] 스프라이트의 모양 번호가 2이면
	    ④−1−1 펜을 내린다.
	    ④−1−2 마우스 포인터 위치로 이동한다.
	  아니면
	    ④−1−1 펜을 올린다.
	
	[c 키를 눌렀을 때]
	① 무대의 모든 선을 지운다.

Button3
	[시작하기 깃발 클릭했을 때]
	① x:190, y:−150으로 이동한다.
	② 모양을 button3−a로 바꾼다.
	
	[이 스프라이트를 클릭했을 때]
	① 만약 모양 번호가 1이면
	  ①−1 모양을 button3−b로 바꾼다.
	아니면
	  ①−1 모양을 button3−a로 바꾼다.

무 대	알고리즘
배경 1	필요한 알고리즘 없음

8

메시지 신호 보내기와 상호작용하기

학습 목표

1. 메시지 신호를 자기 자신에게 보내고 이에 대응하는 병렬 동작을 만들 수 있다.
2. 메시지 신호를 다른 스프라이트에게 보내고 상호 작용할 수 있다.

8

메시지 신호 보내기와 상호작용하기

8.1 메시지 신호 보내기와 수신하기

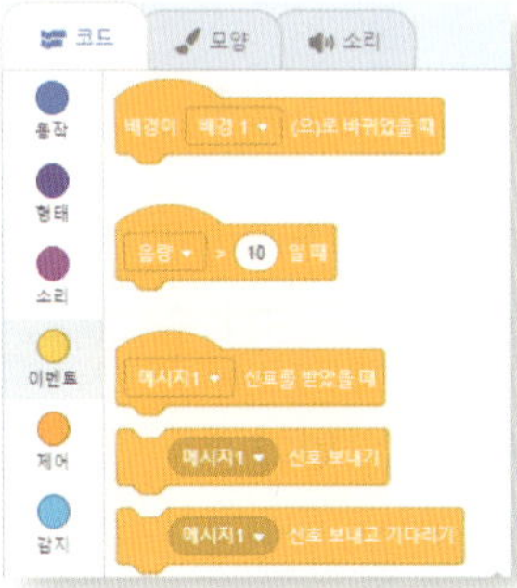

스크래치는 사용자와 활발하게 상호작용하는 프로그램 개발을 장려하므로 프로젝트와 사용자 간, 스프라이트 자기 스스로에, 스프라이트와 스프라이트 간 등 다양한 이벤트 처리를 지원한다. 이 중에서 메시지message 신호는 스프라이트나 무대에서 여러 동작을 동시에 수행하기 위한 기능이다. 이러한 메시지 신호 관련 블록에는 메시지 신호 보내기, 메시지 신호 보내고 기다리기, 메시지 신호를 받았을 때 등 3가지 종류가 있는 데 관련 블록들은 [이벤트] 팔레트에서 제공한다.

[메시지1 신호 보내기] 블록은 스프라이트 자기 자신을 포함한 모든 스프라이트와 무대로 메시지 신호를 보내는데, 이 신호는 [메시지1 신호를 받았을 때] 블록으로 받을 수 있다.

다음 예제에서 고양이 스프라이트는 자기 자신에게 '메시지1' 신호와 '메시지2' 신호를 보낸다. '메시지1' 신호는 [메시지1 신호를 받았을 때] 블록이 있어서 일 처리를 하지만, '메시지1' 신호는 [메시지2 신호를 받았을 때] 블록이 없기 때문에 처리해야할 일이 없다.

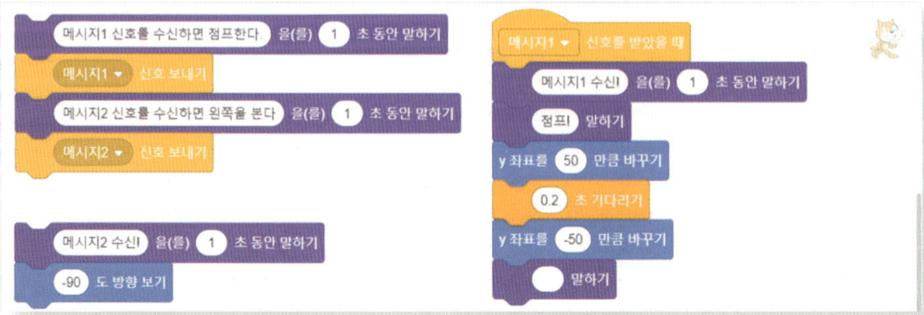

일을 처리하는 순서는 메시지 신호를 보내고 받는 순서에 따라 결정된다. 즉 메시지 신호를 보내면, 그 다음에 그 메시지 신호를 받는 쪽이 일을 처리하게 된다. 다음 예제에서 고양이 스프라이트는 '메시지3' 신호를 보내면, '메시지3' 신호를 받은 블록에 연결된 블록들이 실행하고 '메시지4' 신호를 보낸다. 그러면 '메시지 4' 신호를 받은 블록에 연결된 블록들이 실행된다.

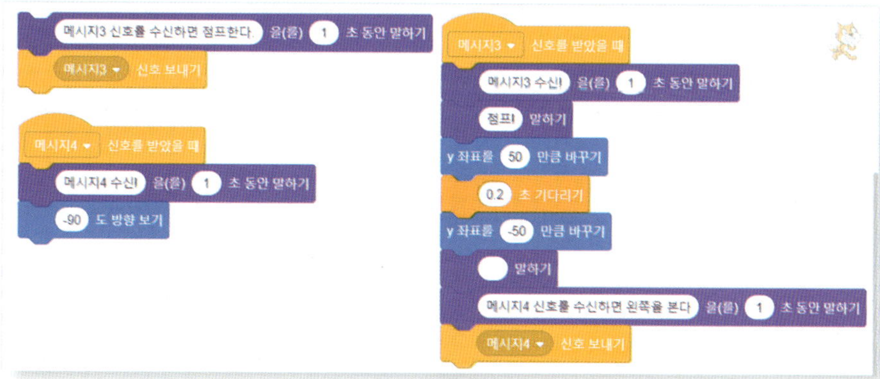

메시지 신호를 보내고 받는 상호작용은 여러 동작을 동시에 수행하는 병렬 처리와도 관련이 있다. 다음 예제에서 고양이 스프라이트는 '메시지5' 신호를 보내는 스크립트와 '메시지5' 신호를 받는 스크립트가 동시에 일을 처리한다.

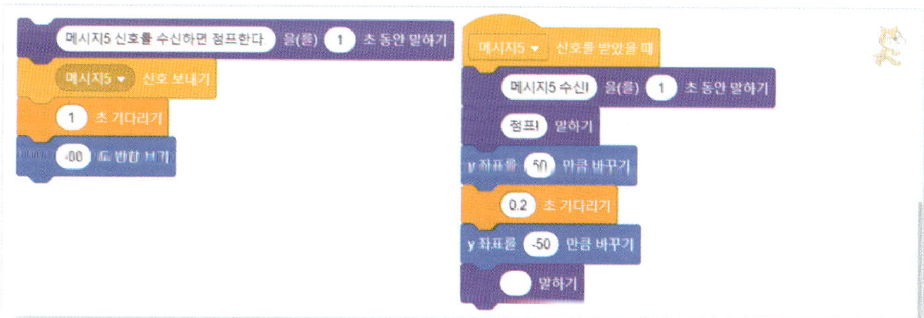

메시지 신호를 보내고 받는 상호작용은 스크래치 프로젝트의 실행에서 일의 선후 관계를 명확히 하거나 순서대로 일이 진행되어야 할 때 자주 활용된다. 특히 [메시지1 신호 보내고 기다리기] 블록은 메시지 신호를 보내고 상대방 스크립트가 그 메시지 신호를 받아 해당 일을 끝내기 전까지 기다리며, 상대방 스크립트의 일이 끝난 후에야 기다림을 끝내고 다음 일을 처리하게 된다. 다음 스프라이트는 '메시지6' 신호를 보낸 후 기다리며, '메시지6' 신호를 받는 스크립트에서 일을 모두 처리한 후 기다림을 끝내고 계속 일을 진행하게 된다.

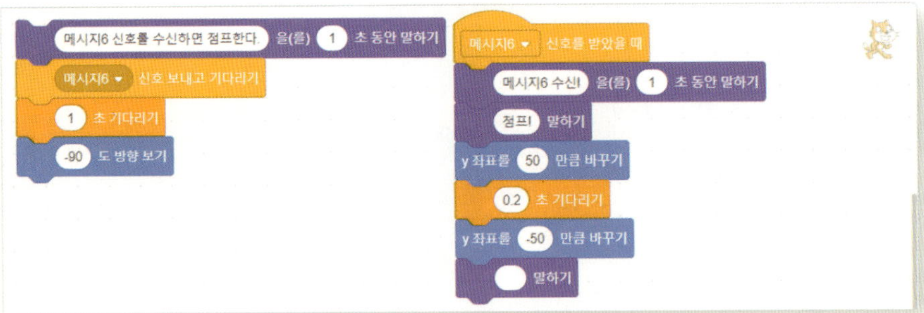

프로젝트 08-1

메시지 신호를 보내 자신의 움직임 제어하기

[Dot] 스프라이트는 무대의 왼쪽 아래에서 오른쪽을 보며 100% 크기의 'dot-a' 모양으로 나타나, 자기 자신의 복제 방법과 춤추고 멈추는 방법, 복제된 스프라이트를 사라지게 하는 방법을 안내한다.

[Dot] 스프라이트를 클릭하면 복제되어 크기를 50%로 줄이고 모양은 임의의 모양으로 정한다. 그리고 무대의 무작위 위치에 나타나서 방향은 왼쪽이나 오른쪽 중에 한 방향으로 정하고, '댄스 시작' 신호를 보낸다.

[d] 키를 누르면 '댄스 시작' 신호를 보내고, [s] 키를 누르면 '댄스 멈춰' 신호를 보낸다. 그리고 [c] 키를 누르면 복제된 모든 스프라이트가 '안녕~'을 말하고 복제본을 삭제하여 사라지게 한다.

'댄스 시작' 신호를 받으면 [Dot] 스프라이트와 복제된 모든 스프라이트가 모양을 바꾸며 춤추고, '댄스 멈춰' 신호를 받으면 모양을 바꾸며 춤추는 것을 멈춘다.

프로젝트 결과 화면

프로젝트 문제 분석

문제를 분석하여 필요한 기능이 무엇인지 정리한다.

프로젝트 알고리즘 설계

스프라이트, 무대의 문제 해결 알고리즘을 작성한다.

스프라이트	알고리즘

Dot
	[시작하기 깃발 클릭했을 때]
	① x:-180 y:-100으로 이동한다.
	② 오른쪽(90도 방향)을 본다.
	③ 크기를 100%로 정한디.
	④ 모양을 dot-a로 바꾼다.
	⑤ '저를 클릭하면 저의 복제본이 나타나 춤을 춥니다.'를 1초 동안 말한다.
	⑥ 's 키를 누르면 춤추는 것을 중간에 멈추고,'를 1초 동안 말한다.
	⑦ 'd 키를 누르면 모든 복제본이 다시 춤을 춥니다.'를 1초 동안 말한다.
	⑧ 'c 키를 누르면 모든 복제본이 인사하고 사라집니다.'를 1초 동안 말한다.
	
	[이 스프라이트를 클릭했을 때]
	① 나 자신을 복제한다.
	
	[복제되었을 때]
	① 크기를 50%로 정한다.
	② 모양을 (1부터 4 사이의 난수) 모양으로 바꾼다.
	③ 무작위 위치로 이동한다.
	④ 회전 방식을 왼쪽-오른쪽으로 정한다.
	⑤ 만약 (1부터 2 사이의 난수) = 1이면
	  ⑤-1 오른쪽(90도 방향)을 본다.
	아니면
	  ⑤-2 왼쪽(-90도 방향)을 본다.
	⑥ '댄스 시작' 신호를 보낸다.
	
	[d 키를 눌렀을 때]
	① '댄스 시작' 신호를 보낸다.
	
	['댄스 시작' 신호를 받았을 때]
	① 다음을 무한 반복한다.
	  ①-1 다음 모양으로 바꾼다.
	  ①-2 (0.1부터 0.5 사이의 난수)초 기다린다.
	
	[s 키를 눌렀을 때]
	① '댄스 멈춰' 신호를 보낸다.
	
	['댄스 멈춰' 신호를 받았을 때]
	① 이 스프라이트에 있는 다른 스크립트를 멈춘다.
	
	[c 키를 눌렀을 때]
	① '안녕~'을 1초 동안 말한다.
	② 복제본을 삭제한다.

무 대	알고리즘
 Space	필요한 알고리즘 없음

프로젝트 코딩

[프로젝트 알고리즘 설계]를 참고하여 코딩한다.

Step 01 무대 배경의 변경 및 기존 스프라이트 삭제하고 새로운 스프라이트 추가하기

① 무대 배경을 추가하여 변경하려면, 무대 제어 부분의 [배경 고르기]를 클릭하고 [배경 고르기] 화면에서 [Space] 배경을 클릭한다.

② 스프라이트 제어 부분에서 [스프라이트 1] 스프라이트의 오른쪽 위에 있는 [삭제] 아이콘을 클릭하여 [스프라이트 1] 스프라이트를 삭제한다.

③ 새로운 스프라이트를 추가하려면, 스프라이트 제어 부분의 [스프라이트 고르기]를 클릭하여 [스프라이트 고르기] 화면에서 [Dot] 스프라이트를 클릭하여 추가한다.

Step 02 스프라이트의 처음 위치와 방향, 복제 방법 등을 말하기

① [이벤트] 팔레트의 [시작하기 클릭했을 때] 블록을 코드 영역으로 끌어 놓는다.

② 스프라이트의 처음 위치를 무대의 왼쪽 아래로 이동하고 오른쪽을 보기 위하여, [동작] 팔레트의 [x:0 y:0(으)로 이동하기] 블록과 [90도 방향 보기] 블록을 코드 영역으로 끌어와서 [시작하기 클릭했을 때] 블록에 순서대로 이어 붙인다.

③ 스프라이트의 크기를 100%로 정하고 처음 모양을 'dog-a'로 정하기 위하여, [형태] 팔레트의 [크기를 100%로 정하기] 블록과 [모양을 dot-d(으)로 바꾸기] 블록을 코드 영역으로 끌어와서 [90도 방향 보기] 블록에 순서대로 이어 붙이고, 블록의 값을 'dot-a'로 변경한다.

④ 프로젝트를 시작할 때 스프라이트 자기 자신의 복제 방법과 춤을 멈추는 방법, 다시 춤을 추는 방법, 복제된 스프라이트를 삭제하여 사라지는 방법을 순서대로 소개하기 위하여, [형태] 팔레트의 [안녕!을(를) 2초 동안 말하기] 블록 네 개를 코드 영역으로 끌어와서 [모양을 dot-a(으)로 바꾸기] 블록에 순서대로 이어 붙인다. 그리고 각 블록의 값을 '저를 클릭하면 저의 복제본이 나타나 춤을 춥니다.', '1', 's 키를 누르면 춤추는 것을 중간에 멈추고,', '1', 'd 키를 누르면 모든 복제본이 다시 춤을 춥니다.', '1', 'c 키를 누르면 모든 복제본이 인사하고 사라집니다.', '1'로 각각 변경한다.

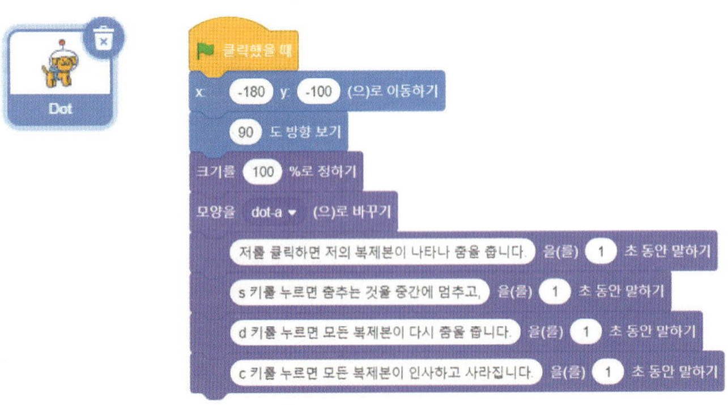

Step 03 스프라이트를 클릭하면 자기 자신 복제하기

① 스프라이트를 클릭했을 때 자기 자신을 복제하기 위하여, [이벤트] 팔레트의 [이 스프라이트를 클릭했을 때] 블록을 코드 영역으로 끌어 놓는다.

② [제어] 팔레트의 [나 자신 복제하기] 블록을 코드 영역으로 끌어와서 [이 스프라이트를 클릭했을 때] 블록에 이어 붙인다.

Step 04 스프라이트 복제본이 무작위 위치로 이동하여 '댄스 시작' 신호 보내기

① 스프라이트가 복제되었을 때의 이벤트를 처리하기 위하여, [제어] 팔레트의 [복제되었을 때] 블록을 코드 영역으로 끌어 놓는다.

② 복제된 스프라이트의 크기가 원본 스프라이트와 차이 나도록 50%로 줄이고자 한다. [형태] 팔레트의 [크기를 100%로 정하기] 블록을 코드 영역으로 끌어와서 [복제되었을 때] 블록에 이어 붙이고, 블록의 값을 '50'으로 변경한다.

③ 스프라이트의 모양에는 'dot-a', 'dot-b' 등의 모양 이름과 함께 '1', '2' 등의 모양 번호도 정해져 있다. 난수 블록을 이용하여 모양 번호를 정하면 임의의 모양으로 바꿀 수 있다. 예를 들면, [Dot] 스프라이트는 1부터 4까지의 모양 번호가 정해져 있으며, (1부터 4 사이의 난수) 블록을 이용하여 임의의 모양을 정할 수 있다. [형태] 팔레트의 [모양을 dot-d(으)로 바꾸기] 블록을 코드 영역으로 끌어와서 [크기를 50%로 정하기] 블록에 이어 붙인다. 그리고 [연산] 팔레트의 (1부터 10 사이의 난수) 블록을 코드 영역으로 끌어와서 블록의 값을 '1', '4'로 변경한 후, [모양을 dot-d(으)로 바꾸기] 블록의 값에 끼워 넣는다.

④ 복제된 스프라이트는 무대의 무작위 위치로 이동하고, 왼쪽과 오른쪽만 바라보므로 회전 방식을 왼쪽-오른쪽으로 정하고자 한다. [동작] 팔레트의 [무작위 위치(으)로 이동하기] 블록과 [회전 방식을 왼쪽-오른쪽(으)로 정하기] 블록을 코드 영역으로 각각 끌어와서 [모양을 (1부터 4 사이의 난수)(으)로 바꾸기] 블록에 순서대로 이어 붙인다.

⑤ 복제된 스프라이트는 (1부터 2 사이의 난수) 블록을 이용하여 만약 1이면 오른쪽을, 2이면 왼쪽을 바라보고자 한다. [제어] 팔레트의 [만약 < >(이)라면 아니면] 블록과 [연산] 팔레트의 < ( ) = 50 >, (1부터 10 사이의 난수) 블록을 코드 영역으로 끌어와서 다음과 같이 이어 붙이고, 블록의 값을 '1', '2', '1'로 변경한다.

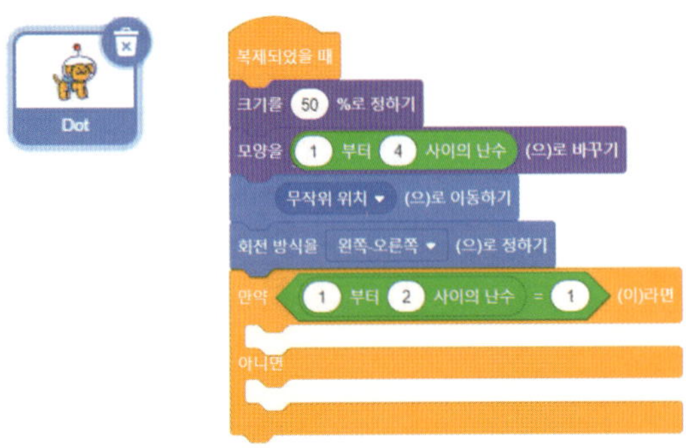

⑥ [동작] 팔레트의 [90도 방향 보기] 블록 두 개를 코드 영역으로 끌어와서 [90도 방향 보기] 블록 하나는 (1부터 2 사이의 난수) 블록의 값이 1이면 오른쪽을 보는 것이므로 [~(이)라면] 다음에 끼워 넣는다. 그리고, 또 다른 [90도 방향 보기] 블록은 블록의 값을 '-90'으로 변경한 후, (1부터 2 사이의 난수) 블록의 값이 1이 아니면, 즉 2이면 왼쪽을 보는 것이므로 [~아니면] 다음에 끼워 넣는다.

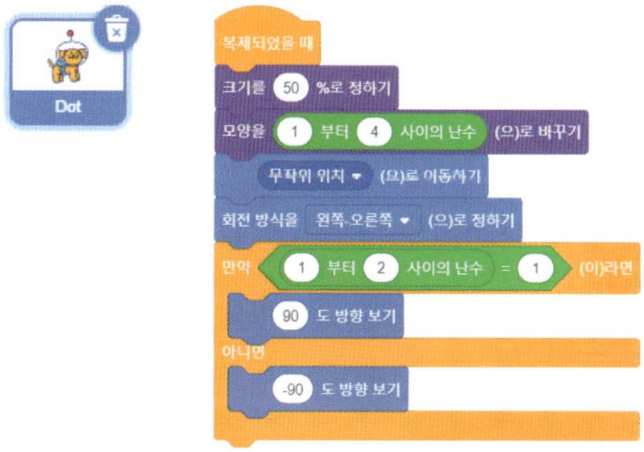

⑦ 복제된 스프라이트가 춤을 추도록 메시지 신호를 보내려고 한다. [이벤트] 팔레트의 [메시지1 신호 보내기] 블록을 코드 영역으로 끌어와서 '메시지' 항목을 클릭한 후 [새로운 메시지] 메뉴를 클릭한다. [새로운 메시지] 회면에서 '댄스 시작'으로 메시지 이름을 입력한 후 [확인]을 클릭한다. 그리고 [댄스 시작] 블록을 [만약 <(1부터 2 사이의 난수) = 1>(이)라면 아니면] 블록에 이어 붙인다.

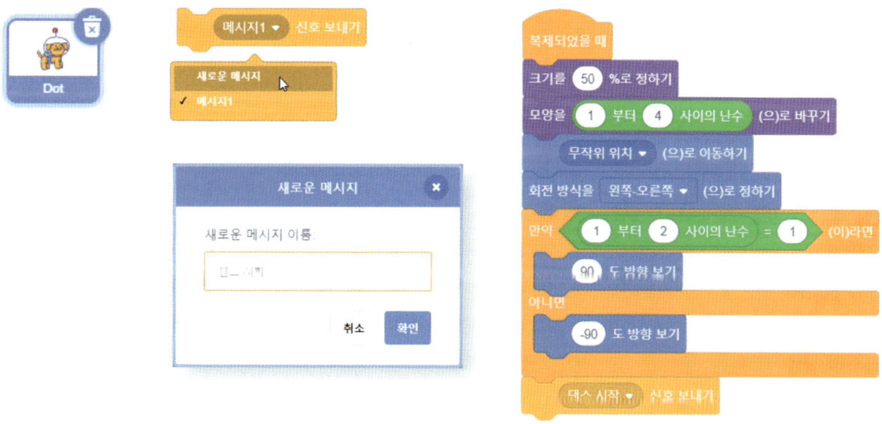

Step 05 [d] 키를 누르면 '댄스 시작' 신호 보내기

① [d] 키를 눌렀을 때의 이벤트를 처리하기 위하여, [이벤트] 팔레트의 [스페이스 키를 눌렀을 때] 블록을 코드 영역으로 끌어오고 블록의 값을 'd'로 변경한다.

② [이벤트] 팔레트의 [메시지1 신호 보내기] 블록을 코드 영역으로 끌어와서 [d 키를 눌렀을 때] 블록에 이어 붙이고, 블록의 값을 '댄스 시작'으로 변경한다.

Step 06 '댄스 시작' 신호를 받으면 다음 모양을 바꾸며 춤추기

① '댄스 시작' 신호 이벤트를 처리하기 위하여, [이벤트] 팔레트의 [메시지1 신호를 받았을 때] 블록을 코드 영역으로 끌어 놓고, 블록의 값을 '댄스 시작'으로 변경한다.

② 무한 반복하며 춤추기 위하여, [제어] 팔레트의 [무한 반복하기] 블록을 코드 영역으로 끌어와서 [댄스 시작 신호를 받았을 때] 블록에 이어 붙인다.

③ [다음 모양으로 바꾸기] 블록으로 [Dot] 스프라이트의 모양을 순서대로 계속 바꾸면 마치 춤추는 듯한 움직임을 보인다. [형태] 팔레트의 [다음 모양으로 바꾸기] 블록을 코드 영역으로 끌어와서 [무한 반복하기] 블록 안에 끼워 넣는다.

④ 난수 블록을 이용하여 다음 모양이 바뀌는 시간을 조절하면 스프라이트들이 서로 다른 춤을 추는 듯한 효과를 줄 수 있다. [제어] 팔레트의 [1초 기다리기] 블록을 코드 영역으로 끌어와서 [다음 모양으로 바꾸기] 블록에 이어 붙인다. 그리고 [연산] 팔레트의 (1부터 10 사이의 난수) 블록을 코드 영역으로 끌어와서 블록의 값을 '0.1', '0.5'로 변경한 후, [1초 기다리기] 블록의 값에 끼워 넣는다.

Step 07 [s] 키를 누르면 '댄스 멈춰' 신호 보내기

① [s] 키를 눌렀을 때의 이벤트를 처리하기 위하여, [이벤트] 팔레트의 [스페이스 키를 눌렀을 때] 블록을 코드 영역으로 끌어오고 블록의 값을 's'로 변경한다.

② [이벤트] 팔레트의 [메시지1 신호 보내기] 블록을 코드 영역으로 끌어와서 '메시지' 항목을 클릭한 후 [새로운 메시지] 메뉴를 클릭한다. [새로운 메시지] 화면에서 '댄스 멈춰'로 메시지 이름을 입력한 후 [확인]을 클릭한다. 그리고 [댄스 멈춰] 블록을 [s 키를 눌렀을 때] 블록에 이어 붙인다.

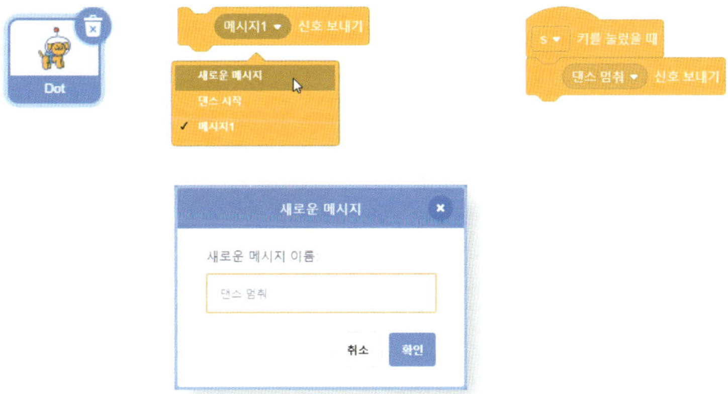

Step 08 '댄스 멈춰' 신호를 받으면 스프라이트에 있는 다른 스크립트 멈추기

① '댄스 멈춰' 신호 이벤트를 처리하기 위하여, [이벤트] 팔레트의 [메시지1 신호를 받았을 때] 블록을 코드 영역으로 끌어 놓고, 블록의 값을 '댄스 멈춰'로 변경한다.

② 스프라이트에 있는 다른 스크립트를 멈추기 위하여, [제어] 팔레트의 [멈추기 모두] 블록을 코드 영역으로 끌어와서 [댄스 멈춰 신호를 받았을 때] 블록에 이어 붙인다. 그리고 블록의 값을 '이 스프라이트에 있는 다른 스크립트'로 변경한다.

Step 09 [c] 키를 누르면 '안녕~' 말하고 복제본 삭제하기

① [c] 키를 눌렀을 때의 이벤트를 처리하기 위하여, [이벤트] 팔레트의 [스페이스 키를 눌렀을 때] 블록을 코드 영역으로 끌어오고 블록의 값을 'c'로 변경한다.

② [형태] 팔레트의 [안녕!(을)를 2초 동안 말하기] 블록을 코드 영역으로 가져와서 [c 키를 눌렀을 때] 블록에 이어 붙이고, 블록의 값을 '안녕~', '1'로 변경한다. 그리고 [제어] 팔레트의 [이 복제본 삭제하기] 블록을 코드 영역으로 끌어와서 [안녕~을(를) 1초 동안 말하기] 블록에 이어 붙인다.

Step 10 [Dot] 스프라이트의 전체 스크립트

[Dot] 스프라이트의 전체 스크립트는 다음과 같다.

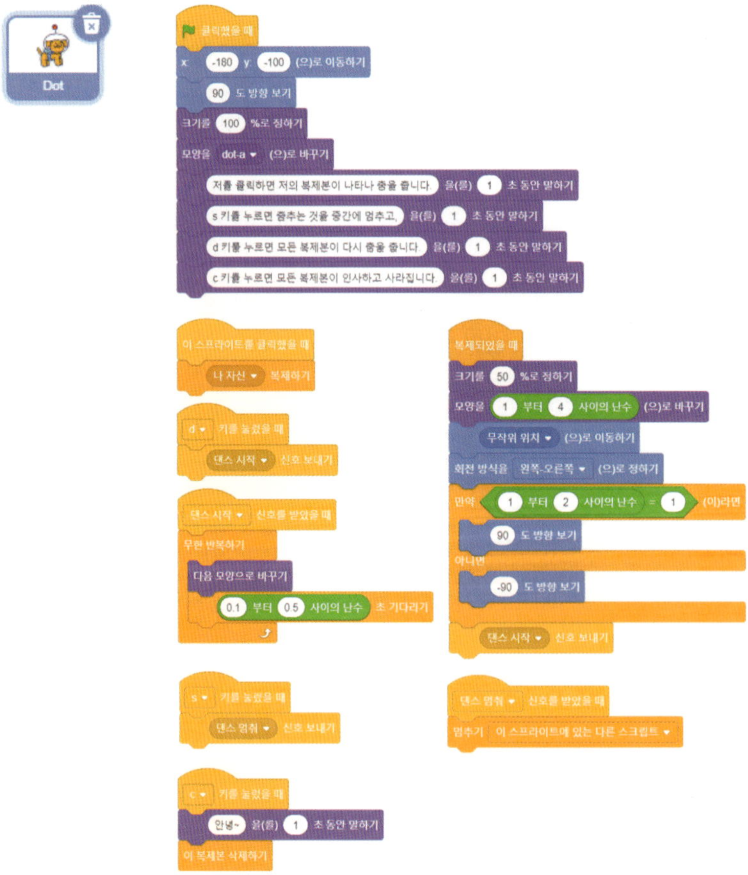

Step 11 프로젝트 실행 및 저장하기

① 무대 위의 [시작하기 깃발]을 클릭하여 프로젝트가 알고리즘대로 올바르게 동작하는지 확인해 보자.

② 스크래치 프로젝트를 저장하기 위하여, 메뉴의 [프로젝트 이름]을 '스크래치 프로젝트'에서 '프로젝트-08-1'로 변경한다. 그리고 [파일] 메뉴의 [컴퓨터에 저장하기]를 실행한 후, 컴퓨터의 폴더를 정하여 프로젝트를 저장한다.

개선 / 발전 방향

프로젝트에서 수정할 사항이나 개선 / 발전할 사항들을 정리한다.

- 스프라이트가 복제되어 무대의 무작위 위치로 이동할 때, 원본 [Dot] 스프라이트가 있는 곳인 x 좌표 -240 ~ -91인 부분 또는 y 좌표 -180 ~ -11인 부분은 제외한다. 즉, 복제된 스프라이트는 x 좌표 -90 ~ 240인 부분과 y 좌표 -10 ~ 180인 부분에서의 무작위 위치에서만 이동할 수 있다.
-
-

8.2 메시지 신호로 스프라이트 간 상호작용하기

8.1절의 [프로젝트-08-1] 프로젝트에서는 스프라이트가 메시지 신호를 보내고 그 메시지 신호를 자기 자신이 받는 과정만으로 구성된 프로젝트이다. 그러나 메시지 신호는 스프라이트 자기 자신뿐만 아니라 다른 스프라이트에서도 메시지 신호를 받을 수 있다. 다음의 예에서, [고양이] 스프라이트가 '메시지1', '메시지2', '메시지3' 신호를 보내면, '메시지2' 신호를 자기 자신이 받는다. [쥐] 스프라이트는 [고양이] 스프라이트가 보낸 '메시지3' 신호를 받는다. 그리고 [쥐] 스프라이트는 '메시지4', '메시지5' 신호를 보내고, [고양이] 스프라이트는 [쥐] 스프라이트의 '메시지5' 신호를 받는다.

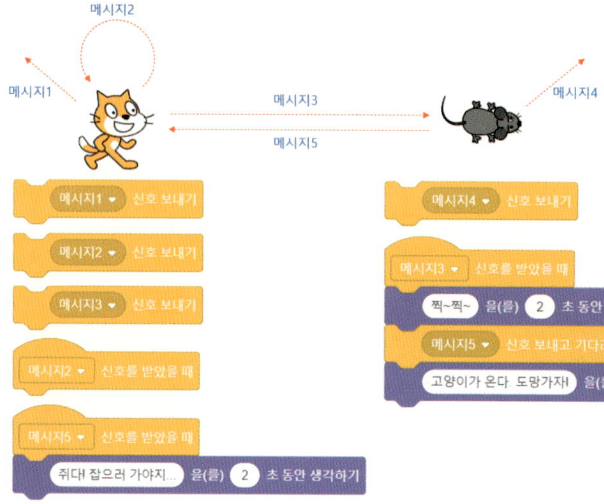

[고양이] 스프라이트는 [메시지3 신호 보내기] 블록을 이용하여 '메시지3' 신호를 보내고 [쥐가 어디 있나?을(를) 2초 동안 생각하기] 블록을 실행한다. 그리고 '메시지3' 신호를 받은 [쥐] 스프라이트는 [찍~찍~을(를) 2초 동안 생각하기] 블록을 실행한다. 두 개의 [생각하기] 블록은 [고양이] 스프라이트와 [쥐] 스프라이트에서 동시에 실행이 되며, 이러한 동시 실행을 '병렬 실행' 또는 '병행 실행'이라고도 한다.

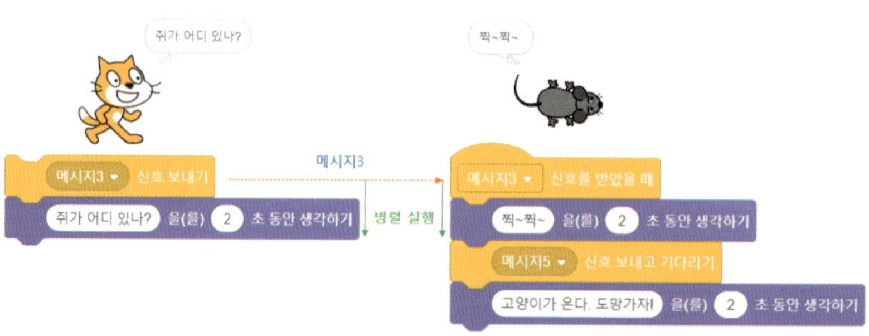

[메시지5 신호 보내고 기다리기] 블록은 메시지를 보내고 상대방이 그 메시지를 받아 해당 일을 끝내기 전까지 기다리게 되며, 상대방의 일이 끝난 후에야 기다리는 것을 끝내고 다음 일을 진행하게 된다. [고양이] 스프라이트가 보낸 '메시지3' 신호를 받은 [쥐] 스프라이트가 일을 진행하고, '메시지5' 신호를 다시 [고양이] 스프라이트에게 보내고 기다린다. '메시지5' 신호를 받은 [고양이] 스프라이트가 일을 모두 마치면, 기다리던 [쥐] 스프라이트는 그다음 일을 진행한다. 이처럼 메시지 신호를 보내고 받는 상호작용은 스크래치 프로젝트의 실행에서 일의 선후 관계를 명확히 하거나 순차적으로 일을 진행해야 할 때 자주 활용된다.

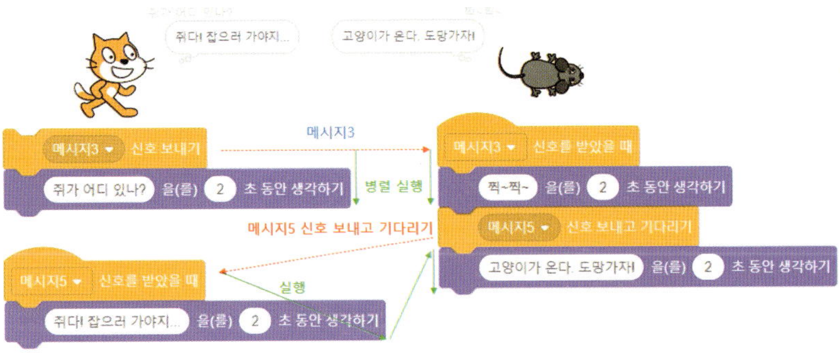

프로젝트 08-2

메시지 신호를 보내 다른 스프라이트의 움직임 제어하기

[진행선심] 스프라이트는 무대의 오른쪽 위에서 자신을 클릭하면 경기가 진행됨을 말한다.

[진행선심] 스프라이트를 클릭하면 대기 장소로 이동해 달라고 말하고 '대기 장소로 이동' 신호를 보내고 기다린다. 신호를 받은 [선수1], [선수2], [선수3], [선수4] 스프라이트는 대기 장소로 이동하고, [호루라기선심] 스프라이트는 모양을 'referee-b'로 변경한다.

'대기 장소로 이동' 신호를 받은 모든 스프라이트가 일을 마치면, 기다리던 [진행선심] 스프라이트는 출발선으로 이동해달라고 말하고 '출발선으로 이동' 신호를 보내고 기다린다. 신호를 받은 선수들은 출발선으로 이동하고, [호루라기선심] 스프라이트는 모양을 'referee-d'로 변경한다.

'출발선으로 이동' 신호를 받은 모든 스프라이트가 일을 마치면, 기다리던 [진행선심] 스프라이트는 3, 2, 1로 숫자를 말한 후 '출발!'을 말하고 '출발' 신호를 보낸다. 신호를 받은 선수들은 출발하여 반대편 벽까지 이동하고, [호루라기선심] 스프라이트는 모양을 'referee-c'로 변경하고 'referee whistle' 소리를 낸다.

프로젝트 결과 화면

프로젝트 문제 분석

문제를 분석하여 필요한 기능이 무엇인지 정리한다.

프로젝트 알고리즘 설계

스프라이트, 무대의 문제 해결 알고리즘을 작성한다.

스프라이트	알고리즘
 Penguin 2	**[시작하기 깃발 클릭했을 때]** ① 크기를 40%로 정한다. ② x:210 y:145로 이동한다. ③ '저를 클릭하면 경기가 진행됩니다.'를 2초 동안 말한다. **[이 스프라이트를 클릭했을 때]** ① '대기 장소로 이동해 주세요.'를 말한다. ② '대기 장소로 이동' 신호를 보내고 기다린다. ③ ''을 말한다. ④ 1초 기다린다. ⑤ '출발선으로 이동해 주세요.'를 말한다. ⑥ '출발선으로 이동' 신호를 보내고 기다린다. ⑦ ''을 말한다. ⑧ 1초 기다린다. ⑨ 3을 1초 동안 말한다. ⑩ 2를 1초 동안 말한다. ⑪ 1을 1초 동안 말한다. ⑫ '출발!'을 말한다. ⑬ '출발' 신호를 보낸다. ⑭ 0.5초 기다린다. ⑮ ''을 말한다.
 Referee	**[시작하기 깃발 클릭했을 때]** ① 크기를 40%로 정한다. ② 모양을 referee-b로 바꾼다. ③ x:-210 y:145로 이동한다. **['대기 장소로 이동' 신호를 받았을 때]** ① 모양을 referee-b로 바꾼다. **['출발선으로 이동' 신호를 받았을 때]** ① 모양을 referee-d로 바꾼다 **['출발' 신호를 받았을 때]** ① 모양을 referee-c로 바꾼다. ② referee whistle을 재생한다.
 	**[시작하기 깃발 클릭했을 때]** ① 크기를 40%로 정한다. ② 모양을 모양1로 바꾼다. ③ color 효과를 0으로 정한다. (선수2 : 25, 선수3 : 50, 선수4 : 75) ④ 회전 방식을 왼쪽-오른쪽으로 정한다. ⑤ 왼쪽(-90도 방향)을 본다. ⑥ x:135 y:-145로 이동한다. (선수2 : x:60 y:-158, 선수3 : x:93 y:-135, 선수4 : x:215 y:-151)

스프라이트	알고리즘
 스프라이트1	**['대기 장소로 이동' 신호를 받았을 때]** ① 왼쪽(–90도 방향)을 본다. ② (1부터 3 사이의 난수) 초 동안 x:–160 y:–145로 이동한다. (선수2 : x:–120 y:–145, 선수3 : x:–80 y:–145, 선수4 : x:–40 y:–145) **['출발선으로 이동' 신호를 받았을 때]** ① 왼쪽(–90도 방향)을 본다. ② (1부터 3 사이의 난수) 초 동안 x:–200 y:85로 이동한다. (선수2 : x:–200 y:30, 선수3 : x:–200 y:–25, 선수4 : x:–200 y:–75) ③ 오른쪽(90도 방향)을 본다. **['출발' 신호를 받았을 때]** ① 벽에 닿을 때까지 반복한다. ①–1 (1부터 7 사이의 난수) 만큼 움직인다. ①–2 다음 모양으로 바꾼다.

무 대	알고리즘
 Track	(배경 업로드 : track.png) 필요한 알고리즘 없음

프로젝트 코딩

[프로젝트 알고리즘 설계]를 참고하여 코딩한다.

Step 01 외부 그림 파일을 이용하여 무대 배경의 업로드 및 기존 배경 삭제하기

① [배경 고르기]에서 [배경 업로드하기]를 실행한다. 그리고 [열기] 대화상자에서 외부 그림 파일인 [track.png] 파일을 선택하고 [열기] 버튼을 클릭한다.

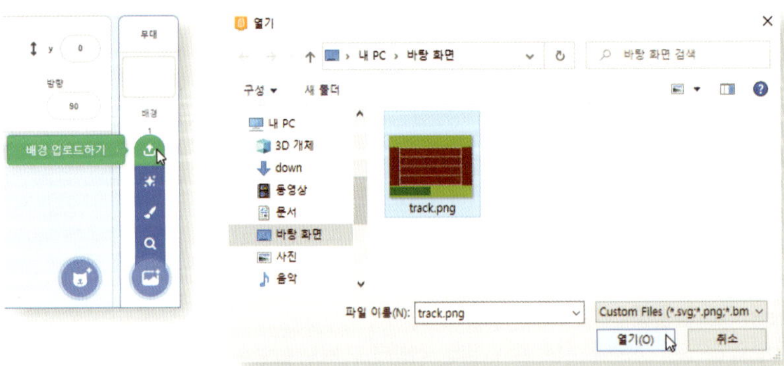

② 페인터 에디터 안으로 외부 그림 파일이 불러들여지며, '배경그림' 이름으로 배경이 추가된다. 필요가 없어진 기존 '배경 1'은 삭제한다.

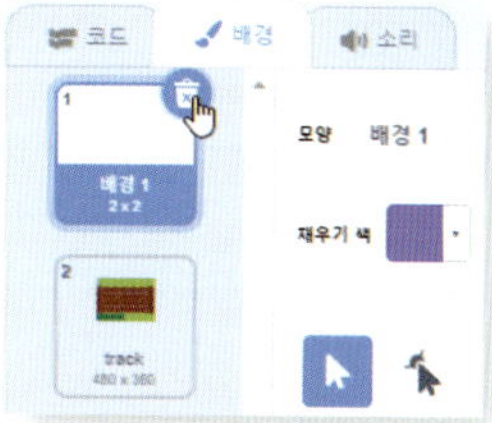

Step 02 [진행선심]과 [호루라기선심] 스프라이트 추가하기

① [스프라이트 1] 스프라이트의 이름을 '선수1'로 변경한다. [선수2], [선수3], [선수4] 스프라이트는 [선수1] 스프라이트의 스크립트를 모두 완성한 후 복사하여 만들고자 한다.

② 새로운 스프라이트를 추가하려면, 스프라이트 제어 부분의 [스프라이트 고르기]를 클릭하여 [스프라이트 고르기] 화면에서 [Penguin 2] 스프라이트를 클릭하여 추가한다. 그리고 [Penguin 2] 스프라이트의 이름을 '진행선심'으로 변경한다.

③ 스프라이트 제어 부분의 [스프라이트 고르기]를 다시 클릭하여 [스프라이트 고르기] 화면에서 [Referee] 스프라이트를 클릭하여 추가한다. 그리고 [Referee] 스프라이트의 이름을 '호루라기선심'으로 변경한다.

④ 현재 단계까지 변경하거나 추가한 스프라이트는 [선수1], [진행선심], [호루라기선심]이다.

Step 03 [진행선심] 스프라이트의 크기와 처음 위치, 경기 진행 안내 말하기

① [이벤트] 팔레트의 [시작하기 클릭했을 때] 블록을 코드 영역으로 끌어 놓는다.

② 트랙을 벗어난 무대의 위쪽 공간에 스프라이트가 위치할 수 있도록 스프라이트의 크기를 줄여야 한다. [형태] 팔레트의 [크기를 100%로 정하기] 블록을 코드 영역으로 끌어와서 [시작하기 클릭했을 때] 블록에 순서대로 이어 붙인다. 그리고 블록의 값을 '40'으로 변경한다.

③ 트랙을 벗어난 무대의 오른쪽 위에 위치하도록, [동작] 팔레트의 [x:0 y:0(으)로 이동하기] 블록을 코드 영역으로 끌어와서 [크기를 40%로 정하기] 블록에 이어 붙인다. 그리고 블록의 값을 '210', '145'로 변경한다.

④ 스프라이트를 클릭하면 경기가 진행됨을 알리기 위하여, [형태] 팔레트의 [안녕!을(를) 2초 동안 말하기] 블록을 코드 영역으로 끌어와서 [x:210 y:145(으)로 이동하기] 블록에 이어 붙인다. 그리고 블록의 값을 '저를 클릭하면 경기가 진행됩니다.'로 변경한다.

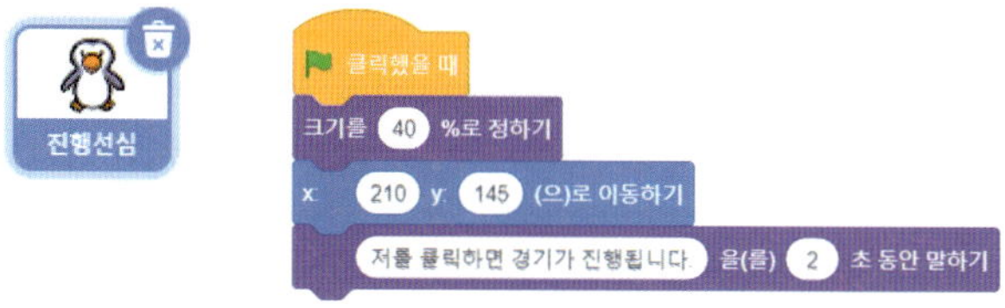

Step 04 스프라이트를 클릭하면 '대기 장소로 이동' 신호 보내고 기다리기

① 스프라이트를 클릭하면 '대기 장소로 이동' 신호를 보내 선수들이 대기 장소로 이동하도록, [이벤트] 팔레트의 [이 스프라이트를 클릭했을 때] 블록을 코드 영역으로 끌어 놓는다.

② [형태] 팔레트의 [안녕! 말하기] 블록을 코드 영역으로 끌어와서 [이 스프라이트를 클릭했을 때] 블록에 이어 붙인다. 그리고 블록의 값을 '대기 장소로 이동해 주세요.'로 변경한다. '대기 장소로 이동해 주세요.'로 말한 것은 '대기 장소로 이동' 신호를 받은 스프라이트들이 일을 마칠 때까지 계속 말하게 된다.

③ '대기 장소로 이동' 신호를 보낸 후, 메시지 신호를 받은 스프라이트들이 일을 마칠 때까지 기다리기 위하여, [이벤트] 팔레트의 [메시지1 신호 보내고 기다리기] 블록을 코드 영역으로 끌어와서 [대기 장소로 이동해 주세요. 말하기] 블록에 이어 붙인다. 그리고 [메시지1 신호 보내고 기다리기] 블록의 '메시지1' 항목을 클릭하여 [새로운 메시지] 화면에서 '대기 장소로 이동'을 입력하고 [확인] 버튼을 클릭하여 메시지를 변경한다.

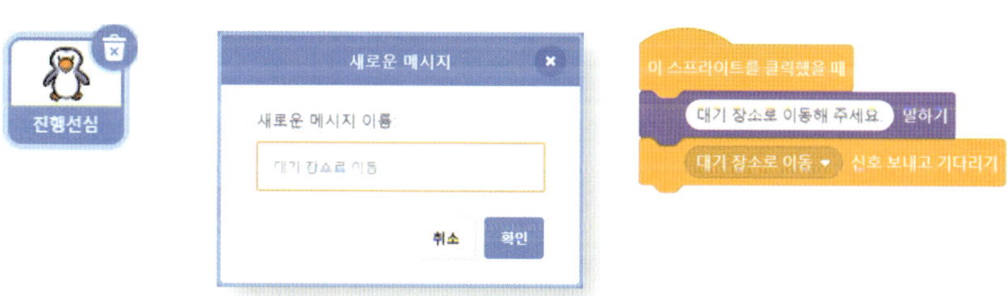

④ '대기 장소로 이동' 신호를 받은 스프라이트들이 모든 일을 마치면 기다리는 것을 끝내고 다음 블록을 실행할 수 있다. '대기 장소로 이동해 주세요.'를 더는 말하지 않아도 되므로 [" 말하기] 블록처럼 말하기 내용을 지워 빈칸으로 만들면 말하고 있던 것이 사라지게 된다. [형태] 팔레트의 [안녕! 말하기] 블록을 코드 영역으로 끌어와서 ['대기 장소로 이동' 신호 보내고 기다리기] 블록에 이어 붙이고, 블록의 값을 지워 빈칸이 되도록 변경한다. 그리고 출발선으로 이동하라고 말하기 전에 1초 정도 기다리기 위하여, [제어] 팔레트의 [1초 기다리기] 블록을 코드 영역으로 끌어와서 [" 말하기] 블록에 이어 붙인다.

Step 05 '출발선으로 이동' 신호 보내고 기다리기

① [형태] 팔레트의 [안녕! 말하기] 블록을 코드 영역으로 끌어와서 [1초 기다리기] 블록에 이어 붙인다. 그리고 블록의 값을 '출발선으로 이동해 주세요.'로 변경한다. '출발선으로 이동해 주세요.'로 말한 것은 '출발선으로 이동' 신호를 받은 스프라이트들이 일을 마칠 때까지 계속 말하게 된다.

② '출발선으로 이동' 신호를 보낸 후, 메시지 신호를 받은 스프라이트들이 일을 마칠 때까지 기다리기 위하여, [이벤트] 팔레트의 [메시지1 신호 보내고 기다리기] 블록을 코드 영역으로 끌어와서 [1초 기다리기] 블록에 이어 붙인다. 그리고 [메시지1 신호 보내고 기다리기] 블록의 '메시지1' 항목을 클릭하여 [새로운 메시지] 화면에서 '출발선으로 이동'을 입력하고 [확인] 버튼을 클릭하여 메시지를 변경한다.

③ '출발선으로 이동' 신호를 받은 스프라이트들이 모든 일을 마치면 기다리는 것을 끝내고 다음 블록을 실행할 수 있다. '출발선으로 이동해 주세요.'를 더는 말하지 않아도 되므로 [" 말하기] 블록처럼 말하

기 내용을 지워 빈칸으로 만들면 말하고 있던 것이 사라지게 된다. [형태] 팔레트의 [안녕! 말하기] 블록을 코드 영역으로 끌어와서 ['출발선으로 이동' 신호 보내고 기다리기] 블록에 이어 붙이고, 블록의 값을 지워 빈칸이 되도록 변경한다. 그리고 출발선으로 이동하라고 말하기 전에 1초 정도 기다리기 위하여, [제어] 팔레트의 [1초 기다리기] 블록을 코드 영역으로 끌어와서 [" 말하기] 블록에 이어 붙인다.

Step 06 '출발' 신호 보내고 기다리기

① 3, 2, 1 순서로 카운트 다운하여 말하기 위하여, [형태] 팔레트의 [안녕!을(를) 2초 동안 말하기] 블록 세 개를 코드 영역으로 끌어와서 [1초 기다리기] 블록에 순서대로 이어 붙인다. 그리고 블록의 값을 '3', '2', '1'과 '1' 초로 모두 변경한다. [형태] 팔레트의 [안녕! 말하기] 블록을 코드 영역으로 끌어와서 [1을(를) 1초 동안 말하기] 블록에 이어 붙이고, 블록의 값을 '출발!'로 변경한다.

② '출발' 신호를 보내기 위하여, [이벤트] 팔레트의 [메시지1 신호 보내기] 블록을 코드 영역으로 끌어와서 [출발! 말하기] 블록에 이어 붙인다. 그리고 [메시지1 신호 보내기] 블록의 '메시지1' 항목을 클릭하여 [새로운 메시지] 화면에서 '출발'을 입력하고 [확인] 버튼을 클릭하여 메시지를 변경한다.

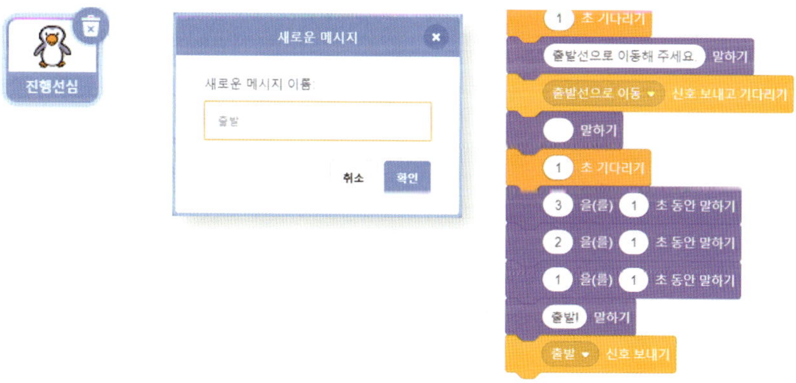

③ '출발' 신호를 보내고 바로 다음 블록을 실행할 수 있으므로 [" 말하기] 블록이 다음 블록이면 '출발!'이라고 말한 것을 볼 수 없게 된다. 그러므로 0.5초 정도 기다릴 필요가 있다. [제어] 팔레트의 [1초 기다리기] 블록을 코드 영역으로 끌어와서 ['출발!' 말하기] 블록에 이어 붙이고, 블록의 값을 '0.5'로 변경한다. 그리고 '출발!'이라고 말한 것을 지우기 위하여, [형태] 팔레트의 [안녕! 말하기] 블록을 코드 영역으로 끌어와서 ['0.5초 기다리기] 블록에 이어 붙이고, 블록의 값을 지워 빈칸이 되도록 변경한다.

④ 현재 단계까지 진행한 [진행선심] 스프라이트의 전체 스크립트는 다음과 같다.

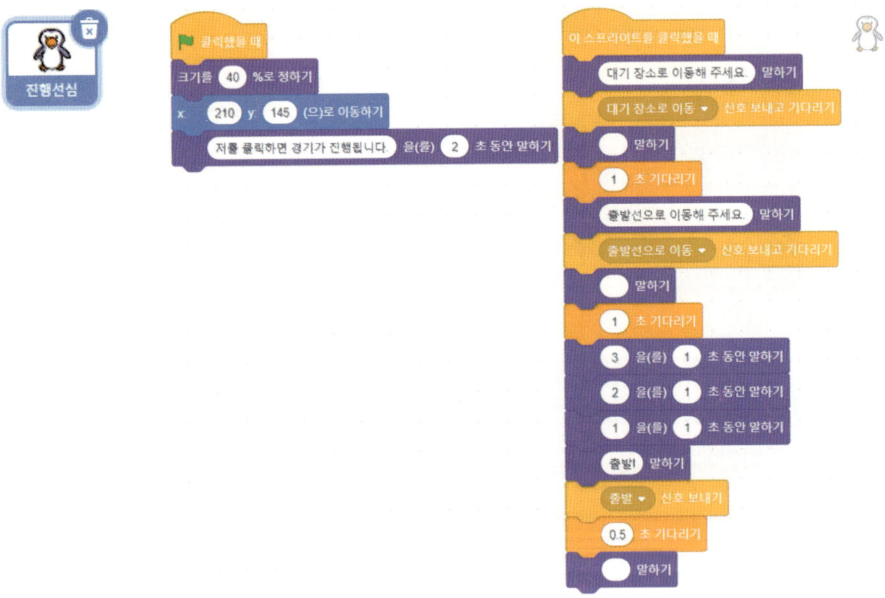

Step 07 [호루라기선심] 스프라이트의 크기와 모양, 처음 위치로 이동하기

① [이벤트] 팔레트의 [시작하기 클릭했을 때] 블록을 코드 영역으로 끌어 놓는다.

② 트랙을 벗어난 무대의 오른쪽 위 공간에 스프라이트가 위치할 수 있도록 스프라이트의 크기를 줄여야 한다. [형태] 팔레트의 [크기를 100%로 정하기] 블록을 코드 영역으로 끌어와서 [시작하기 클릭했을 때] 블록에 순서대로 이어 붙이고, 블록의 값을 '40'으로 변경한다.

③ [호루라기선심] 스프라이트의 모양을 'referee-b'로 변경하기 위하여, [형태] 팔레트의 [모양을 referee-d(으)로 바꾸기] 블록을 코드 영역으로 끌어와서 [크기를 40%로 정하기] 블록에 이어 붙이고, 블록의 값을 'referee-b'로 변경한다.

④ 트랙을 벗어난 무대의 왼쪽 위에 위치하도록, [동작] 팔레트의 [x:0 y:0(으)로 이동하기] 블록을 코드 영역으로 끌어와서 [모양을 referee-b(으)로 바꾸기] 블록에 이어 붙이고, 블록의 값을 '-210', '145'로 변경한다.

Step 08 '대기 장소로 이동' 신호를 받으면 모양 바꾸기

① '대기 장소로 이동' 신호를 받았을 때의 이벤트를 처리하기 위하여, [메시지1 신호를 받았을 때] 블록을 코드 영역으로 끌어와서 블록의 값을 '대기 장소로 이동'으로 변경한다.

② 스프라이트의 모양을 'referee-b'로 변경하기 위하여, [형태] 팔레트의 [모양을 referee-d(으)로 바꾸기] 블록을 코드 영역으로 끌어와서 [대기 장소로 이동 신호를 받았을 때] 블록에 이어 붙이고, 블록의 값을 'referee-b'로 변경한다.

Step 09 '출발선으로 이동' 신호를 받으면 모양 바꾸기

① '출발선으로 이동' 신호를 받았을 때의 이벤트를 처리와 모양 바꾸기 블록은 앞서 만든 스크립트를 복사하여 변경하고자 한다. [대기 장소로 이동 신호를 받았을 때] 블록에서 마우스 오른쪽 버튼을 누르면 나타나는 메뉴의 [복사하기]를 실행한다.

② 복사된 블록들을 코드 영역의 빈 곳에 위치시키고, [대기 장소로 이동 신호를 받았을 때] 블록의 값을 '출발선으로 이동'으로 변경하고, [모양을 referee-b(으)로 바꾸기] 블록의 값을 'referee-d'로 변경한다.

Step 10 '출발' 신호를 받으면 모양 바꾸고 소리 재생하기

① '출발' 신호를 받았을 때의 이벤트를 처리와 모양 바꾸기 블록은 앞서 만든 스크립트를 복사하여 변경하고자 한다. [출발선으로 이동 신호를 받았을 때] 블록에서 마우스 오른쪽 버튼을 누르면 나타나는 메뉴의 [복사하기]를 실행한다.

② 복사된 블록들을 코드 영역의 빈 곳에 위치시키고, [출발선으로 이동 신호를 받았을 때] 블록의 값을 '출발'로 변경하고, [모양을 referee-d(으)로 바꾸기] 블록의 값을 'referee-c'로 변경한다.

③ 호루라기 소리(referee whistle)를 재생하기 위하여, [소리] 팔레트의 [referee whistle 재생하기] 블록을 코드 영역으로 끌어와서 [모양을 referee-c(으)로 바꾸기] 블록에 이어 붙인다.

④ 현재 단계까지 진행한 [호루라기선심] 스프라이트의 전체 스크립트는 다음과 같다.

Step 11 [선수1] 스프라이트의 처음 형태와 위치 정하기

① [이벤트] 팔레트의 [시작하기 클릭했을 때] 블록을 코드 영역으로 끌어 놓는다.

② 트랙을 벗어난 무대의 아래쪽 대기 공간과 트랙 왼쪽 공간에 스프라이트가 위치할 수 있도록 스프라이트의 크기를 줄여야 한다. [형태] 팔레트의 [크기를 100%로 정하기] 블록을 코드 영역으로 끌어와서 [시작하기 클릭했을 때] 블록에 순서대로 이어 붙인다. 그리고 블록의 값을 '40'으로 변경한다.

③ [선수1] 스프라이트의 모양을 '모양1'로 변경하기 위하여, [형태] 팔레트의 [모양을 모양2(으)로 바꾸기] 블록을 코드 영역으로 끌어와서 [크기를 40%로 정하기] 블록에 이어 붙이고, 블록의 값을 '모양1'로 변경한다.

④ [선수1] 스프라이트의 스크립트를 모두 작성한 후 [선수1] 스프라이트를 복사하여 [선수2], [선수3], [선수4] 스프라이트를 만들고, color 효과를 다르게 정하여 선수 스프라이트들을 구분하고자 한다. [형태] 팔레트의 [색깔 효과를 0(으)로 정하기] 블록을 코드 영역으로 끌어와서 [모양을 모양1(으)로 바꾸기] 블록에 이어 붙이고, 블록의 값을 'color'로 변경한다.

⑤ 회전 방식을 왼쪽-오른쪽으로 정한 이후, 트랙을 벗어난 무대의 아래쪽에서는 왼쪽을 보도록 하고자 한다. [동작] 팔레트의 [회전 방식을 왼쪽-오른쪽(으)로 정하기] 블록과 [90도 방향 보기] 블록을 코드 영역으로 끌어와서 [color 효과를 0(으)로 정하기] 블록에 이어 붙이고, 블록의 값을 '-90'으로 변경한다.

⑥ [선수1] 스프라이트의 처음 위치는 트랙을 벗어난 무대의 오른쪽 아래에 위치하도록, [동작] 팔레트의 [x:0 y:0(으)로 이동하기] 블록을 코드 영역으로 끌어와서 [-90도 방향 보기] 블록에 이어 붙이고, 블록의 값을 '135', '-145'로 변경한다.

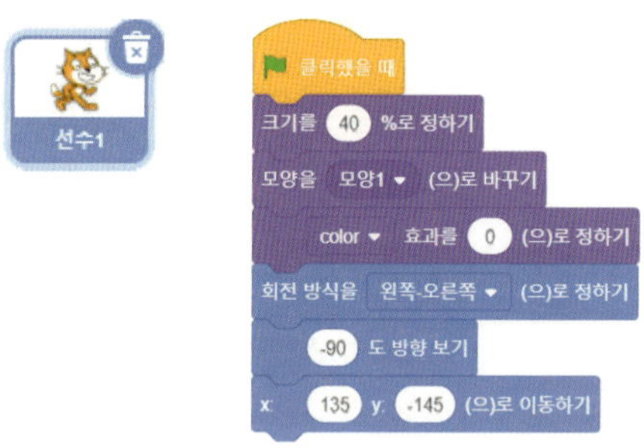

Step 12 '대기 장소로 이동' 신호를 받으면 대기 장소로 이동하기

① '대기 장소로 이동' 신호를 받았을 때의 이벤트를 처리하기 위하여, [메시지1 신호를 받았을 때] 블록을 코드 영역으로 끌어와서 블록의 값을 '대기 장소로 이동'으로 변경한다.

② 대기 장소로 이동할 때 왼쪽을 보면서 이동하기 위하여, [동작] 팔레트의 [90도 방향 보기] 블록을 코드 영역으로 끌어와서 [대기 장소로 이동 신호를 받았을 때] 블록에 이어 붙이고, 블록의 값을 '-90'으로 변경한다.

③ [선수1] 스프라이트의 대기 장소로 이동할 때 [1초 동안 x:0 y:0(으)로 이동하기] 블록을 사용하여 이동 과정을 나타내고자 한다. 또한, (1부터 3 사이의 난수) 블록을 이용하여 [선수1], [선수2], [선수3], [선수4] 스프라이트의 이동 시간을 다르게 하고자 한다. [동작] 팔레트의 [1초 동안 x:0 y:0(으)로 이동하기] 블록을 코드 영역으로 끌어와서 [-90도 방향 보기] 블록에 이어 붙이고, 블록의 값을 '-160', '-145'로 변경한다. 그리고 [연산] 팔레트의 (1부터 10 사이의 난수) 블록을 코드 영역으로 끌어와서 [1초 동안 x:-160 y:-145(으)로 이동하기] 블록의 '1'초 부분에 끼워 넣고, 블록의 값을 '1', '3'으로 변경한다.

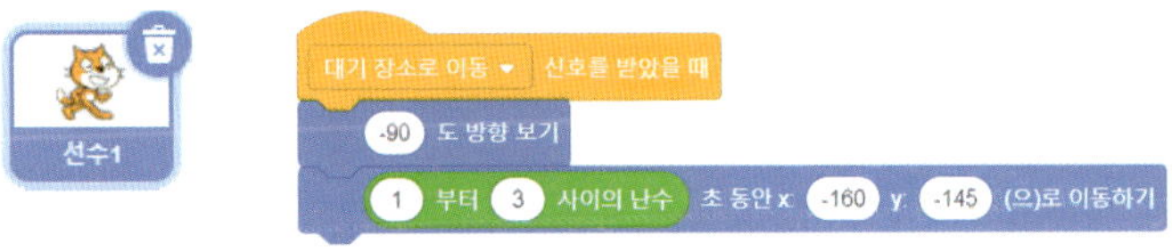

Step 13 '출발선으로 이동' 신호를 받으면 출발선 앞으로 이동하기

① '출발선으로 이동' 신호를 받았을 때의 이벤트를 처리와 출발선 앞으로의 이동은 앞서 만든 스크립트를 복사하여 변경하고자 한다. [대기 장소로 이동 신호를 받았을 때] 블록에서 마우스 오른쪽 버튼을 누르면 나타나는 메뉴의 [복사하기]를 실행한다.

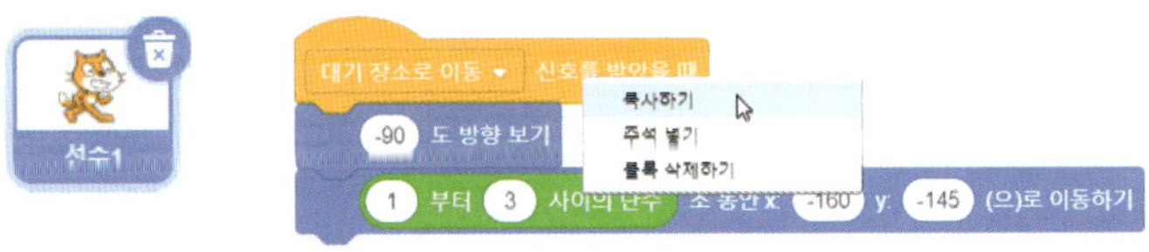

② 복사된 블록들을 코드 영역의 빈 곳에 위치시키고, [대기 장소로 이동 신호를 받았을 때] 블록의 값을 '출발선으로 이동'으로 변경하고, [(1부터 3 사이의 난수)초 동안 x:-160 y:-145(으)로 이동하기] 블록의 값을 '-200', '85'로 변경한다.

③ 출발선 앞에서는 오른쪽을 보기 위하여, [동작] 팔레트의 [90도 방향 보기] 블록을 코드 영역으로 끌어와서 [(1부터 3 사이의 난수)초 동안 x:-200 y:85(으)로 이동하기] 블록에 이어 붙인다.

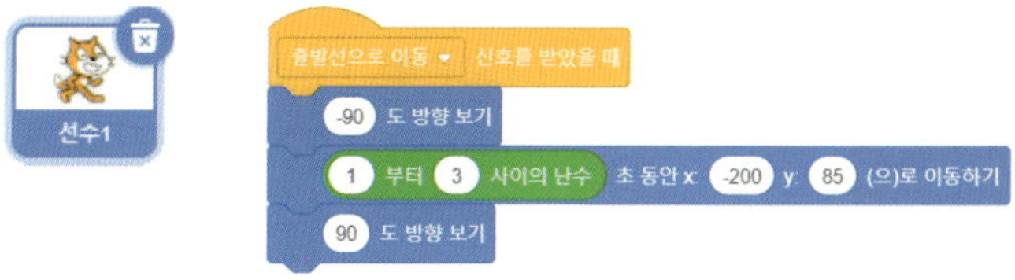

Step 14 '출발' 신호를 받으면 반대편 벽까지 모양을 바꾸며 움직이기

① '출발' 신호를 받았을 때의 이벤트를 처리하기 위하여, [메시지1 신호를 받았을 때] 블록을 코드 영역으로 끌어와서 블록의 값을 '출발'로 변경한다.

② 반대편 벽까지 움직이기 위하여, [제어] 팔레트의 [< >까지 반복하기] 블록을 코드 영역으로 끌어와서 [출발 신호를 받았을 때] 블록에 이어 붙인다. 그리고 [감지] 팔레트의 <마우스 포인터에 닿았는가?> 블록을 코드 영역으로 끌어와서 [< >까지 반복하기] 블록의 조건 부분에 끼워 넣고, 블록의 값을 '벽'으로 변경한다.

③ [선수1] 스프라이트가 트랙을 움직이는 것은 [10만큼 움직이기] 블록을 사용하며, [선수1], [선수2], [선수3], [선수4] 스프라이트의 움직이는 거리는 (1부터 7 사이의 난수) 블록을 이용하여 다르게 하고자 한다. [동작] 팔레트의 [10만큼 움직이기] 블록을 코드 영역으로 끌어와서 [<벽에 닿았는가?>까지 반복하기] 블록 안에 끼워 넣는다. 그리고 [연산] 팔레트의 (1부터 10 사이의 난수) 블록을 코드 영역으로 끌어와서 [10만큼 움직이기] 블록의 '10' 부분에 끼워 넣고, 블록의 값을 '1', '7'로 변경한다.

④ 트랙을 이동할 때 모양을 바꿔 달리는 듯한 효과를 주기 위하여, [형태] 팔레트의 [다음 모양으로 바꾸기] 블록을 코드 영역으로 끌어와서 [(1부터 7 사이의 난수)만큼 움직이기] 블록에 이어 붙인다.

⑤ 현재 단계까지 진행한 [선수1] 스프라이트의 선체 스크립트는 다음과 같다.

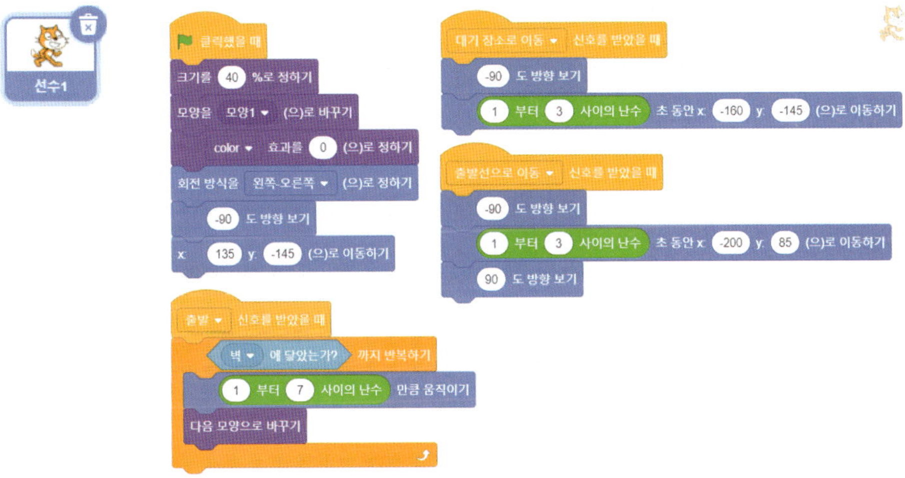

Step 15 [선수1] 스프라이트를 복사하여 [선수2] 스프라이트 만들기

① [선수1] 스프라이트를 복사하여 [선수2] 스프라이트를 복사하고자 한다. [선수1] 스프라이트에서 마우스 오른쪽 비튼을 누르면 나타나는 메뉴의 [복사하기]를 실행한다. 그리고 만들어진 [선수2] 스프라이트를 마우스로 드래그하여 [선수1] 스프라이트 옆에 이동시킨다.

② 복사된 [선수2] 스프라이트의 블록 중 아래 사각형으로 표시된 부분의 값을 변경한다.

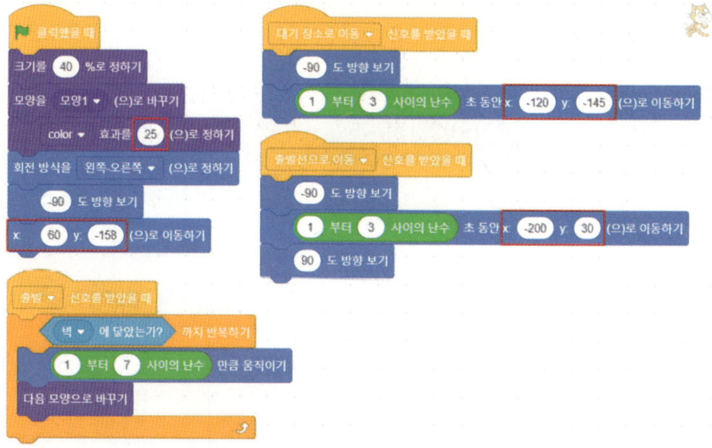

Step 16 [선수2] 스프라이트를 복사하여 [선수3] 스프라이트 만들기

① [선수2] 스프라이트를 복사하여 [선수3] 스프라이트를 복사하고자 한다. [선수2] 스프라이트에서 마우스 오른쪽 버튼을 누르면 나타나는 메뉴의 [복사하기]를 실행한다. 그리고 만들어진 [선수3] 스프라이트를 마우스로 드래그하여 [선수2] 스프라이트 옆에 이동시킨다.

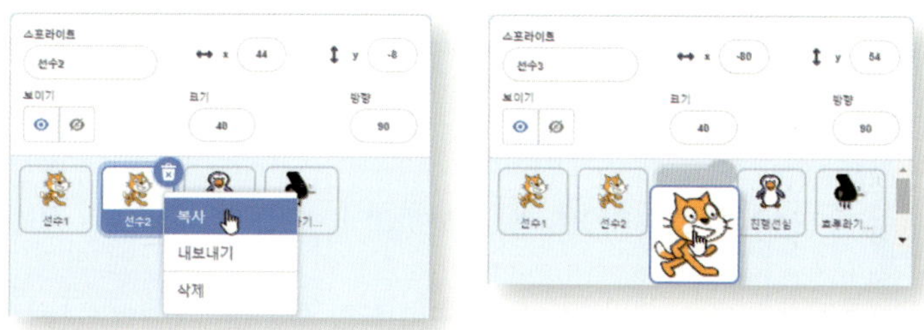

② 복사된 [선수3] 스프라이트의 블록 중 아래 사각형으로 표시된 부분의 값을 변경한다.

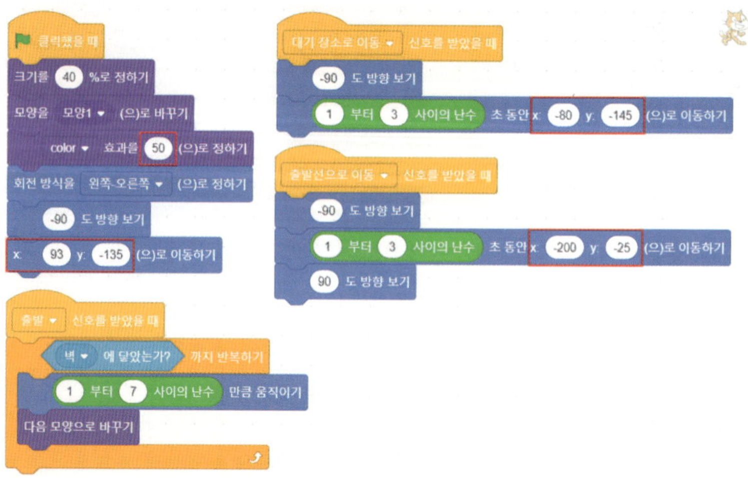

Step 17 [선수3] 스프라이트를 복사하여 [선수4] 스프라이트 만들기

① [선수3] 스프라이트를 복사하여 [선수4] 스프라이트를 복사하고자 한다. [선수3] 스프라이트에서 마우스 오른쪽 버튼을 누르면 나타나는 메뉴의 [복사하기]를 실행한다. 그리고 만들어진 [선수4] 스프라이트를 마우스로 드래그하여 [선수3] 스프라이트 옆에 이동시킨다.

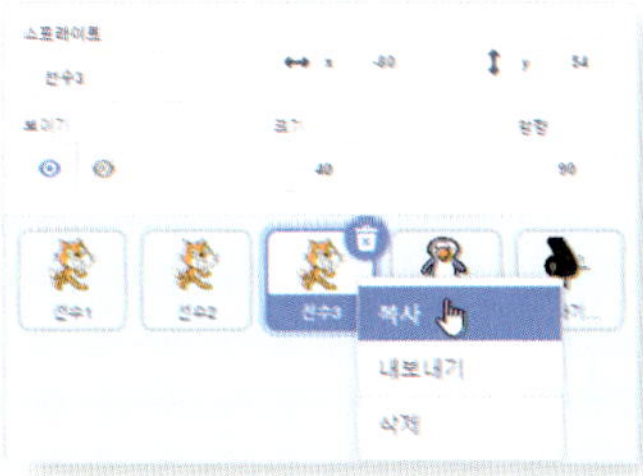

② 복사된 [선수4] 스프라이트의 블록 중 아래 사각형으로 표시된 부분의 값을 변경한다.

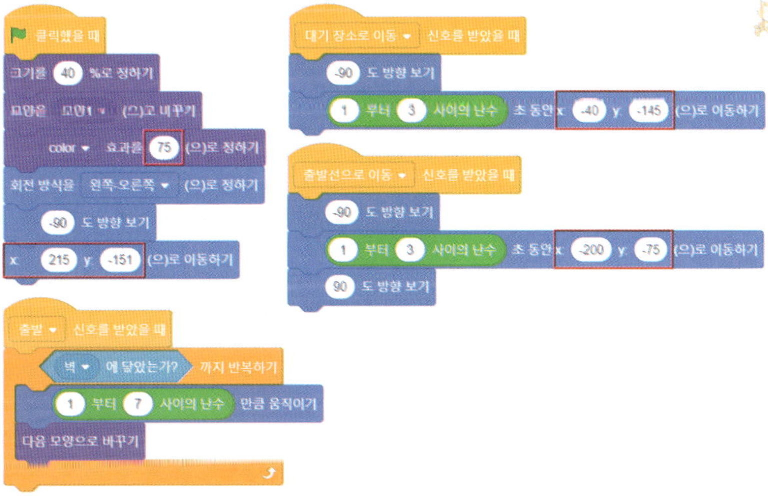

Step 18 프로젝트 실행 및 저장하기

① 무대 위의 [시작하기 깃발]을 클릭하여 프로젝트가 알고리즘대로 올바르게 동작하는지 확인해 보자.

② 스크래치 프로젝트를 저장하기 위하여, 메뉴의 [프로젝트 이름]을 '스크래치 프로젝트'에서 '프로젝트-08-2'로 변경한다. 그리고 [파일] 메뉴의 [컴퓨터에 저장하기]를 실행한 후, 컴퓨터의 폴더를 정하여 프로젝트를 저장한다.

개선 / 발전 방향

프로젝트에서 수정할 사항이나 개선 / 발전할 사항들을 정리한다.

- 트랙을 달려 오른쪽 벽에 도달하여 멈춘 선수들이 [진행선심] 스프라이트의 '대기 장소로 이동' 신호를 받았을 때 바로 대기 장소로 이동하지 않고, 선수들의 처음 위치로 먼저 이동한 후 대기 장소로 이동하도록 한다. 이를 위해 [진행선심] 스프라이트는 '트랙 밖으로' 신호를 보내고 선수들은 '트랙 밖으로' 신호를 받으면 자신들의 처음 위치로 먼저 이동한다.
-
-

8.3 연습문제

연습문제 08-1

복제되어 나타난 후, 메시지 신호를 받고 모두 사라지기

[고양이] 스프라이트는 무대의 중앙에서 자신을 클릭하면 10초간 복제가 된다고 말한다. [고양이] 스프라이트를 클릭하면 무대의 무작위 위치로 이동한 후, 타이머를 초기화하여 타이머 시간 10초가 넘을 때까지 자신을 계속 복제한다. 타이머가 10초를 넘으면 자신이 사라진다고 말한 후, '복제된 고양이 사라져' 신호를 보내고 실행을 멈춘다.

[복제되었을 때] 이벤트가 발생하면, 복제된 스프라이트는 무대의 무작위 위치로 이동한다.

'복제된 고양이 사라져' 신호를 받으면 복제된 스프라이트를 삭제한다.

프로젝트 결과 화면

프로젝트 문제 분석

문제를 분석하여 필요한 기능이 무엇인지 정리한다.

프로젝트 알고리즘 설계

스프라이트, 무대의 문제 해결 알고리즘을 작성한다.

스프라이트	알고리즘
 스프라이트1	**[시작하기 깃발 클릭했을 때]** ① 무대의 중앙(x:0, y:0)으로 이동한다. ② '저를 클릭하면 10초간 복제가 시작됩니다.'를 2초 동안 말한다. **[이 스프라이트를 클릭했을 때]** ① 무작위 위치로 이동한다. ② 타이머를 초기화한다. ③ 다음을 무한 반복한다. 　③-1 만약 타이머 〉 10이면 　　③-1-1 '자, 이제 모두 사라집니다.'를 2초 동안 말한다. 　　③-1-2 '복제된 고양이 사라져' 신호를 보내고 기다린다. 　　③-1-3 모두 멈춘다. 　③-2 나 자신 복제하기 　③-3 1초 기다리기 **[복제되었을 때]** ① 무작위 위치로 이동한다. **['복제된 고양이 사라져' 신호를 받았을 때]** ① 이 복제본을 삭제한다.

무 대	알고리즘
배경 1	필요한 알고리즘 없음

연습문제 08-2

고양이가 쥐 근처에 나타나면 신호를 보내 함께 피하기

[고양이] 스프라이트는 무대의 오른쪽 아래로 이동한 후, 크기를 70%로 정한다. [위쪽 화살표], [아래쪽 화살표], [왼쪽 화살표], [오른쪽 화살표] 키를 누르면 각 방향으로 10만큼 움직인다.

[쥐1], [쥐2], [쥐3] 스프라이트는 [시작하기 깃발]을 클릭했을 때, 크기를 60%로 정하고 무작위 위치로 이동한다. 그리고 [고양이] 스프라이트 쪽을 보고, 만약 [고양이] 스프라이트까지의 거리 < 80이면 '피햇!!'을 0.2초 동안 말하고 '고양이닷!' 신호를 보내고 기다리는 것을 무한 반복한다.

'고양이닷!' 신호를 받았을 때, boing을 재생하고, 0.2초 동안 x:(−240~240 사이의 난수), y:(−180~180) 사이의 난수를 이용하여 무대의 무작위 위치로 이동한다.

프로젝트 결과 화면

프로젝트 문제 분석

문제를 분석하여 필요한 기능이 무엇인지 정리한다.

프로젝트 알고리즘 설계

스프라이트, 무대의 문제 해결 알고리즘을 작성한다.

스프라이트	알고리즘	
 스프라이트1	**[시작하기 깃발 클릭했을 때]** ① x:120, y:−140으로 이동한다. ② 크기를 70%로 정한다. **[위쪽 화살표 키를 눌렀을 때]** ① 회전 방식을 회전하기로 정한다. ② [화살표 키 처리 (0)] 호출 **[왼쪽 화살표 키를 눌렀을 때]** ① 회전 방식을 왼쪽-오른쪽으로 정한다. ② [화살표 키 처리 (−90)] 호출	**[화살표 키 처리 (방향) 정의하기]** ① (방향)도 방향을 본다. ② 10만큼 움직인다. ③ 벽에 닿으면 튕긴다. ④ 다음 모양으로 바꾼다. **[아래쪽 화살표 키를 눌렀을 때]** ① 회전 방식을 회전하기로 정한다. ② [화살표 키 처리 (180)] 호출 **[오른쪽 화살표 키를 눌렀을 때]** ① 회전 방식을 왼쪽-오른쪽으로 정한다. ② [화살표 키 처리 (90)] 호출
 Mouse1  Mouse1  Mouse1	* [쥐2], [쥐3] 스프라이트는 [쥐1] 스프라이트를 복사하여 스프라이트 추가 **[시작하기 깃발 클릭했을 때]** ① 무작위 위치로 이동한다. ② 크기를 60%로 정한다. ③ 벽에 닿으면 튕긴다. ④ 회전 방식을 회전하기로 정한다. ⑤ 다음을 무한 반복한다. ⑤-1 고양이 쪽을 본다. ⑤-2 만약 [고양이]까지의 거리 〈 80이면 ⑤-2-1 '피했!!'을 0.2초 동안 말한다. ⑤-2-2 '고양이닷!' 신호를 보내고 기다린다. **[고양이닷! 신호를 받았을 때]** ① boing을 재생한다. ② 0.2초 동안 x:(−240~240 사이의 난수), y:(−180~180 사이의 난수)로 이동한다.	

무 대	알고리즘
 Tree	필요한 알고리즘 없음

연습문제 08-3

메시지 신호를 받고 나타나 인사한 후 무대 지나가기

[사회자] 스프라이트는 무대의 오른쪽에서 왼쪽을 보며, '안녕하십니까! 사회자입니다.', '지금부터 배우를 소개하겠습니다.', '자, 배우들 순서대로 나와주세요.'를 각각 2초 동안 말하고, '배우 등장' 신호를 보낸다. 그리고 무대의 오른쪽으로 사라진다. [사회자] 스프라이트는 '사회자 등장' 신호를 받았을 때, 무대에 나타나서 '배우들의 소개가 끝났습니다.', '자 이제 배우들 모두 나와주세요.'를 각각 2초 동안 말하고, '모든 배우 등장' 신호를 보내고 기다린다. 그리고 '자 다시 한 번 모두 인사'를 2초 동안 말하고, '모든 배우 인사' 신호를 보내며, '감사합니다.'를 1초 동안 말한다. [사회자] 스프라이트는 '모든 배우 인사' 신호를 받았을 때, '감사합니다'를 1초 동안 말한다.

[배우1] 스프라이트는 [시작하기 깃발]을 클릭했을 때, 무대에서 사라진 채로 무대의 왼쪽 아래에 위치한다. [배우1] 스프라이트는 '배우 등장' 신호를 받았을 때, 무대에 나타나 무대의 가운데 쪽으로 이동한 후, '안녕하세요. 고양이입니다. 주인공 역할입니다.', '좋은 관람되시기 바랍니다. 만나서 반가웠습니다.'를 각각 2초 동안 말하고, 무대의 오른쪽으로 사라진다. 그리고 '배우2 등장' 신호를 보낸다. [배우1] 스프라이트는 '모든 배우 등장' 신호를 받았을 때, 무대에 나타나 자신이 인사하는 위치로 이동한다. '모든 배우 인사' 신호를 받았을 때, '감사합니다.'를 1초 동안 말한다.

[배우2], [배우3], [배우4] 스프라이트는 순서대로 나타나 [배우1]이 말한 것과 비슷한 각각의 인사말을 하고, 무대에서 사라졌다가, '모든 배우 등장' 신호와 '모든 배우 인사' 신호에 맞춰 무대의 자신의 위치로 이동한 후, '감사합니다'를 1초 동안 말한다.

프로젝트 결과 화면

프로젝트 문제 분석

문제를 분석하여 필요한 기능이 무엇인지 정리한다.

프로젝트 알고리즘 설계

스프라이트, 무대의 문제 해결 알고리즘을 작성한다.

<table>
<tr><th>스프라이트</th><th>알고리즘</th></tr>
<tr><td>
Duck</td><td>[시작하기 깃발 클릭했을 때]
① 크기를 80%로 정한다.
② 스프라이트를 무대에 보인다.
③ 회전 방식을 왼쪽-오른쪽으로 정한다.
④ 왼쪽(-90도 방향)을 본다.
⑤ x:190, y:-35로 이동한다.
⑥ '안녕하십니까! 사회자입니다.'를 2초 동안 말한다.
⑦ '지금부터 배우를 소개하겠습니다.'를 2초 동안 말한다.
⑧ '자, 배우들 순서대로 나와주세요.'를 2초 동안 말한다.
⑨ '배우 등장' 신호를 보낸다.
⑩ 1초 동안 x:250, y:-35로 이동한다.
⑪ 스프라이트를 무대에서 숨긴다.

['사회자 등장' 신호를 받았을 때]
① 스프라이트를 무대에 보인다.
② 1초 동안 x:195, y:-35로 이동한다.
③ '배우들의 소개가 끝났습니다.'를 2초 동안 말한다.
④ '자 이제 배우들 모두 나와주세요.'를 2초 동안 말한다.
⑤ '모든 배우 등장' 신호를 보낸다.
⑥ '자 다시 한 번 모두 인사'를 2초 동안 말한다.
⑦ '모든 배우 인사' 신호를 보낸다.
⑧ '감사합니다.'를 1초 동안 말한다.

['모든 배우 인사' 신호를 받았을 때]
① '감사합니다.'를 1초 동안 말한다.</td></tr>
<tr><td>
스프라이트1</td><td>[시작하기 깃발 클릭했을 때]
① 스프라이트를 무대에서 숨긴다.
② 크기를 80%로 정한다.
③ 오른쪽(90도 방향)을 본다.
④ x:-190, y:0으로 이동한다.

['배우 등장' 신호를 받았을 때]
① 스프라이트를 무대에 보인다.
② 1초 동안 x:-111, y:-65로 이동한다.
③ 2초 동안 x:13, y:-70로 이동한다.
④ '안녕하세요. 고양이입니다. 주인공 역할입니다.'를 2초 동안 말한다.
⑤ '좋은 관람되시기 바랍니다. 만나서 반가웠습니다.'를 2초 동안 말한다.
⑥ 2초 동안 x:250, y:-80으로 이동한다.
⑦ 스프라이트를 무대에서 숨긴다.
⑧ '배우2 등장' 신호를 보낸다.</td></tr>
</table>

스프라이트	알고리즘
	['모든 배우 등장' 신호를 받았을 때] ① 회전 방식을 왼쪽-오른쪽으로 정한다. ② 왼쪽(-90도 방향)을 본다. ③ 스프라이트를 무대에 보인다. ④ 2초 동안 x:-200, y:-70으로 이동한다. **['모든 배우 인사' 신호를 받았을 때]** ① '감사합니다.'를 1초 동안 말한다.
 Dog2	*** [배우1] 스프라이트의 알고리즘에서 다음 항목을 변경** **['배우 등장' 신호를 받았을 때]** ④ '안녕하세요. 강아지입니다. 주인공 친구 역할입니다.'를 2초 동안 말한다. ⑤ '뜻깊은 시간 되시기 바랍니다. Good night~'를 2초 동안 말한다. ⑧ '배우3 등장' 신호를 보낸다. **['모든 배우 등장' 신호를 받았을 때]** ④ 2초 동안 x:-120, y:-65로 이동한다.
 Elephant	*** [배우1] 스프라이트의 알고리즘에서 다음 항목을 변경** **['배우 등장' 신호를 받았을 때]** ④ '안녕하세요. 코끼리입니다. 악당 역할입니다.'를 2초 동안 말한다. ⑤ '기분 나쁘게 생겼어도 귀엽게 봐주세요. ㅎㅎ'를 2초 동안 말한다. ⑧ '배우4 등장' 신호를 보낸다. **['모든 배우 등장' 신호를 받았을 때]** ④ 2초 동안 x:0, y:-65로 이동한다.
 Crab	*** [배우1] 스프라이트의 알고리즘에서 다음 항목을 변경** **['배우 등장' 신호를 받았을 때]** ④ '안녕하세요. 게입니다. 지나가는 역할입니다.'를 2초 동안 말한다. ⑤ '왜 나왔는지 저도 모르겠습니다. ㅎㅎ'를 2초 동안 말한다. ⑧ '사회자 등장' 신호를 보낸다. **['모든 배우 등장' 신호를 받았을 때]** ④ 2초 동안 x:130, y:-125로 이동한다.

무 대	알고리즘
 Theater 2	필요한 알고리즘 없음

9

변수와 리스트로 데이터를 저장하고 활용하기

학습 목표

1. 필요한 값을 변수에 저장할 수 있다.
2. 사용자로부터 값을 입력받아 활용할 수 있다.
3. 같은 성질의 데이터를 리스트로 처리할 수 있다.
4. 리스트의 항목을 활용할 수 있다.

9 변수와 리스트로 데이터를 저장하고 활용하기

9.1 변수에 데이터 저장하기

(1) 변수의 개념과 변수 만들기

변수variable는 데이터를 저장하는 공간을 의미한다. 하나의 값만을 저장할 수 있는 데, 저장된 값은 다른 값으로 변경될 수 있다. 변수에 프로젝트가 실행되는 도중에 필요한 값이나 계산 결과를 저장할 수 있다.

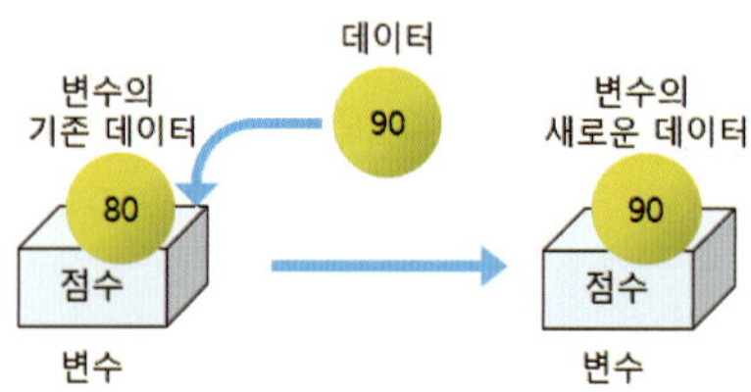

스크래치에서 변수 관련 블록은 [변수] 팔레트에서 제공하고 있다. (나의 변수)가 미리 만들어져 있으며, (나의 변수)를 다른 변수 이름으로 변경하여 새로운 변수로 사용할 수 있다.

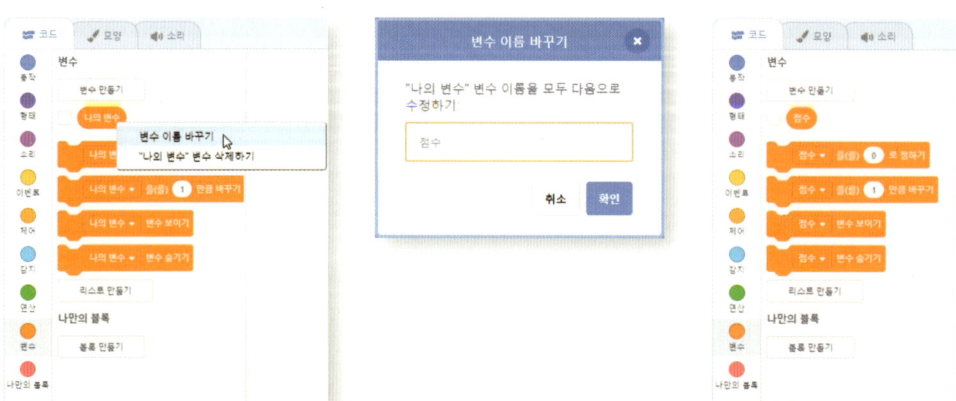

[변수] 팔레트의 [변수 만들기]를 클릭하여 다른 변수를 추가할 수 있다. [새로운 변수] 화면에서 새로운 변수로 사용될 변수 이름을 입력한다. '모든 스프라이트에서 사용' 항목은 여러 스프라이트가 존재할 때, 변수를 만든 스프라이트뿐만 아니라 다른 스프라이트에서도 변수를 사용할 수 있음을 의미한다. 그리고 '이 스프라이트에서만 사용' 항목은 변수를 만든 스프라이트에서만 해당 변수를 사용할 수 있고, 다른 스프라이트에서는 해당 변수를 사용할 수 없음을 의미한다.

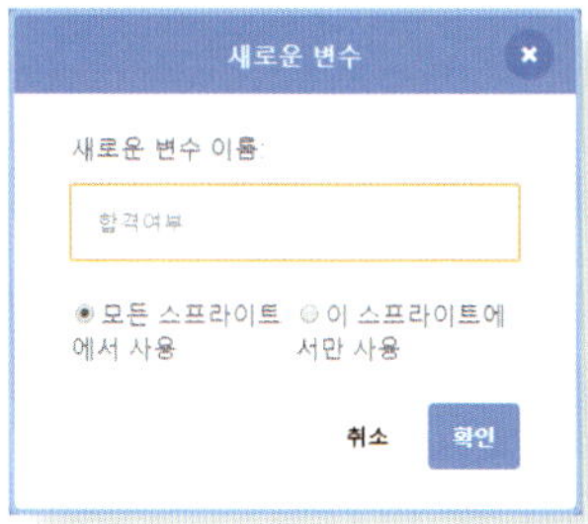

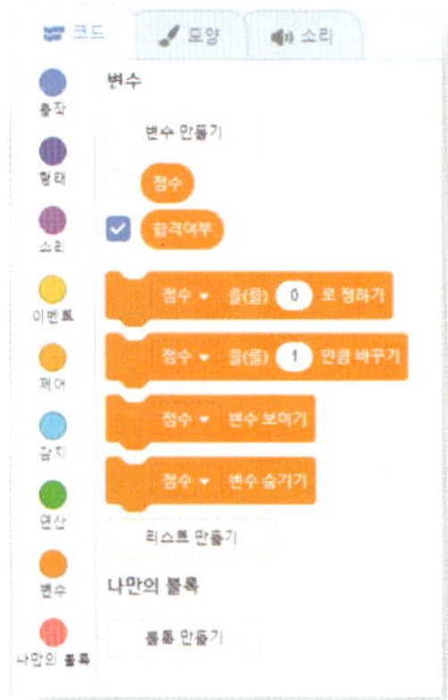

기존 변수의 이름을 변경한 (점수) 변수 옆에는 체크가 되어 있지 않아 무대에 변수와 값이 보이지 않고 있다. 그러나, 새로 만든 (합격여부) 변수 옆에는 체크가 되어 있으며, 무대에 변수와 값이 보이게 된다.

무대에 표시되는 형식은 마우스 오른쪽 버튼을 누르면 나타나는 메뉴에서 [변수이름-변수값 보기], [변수값 크게 보기], [슬라이더 사용하기]를 선택하여 변경할 수 있다.

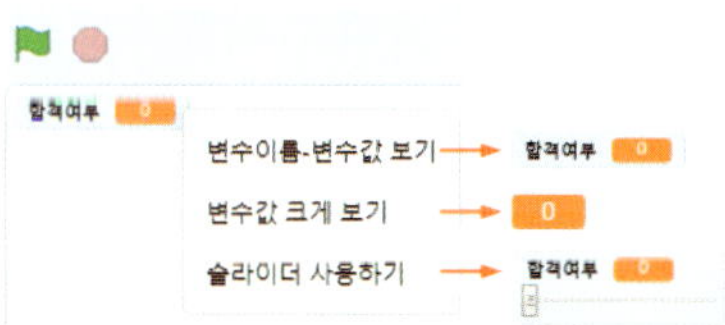

(2) 변수 블록 활용하기

변수 블록은 변수의 값을 다른 블록에서 활용할 때 사용하며, 다른 블록에 변수의 값이 제공된다. 아래의 예에서는 (점수) 변수의 값이 80에서 90으로 변경되었고, (점수) 변수의 값이 70보다 큰가를 검사한다. (점수) 변수의 값은 90이고 70보다 크므로 '합격'을 1초 동안 말한다.

위 스크립트는 (합격여부) 변수를 활용하도록 변경할 수 있다. (합격여부) 변수에 '합격'이나 '불합격' 문자열을 대입하여 정하고, (합격여부) 변수의 값을 이용하여 1초 동안 말한다.

(3) 변수의 값 정하기와 바꾸기

변수의 [~ 정하기] 블록은 변수의 기존 값과는 상관없이 지정한 새로운 값으로 정할 때 사용한다. 즉, (점수) 변수의 값이 기존에 90이었으면, [점수을(를) 60로 정하기] 블록에 의해 (점수) 변수의 값은 60으로 정해진다. 참고로, 아래의 (합격여부) 변수의 값이 '불합격'으로 변경된 것은 합격 여부 판별 스크립트를 클릭한 결과가 반영되어 나타난 것이다. 이후, (점수) 변수의 값이 변경되면 합격 여부 판별 스크립트를 클릭하여 (합격여부) 변수의 값을 함께 변경시킨다.

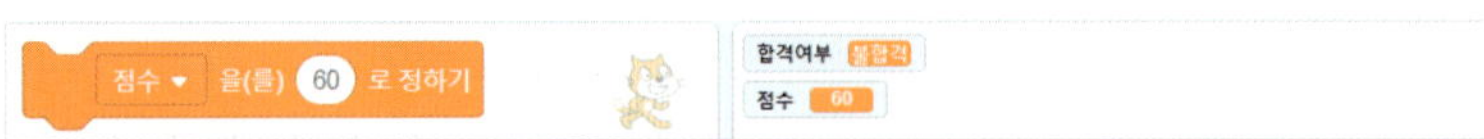

변수의 [~ 바꾸기] 블록은 변수의 기존 값에 지정한 값을 더하거나 빼서 변수의 값을 바꿀 때 사용한다. 즉, (점수) 변수의 값이 기존에 60이었으면, [점수을(를) 10 만큼 바꾸기] 블록에 의해 (점수) 변수의 값은 70으로 바뀌고, 이어서, [점수을(를) -5 만큼 바꾸기] 블록에 의해 (점수) 변수의 값은 65로 바뀐다.

변수의 값을 정할 때 지정되는 값들은 숫자, 문자, 문자열 등 다양한 형식의 값이 사용될 수 있다. (점수) 변수의 값이 'a'나 '구십'으로 정해졌지만, 합격 여부 판별 스크립트를 클릭하면 (합격여부) 변수의 값은 '합격'으로 정해진다. (점수) 변수의 값이 70보다 큰 숫자가 아닌데도 (합격여부) 변수의 값이 '합격'이 된 이유는, 컴퓨터 내부의 데이터 정렬 기준이 문자나 문자열이 숫자보다 큰 것으로 되어 있어 〈(점수) 〉 70〉의 조건이 참true이 되고, (합격여부) 변수의 값을 '합격'으로 정하기 때문이다.

그러나, 변수의 정해진 값 형식과 다른 형식으로 값을 더하거나 빼서 바꿀 때는 주의해서 사용해야 한다. (점수) 변수에 '구십'의 값이 정해진 후, [~ 바꾸기] 블록을 이용하여 값을 10만큼 더하여 바꿀 때 (점수) 변수의 값 형식이 숫자가 아닌 문자열이므로 더할 수 있는 형태이다. 스크래치는 내부적으로 (점수) 변수의 값을 0으로 초기화하고 그 값에 10을 더하는 형식으로 계산을 하게 됨에 주의해야 한다.

(4) 사용자로부터 입력을 받아 활용하기

프로젝트가 실행되는 도중에 사용자로부터 입력을 받아야 하는 경우가 많이 발생한다. 이럴 때는 [감지] 팔레트의 [너 이름이 뭐니? 라고 묻고 기다리기] 블록과 (대답) 블록을 사용하면 된다.

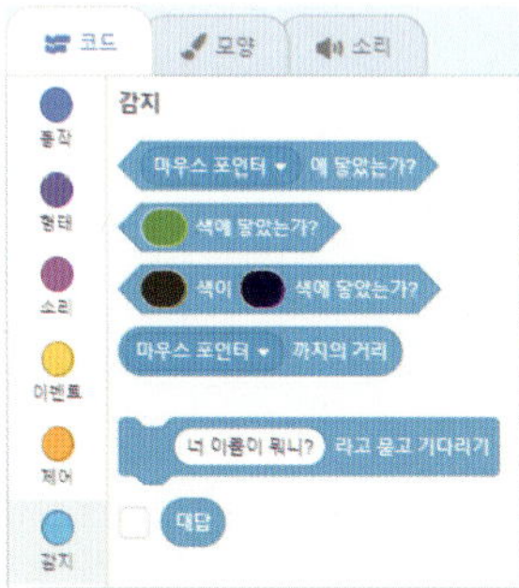

다음과 같이 [이름은 무엇인가요? 라고 묻고 기다리기] 블록이 실행되면 무대 하단에 입력 공간이 나타나고, 해당 입력 공간에 값을 입력한 후 체크를 누르거나 [Enter] 키를 누르면 입력한 값이 (대답)에 저장된다. (대답)의 값을 다른 블록에서 계산하거나 직접 사용할 수 있지만, 또 다른 입력을 받으면 기존 (대답)의 값이 없어지기 때문에 변수에 (대답)의 값을 대입하여 저장하는 것이 일반적이다.

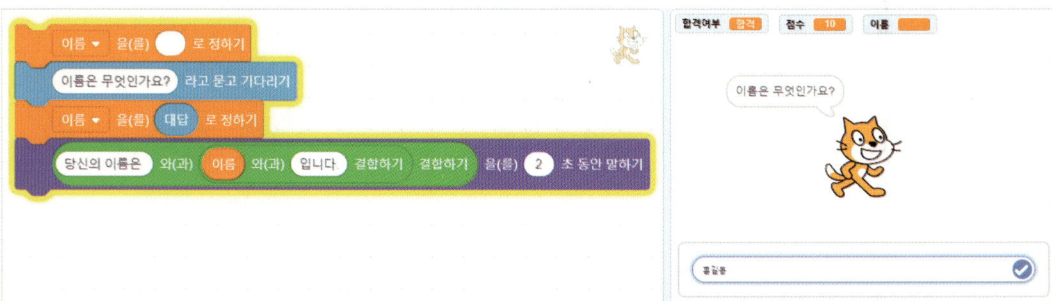

프로젝트 09-1

두 개의 숫자를 입력받아 계산하기

[Abby] 스프라이트는 무대의 왼쪽 아래에서 자신을 클릭하면 계산할 수 있음을 말하고, [Abby] 스프라이트를 클릭하면 두 개의 숫자를 차례로 묻고 대답 값을 변수에 저장하며, 연산자를 클릭하면 계산이 이루어짐을 말한다.

[더하기], [빼기], [곱하기], [나누기], [지우기] 스프라이트는 칠판의 검은색 부분에 위치하며, [더하기], [빼기], [곱하기], [나누기] 스프라이트 중 하나를 클릭하면 '계산' 신호를 보낸다.

[Abby] 스프라이트는 '계산' 신호를 받아서 두 숫자의 값을 계산한 후 결과를 '7+3=10입니다.' 형식으로 말한다.

[지우기] 스프라이트를 클릭하면 각 변수의 값이 초기화되어 다시 계산할 준비를 한다.

프로젝트 결과 화면

프로젝트 문제 분석

문제를 분석하여 필요한 기능이 무엇인지 정리한다.

프로젝트 알고리즘 설계

스프라이트, 무대의 문제 해결 알고리즘을 작성한다.

스프라이트	알고리즘	

Abby
	[시작하기 깃발 클릭했을 때]
	① 모양을 abby-d로 바꾼다.
	② x:-180 y:-50으로 이동한다.
	③ '저를 클릭하면 계산할 수 있습니다.'를 2초 동안 말한다.
	
	[이 스프라이트를 클릭했을 때]
	① '연산자' 변수의 값을 지워 ''으로 정한다.
	② '숫자1' 변수의 값을 0으로 정한다.
	③ '숫자2' 변수의 값을 0으로 정한다.
	④ '결과' 변수의 값을 0으로 정한다.
	⑤ 모양을 abby-b로 바꾼다.
	⑥ '계산할 첫 번째 숫자는 무엇인가요?'라고 묻고 기다린다.
	⑦ '숫자1' 변수의 값을 (대답)으로 정한다.
	⑧ '계산할 두 번째 숫자는 무엇인가요?'라고 묻고 기다린다.
	⑨ '숫자2' 변수의 값을 (대답)으로 정한다.
	⑩ 모양을 abby-c로 바꾼다.
	⑪ '계산할 연산자를 눌러주세요.'를 1초 동안 말한다.
	
	[계산 신호를 받았을 때]
	① 만약 '연산자' 변수의 값이 '+'이면
	  ①-1 '결과' 변수의 값을 (숫자1) + (숫자2)로 정한다.
	아니면
	  ①-1 만약 '연산자' 변수의 값이 '-'이면
	    ①-1-1 '결과' 변수의 값을 (숫자1) - (숫자2)로 정한다.
	  아니면
	    ①-1-1 만약 '연산자' 변수의 값이 '*'이면
	      ①-1-1-1 '결과' 변수의 값을 (숫자1) * (숫자2)로 정한다.
	    아니면
	      ①-1-1-1 '결과' 변수의 값을 (숫자1) / (숫자2)로 정한다.
	② 모양을 abby-a로 바꾼다.
	③ '7+3=10' 형식으로 (숫자1), (연산자), (숫자2), '=', (결과) 변수를 결합하여 2초 동안 말한다.	

 Button1	**[시작하기 깃발 클릭했을 때]** ① 크기를 60%로 정한다. ② x:-95 y:80으로 이동한다.	**[이 스프라이트를 클릭했을 때]** ① '연산자' 변수의 값을 '+'로 정한다. ② '계산' 신호를 보낸다.
 Button1	**[시작하기 깃발 클릭했을 때]** ① 크기를 60%로 정한다. ② x:-35 y:80으로 이동한다.	**[이 스프라이트를 클릭했을 때]** ① '연산자' 변수의 값을 '-'로 정한다. ② '계산' 신호를 보낸다.

스프라이트	알고리즘	
 Button1	[시작하기 깃발 클릭했을 때] ① 크기를 60%로 정한다. ② x:25 y:80으로 이동한다.	[이 스프라이트를 클릭했을 때] ① '연산자' 변수의 값을 '*'로 정한다. ② '계산' 신호를 보낸다.
 Button1	[시작하기 깃발 클릭했을 때] ① 크기를 60%로 정한다. ② x:85 y:80으로 이동한다.	[이 스프라이트를 클릭했을 때] ① '연산자' 변수의 값을 '/'로 정한다. ② '계산' 신호를 보낸다.
 Button1	[시작하기 깃발 클릭했을 때] ① 크기를 60%로 정한다. ② x:85 y:20으로 이동한다.	[이 스프라이트를 클릭했을 때] ① '연산자' 변수의 값을 지워 "로 정한다. ② '숫자1' 변수의 값을 0으로 정한다. ③ '숫자2' 변수의 값을 0으로 정한다. ④ '결과' 변수의 값을 0으로 정한다.

무 대	알고리즘
 Chalkboard	필요한 알고리즘 없음

프로젝트 코딩

[프로젝트 알고리즘 설계]를 참고하여 코딩한다.

Step 01 무대 배경 변경하기

① [배경 고르기]에서 [Chalkboard]를 선택하여 무대 배경을 변경한다.

② [배경] 탭에서 필요가 없어진 기존 '배경 1'을 선택하고, [삭제] 아이콘을 클릭하여 '배경 1'을 삭제한다.

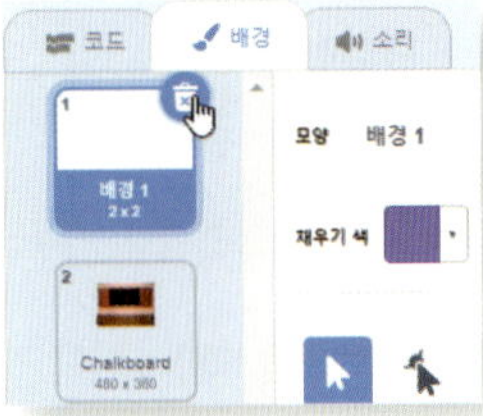

Step 02 기존 스프라이트의 삭제, 새로운 스프라이트 추가 및 모양 변경하기

① 스프라이트 제어 부분에서 [스프라이트 1] 스프라이트의 오른쪽 위에 있는 [삭제] 아이콘을 클릭하여 [스프라이트 1] 스프라이트를 삭제한다.

② 새로운 스프라이트를 추가하려면, 스프라이트 제어 부분의 [스프라이트 고르기]를 클릭하여 [스프라이트 고르기] 화면에서 [Abby] 스프라이트를 클릭하여 추가한다.

③ 다른 새로운 스프라이트를 추가하려면, 스프라이트 제어 부분의 [스프라이트 고르기]를 클릭하여 [스프라이트 고르기] 화면에서 [Button1] 스프라이트를 클릭하여 추가한다.

④ [Button1] 스프라이트를 선택하고 [모양] 탭을 클릭한다. 그리고 [텍스트] 도구를 클릭한 후 버튼의 모양을 클릭하여 '+'를 입력한다.

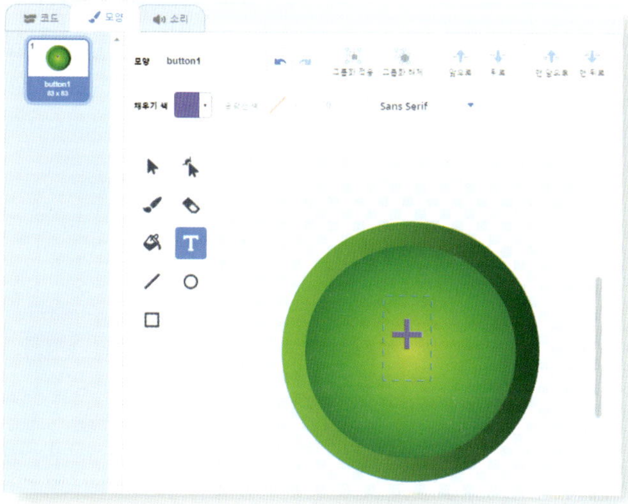

⑤ [선택] 도구를 이용하여 '+' 글자의 위치가 버튼의 모양 중앙에 위치하도록 조정한다.

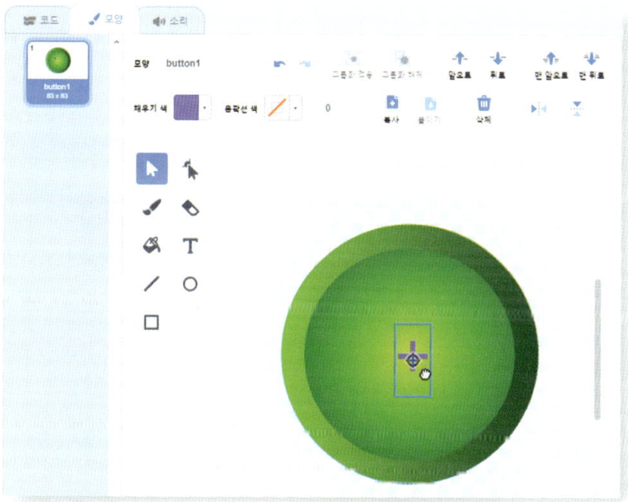

⑥ [Button1] 스프라이트의 이름을 '더하기'로 변경한다. 현재까지 [Abby], [더하기] 스프라이트가 만들어진 상태이다.

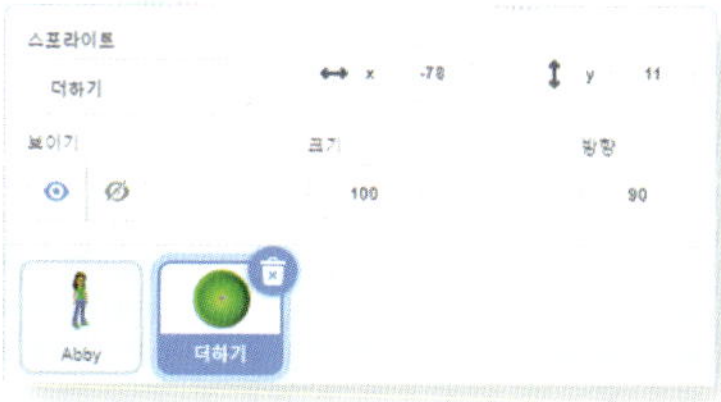

Step 03 '숫자1', '숫자2', '연산자', '결과' 변수 추가하기

① [코드] 탭을 클릭하고 [변수] 팔레트를 클릭한다. 기존의 (나의 변수) 블록의 이름을 변경하기 위하여, (나의 변수) 블록에서 마우스 오른쪽 버튼을 누르면 나타나는 메뉴의 [변수 이름 바꾸기]를 실행한다. 그리고 [변수 이름 바꾸기] 화면에서 변수 이름을 '숫자1'로 입력하고, 변수 이름이 '숫자1'로 바뀌면 (숫자1) 블록 옆의 항목을 체크하여 무대에 변수가 나타나도록 한다.

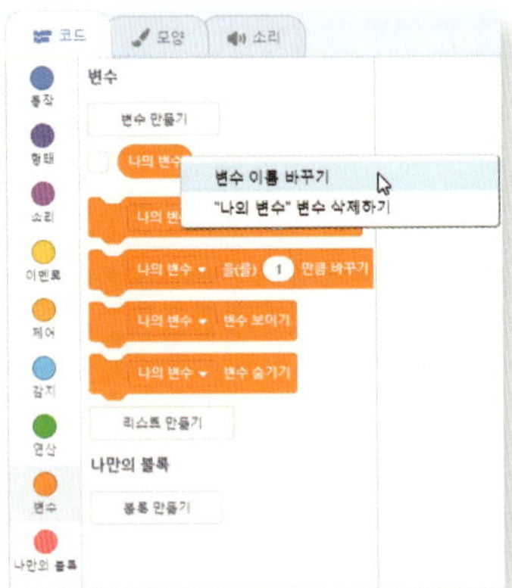

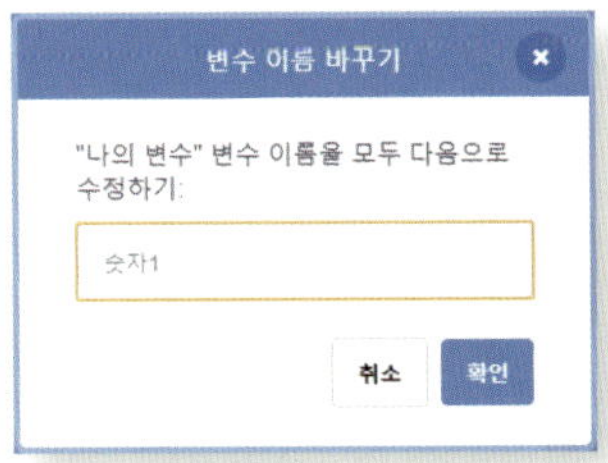

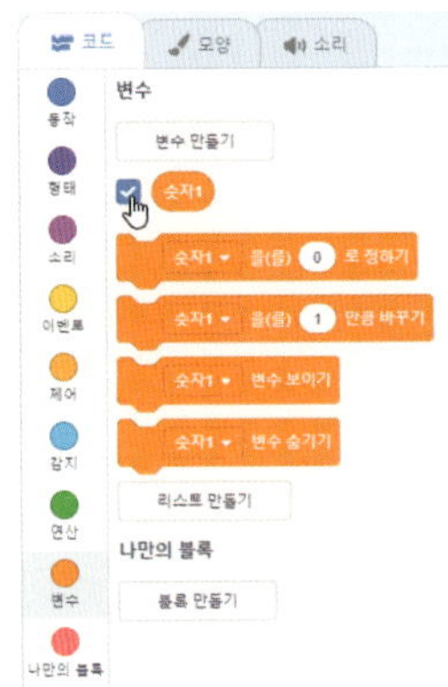

② [변수] 팔레트의 [변수 만들기]를 클릭한 후, [새로운 변수] 화면에서 변수 이름을 '연산자'로 입력하고 [확인]을 눌러 '연산자' 변수를 만든다.

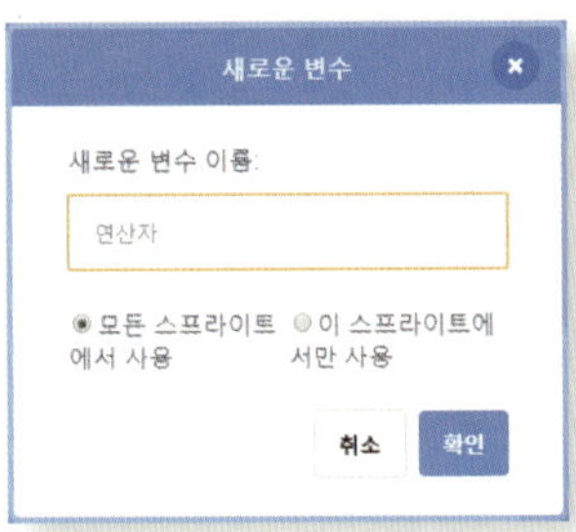

③ 위의 ②와 같이 '숫자2', '결과' 변수를 추가로 만든다.

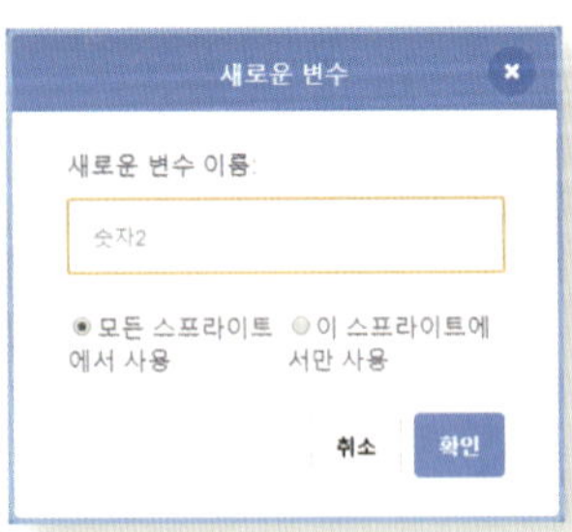

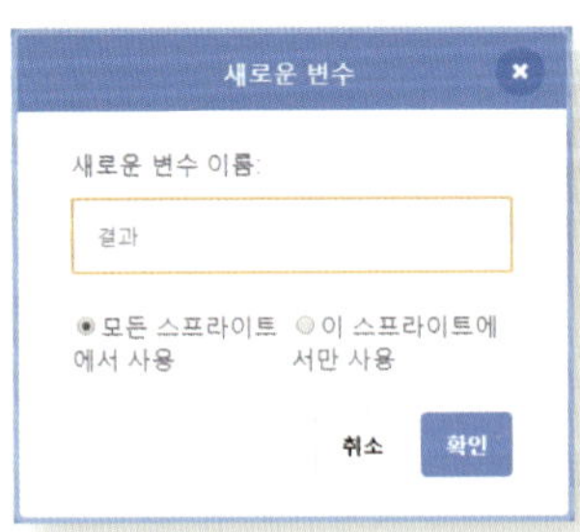

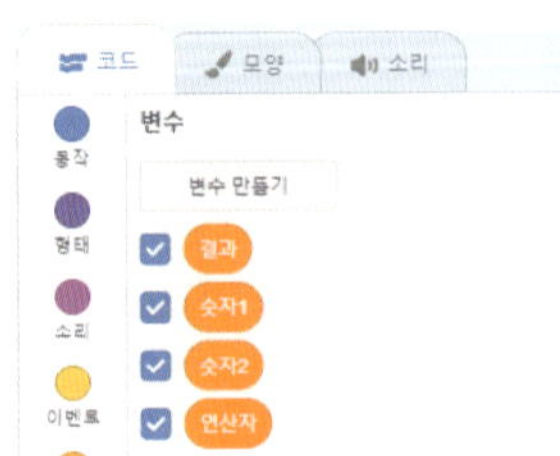

④ 무대에 나타난 변수를 마우스로 누른 채로 드래그하여 다음과 같이 위치를 변경한다.

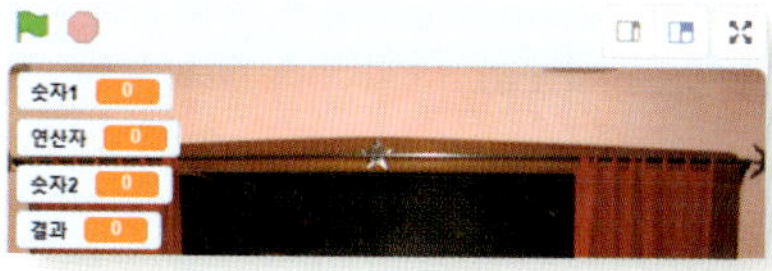

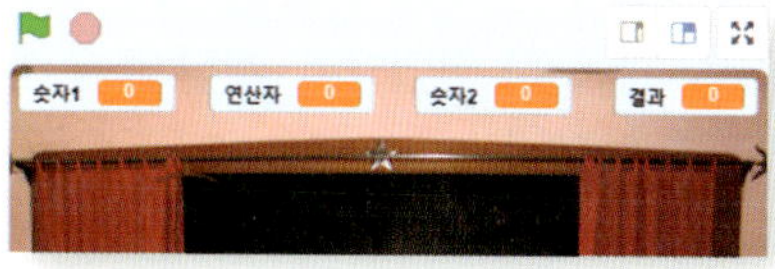

Step 04 [더하기] 스프라이트의 초기화 및 스프라이트를 클릭했을 때의 이벤트 처리하기

① [이벤트] 팔레트의 [시작하기 클릭했을 때] 블록을 코드 영역으로 끌어 놓는다.

② 검은색 칠판 안쪽에 [더하기] 스프라이트와 복사하여 만들 [빼기], [곱하기], [나누기] 스프라이트 네 개가 위치할 수 있도록 스프라이트의 크기를 줄이고자 한다. [형태] 팔레트의 [크기를 100%로 정하기] 블록을 코드 영역으로 끌어와서 [시작하기 클릭했을 때] 블록에 순서대로 이어 붙인다. 그리고 블록의 값을 '60'으로 변경한다.

③ [더하기] 스프라이트를 검은색 칠판 안쪽에 위치하도록, [동작] 팔레트의 [x:0 y:0(으)로 이동하기] 블록을 코드 영역으로 끌어와서 [크기를 60%로 정하기] 블록에 이어 붙인다. 그리고 블록의 값을 '-95', '80'으로 변경한다.

④ [더하기] 스프라이트를 클릭할 때의 이벤트를 처리하기 위하여, [이 스프라이트를 클릭했을 때] 블록을 코드 영역으로 끌어온다.

⑤ [변수] 팔레트의 [결과을(를) 0로 정하기] 블록을 코드 영역으로 끌어와서 [이 스프라이트를 클릭했을 때] 블록에 이어 붙인다. 그리고 블록의 값을 '연산자', '+'로 변경한다.

⑥ '계산' 신호를 보내기 위하여, [이벤트] 팔레트의 [메시지1 신호 보내기] 블록을 코드 영역으로 끌어와서 [연산자을(를) +로 정하기] 블록에 이어 붙인다. 그리고 [메시지1 신호 보내기] 블록의 '메시지1' 항목을 클릭하여 [새로운 메시지] 화면에서 '계산'을 입력하고 [확인] 버튼을 클릭하여 메시지를 변경한다.

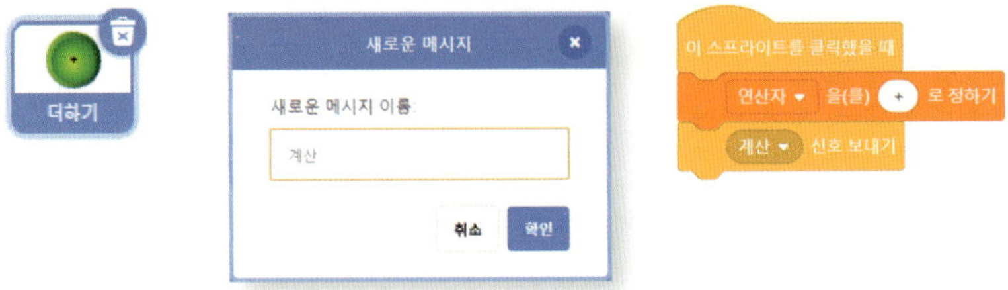

⑦ [더하기] 스프라이트의 전체 스크립트는 다음과 같다.

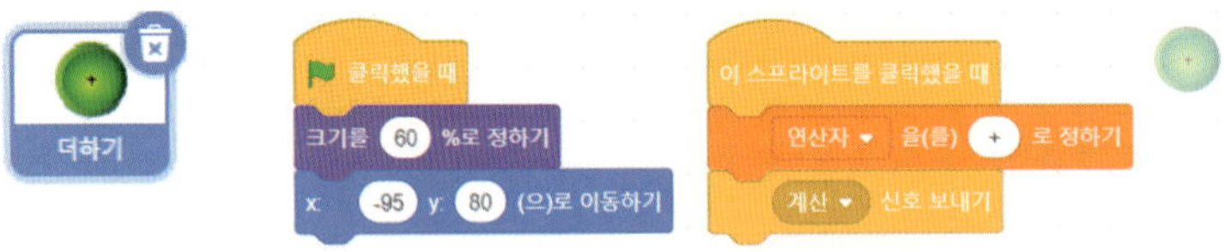

Step 05 [더하기] 스프라이트를 복사하여 [빼기], [곱하기], [나누기] 스프라이트 추가하기

① [스프라이트 창]에서 [더하기] 스프라이트를 선택한 후 마우스 오른쪽 버튼을 누르면 나타나는 팝업 메뉴의 [복사]를 실행한다. 그리고 복사된 [더하기2] 스프라이트의 이름을 [빼기]로 변경한다.

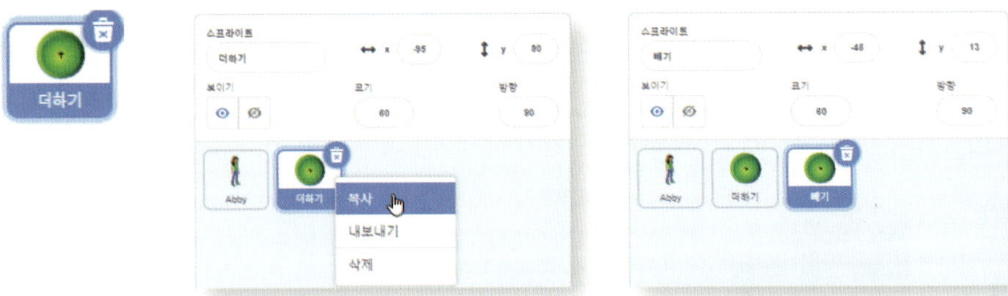

② [빼기] 스프라이트의 [모양] 탭을 클릭한다. 그리고 [텍스트] 도구를 클릭한 후 버튼의 '+' 글자 부분을 클릭하여 글자를 '-'로 변경한다.

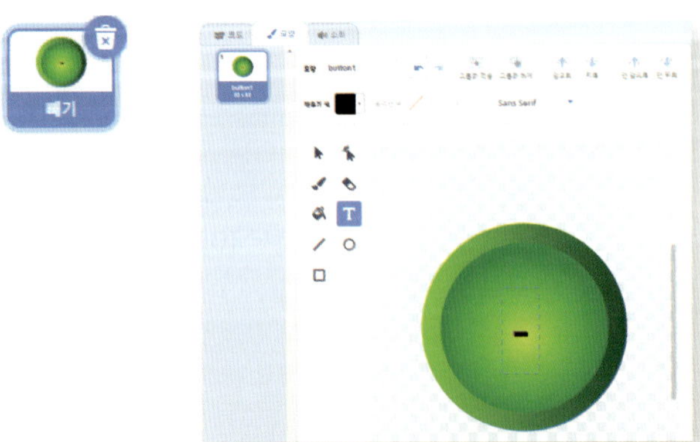

③ [빼기]스프라이트의 [코드] 탭을 클릭하면 [더하기] 스프라이트의 블록들이 그대로 복사되어 있음을 확인할 수 있다. 블록의 값을 다음과 같이 변경한다.

④ 앞의 ①~③ 과정대로 [더하기] 또는 [빼기] 스프라이트를 복사하여 [곱하기], [나누기] 스프라이트를 만든다. 그리고, 각 스프라이트의 블록 값을 다음과 같이 변경한다.

Step 06 [더하기] 스프라이트를 복사하여 [지우기] 스프라이트 추가하기

① 앞선 [Step 05]의 ①~③ 과정대로 [더하기] 스프라이트를 복사하여 [지우기] 스프라이트를 만든다. 그리고, 스프라이트의 블록 값을 다음과 같이 변경한다.

② [지우기] 스프라이트를 클릭했을 때 '숫자1', '숫자2', '결과' 변수의 값을 0으로 정해야 다음 계산을 진행할 수 있다. [연산자을(를) "로 정하기] 블록을 복사하여 다음과 같이 블록들을 추가하고 블록의 값을 변경한다.

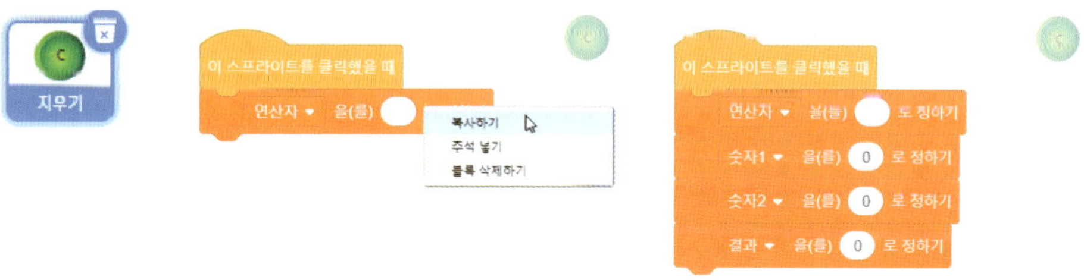

Step 07 [Abby] 스프라이트의 모양과 위치를 정하고 계산 방법 안내하기

① [이벤트] 팔레트의 [시작하기 클릭했을 때] 블록을 코드 영역으로 끌어 놓는다.

② 스프라이트의 처음 모양과 위치를 정하기 위하여, [형태] 팔레트의 [모양을 abby-d(으)로 바꾸기] 블록을 코드 영역으로 끌어와서 [시작하기 클릭했을 때] 블록에 이어 붙이고, 블록의 값을 'abby-d'로 변경한다. 그리고 [동작] 팔레트의 [x:0 y:0(으)로 이동하기] 블록을 코드 영역으로 끌어와서 [모양을 abby-d(으)로 바꾸기] 블록에 이어 붙이고, 블록의 값을 '-180', '-50'으로 변경한다.

③ 자신을 클릭하면 계산할 수 있다는 안내를 하기 위하여, [형태] 팔레트의 [안녕!을(를) 2초 동안 말하기] 블록을 코드 영역으로 끌어와서 [x:-180 y:-50(으)로 이동하기] 블록에 이어 붙인다. 그리고, 블록의 값을 '저를 클릭하면 계산할 수 있습니다.'로 변경한다.

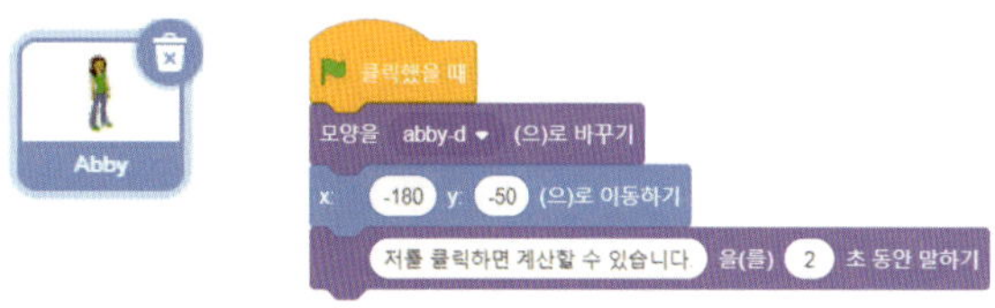

Step 08 [Abby] 스프라이트를 클릭했을 때 계산할 숫자 입력받기

① [이벤트] 팔레트의 [이 스프라이트를 클릭했을 때] 블록을 코드 영역으로 끌어 놓는다.

② '연산자' 변수의 값을 ''(빈칸)으로 정하고, '숫자1', '숫자2', '결과' 변수의 값을 0으로 정해야 새로운 계산을 진행할 수 있다. [변수] 팔레트의 [결과을(를) 0로 정하기] 블록 네 개를 코드 영역으로 끌어와서 [이 스프라이트를 클릭했을 때] 블록에 순서대로 이어 붙인다. 그리고 각 블록의 값을 다음과 같이 변경한다.

③ 계산할 숫자들을 입력받을 때 스프라이트의 모양을 'abby-b'로 정하기 위하여, [형태] 팔레트의 [모양을 abby-d(으)로 바꾸기] 블록을 코드 영역으로 끌어와서 [결과을(를) 0로 정하기] 블록에 이어 붙이고, 블록의 값을 'abby-b'로 변경한다.

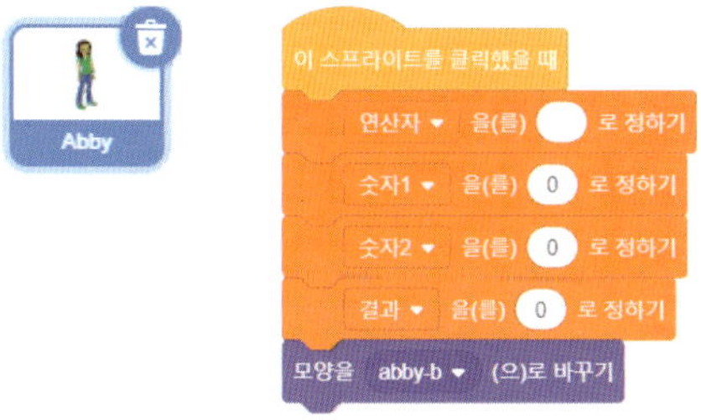

④ 첫 번째 숫자를 입력받기 위하여, [감지] 팔레트의 [너 이름이 뭐니? 라고 묻고 기다리기] 블록을 코드 영역으로 끌어와서 [모양을 abby-b(으)로 바꾸기] 블록에 이어 붙이고, 블록의 값을 '계산할 첫 번째 숫자는 무엇인가요?'로 변경한다.

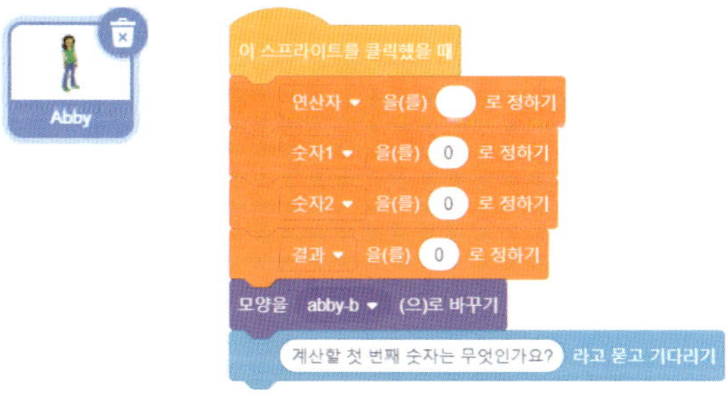

⑤ 입력된 값은 스크래치 내부적으로 저장되며 (대답) 블록을 통해 값을 활용할 수 있지만, 입력된 값을 가지고 있는 (대답) 블록의 값을 '숫자1' 변수의 값으로 정하고자 한다. [변수] 팔레트의 [결과을(를) 0로 정하기] 블록을 코드 영역으로 끌어와서 [계산할 첫 번째 숫자는 무엇인가요? 라고 묻고 기다리기] 블록에 이어 붙이고, 블록의 값을 '숫자1'로 변경한다. 그리고 [감지] 팔레트의 (대답) 블록을 코드 영역으로 끌어와서 [숫자1을(를) 0로 정하기] 블록의 '0' 위치에 끼워 넣는다.

⑥ 두 번째 숫자는 앞서 만든 블록을 복사하여 변경하고자 한다. [계산할 첫 번째 숫자는 무엇인가요? 라고 묻고 기다리기] 블록에서 마우스 오른쪽 버튼을 누르면 나타나는 메뉴의 [복사하기]를 실행한다.

그리고 복사된 블록을 [숫자1을(를) (대답)로 정하기] 블록에 이어 붙이고, 블록의 값을 '계산할 두 번째 숫자는 무엇인가요?', '숫자2'로 변경한다.

⑦ 스프라이트 모양을 'abby-c'로 바꾼 후 연산자를 누르도록 말하기 위하여, [형태] 팔레트의 [모양을 abby-d(으)로 바꾸기] 블록과 [안녕!을(를) 2초 동안 말하기] 블록을 코드 영역으로 끌어와서 [숫자1을(를) (대답)로 정하기] 블록에 이어 붙이고, 블록의 값을 'abby-c', '계산할 연산자를 눌러주세요.', '1'로 변경한다.

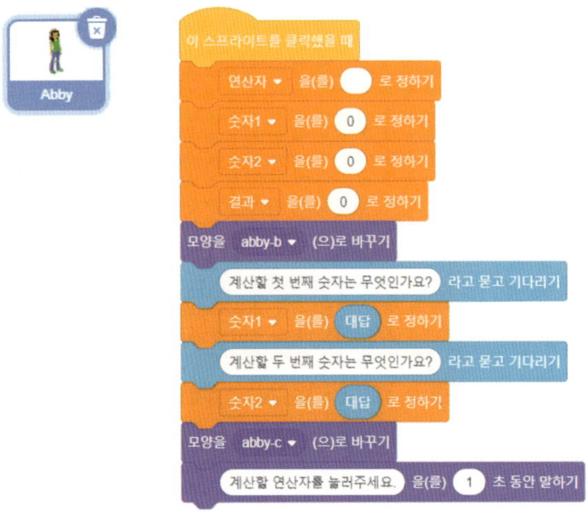

Step 09 '계산' 신호를 받았을 때 계산하여 결과 말하기

① '계산' 신호를 받았을 때의 이벤트를 처리하기 위하여, [이벤트] 팔레트의 [메시지1 신호를 받았을 때] 블록을 코드 영역으로 끌어 놓고, 블록의 값을 '계산'으로 변경한다.

② 연산자가 '+'인지 비교하기 위하여, [제어] 팔레트의 [만약 < >(이)라면 아니면] 블록, [연산] 팔레트의 <( ) = ( )> 블록, [변수] 팔레트의 (연산자) 블록을 코드 영역에 끌어와서 다음과 같이 연결하고 값을 '+'로 변경한 후 [계산 신호를 받았을 때] 블록에 이어 붙인다.

③ (연산자) 블록의 값이 '+'이면 '숫자1' 변수의 값과 '숫자2' 변수의 값을 더하여 '결과' 변수에 저장하기 위하여, [변수] 팔레트의 [결과을(를) 0으로 정하기] 블록, (숫자1) 블록, (숫자2) 블록, [연산] 팔레트의 (( ) + ( )) 블록을 코드 영역으로 끌어와서 다음과 같이 연결한 후 [만약 <(연산자) = +>(이)라면 아니면] 블록의 참true인 부분에 해당하는 [~(이)라면] 다음에 끼워 넣는다.

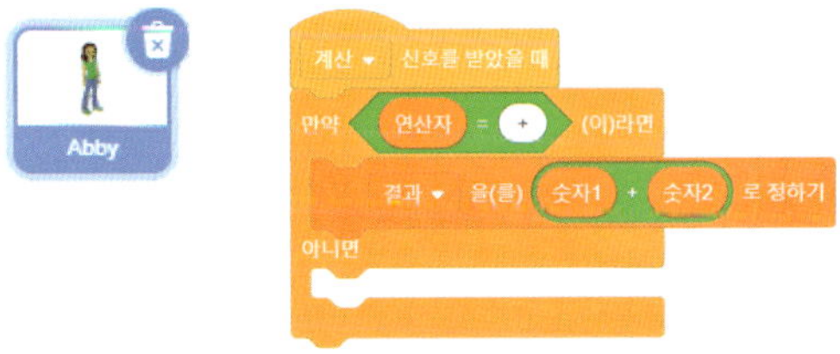

④ 연산자가 '–'인지 비교하기 위하여, [만약 <(연산자) = +>(이)라면 아니면] 블록에서 마우스 오른쪽 버튼을 누르면 나타나는 메뉴의 [복사하기]를 실행한다. 복사된 블록을 [만약 <(연산자) = + >(이)라면 아니면] 블록의 거짓false에 해당하는 [~아니면] 다음에 끼워 넣는다. 그리고 ((숫자1) + (숫자2)) 블록을 ((숫자1) – (숫자2)) 블록으로 변경하고, 다음과 같이 블록의 값을 변경한다.

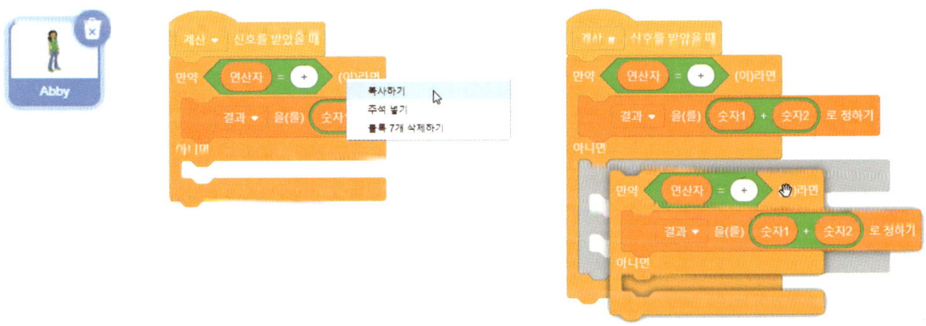

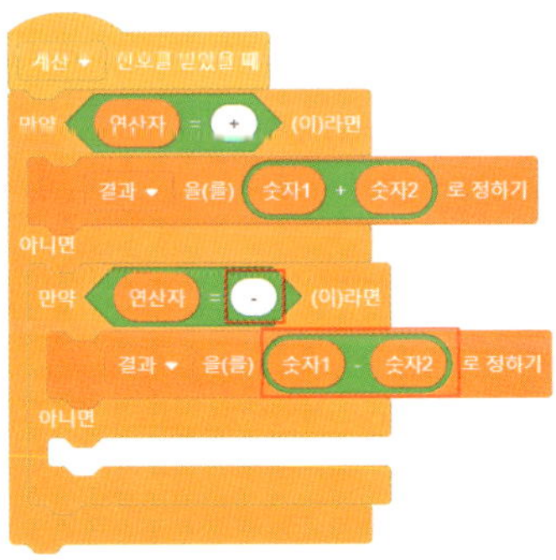

⑤ 연산자가 '*'인지 비교하기 위하여, [만약 <(연산자) = ->(이)라면 아니면] 블록에서 마우스 오른쪽 버튼을 누르면 나타나는 팝업 메뉴의 [복사하기]를 실행한다. 복사된 블록을 [만약 <(연산자) = ->(이)라면 아니면] 블록의 거짓false에 해당하는 [~아니면] 다음에 끼워 넣는다. 그리고 ((숫자1) - (숫자2)) 블록을 ((숫자1) × (숫자2)) 블록으로 변경하고, 다음과 같이 블록의 값을 변경한다.

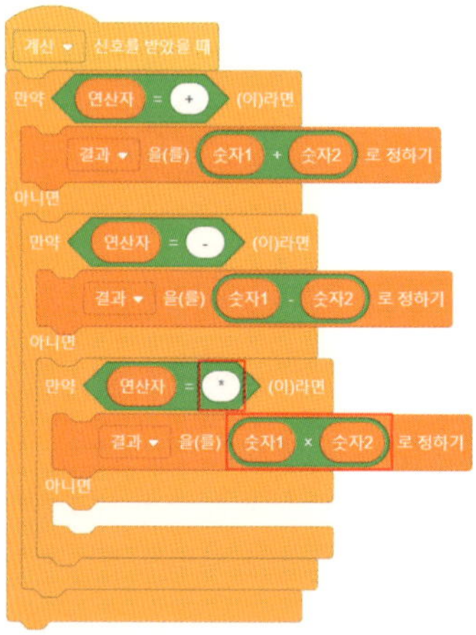

⑥ (연산자) 블록의 값이 '+', '-', '*' 모두가 아니라면 '/'이므로, '숫자1' 변수의 값과 '숫자2' 변수의 값을 나누어 '결과' 변수에 저장하기 위하여, [변수] 팔레트의 [결과를 0으로 정하기] 블록, (숫자1) 블록, (숫자2) 블록, [연산] 팔레트의 (( ) ÷ ( )) 블록을 코드 영역으로 끌어와서 다음과 같이 연결한 후 마지막 [~아니면] 부분에 끼워 넣는다.

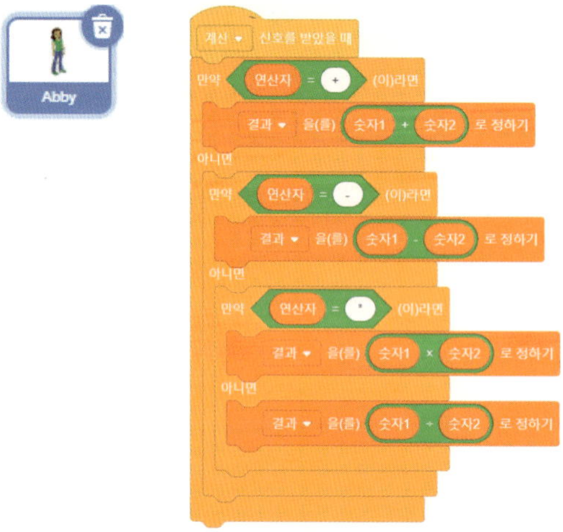

⑦ 스프라이트 모양을 'abby-c'로 바꾸기 위하여, [형태] 팔레트의 [모양을 abby-d(으)로 바꾸기] 블록을 코드 영역으로 끌어와서 [만약 <연산자 = +>(이)라면 아니면] 블록에 이어 붙이고, 블록의 값을 'abby-a'로 변경한다.

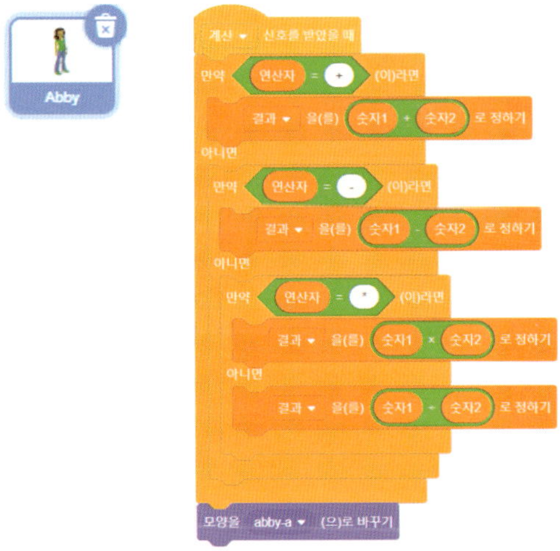

⑧ '7+3=10입니다.' 형식으로 말하기 위하여, [형태] 팔레트의 [안녕!을(를) 2초 동안 말하기] 블록, [연산] 팔레트의 (가위와(과) 나무 결합하기) 블록 다섯 개, [변수] 팔레트의 (숫자1) 블록, (숫자2) 블록, (연산자) 블록, (결과) 블록을 코드 영역으로 끌어와서 다음과 같이 배치해 둔다. 그리고 결합하기 블록 중 일부 블록의 값을 '=', '입니다.'로 변경한다.

⑨ 블록들을 다음과 같이 연결하고 [모양을 abby-a(으)로 바꾸기] 블록에 이어 붙인다.

⑩ [Abby] 스프라이트의 전체 스크립트는 다음과 같다.

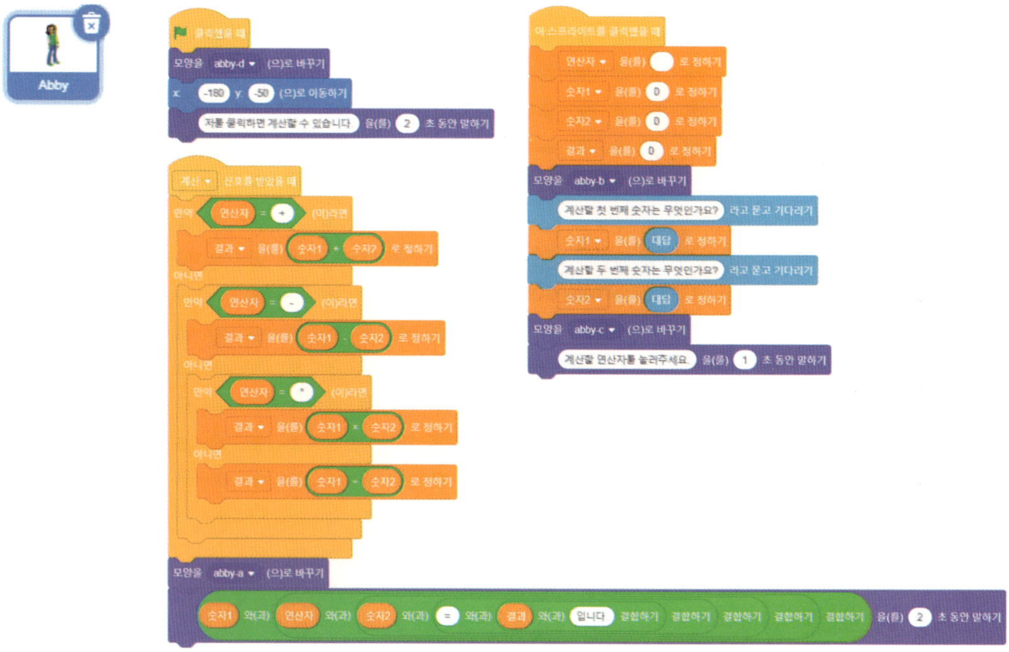

Step 10 프로젝트 실행 및 저장하기

① 무대 위의 [시작하기 깃발]을 클릭하여 프로젝트가 알고리즘대로 올바르게 동작하는지 확인해 보자.

② 스크래치 프로젝트를 저장하기 위하여, 메뉴의 [프로젝트 이름]을 '스크래치 프로젝트'에서 '프로젝트-09-1'로 변경한다. 그리고 [파일] 메뉴의 [컴퓨터에 저장하기]를 실행한 후, 컴퓨터의 폴더를 정하여 프로젝트를 저장한다.

개선 / 발전 방향

프로젝트에서 수정할 사항이나 개선 / 발전할 사항들을 정리한다.

- '숫자1'을 '숫자2'로 나누어 몫을 구하는 [//] 버튼의 [몫] 스프라이트와, 나누어 나머지를 구하는 [%%] 버튼의 [나머지] 스프라이트를 추가한다. (몫은 (버림((숫자1)÷(숫자2))) 블록으로 구할 수 있고, 나머지는 ((숫자1) 나누기 (숫자2)의 나머지) 블록으로 구할 수 있다.)
-
-

9.2 리스트에 데이터 저장하기

(1) 리스트의 개념과 리스트 만들기

리스트list는 같은 성질의 여러 데이터가 연속적인 공간에 저장된 구조이며, 여러 데이터를 대표하는 리스트 이름을 가지고 있다. 리스트에 저장된 각각의 데이터를 항목item이라고 하며, 고유의 위치index 값인 항목 번호를 가진다. 리스트의 첫 번째 항목의 번호는 1이며, 두 번째 항목의 번호는 2, 세 번째 항목의 번호는 3과 같은 순서로 항목의 번호가 정해져 있다.

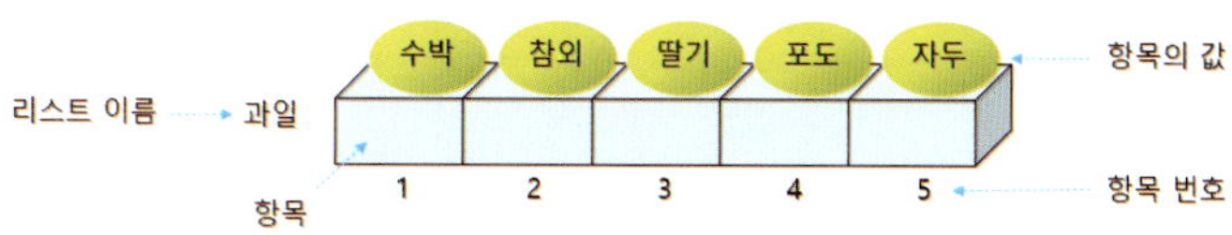

스크래치의 리스트는 기본적으로 아무런 블록도 제공하지 않는다. [변수] 팔레트의 [리스트 만들기]를 이용하여 원하는 리스트를 만들면 [변수] 팔레트에 리스트 블록이 생성된다.

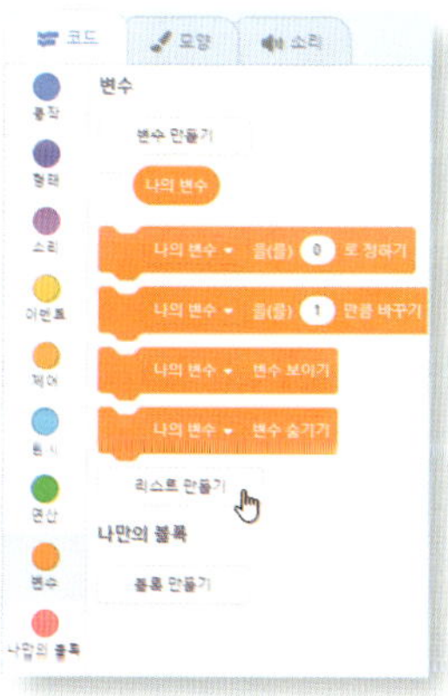

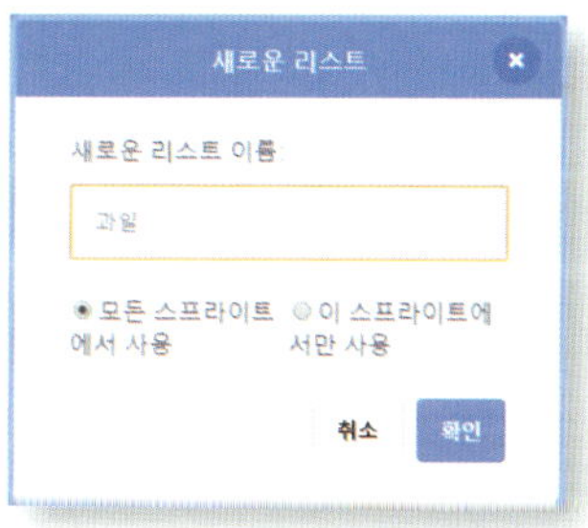

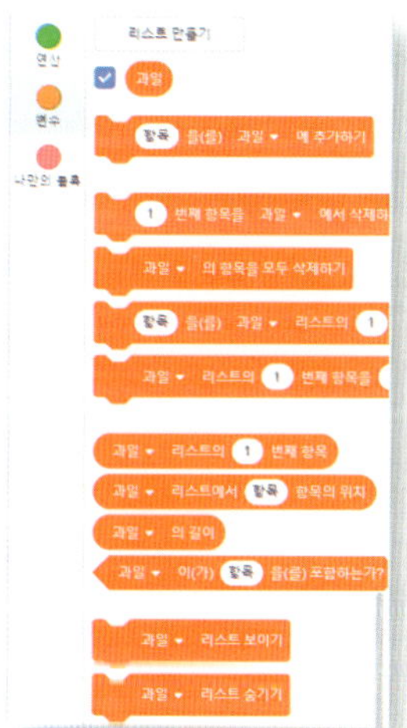

리스트를 만들면 무대에 비어 있는 리스트가 나타나며, 리스트 왼쪽 아래의 [+]를 클릭하면 새로운 항목을 추가할 수 있다. 리스트의 첫 번째 항목을 입력한 후 [Enter] 키를 누르면 다음 항목을 계속 입력할 수 있다.

'과일' 리스트의 첫 번째 항목의 값으로 '수박'을 입력한 후, 이어서 '참외', '딸기', '포도', '자두'를 연속으로 입력하면 '과일' 리스트는 다섯 개의 항목을 가지게 된다.

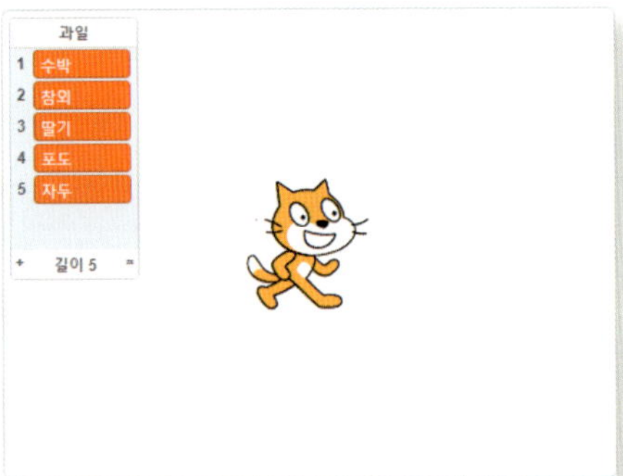

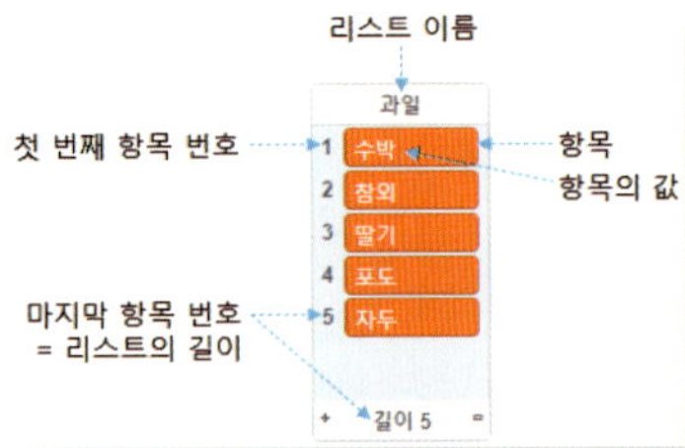

(2) 외부 텍스트 파일 가져오기

리스트에 항목의 값을 직접 입력하는 방법 외에도 외부 텍스트를 가져와서 리스트 항목을 채우는 방법도 있다. '채소.txt' 파일에 다음과 같은 내용을 입력하여 저장한다. 그리고 '채소' 리스트를 만든 후, '채소' 리스트의 빈 곳에서 마우스 오른쪽 버튼을 누르면 나타나는 메뉴에서 '가져오기'를 실행한다.

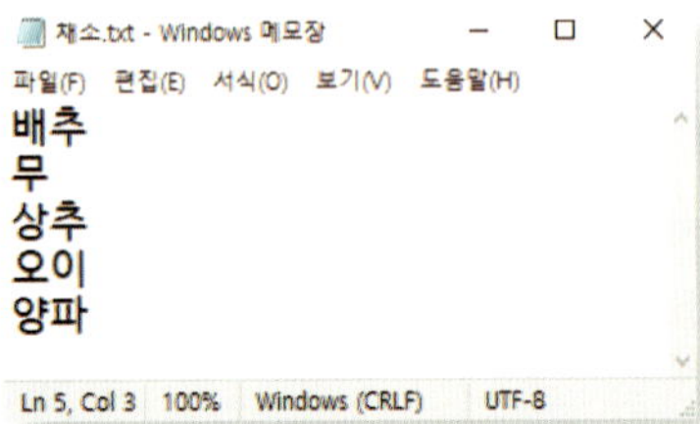

[열기] 화면에서 '채소.txt' 파일을 선택하고 [열기] 버튼을 클릭하면, '채소' 리스트에 항목들이 채워진다.

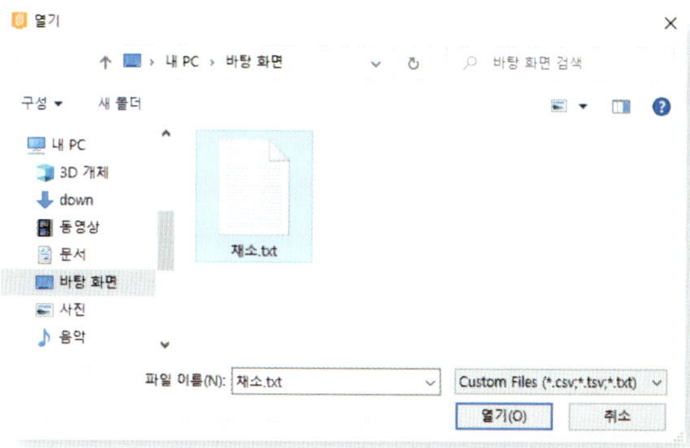

(3) 리스트 블록 활용하기

리스트 블록 중 [항목을(를) 과일에 추가하기] 블록을 사용하면 리스트의 마지막 항목 뒤에 지정한 항목을 추가할 수 있다.

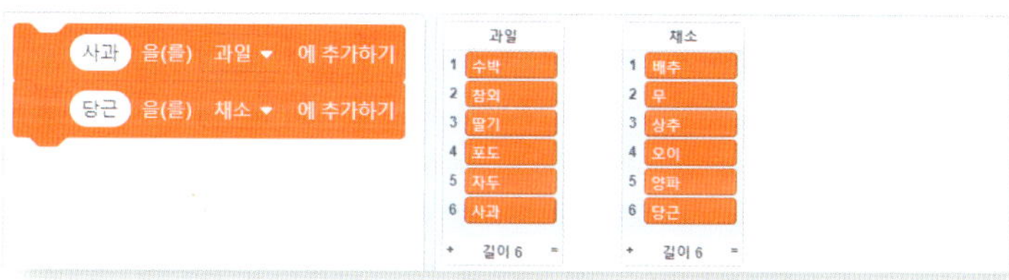

[항목을(를) 과일 리스트의 1번째에 넣기] 블록을 사용하면 지정한 위치에 항목을 넣을 수 있다. 그리고 새로운 항목이 추가되어 무대의 리스트 항목이 모두 보이지 않으면, 리스트 오른쪽 아래의 [=]를 누른 채로 드래그하면 리스트를 늘리거나 줄일 수 있다.

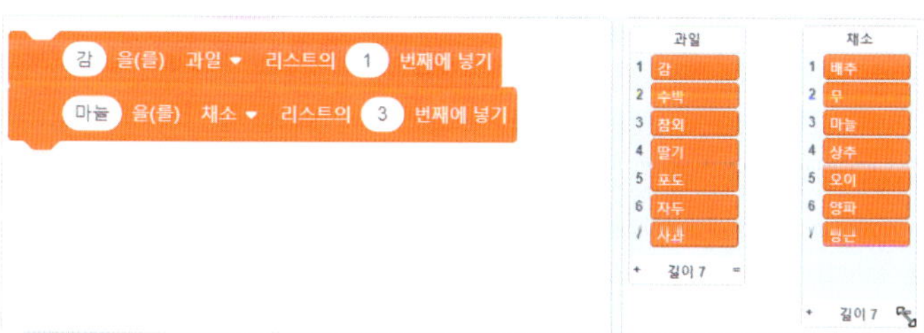

[1번째 항목을 과일에서 삭제하기] 블록은 지정한 항목을 리스트에서 삭제하며, [과일 리스트의 1번째 항목을 항목으로 바꾸기] 블록은 리스트의 지정한 항목을 새로운 항목으로 바꿀 수 있다.

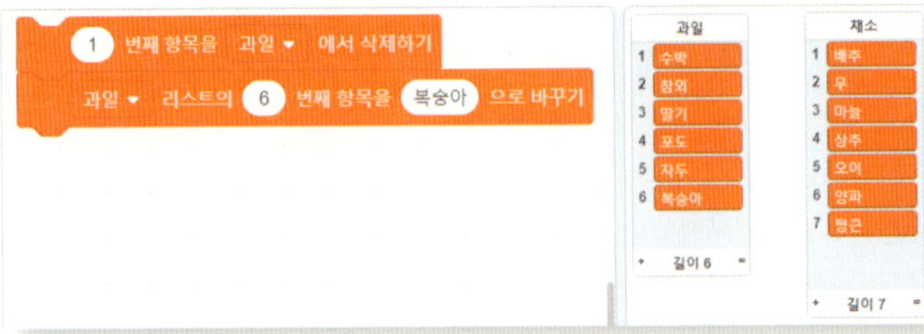

(과일 리스트의 1번째 항목) 블록은 지정한 위치의 항목의 값을 나타내며, 아래의 예에서는 '과일' 리스트의 1번째 항목의 값인 '수박'을 말한다. (과일 리스트에서 항목 항목의 위치) 블록은 지정한 항목의 위치를 나타내며, 아래의 예에서는 '채소' 리스트에서 '무'의 위치인 '2'를 말한다. (과일의 길이) 블록은 리스트의 길이를 나타내며, 아래의 예에서는 '채소' 리스트의 길이인 '7'을 말한다.

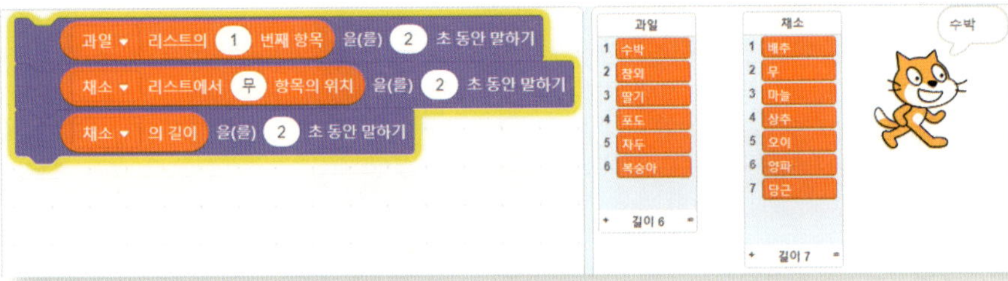

〈과일이(가) 항목을(를) 포함하는가?〉 블록은 리스트 내에 지정한 항목이 포함되었는지를 검사하며, 포함되어 있으면 참true을, 포함되어 있지 않으면 거짓false을 반환한다. 아래의 예에서는 '과일' 리스트에 '포도'가 포함되어 있으므로 참true을 반환하여 '포함되어 있습니다.'를 말한다.

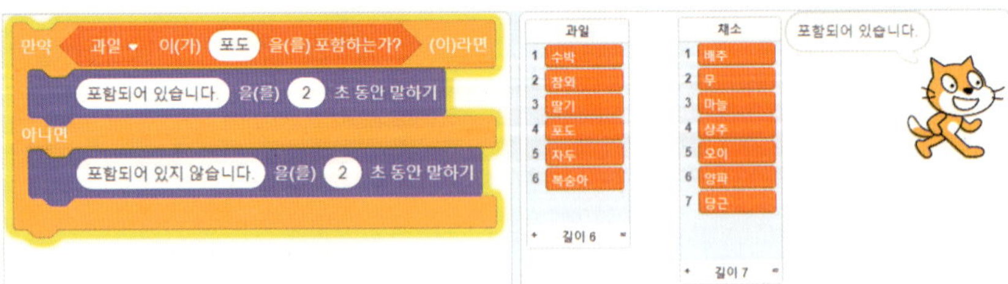

프로젝트 09-2

리스트에 저장된 상식 문제 풀기

[Devin] 스프라이트는 자신을 클릭하면 퀴즈가 시작됨을 말한 후, 자신을 클릭하면 몇 문제를 풀지를 입력받는다. 입력받은 문제의 수만큼 반복하면서 '문제' 리스트의 상식 문제를 질문하고, 대답을 입력받아 해당 대답이 '정답' 리스트의 답과 일치하는지 확인한다. 만약 답이 일치하면 잘 맞추었다고 말을 하고 맞춘 문제수를 1만큼 증가한다. 만약 답이 일치하지 않으면 아쉽게도 틀렸다고 말한다. 입력받은 문제의 수만큼의 반복이 모두 끝나면 맞춘 문제 개수를 말한다.

프로젝트 결과 화면

프로젝트 문제 분석

문제를 분석하여 필요한 기능이 무엇인지 정리한다.

프로젝트 알고리즘 설계

스프라이트, 무대의 문제 해결 알고리즘을 작성한다.

스프라이트	알고리즘
 Devin	**[시작하기 깃발 클릭했을 때]** ① x:−50 y:−40으로 이동한다. ② 모양을 devin−a로 바꾼다. ③ '문제', '정답', '차례' 리스트의 모든 항목을 삭제한다.

<table>
<tr><th>스프라이트</th><th>알고리즘</th></tr>
<tr><td></td><td>④ '문제' 리스트에, '우리나라의 정식 이름인 국호는 무엇인가요?', '우리나라를 대표하는 도장을 무엇이라 부르나요?', '우리나라의 나라꽃은 무엇인가요?', '우리나라 국보 1호는 무엇인가요?', '우리나라 보물 1호는 무엇인가요?' 항목을 순서대로 추가한다.
⑤ '정답' 리스트에, '대한민국', '국새', '무궁화', '남대문', '흥인지문' 항목을 순서대로 추가한다.
⑥ '차례' 리스트에, '첫 번째', '두 번째', '세 번째', '네 번째', '다섯 번째' 항목을 순서대로 추가한다.
⑦ '퀴즈를 시작하려면 저를 클릭해주세요.'를 2초 동안 말한다.
⑧ 모양을 devin-c로 바꾼다.

[이 스프라이트를 클릭했을 때]
① '몇 문제를 풀까요?'라고 묻고 기다린다.
② '문제수' 변수의 값을 (대답)으로 정한다.
③ '문제순서' 변수의 값을 1로 정한다.
④ '맞춘문제수' 변수의 값을 0으로 정한다.
⑤ '문제수' 변수의 값만큼 다음을 반복한다.
⑤-1 모양을 devin-a로 바꾼다.
⑤-2 '문제정답번호' 변수의 값을 (1부터 '문제' 리스트의 길이 사이의 난수)로 정한다.
⑤-3 ('차례' 리스트의 (문제순서) 번째 항목)과 '문제입니다.'를 결합하여 1초 동안 말한다.
⑤-4 ('문제' 리스트의 (문제정답번호) 번째 항목)이라고 묻고 기다린다.
⑤-5 만약 (대답)의 값과 ('정답' 리스트의 (문제정답번호) 번째 항목)이 같으면
⑤-5-1 Cheer를 재생한다.
⑤-5-2 모양을 devin-c로 바꾼다.
⑤-5-3 '참 잘 맞추었어요!'를 2초 동안 말한다.
⑤-5-4 '맞춘문제수' 변수의 값을 1만큼 바꾼다.
아니면
⑤-5-1 Wobble을 재생한다.
⑤-5-2 모양을 devin-b로 바꾼다.
⑤-5-3 '아쉽지만 틀렸어요. 다음에는 꼭 맞추세요.'를 2초 동안 말한다.
⑤-6 '문제순서' 변수의 값을 1만큼 바꾼다.
⑥ 1초 기다린다.
⑦ '문제를 모두 풀었습니다.'를 2초 동안 말한다.
⑧ '2문제 중 1문제를 맞추었습니다.' 형식으로 (문제수), '문제 중', (맞춘문제수), '문제를 맞추었습니다.'를 결합하여 2초 동안 말한다.</td></tr>
</table>

<table>
<tr><th>무 대</th><th>알고리즘</th></tr>
<tr><td>
Theater</td><td>필요한 알고리즘 없음</td></tr>
</table>

프로젝트 코딩

[프로젝트 알고리즘 설계]를 참고하여 코딩한다.

Step 01 무대 배경 변경하기

① [배경 고르기]에서 [Theater]를 선택하여 무대 배경을 변경한다.

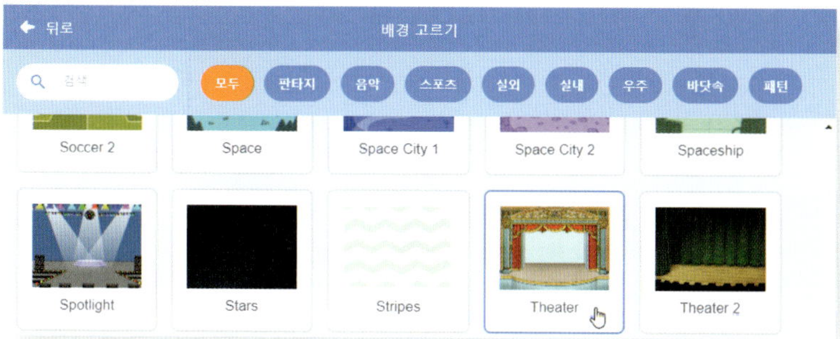

② [배경] 탭에서 필요가 없어진 기존 '배경 1'을 선택하고, [삭제] 아이콘을 클릭하여 '배경 1'을 삭제한다.

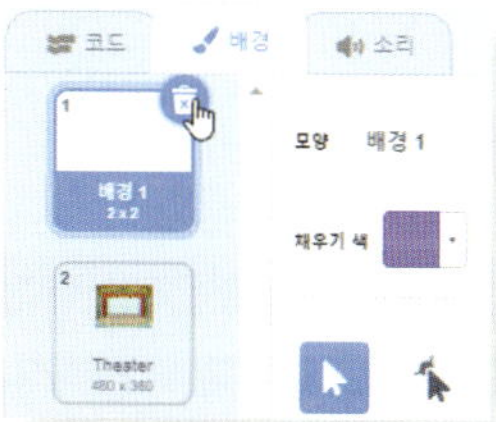

Step 02 기존 스프라이트의 삭제 및 [Devin] 스프라이트 추가하기

① 스프라이트 제어 부분에서 [스프라이트 1] 스프라이트의 오른쪽 위에 있는 [삭제] 아이콘을 클릭하여 [스프라이트 1] 스프라이트를 삭제한다.

② 새로운 스프라이트를 추가하려면, 스프라이트 제어 부분의 [스프라이트 고르기]를 클릭하여 [스프라이트 고르기] 화면에서 [Devin] 스프라이트를 클릭하여 추가한다.

Step 03 '맞춘문제수', '문제수', '문제순서', '문제정답번호' 변수 추가하기

① [코드] 탭을 클릭하고 [변수] 팔레트를 클릭한다. 기존의 (나의 변수) 블록의 이름을 변경하기 위하여, (나의 변수) 블록에서 마우스 오른쪽 버튼을 누르면 나타나는 메뉴의 [변수 이름 바꾸기]를 실행한다. 그리고 [변수 이름 바꾸기] 화면에서 변수 이름을 '맞춘문제수'로 입력하고 [확인]을 누른다. (맞춘문제수) 블록 옆의 항목을 체크하여 무대에 변수가 나타나도록 한다.

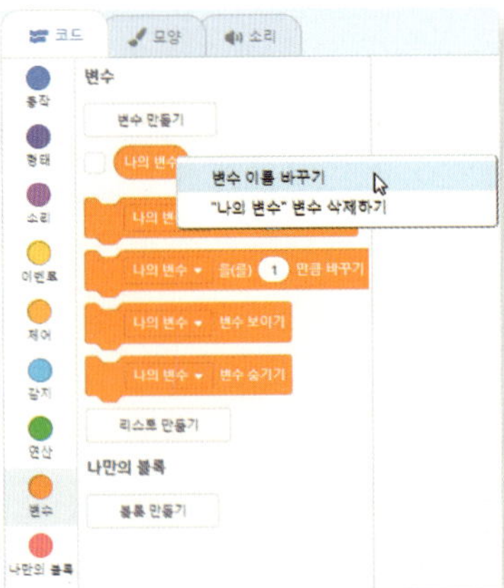

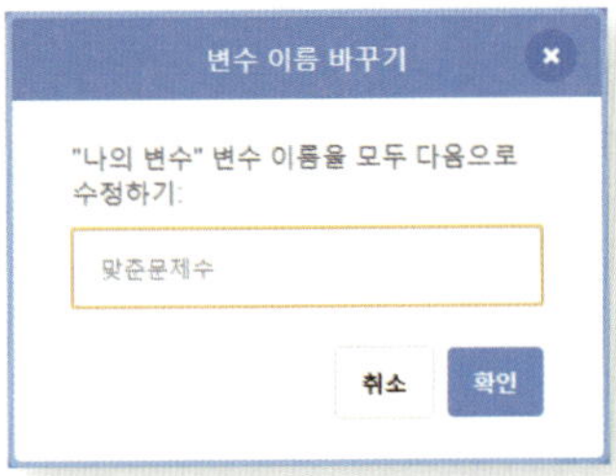

② [변수] 팔레트의 [변수 만들기]를 클릭한 후, [새로운 변수] 화면에서 변수 이름을 '문제수'로 입력하고 [확인]을 눌러 '문제수' 변수를 만든다.

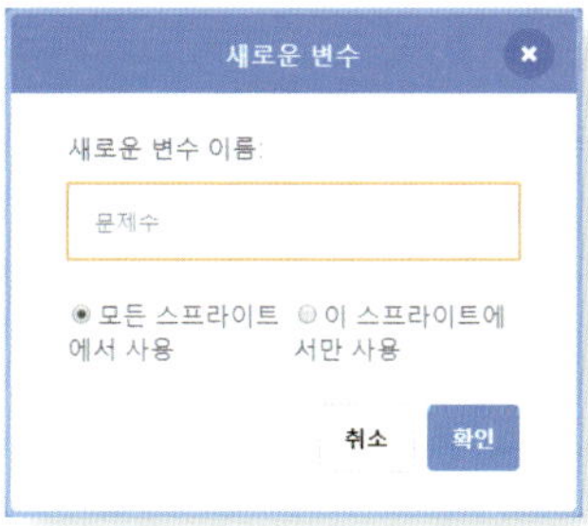

③ 위의 ②과정과 같이 '문제순서', '문제정답번호' 변수를 추가로 만든다.

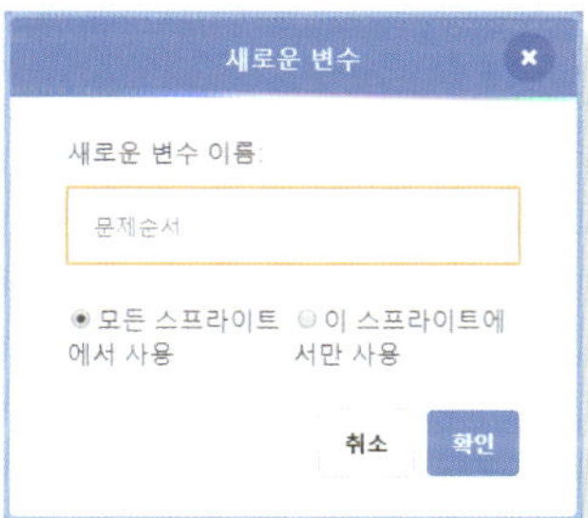

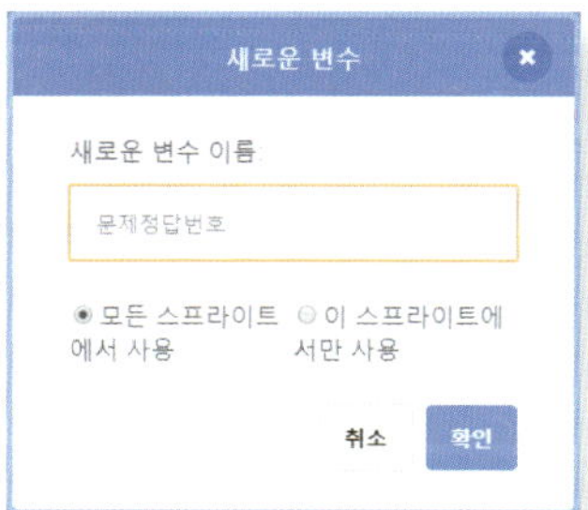

Step 04 '문제', '정답', '차례' 리스트 추가하기

① [변수] 팔레트의 [리스트 만들기]를 클릭한 후, [새로운 리스트] 화면에서 리스트 이름을 '문제'로 입력하고 [확인]을 눌러 '문제' 리스트를 만든다.

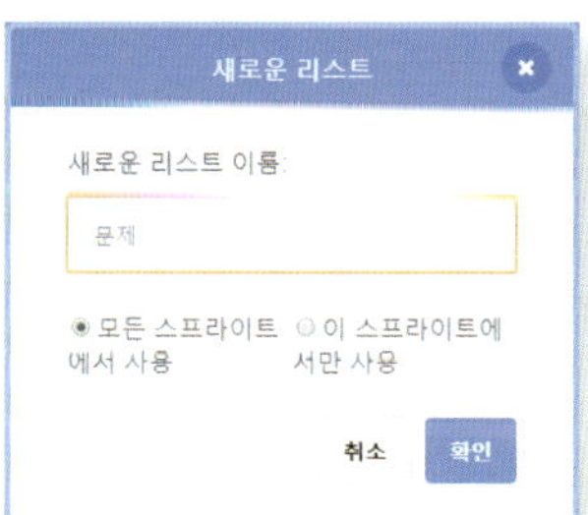

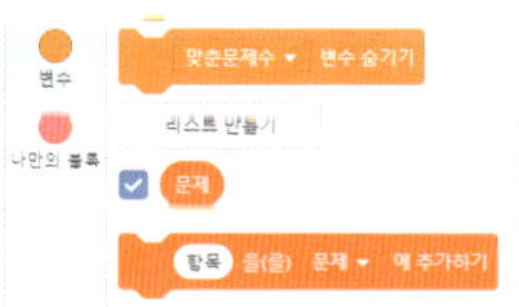

② 위의 ①과정과 같이 '정답', '차례' 리스트를 추가로 만든다.

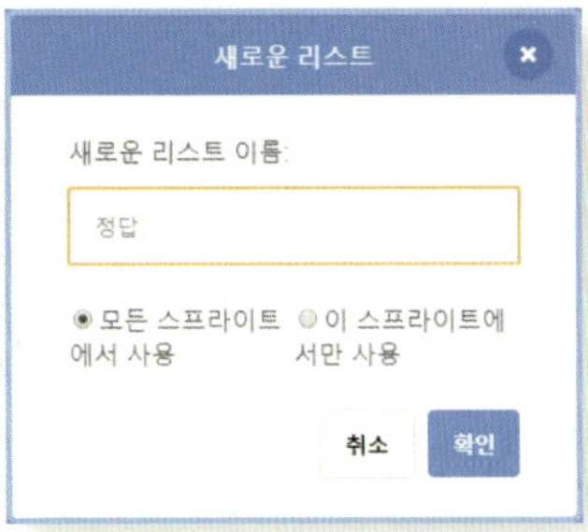

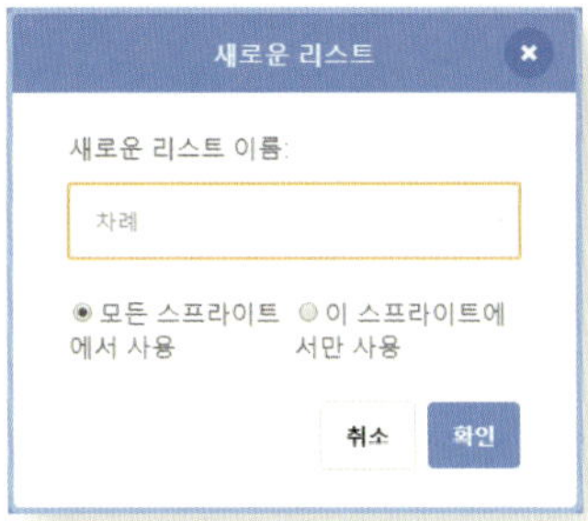

③ 변수와 리스트를 마우스로 드래그 이동하여 다음과 같이 위치시킨다. 그리고 [변수] 팔레트의 (맞춘문제수), (문제수), (문제순서), (문제정답번호) 변수 블록과 (문제), (정답), (차례) 리스트 블록 왼쪽의 체크를 모두 해제하여 무대에서 숨긴다.

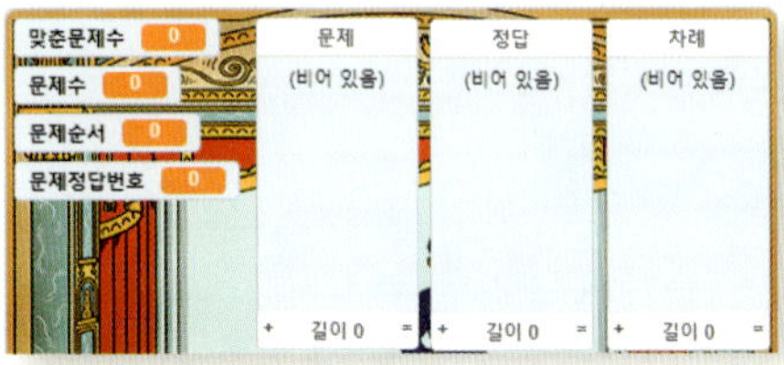

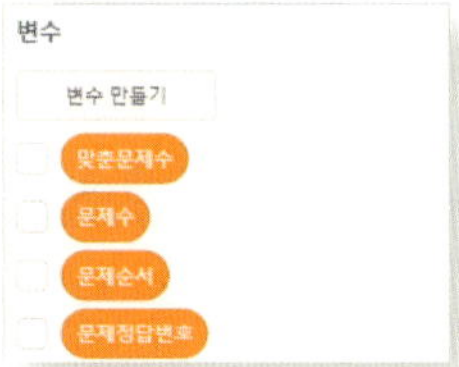

Step 05 스프라이트의 처음 위치 및 모양 바꾸기

① [이벤트] 팔레트의 [시작하기 클릭했을 때] 블록을 코드 영역으로 끌어 놓는다.

② [Devin] 스프라이트의 처음 위치와 모양을 바꾸기 위하여, [동작] 팔레트의 [x:0 y:0(으)로 이동하기] 블록을 코드 영역으로 끌어와서 [시작하기 클릭했을 때] 블록에 이어 붙이고, 블록의 값을 '-50', '-40'으로 변경한다. 그리고, [형태] 팔레트의 [모양을 devin-a(으)로 바꾸기] 블록을 코드 영역으로 끌어와서 [x:-50 y:-40(으)로 이동하기] 블록에 이어 붙이고, 블록의 값을 'devin-a'로 변경한다.

Step 06 리스트의 모든 항목 삭제 및 리스트 항목 추가하기

① 무대 위의 [시작하기 깃발]을 클릭할 때마다 리스트에 항목이 누적되어 추가되기 때문에 리스트 내에 있는 기존 항목들은 모두 삭제해야 한다. [변수] 팔레트의 [문제의 항목을 모두 삭제하기] 블록 세 개를 코드 영역으로 끌어와서 [모양을 devin-a(으)로 바꾸기] 블록에 모두 이어 붙인다. 그리고 블록의 값을 '문제', '정답', '차례'로 변경한다.

② '문제' 리스트 내에 새로운 항목을 추가하기 위하여, [변수] 팔레트의 [항목을(를) 문제에 추가하기] 블록 다섯 개를 코드 영역으로 끌어와서 [차례의 항목을 모두 삭제하기] 블록에 모두 이어 붙인다. 그리고 블록의 리스트 이름을 '문제'로 모두 변경하고, 항목의 값을 각각 '우리나라의 정식 이름인 국호는 무엇인가요?', '우리나라를 대표하는 도장을 무엇이라 부르나요?', '우리나라의 나라꽃은 무엇인가요?', '우리나라 국보 1호는 무엇인가요?', '우리나라 보물 1호는 무엇인가요?'로 변경한다.

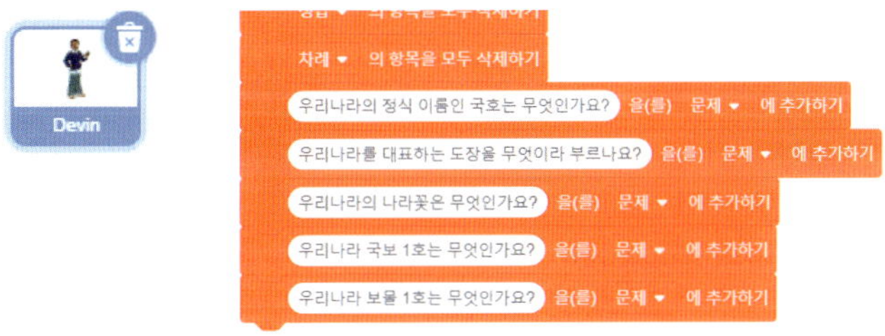

③ '정답' 리스트 내에 새로운 항목을 추가하기 위하여, [변수] 팔레트의 [항목을(를) 문제에 추가하기] 블록 다섯 개를 코드 영역으로 끌어와서 [우리나라 보물 1호는 무엇인가요?을(를) 문제에 추가하기] 블록에 모두 이어 붙인다. 그리고 블록의 리스트 이름을 '정답'으로 모두 변경하고, 항목의 값을 각각 '대한민국', '국새', '무궁화', '남대문', '흥인지문'으로 변경한다.

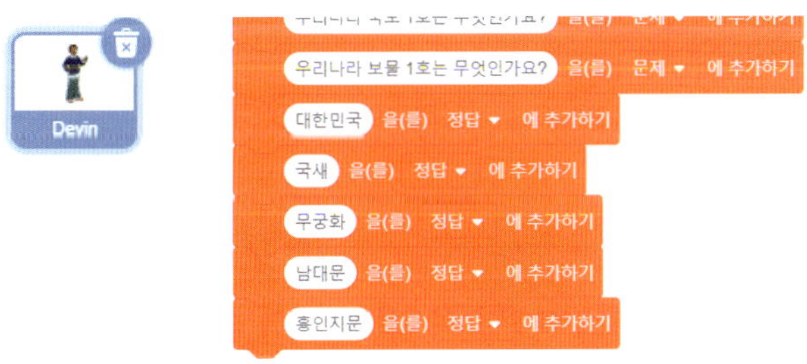

④ '차례' 리스트 내에 새로운 항목을 추가하기 위하여, [변수] 팔레트의 [항목을(를) 문제에 추가하기] 블록 다섯 개를 코드 영역으로 끌어와서 [흥인지문을(를) 문제에 추가하기] 블록에 모두 이어 붙인다. 그리고 블록의 리스트 이름을 '차례'로 모두 변경하고, 항목의 값을 각각 '첫 번째', '두 번째', '세 번째', '네 번째', '다섯 번째'로 변경한다.

⑤ 퀴즈를 시작하려면 스프라이트를 클릭하도록 말하고 모양을 바꾸기 위하여, [형태] 팔레트의 [안녕!을(를) 2초 동안 말하기] 블록과 [모양을 devin-d(으)로 바꾸기] 블록을 코드 영역으로 끌어와서 [다섯 번째을(를) 차례에 추가하기] 블록에 순서대로 이어 붙인다. 그리고 블록의 값을 '퀴즈를 시작하려면 저를 클릭해주세요.', 'devin-c'로 각각 변경한다.

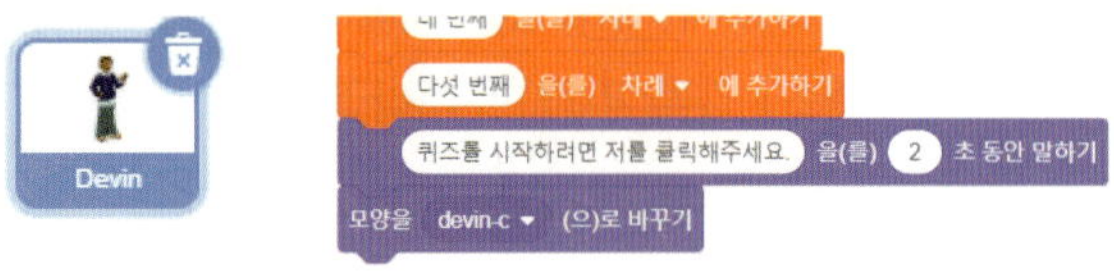

⑥ [Step05]부터 [Step06]까지 작성한 [시작하기 클릭했을 때] 블록에 연결된 스크립트는 다음과 같다.

Step 07 스프라이트를 클릭했을 때 풀 문제수를 입력받고 변수 초기화하기

① [이벤트] 팔레트의 [이 스프라이트를 클릭했을 때] 블록을 코드 영역으로 끌어 놓는다.

② 몇 문제를 푸는가에 대한 입력을 받기 위하여, [감지] 팔레트의 [너 이름이 뭐니? 라고 묻고 기다리기] 블록을 코드 영역으로 끌어와서 [이 스프라이트를 클릭했을 때] 블록에 이어 붙이고, 블록의 값을 '몇 문제를 풀까요?'로 변경한다. 그리고 [변수] 팔레트의 [맞춘문제수을(를) 0로 정하기] 블록을 코드 영역으로 끌어와서 [몇 문제를 풀까요? 라고 묻고 기다리기] 블록에 이어 붙이고, 블록의 값을 '문제수'로 변경한다. [감지] 팔레트의 (대답) 블록을 코드 영역으로 끌어와서 [문제수을(를) 0로 정하기] 블록의 '0' 부분에 끼워 넣는다.

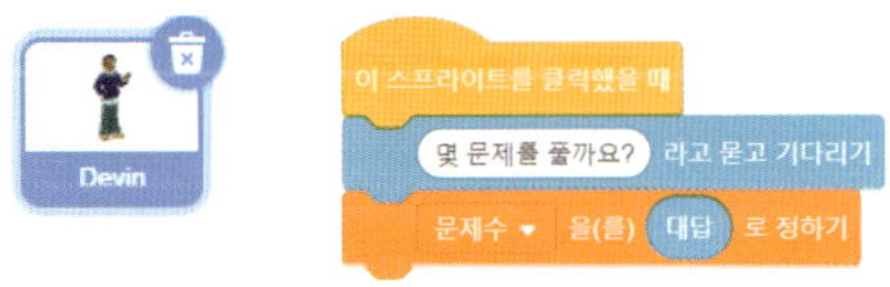

③ [변수] 팔레트의 [맞춘문제수을(를) 0로 정하기] 블록을 두 개 코드 영역으로 끌어와서 [문제수을(를) (대답)로 정하기] 블록에 순서대로 이어 붙이고, 블록의 값을 '문제순서', '1'과 '맞춘문제수', '0'으로 변경한다.

Step 08 '문제수' 변수의 값만큼 반복하며 문제 풀기

① '문제수' 변수의 값만큼 반복하기 위하여, [제어] 팔레트의 [10번 반복하기] 블록을 코드 영역으로 끌어와서 [맞춘문제수을(를) 0로 정하기] 블록에 이어 붙이고, [변수] 팔레트의 (문제수) 블록을 코드 영역으로 끌어와서 [10번 반복하기] 블록의 '10' 부분에 끼워 넣는다.

② 모양을 'devin-a'로 바꾸기 위하여, [형태] 팔레트의 [모양을 devin-d(으)로 바꾸기] 블록을 코드 영역으로 끌어와서 [(문제수) 번 반복하기] 블록에 끼워 넣는다. 그리고 블록의 값을 'devin-a'로 변경한다.

③ 질문할 문제의 번호는 '문제' 리스트 내의 임의의 번호로 결정하고자 한다. [변수] 팔레트의 [맞춘문제수을(를) 0로 정하기] 블록을 코드 영역으로 끌어와서 [모양을 devin-a(으)로 바꾸기] 블록에 이어 붙이고, 블록의 값을 '문제정답번호'로 변경한다. 그리고 [연산] 팔레트의 (1부터 10 사이의 난수) 블록, [변수] 팔레트의 (문제의 길이) 블록을 코드 영역으로 끌어와서 결합한 후, [문제정답번호을(를) 0로 정하기] 블록의 '0' 부분에 끼워 넣는다.

④ '문제순서' 리스트의 항목 값인 '첫 번째', '두 번째' 등의 값을 이용하여 '첫 번째 문제입니다.' 형식으로 말하기 위하여, [형태] 팔레트의 [안녕!을(를) 2초 동안 말하기] 블록, [연산] 팔레트의 (가위와(과) 나무 결합하기) 블록, [변수] 팔레트의 (문제순서) 블록, (문제 리스트의 1번째 항목) 블록을 코드 영역으로 끌어와서 다음과 같이 값을 변경하여 연결한 후, [문제정답번호을(를) (1부터 (문제의 길이) 사이의 난수)로 정하기] 블록에 이어 붙인다.

⑤ '문제' 리스트에서 '문제정답번호' 변수의 값에 해당하는 위치의 문제를 묻기 위하여, [감지] 팔레트의 [너의 이름이 뭐니? 라고 묻고 기다리기] 블록, [변수] 팔레트의 (문제정답번호) 블록, (문제 리스트의 1번째 항목) 블록을 코드 영역으로 끌어와서 다음과 같이 값을 변경하여 연결한 후, [((차례 리스트의 (문제순서) 번째 항목)와(과) (문제입니다.) 결합하기)을(를) 1초 동안 말하기] 블록에 이어 붙인다.

⑥ 대답한 값이 '정답' 리스트의 '문제정답번호' 변수의 값에 해당하는 위치의 값과 일치하는지 확인하기 위하여, [제어] 팔레트의 [만약 < >(이)라면 아니면] 블록, [감지] 팔레트의 (대답) 블록, [연산] 팔레트의 <() = ()> 블록, [변수] 팔레트의 (문제정답번호) 블록, (문제 리스트의 1번째 항목) 블록을 코드 영역으로 끌어와서 다음과 같이 값을 변경하여 연결한 후, [(문제 리스트의 (문제정답번호) 번째 항목)라고 묻고 기다리기] 블록에 이어 붙인다.

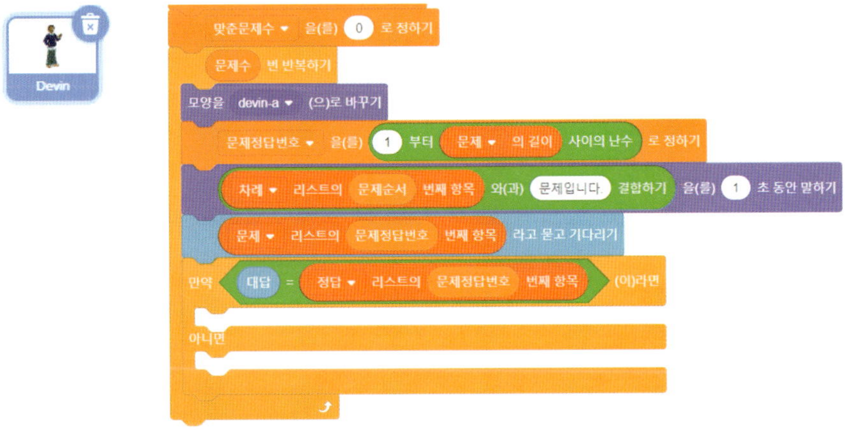

⑦ 대답한 값이 정답과 같으면 'Cheer' 소리를 재생하고 틀리면 'Wobble' 소리를 재생하기 위하여 소리를 [Devin] 스프라이트에 등록할 필요가 있다. [소리] 탭을 클릭한 후 [소리 고르기]를 클릭하고, [소리 고르기] 화면에서 'Cheer', 'Wobble'을 클릭하여 소리를 추가한다.

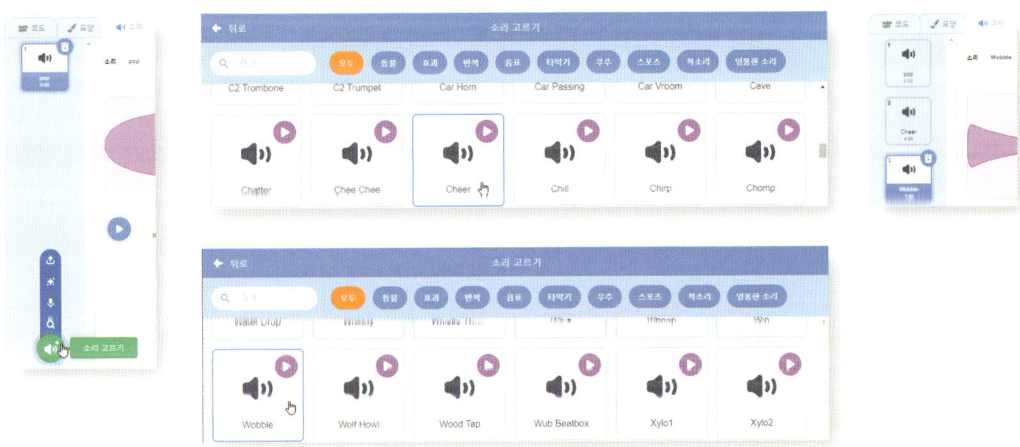

⑧ 대답한 값이 정답과 같으면 'Cheer' 소리를 재생하기 위하여, [소리] 팔레트의 [Wobble 재생하기] 블록을 코드 영역으로 끌어와서 'Cheer'로 변경한 후, [만약 <(대답) = (정답 리스트의 (문제정답번호) 번째 항목)>(이)라면 아니면] 블록의 참true인 부분인 [~(이)라면] 다음에 끼워 넣는다.

⑨ 'Cheer' 소리를 재생하면서 모양을 'devin-c'로 바꾸고, '참 잘 맞추었어요!'를 말하기 위하여, [형태] 팔레트의 [모양을 devin-d(으)로 바꾸기] 블록, [안녕!을(를) 2초 동안 말하기] 블록을 코드 영역으로 끌어와서 [Cheer 재생하기] 블록에 순서대로 이어 붙이고, 블록의 값을 'devin-c'과 '참 잘 맞추었어요!'로 각각 변경한다.

⑩ 문제의 정답을 맞추면 '문제순서' 변수의 값을 1 증가시키기 위하여, [변수] 팔레트의 [맞춘문제수을(를) 1만큼 바꾸기] 블록을 코드 영역으로 끌어와서 [참 잘 맞추었어요!을(를) 2초 동안 말하기] 블록에 이어 붙이고, 블록의 값을 '맞춘문제수', '1'로 변경한다.

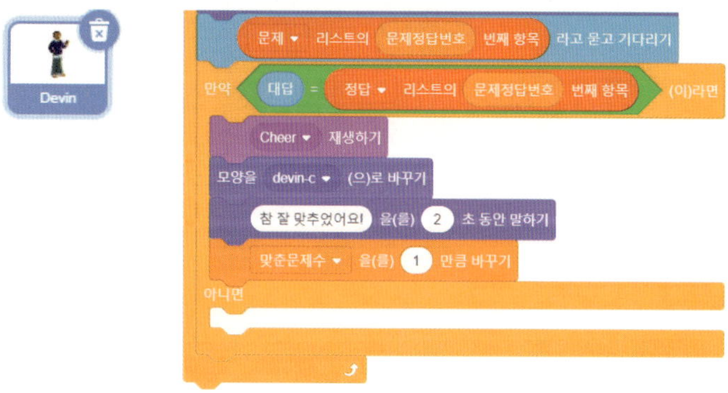

⑪ 대답한 값이 정답과 같지 않으면 'Wobble'을 재생하고, 모양을 'devin-b'로 바꾸고, '아쉽지만 틀렸어요. 다음에는 꼭 맞추세요.'로 말하는 블록은 ⑧~⑩ 과정에서 만든 블록을 복사하여 변경하고자 한다. [Cheer 재생하기] 블록에서 마우스 오른쪽 버튼을 누르면 나타나는 메뉴의 [복사하기]를 실행한다. 복사된 블록에서 [맞춘문제수을(를) 1만큼 바꾸기] 블록은 삭제하고, 나머지 블록을 [~아니면] 다음에 끼워 넣는다. 그리고, 블록의 값을 'Wobble', 'devin-b', '아쉽지만 틀렸어요. 다음에는 꼭 맞추세요.'로 각각 변경한다.

⑫ 다음 순서의 문제를 풀기 위하여 '문제순서' 변수의 값을 1 증가시킬 필요가 있다. [변수] 팔레트의 [맞춘문제수을(를) 1만큼 바꾸기] 블록을 코드 영역으로 끌어와서 [만약 <(대답) = (정답 리스트의 (문제정답번호)번째 항목)>(이)라면 아니면] 블록에 이어 붙이고, 블록의 값을 '문제순서', '1'로 변경한다.

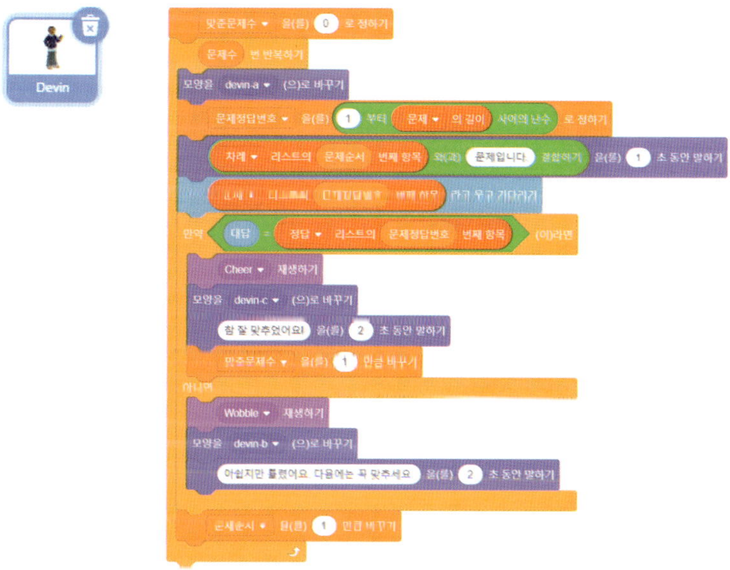

Step 09 맞춘 문제 개수 말하기

① 문제를 모두 풀었으면 1초 기다린 후 '문제를 모두 풀었습니다.'를 말하기 위하여, [제어] 팔레트의 [1초 기다리기] 블록, [형태] 팔레트의 [안녕!을(를) 2초 동안 말하기] 블록을 코드 영역으로 끌어와서 [(문제수) 반복하기] 블록에 순서대로 이어 붙이고, 블록의 값을 '문제를 모두 풀었습니다.'로 변경한다.

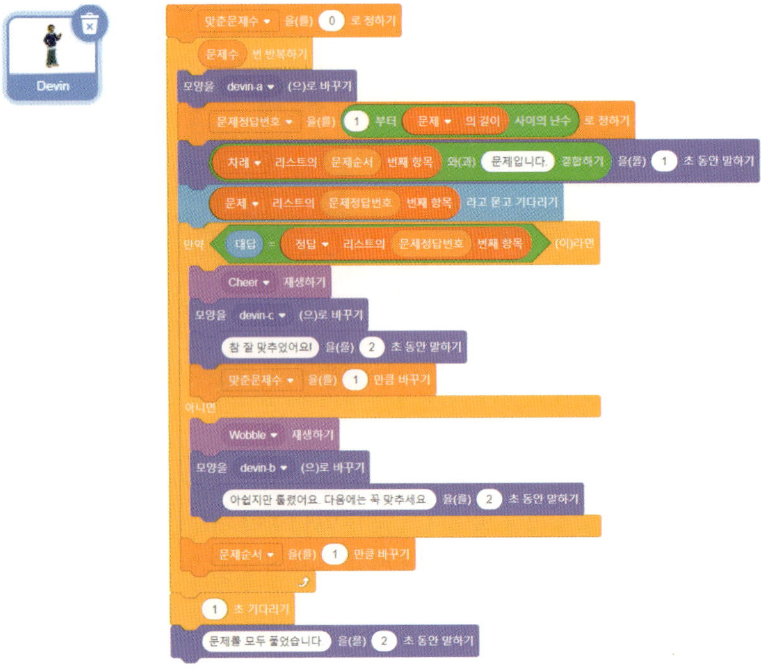

② 문제를 푼 개수에서 맞춘 수를 말하기 위하여, [형태] 팔레트의 [안녕!을(를) 2초 동안 말하기] 블록, [연산] 팔레트의 (가위와(과) 나무 결합하기) 블록 세 개, [변수] 팔레트의 (문제수) 블록, (맞춘문제수) 블록을 코드 영역으로 끌어와서 다음과 같이 변경하고 연결하여 [문제를 모두 풀었습니다.을(를) 2초 동안 말하기] 블록에 이어 붙인다.

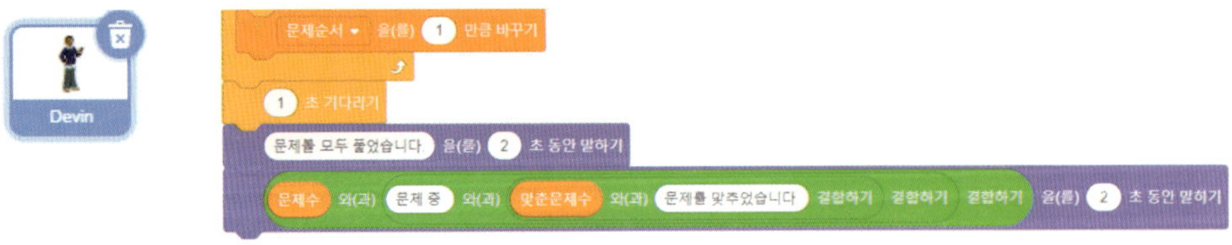

③ [Step07]부터 [Step09]까지 작성한 [이 스프라이트를 클릭했을 때] 블록에 연결된 스크립트는 다음과 같다.

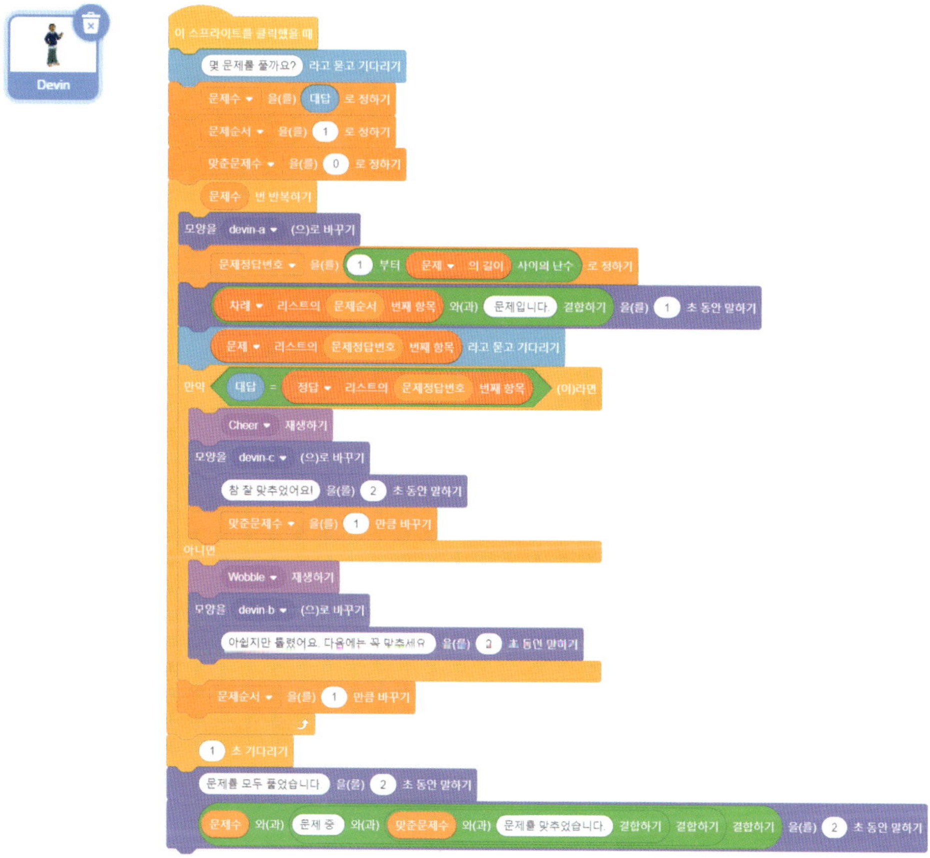

Step 10 프로젝트 실행 및 저장하기

① 무대 위의 [시작하기 깃발]을 클릭하여 프로젝트가 알고리즘대로 올바르게 동작하는지 확인해 보자.

② 스크래치 프로젝트를 저장하기 위하여, 메뉴의 [프로젝트 이름]을 '스크래치 프로젝트'에서 '프로젝트-09-2'로 변경한다. 그리고, [파일] 메뉴의 [컴퓨터에 저장하기]를 실행한 후, 컴퓨터의 폴더를 정하여 프로젝트를 저장한다.

개선 / 발전 방향

프로젝트에서 수정할 사항이나 개선 / 발전할 사항들을 정리한다.

- 문제.txt 파일, 정답.txt 파일, 차례.txt 파일을 만든 후, 각 리스트에서 해당 파일들을 가져와 리스트 항목들을 채우는 방식으로 프로젝트를 수정한다.
-
-

연습문제 09-1

단자리 숫자의 덧셈 암산하기

[선생님] 스프라이트는 무대의 중앙 부근에서 자신을 클릭하면 숫자 3개의 덧셈 암산을 시작한다고 말한다.

[선생님] 스프라이트를 클릭하면, '순서' 변수의 값은 1로, '결과' 변수의 값은 0으로 정한 후, '놓기를...'을 2초 동안 말한다. 그리고 '순서' 변수의 값이 3보다 클 때까지 다음을 반복한다.

'숫자' 변수의 값을 (1~9 사이의 난수)로 정하고, '결과' 변수의 값을 '숫자' 변수의 값만큼 더하여 바꾼다. 만약 '순서' 변수의 값이 3보다 작으면 '숫자' 변수의 값과 '이요.'를 결합하여 2초 동안 말하고, '순서' 변수의 값이 3과 같으면 '숫자' 변수의 값과 '이면,'을 결합하여 2초 동안 말한다. 이어서 '순서' 변수의 값을 1만큼 더하여 바꾼다.

반복이 끝나면 '자, 답은?'이라고 묻고 기다리고, 만약 '결과' 변수의 값이 (대답)의 값과 같으면 '참 잘했어요!'를 2초 동안 말하고, 같지 않으면 '틀렸어요, 답은', '결과' 변수의 값, '입니다.'를 결합하여 2초 동안 말한다.

프로젝트 결과 화면

프로젝트 문제 분석

문제를 분석하여 필요한 기능이 무엇인지 정리한다.

프로젝트 알고리즘 설계

스프라이트, 무대의 문제 해결 알고리즘을 작성한다.

스프라이트	알고리즘
 Abby	**[시작하기 깃발 클릭했을 때]** ① 회전 방식을 왼쪽-오른쪽으로 정한다. ② 왼쪽(-90도 방향)을 본다. ③ x:40, y:-35로 이동한다. ④ '저를 클릭하면 단자리 숫자 3개의 덧셈 암산을 시작하겠습니다.'를 2초 동안 말한다. **[이 스프라이트를 클릭했을 때]** ① '순서' 변수의 값을 1로 정한다. ② '결과' 변수의 값을 0으로 정한다. ③ '놓기를...'을 2초 동안 말한다. ④ '순서' 변수의 값이 3보다 클 때까지 다음을 반복한다. ④-1 '숫자' 변수의 값을 (1~9 사이의 난수)로 정한다. ④-2 '결과' 변수의 값을 '숫자' 변수의 값만큼 더하여 바꾼다. ④-3 만약 '순서' 변수의 값이 3보다 작으면 ④-3-1 '숫사' 변수의 값과 '이요,'를 결합하여 2초 동안 말한다. 아니면 ④-3-1 '순서' 변수의 값이 3과 같으면 '숫자' 변수의 값과 '이면,'을 결합하여 2초 동안 말한다. ④-4 '순서' 변수의 값을 1만큼 더하여 바꾼다. ⑤ '자, 답은?'이라고 묻고 기다린다. ⑥ 만약 '결과' 변수의 값이 (대답)의 값과 같으면 ⑥-1 '참 잘했어요!'를 2초 동안 말한다. 아니면 ⑥-1 '틀렸어요, 답은', '결과' 변수의 값, '입니다.'를 결합하여 2초 동안 말한다.

무 대	알고리즘
 Chalkboard	필요한 알고리즘 없음

연습문제 09-2

리스트에 저장된 값을 찾아 위치 말하기

[고양이] 스프라이트는 무대의 왼쪽에서 '몇 개의 수를 생성할까요?'라고 묻고 기다리고, (대답)의 값만큼, (1~100 사이의 난수)를 '숫자' 리스트에 추가하는 것을 반복한다. 그리고 '숫자' 리스트의 모든 항목을 3초 동안 말한다. '찾는 숫자는?'이라고 묻고 기다리고, '찾는수' 변수의 값을 (대답)으로 정하며, '위치' 변수의 값을 1로 정한다.

'위치' 변수의 값이 '숫자' 리스트의 길이보다 클 때까지 다음을 반복한다.

　만약 '찾는수' 변수의 값이 '숫자' 리스트의 '위치' 번째 항목과 같으면 '찾은 위치:', '위치' 변수의 값을 결합하여 2초 동안 말하고 모두 멈춘다.

　'위치' 변수의 값을 1만큼 더하여 바꾼다.

반복이 끝나면 '찾는수' 변수의 값과 '는 찾지 못했습니다.'를 결합하여 2초 동안 말한다.

프로젝트 결과 화면

프로젝트 문제 분석

문제를 분석하여 필요한 기능이 무엇인지 정리한다.

프로젝트 알고리즘 설계

스프라이트, 무대의 문제 해결 알고리즘을 작성한다.

스프라이트	알고리즘
 스프라이트1	**[시작하기 깃발 클릭했을 때]** ① x:−180, y:0으로 이동한다. ② '찾는수' 변수의 값을 0으로 정한다. ③ '위치' 변수의 값을 0으로 정한다. ④ '숫자' 리스트의 항목을 모두 삭제한다. ⑤ '몇 개의 수를 생성할까요?'라고 묻고 기다린다. ⑥ (대답)번 반복한다. ⑥−1 (1~100 사이의 난수)를 '숫자' 리스트에 추가한다. ⑦ '숫자' 리스트의 모든 항목을 3초 동안 말한다. ⑧ '찾는 숫자는?'이라고 묻고 기다린다. ⑨ '찾는수' 변수의 값을 (대답)으로 정한다. ⑩ '위치' 변수의 값을 1로 정한다. ⑪ '위치' 변수의 값이 '숫자' 리스트의 길이보다 클 때까지 다음을 반복한다. ⑪−1 만약 '찾는수' 변수의 값이 '숫자' 리스트의 '위치' 번째 항목과 같으면 ⑪−1−1 '찾은 위치:', '위치' 변수의 값을 결합하여 2초 동안 말한다. ⑪−1−2 모두 멈춘다. ⑪−2 '위치' 변수의 값을 1만큼 더하여 바꾼다. ⑫ '찾는수' 변수의 값과 '는 찾지 못했습니다.'를 결합하여 2초 동안 말한다.

무 대	알고리즘
배경 1	필요한 알고리즘 없음

연습문제 09-3

리스트에 저장된 값의 최댓값을 찾아 값과 위치 말하기

[고양이] 스프라이트는 무대의 왼쪽에서 '몇 개의 수를 생성할까요?'라고 묻고 기다리고, (대답)의 값만큼, (1~100 사이의 난수)를 '숫자' 리스트에 추가하는 것을 반복한다. 그리고 '숫자' 리스트의 모든 항목을 3초 동안 말한다. '순서' 변수의 값을 1로 정하고, '최댓값' 변수의 값을 '숫자' 리스트의 '순서' 번째 항목으로 정하고, '위치' 변수의 값을 1로 정한다.

'순서' 변수의 값이 ('숫자' 리스트의 길이 - 1)보다 클 때까지 다음을 반복한다.
  '순서' 변수의 값을 1만큼 더하여 바꾸고, 만약 '숫자' 리스트의 '순서' 번째 항목이 '최댓값' 변수의 값보다 크면 '최댓값' 변수의 값을 '숫자' 리스트의 '순서' 번째 항목으로 정하고, '위치' 변수의 값을 '순서' 변수의 값으로 정한다.

반복이 끝나면 '최댓값:', '최댓값' 변수, ', 위치:', '위치' 변수를 결합하여 2초 동안 말한다.

프로젝트 결과 화면

프로젝트 문제 분석

문제를 분석하여 필요한 기능이 무엇인지 정리한다.

프로젝트 알고리즘 설계

스프라이트, 무대의 문제 해결 알고리즘을 작성한다.

스프라이트	알고리즘
 스프라이트1	**[시작하기 깃발 클릭했을 때]** ① x:−180, y:0으로 이동한다. ② '순서' 변수의 값을 0으로 정한다. ③ '최댓값' 변수의 값을 0으로 정한다. ④ '위치' 변수의 값을 0으로 정한다. ⑤ '숫자' 리스트의 항목을 모두 삭제한다. ⑥ '몇 개의 수를 생성할까요?'라고 묻고 기다린다. ⑦ (대답)번 반복한다. ⑦−1 (1~100 사이의 난수)를 '숫자' 리스트에 추가한다. ⑧ '숫자' 리스트의 모든 항목을 3초 동안 말한다. ⑨ '순서' 변수의 값을 1로 정한다. ⑩ '최댓값' 변수의 값을 '숫자' 리스트의 '순서' 번째 항목으로 정한다. ⑪ '위치' 변수의 값을 1로 정한다. ⑫ '순서' 변수의 값이 ('숫자' 리스트의 길이−1)보다 클 때까지 다음을 반복한다. ⑫−1 '순서' 변수의 값을 1만큼 더하여 바꾼다. ⑫−2 만약 '숫자' 리스트의 '순서' 번째 항목이 최댓값보다 크면 ⑫−2−1 '최댓값' 변수의 값을 '숫자' 리스트의 '순서' 번째 항목으로 정한다. ⑫−2−2 '위치' 변수의 값을 '순서' 변수의 값으로 정한다. ⑬ '최댓값:', '최댓값' 변수, ', 위치:', '위치' 변수를 결합하여 2초 동안 말한다.

무 대	알고리즘
배경 1	필요한 알고리즘 없음

PART 2
분야별 문제 해결하기

정치: 대화하기, 토론하기, 투표하기

경제: 카트 물품 금액 계산, 무역의 진행, 재무상태표 항목 분류

사회: 다문화가족 지원 서비스 안내, 어린이집 통학 차량 운행 서비스, 가구 소득별 월평균 1인당 사교육비

문화: 자기소개 동시통역하기, 전 세계 대륙별 K-Pop 1위 가수, 한복 입기

예술: 그림 그리기, 악보 연주하기, 칠보 공예

정치 1 대화하기

대화를 통한 소통의 사례로 아메리카 인디언의 사례가 소개되곤 한다. 북아메리카 북서부 해안의 인디언 부족은 회의할 때 토킹 스틱talking stick을 사용하곤 하였는데, 토킹 스틱을 든 상대방이 의견을 말할 때는 말꼬리를 자르거나 끼어들지 않고 상대방의 말을 충분히 듣고 이해할 때까지 들어주는 것이다. 그리고 충분히 이해가 되었다고 판단되면 다시 토킹 스틱이 상대방에게 전해져 먼저 말한 상대방이 이해할 때까지 충분히 의견을 전달한다.

인디언 부족들이 토킹 스틱을 통해 의사소통한 것은 대화 과정에서 상대방을 배려하고 공감하기 위한 것이다. 상대방과 이야기를 나누는 대화에도 기본적인 원리가 있으며, 대화의 원리가 필요한 이유는 원활한 의사소통과 원만한 인간관계 형성에 필수적이기 때문이다.

대화의 원리에는 협력의 원리, 순서 교대의 원리, 공손성의 원리가 있다. 협력의 원리는 대화할 때 지금 이야기되고 있는 대화의 목적이나 요구에 맞도록 말을 하는 것이며, 순서 교대의 원리는 적절하게 교대하면서 말을 주고받아야 한다는 것이다. 그리고 공손성의 원리는 대화할 때 상대방을 배려하고 존중하면서 공손하고 예절 바르게 말하는 것이다.

프로젝트 정치 1

깃발을 이용한 대화하기

[Avery] 스프라이트와 [Jaime] 스프라이트는 녹색 깃발을 이용하여 인디언 부족 방식으로 대화하기로 하였다. 먼저 [Avery] 스프라이트가 녹색 깃발을 들고 이야기한 후, [Jaime] 스프라이트가 녹색 깃발을 전달받아 이야기한다. 이 과정을 반복하면서 녹색 깃발을 이용하여 다음의 대화를 진행한다.

[Avery] 스프라이트	[Jaime] 스프라이트
방이 매우 지저분한 것 같아. 오늘 방 청소하는 것이 어떠니?	
	방 청소? 좋지. 방이 깨끗하면 기분도 좋아지거든. 그런데, 내가 요즘 감기에 걸려 있어. 방 청소는 며칠 미루는 것은 어때?
그래? 감기에 걸렸으면 무리하면 안 되지. 감기약 먹고 푹 쉬어. 청소는 감기가 나으면 하자.	
	알았어. 이해해줘서 고마워.

프로젝트 결과 화면

프로젝트 문제 분석

문제를 분석하여 필요한 기능이 무엇인지 정리한다.

프로젝트 알고리즘 설계

스프라이트, 무대의 문제 해결 알고리즘을 작성한다.

스프라이트	알고리즘
 Avery	
 Jaime	
 Green Flag	

무 대	알고리즘
 Room 1	

프로젝트 코딩

[프로젝트 알고리즘 설계]를 참고하여 코딩한다.

개선 / 발전 방향

프로젝트에서 수정할 사항이나 개선/발전할 사항들을 정리한다.

- 방 청소와 관련된 이야기가 아닌 다른 주제를 선정하여 [Avery]와 [Jaime] 스프라이트 간에 말을 하도록 변경한다.
-
-

정치 2 토론하기

토론은 크게 논제, 쟁점, 두 명 이상의 개인이나 집단, 논거, 토론 규칙의 다섯 가지 요소로 구성되어 있다. 토론을 위해서는 주제나 제목에 해당하는 논제가 필요하며, '지구는 둥글다'와 같은 절대적 사실은 토론 주제가 될 수 없다. '짜장면보다 짬뽕이 더 맛있다', '탕수육은 부먹보다 찍먹이다'와 같이 양측의 논거와 가치가 명확한 논제가 있어야 한다.

토론에 필요한 두 번째 요소는 쟁점이다. 토론에서 찬성 측과 반대 측이 서로 다투는 중심이 되는 부분이다. 모든 토론 주제는 각각의 쟁점을 내포하고 있으며, 찬성 측과 반대 측은 주요 쟁점에 관해 주장과 반론을 들어 상대방이나 청중을 설득하게 된다.

토론은 상호의 설득 과정으로 혼자서는 진행할 수 없으므로, 토론하기 위해서는 두 명 이상의 개인이나 집단이 있어야 한다.

논거는 자신의 견해를 지지하는 논리와 이유이며, 토론의 참여자는 합당한 논거를 전개해야 한다. 이러한 논리와 이유 없이는 생산적인 토론이 이루어질 수 없다.

토론하면서 위의 요소들이 잘 작동할 수 있도록 하는 토론 규칙이 필요하다. 제한된 시간과 자원을 효율적으로 사용할 수 있도록 하는 규칙이 있어야 한다.

프로젝트 정치 2

시간제한을 갖고 토론하기

사회자 [Abby] 스프라이트와 토론자 [Avery], [Dee], [Devin] 스프라이트는 서로 토론하면서 5초의 시간제한을 갖기로 하였다. 자신의 차례에서 말을 한 후 5초의 시간이 지나면 자동으로 다음 토론자에게 말할 기회가 주어진다. [Avery], [Dee], [Devin] 스프라이트 순으로 토론을 진행하며, [Devin] 스프라이트의 다음 차례는 [Avery] 스프라이트로 계속 이어진다.

프로젝트 결과화면

프로젝트 문제 분석

문제를 분석하여 필요한 기능이 무엇인지 정리한다.

프로젝트 알고리즘 설계

스프라이트, 무대의 문제 해결 알고리즘을 작성한다.

스프라이트	알고리즘
 Abby	
 Avery	
 Dee	
 Devin	

무 대	알고리즘
 Greek Theater	

프로젝트 코딩

[프로젝트 알고리즘 설계]를 참고하여 코딩한다.

개선 / 발전 방향

프로젝트에서 수정할 사항이나 개선 / 발전할 사항들을 정리한다.

- 사회자와 토론자 모두에게 [Microphone] 스프라이트를 위치시킨 후 자신이 말할 차례가 되었을 때 마이크의 모양을 '모양 2'로 변경하여 마이크가 동작하는 효과가 되도록 한다.
-
-

정치 3 투표하기

투표를 위해 선거인은 직접 투표소로 가서 투표참관인의 참관 하에 신분증명서를 제시하여 본인임을 확인받은 후, 선거인명부에 서명이나 날인 또는 무인拇印하고 투표용지를 받아야 한다.

투표용지를 받은 선거인은 기표소에 들어가 투표용지에 1명의 후보자를 선택한 후, 기표 도장으로 투표용지의 기표란에 기표한 후, 그 자리에서 기표 내용이 보이지 않게 접어 투표참관인의 앞에서 투표함에 넣어야 한다.

기표 도장으로 투표용지의 기표란에 기표할 때, 유효와 무효 기준이 마련되어 있으며, 유효와 무효 기준 중 몇 가지를 소개하면 다음과 같다.

❖ 유효 기준

- 기표란에 기표, 기표란에 기표하고 여백에 추가 기표(접선되지 않은 것), 한 후보자에 2번 이상 기표, 후보자(기호, 정당명, 성명, 기표)란에 접선하여 기표 등

❖ 무효 기준

- 기표란에 기표하지 않은 것, 두 개의 란에 걸쳐서 기표, 서로 다른 후보자(기호, 정당명, 성명, 기표)란에 두 개 이상의 기표 등

프로젝트 정치 3

투표용지에 기표 후 유효와 무효 판정받기

[기표도장] 스프라이트를 클릭하면 자기 자신을 복제한다. 복제되었을 때 무한 반복하며 마우스를 클릭할 때까지 마우스 포인터를 따라 이동하고, 마우스를 클릭하면 무한 반복을 멈춘다.

[시작하기 깃발]을 클릭하면 [투표용지-기표란1] 스프라이트는 무대의 각 위치로 이동한다. '투표유무효판정하기' 신호를 받았을 때, 만약 [기표도장] 스프라이트에 닿았으면 '유무효' 변수의 값을 각각 1만큼 바꿔서 기표란에 여러 개 기표했는가를 구분하도록 한다. [투표용지-기표란2] 스프라이트는 '유무효' 변수의 값을 각각 20만큼 바꾸고, [투표용지-기표란3] 스프라이트는 '유무효' 변수의 값을 각각 300만큼 바꾸고, [투표용지-기표란4] 스프라이트는 '유무효' 변수의 값을 각각 4000만큼 바꾸고, [투표용지-기표란5] 스프라이트는 '유무효' 변수의 값을 각각 50000만큼 바꾼다. (예를 들어, 기표란1, 기표란2, 기표란3을 동시에 기입했다면, 1 + 20 + 300으로 321의 값이 되며, 이 값으로 유무효 판정을 하여 무효 판정이 난다.)

[투표용지-제출] 스프라이트를 클릭하면 '투표유무효판정하기' 신호를 보내어 [투표용지-기표란1]~[투표용지-기표란5] 스프라이트가 '유무효' 변수의 값을 바꾸기를 기다리며, '판정안내하기' 신호를 보내어 [판정관] 스프라이트가 유무효 판정을 하도록 한다.

[판정관] 스프라이트는 '판정안내하기' 신호를 받았을 때, 무대의 맨 앞쪽으로 순서를 바꾸어 나타나고, '유무효' 변수의 값에 따라 유효와 무효 판정을 한다. 유효 판정이면 '유무효' 변수의 1번째 글자를 이용하여 어느 기표란을 선택했는지를 말한다.(예를 들어, 기표란3에 기표를 했으면 '유무효' 변수의 값은 300이고, 이 변수의 1번째 글자는 3이므로 3번 기표란으로 파악할 수 있다.)

프로젝트 결과화면

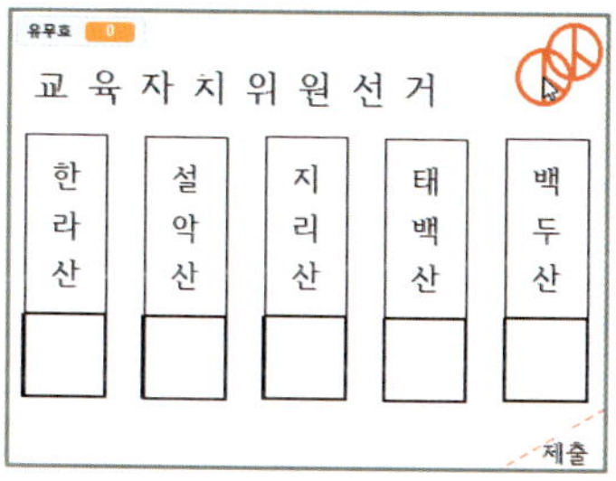

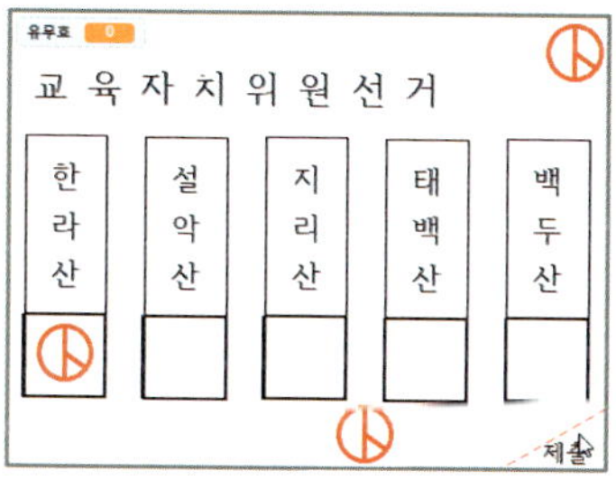

프로젝트 문제 분석

문제를 분석하여 필요한 기능이 무엇인지 정리한다.

프로젝트 알고리즘 설계

스프라이트, 무대의 문제 해결 알고리즘을 작성한다.

스프라이트	알고리즘
 기표도장	

스프라이트	알고리즘
 투표용지-기표란1	
 투표용지-기표란2	
 투표용지-기표란3	
 투표용지-기표란4	
 투표용지-기표란5	
 투표용지-제출	
 Wizard2	

무 대	알고리즘
 투표용지	

프로젝트 코딩

[프로젝트 알고리즘 설계]를 참고하여 코딩한다.

개선 / 발전 방향

프로젝트에서 수정할 사항이나 개선 / 발전할 사항들을 정리한다.

- [판정관] 스프라이트는 유효 판정에서만 몇 번 기표란에 기표했는지를 말하고 있다. 무효 판정의 통계 파악을 위해 무효 판정에서도 기표란을 구분하여 말할 수 있도록 한다.
-
-

분야별 문제 해결하기 PART 2

경제 1 카트 물품 금액 계산

마트에서 물건을 카트에 담아 계산대로 가면 카트의 물건들을 계산대 위에 모두 꺼내 놓게 된다. 그 물건들을 계산원들이 일일이 바코드로 찍어 가격을 계산하고 결제하게 되는 과정이 계산대 앞에서의 일반적인 과정이다.

얼마 전 아마존은 아마존고Amazon Go라는 계산대 없는 슈퍼마켓을 운영하기 시작하였다. 이 슈퍼마켓은 천장에 있는 카메라와 센서를 사용하여 쇼핑객들이 선반에서 무엇을 가지고 가는지 추적하고, 이들이 떠날 때 자동으로 요금을 부과함으로써 계산대와 계산원이 필요 없게 만들었다. 아마존은 첫 아마존고 매장을 연 후 약 25개의 무인 편의점을 현재 운영하고 있다.

최근 아마존은 새로 열리는 슈퍼마켓에 대시 카트Dash Carts라는 스마트 쇼핑카트를 적용하겠다고 발표하였다. 스마트 쇼핑카트는 카메라와 다양한 센서 및 저울이 탑재되어 있어 고객이 선반에서 물품을 고르는 것을 자동 추적하고 결제가 이루어지도록 하고 있다. 또한, 고객이 카트에 담는 모든 물품 항목을 자동으로 감지하고 집계할 수 있도록 설계되어 있다. 고객은 계산대의 계산원을 통하지 않고 쇼핑 후 곧바로 나갈 수 있으며, 상품 대금은 고객들이 슈퍼마켓을 떠날 때 고객의 아마존 계정에 연결된 카드에서 자동으로 결제된다.

아마존의 스마트 쇼핑카트 외에도 여러 기업과 스타트업에서 비슷한 형태의 스마트 쇼핑카트를 준비하거나 발표하고 있다.

프로젝트 경제 1

진열대의 물건을 카트에 담아 수량과 구매액 계산하기

[시작하기 깃발]을 클릭하면, [무대]에서 '가격', '수량', '구매액' 변수의 값을 0으로 정한다. 그리고, [Ruby], [카트], [진열대], [상품01]부터 [상품12]까지의 각 제품 스프라이트는 무대에서의 자신의 위치로 이동한다.

[상품01]부터 [상품12]까지의 스프라이트를 클릭하면 자기 자신을 복제한다. 복제되었을 때 각 상품은 맨 앞쪽으로 순서를 바꾸고, 10번 반복하며 크기를 조금씩 줄이고, 카트로 이동하고, 각 상품의 가격을 '구매액' 변수에 더하고, '수량' 변수의 값을 증가한다.

[Ruby] 스프라이트를 클릭하면, '카트야! 현재 전부 얼마니?'라고 말하고, '카트야' 신호를 보낸다.

'카트야' 신호를 받은 [카트] 스프라이트는 현재 카트에 담긴 총 제품 수량과 '수량' 변수를 결합하여 말하고, 총 제품의 가격을 '구매액' 변수를 결합하여 말한다.

프로젝트 결과화면

프로젝트 문제 분석

문제를 분석하여 필요한 기능이 무엇인지 정리한다.

프로젝트 알고리즘 설계

스프라이트, 무대의 문제 해결 알고리즘을 작성한다.

스프라이트	알고리즘
 Rubby	
 카트	
 진열대	
 상품01 ~	

스프라이트	알고리즘
 상품12	

무 대	알고리즘
배경 1	

프로젝트 코딩

[프로젝트 알고리즘 설계]를 참고하여 코딩한다.

개선 / 발전 방향

프로젝트에서 수정할 사항이나 개선 / 발전할 사항들을 정리한다.

- 카트에서 물건을 빼서 다시 진열대로 보내도록 수정하고, '구매액' 변수와 '수량' 변수의 값도 뺀 물건의 가격과 수량만큼 바꾼다.
-
-

경제 2 무역의 진행

물품 등의 수출과 수입을 무역Trade이라고 하며, 국가와 국가 간의 상품, 자본, 서비스(용역) 등의 상거래 행위를 말한다.

수출Export은 특정 국가가 다른 국가에 상품 등을 판매하는 경제활동이며, 반대로 수입Import은 특정 국가가 다른 국가에 상품 등을 구매하는 경제활동이다. 수출과 수입을 위해서는 정해진 일련의 절차를 거쳐야 한다.

수출 절차에서 무엇보다 상대방이 물품을 구매하겠다는 의사를 표시한 신용장이 중요하며, 이로부터 수출 절차가 시작되었다고 보아야 한다. 계약 체결 후 외국 거래인의 거래 은행으로부터 대금 회수를 위해 신용장을 수취하고, 수출 승인을 받고, 원자재 확보 및 수출금융 지원을 요청한다. 그리고 운송 계약과 보험 계약을 체결하고, 수출 통관을 걸쳐, 물품을 선적한 후 운송회사로부터 선하증권을 수령하고, 환어음으로 외국환은행에서 수출대금을 회수한다.

수입 절차에서는 수입 계약을 체결하고 수입에 관한 계약서 또는 물품매도 확약서에 의해서 수입이 제한되는 경우 수입 승인을 받고, 수입신용장을 개설한 후, 수입 화물과 선적서류가 도착하면 수입 신고 및 수입 화물을 통관하는 절차로 진행된다.

프로젝트 경제 2

무역에서의 수입 절차 진행하기

[시작하기 깃발]을 클릭하면, [무대]에서 '진행코드' 리스트와 '진행내용' 리스트를 숨기고, '단계' 변수의 값을 1로 정한다. 그리고, [한국]과 [중국] 스프라이트는 각 국가 자리에 위치하고, [한국] 스프라이트는 '태극기를 클릭하면 한국 수입업체와 중국 수출업체 간의 무역 거래 과정을 안내합니다.'를 말한다.

[한국] 스프라이트를 클릭하면 '단계' 변수의 값을 증가하면서, '무역거래과정안내' 신호를 보내고 기다리며, '무역거래과정안내' 신호 처리가 모두 끝나면 '무역 거래 과정이 모두 완료되었습니다.'를 말한다.
'무역거래과정안내' 신호를 받으면 '진행내용' 리스트의 길이만큼 반복하며, 만약 '진행코드' 리스트의 항목이 0이거나 1이면 수입업체에서 진행하는 것이므로 '코드0'이나 '코드1' 형식으로 결합하여 신호를 보내고, 현재 진행되는 '진행내용' 리스트의 항목을 말한다. 만약 '진행코드' 항목이 0과 1이 아니면, 즉, 2와 3이면 수출업체에서 진행하는 것이므로 '수출업체과정안내' 신호를 보내고 기다린다.

[중국] 스프라이트는 '수출업체과정안내' 신호를 받으면 만약 '진행코드' 리스트의 항목이 2이거나 3이면 수출업체에서 진행하는 것이므로 '코드2'나 '코드3' 형식으로 결합하여 신호를 보내고, 현재 진행되는 '진행내용' 리스트의 항목을 말한다.

[화살표] 스프라이트는, '코드0' 신호를 받으면 한국에서 화살표를 아래로 향해 한국에서 진행되는 내용임을 나타내고, '코드1' 신호를 받으면 화살표를 한국에서 중국으로 이동하도록 나타낸다. '코드2' 신호를 받으면 중국에서 화살표를 아래로 향해 중국에서 진행되는 내용임을 나타내고, '코드3' 신호를 받으면 화살표를 중국에서 한국으로 이동하도록 나타낸다.

프로젝트 결과화면

프로젝트 문제 분석

문제를 분석하여 필요한 기능이 무엇인지 정리한다.

프로젝트 알고리즘 설계

스프라이트, 무대의 문제 해결 알고리즘을 작성한다.

스프라이트	알고리즘
 한국	
 중국	
 화살표	

무 대	알고리즘
 경제2-배경	

* 경제2-진행코드.txt, 경제2-진행내용.txt

경제2-진행코드.txt - Windows 메모장

```
0
1
3
0
1
3
0
1
0
1
2
2
3
3
0
1
0
0
0
```

경제2-진행내용.txt - Windows 메모장

```
수입 아이템을 선정합니다.
중국 수출업체에게 견본을 요청합니다.
수출업체가 견본을 발송합니다.
견본이 도착하고, 검토를 합니다.
수출 문의를 합니다.
수출 확약을 합니다.
필요시 수입 승인을 받습니다.
승낙 및 계약을 합니다.
신용장을 개설신청합니다.
신용장을 발송합니다.
신용장이 도착하면 물품을 준비합니다.
필요시 수출 승인을 받습니다.
물품을 발송합니다.
선적 서류를 발송합니다.
선적 서류가 도착합니다.
수입 대금을 결제합니다.
선적 서류를 인수합니다.
수입 통관을 하고 물품을 반출합니다.
물품을 검수합니다.
```

프로젝트 코딩

[프로젝트 알고리즘 설계]를 참고하여 코딩한다.

개선 / 발전 방향

프로젝트에서 수정할 사항이나 개선 / 발전할 사항들을 정리한다.

- [화살표] 스프라이트에서 '코드0' 신호를 받으면 '수입국 처리', '코드1' 신호를 받으면 '수출국으로 전달', '코드2' 신호를 받으면 '수출국 처리', '코드3' 신호를 받으면 '수입국으로 전달'이라고 각각 말한다.
-
-

경제 3 재무상태표 항목 분류

재무상태표財務狀態表, Statement of Financial Position; SoPF는 대차대조표貸借對照表, Balance Sheet; B/S라는 이름으로 사용됐지만, 국제회계기준IFRS에서 재무상태표라는 이름으로 변경되었다.

재무상태표 왼편차변, 借邊에는 기업의 자산이 위치하며, 오른편대변, 貸邊에는 부채와 자본이 위치한다. 재무상태표는 일반적으로 복식부기에 의해 작성된 회계정보를 통합하여 만들어지기 때문에 차변의 자산총액과 대변의 부채와 자본총액이 일치하게 된다. 이러한 원리를 '대차 평균의 원리'라고 한다.

자산, 부채, 자본의 일부 항목을 소개하면 다음과 같다.

계 정	항 목
자산	현금, 주식, 채권, 파생상품, 외상매출금, 단기대여금, 선급금, 미수금, 미수수익, 상품, 제품, 원재료, 반제품, 재공품, 저장품, 단기매매금융자산, 관계기업투자주식, 투자부동산, 토지, 건물, 기계장치, 비품, 차량운반구, 영업권, 개발비, 산업재산권, 광업권, 어업권, 임차보증금, 장기선급금, 장기미수금
부채	기차입금, 외상매입금, 지급어음, 미지급법인세, 선수수익, 선수금, 미지급금, 예수금, 미지급비용, 유동성장기차입금, 회사채, 신주인수권부사채, 전환사채, 장기차입금, 퇴직연금부채
자본	보통주 자본금, 주식발행초과금, 감자차익, 자기주식처분이익, 자기주식, 주식할인발행차금, 감자차손, 배당건설이자, 미교부주식배당금, 이익준비금, 재무구조개선적립금, 임의적립금, 미처분이익잉여금

프로젝트 경제 3

재무 상태 항목 맞추기

[시작하기 깃발]을 클릭하면 [Pico] 스프라이트는 각 변수와 리스트를 무대에서 숨기고, 나만의 블록인 [초기화] 블록으로 '문제수', '문제번호', '정답수' 변수는 0으로, '답변' 변수는 ' '(공백)으로 정하여 초기화한다. 그리고 자신을 클릭하면 퀴즈가 시작됨을 말한다.

[Pico] 스프라이트를 클릭하면 나만의 블록인 [초기화] 블록을 실행하고, 몇 문제를 풀지 묻고 기다린 후, '문제수' 변수의 값으로 (대답)으로 정한다. 그리고 '문제수' 변수의 값만큼 다음을 반복한다.

난수 블록을 이용하여 '문제번호'의 값을 '계정' 리스트 내의 문항으로 정하고, '항목' 리스트의 문제를 말한다. 그리고 '답변위치확인' 신호를 보내고 기다린다. 만약 '답변위치확인' 신호에서 처리된 '답변' 변수의 값이 '계정' 리스트의 '문제번호' 항목과 일치하면 정답임을 말하고 '정답수' 변수의 값을 1 증가한다. 만약 일치하지 않으면 오답임을 말한다.

'문제수' 변수의 값만큼의 반복이 끝나면 총 문제수 중 정답수를 결합하여 말하고, 정답률을 %로 계산하여 말한다.

'답변위치확인' 신호를 받으면 무한 반복하면서, 마우스를 클릭했는가를 파악하여 '답변' 변수의 값을 ' '(공백)으로 정하고, 만약 마우스의 x 좌표 < 0이면 '답변' 변수의 값을 '자산'으로 정하고, 만약 마우스의 y 좌표 > 20이면 '답변' 변수의 값을 '부채'로, y 좌표 <= 20이면 '답변' 변수의 값을 '자본'으로 정한다. 마우스를 클릭하였으면 답변을 한 것이므로 무한 반복을 멈춘다.

프로젝트 결과화면

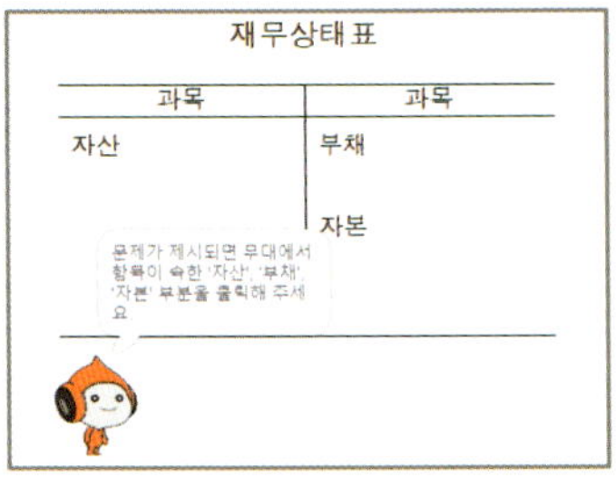

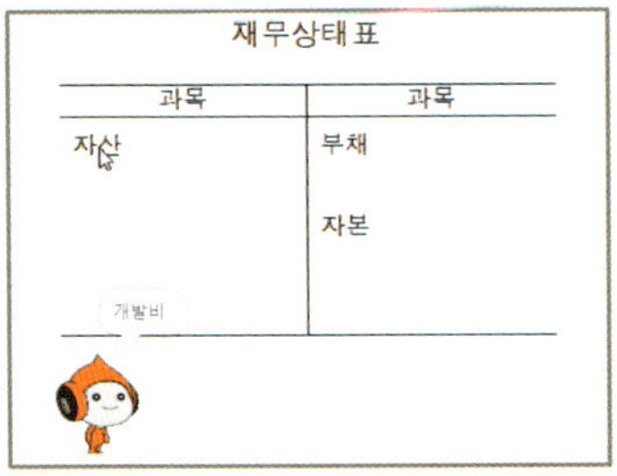

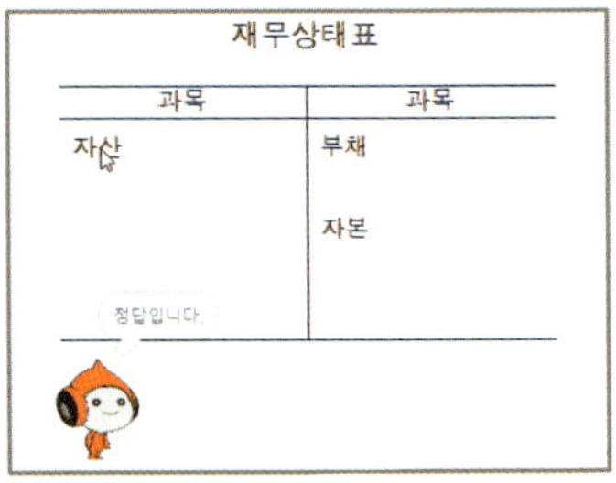

프로젝트 문제 분석

문제를 분석하여 필요한 기능이 무엇인지 정리한다.

프로젝트 알고리즘 설계

스프라이트, 무대의 문제 해결 알고리즘을 작성한다.

스프라이트	알고리즘
 Pico	

무 대	알고리즘
 경제3-배경	

* 경제3-항목.txt, 경제3-계정.txt

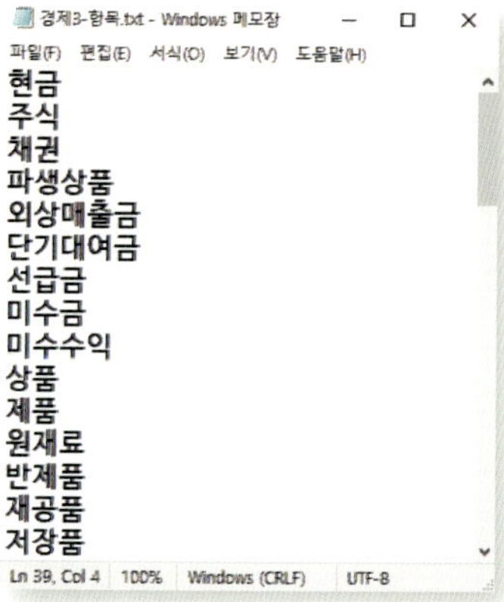

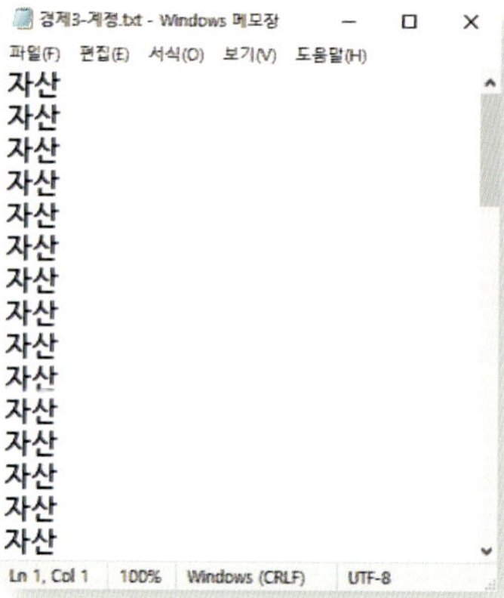

프로젝트 코딩

[프로젝트 알고리즘 설계]를 참고하여 코딩한다.

개선 / 발전 방향

프로젝트에서 수정할 사항이나 개선 / 발전할 사항들을 정리한다.

- '오답입니다.'를 말한 이후, 힌트 목적으로 다시 한 번 더 생각해보도록 '차변'이나 '대변'을 말하고, 이어서 '자산', '부채', '자본'의 정답을 말하도록 수정한다.
-
-

사회 1 다문화가족 지원 서비스 안내

통계청이 2019년 9월 발표한 2018년 인구주택총조사에 따르면 우리나라에서 다문화 가구는 33만 5천 가구이고, 가구원은 100만 9천 명으로, 다문화 가구원은 우리나라 총인구인 5천 136만 명의 약 2%를 차지하고 있다.

다문화 가구원으로 구성된 다문화가족은 '다문화가족지원법'에 의해 '결혼이민자와 국적법에 따른 출생, 인지, 귀화를 통해 대한민국 국적을 취득한 자로 이루어진 가족' 등으로 규정되어 있다.

'다문화가족지원법'에 의해 국가와 지방자치단체는 다문화가족에 대한 사회적 차별 및 편견을 예방하고 사회구성원이 문화적 다양성을 인정하고 존중할 수 있도록 다문화가족 지원 서비스를 시행하고 있다. 여성가족부, 교육부, 복지부 등의 국가 기관과 특별시, 광역시, 시, 도 등의 지방자치단체에서 관련 지원을 하고 있으며, 다문화가족지원포털인 다누리(https://www.liveinkorea.kr)의 운영 및 전국 각 지방자치단체에 다문화가족지원센터를 설치하여 관련 서비스를 지원하고 있다.

프로젝트 사회 1

다문화가족 지원 서비스를 여러 언어로 번역하여 말하기

[시작하기 깃발]을 클릭하면 [Abby] 스프라이트는 무대의 오른쪽에서 '위의 언어를 선택한 후, 저를 클릭하면 다문화가족 지원 서비스를 선택한 언어로 안내해 드리겠습니다.'라고 말한다.

[Abby] 스프라이트를 클릭하면 모양을 바꿔가며 '지원서비스' 리스트의 항목들을 선택한 언어로 번역하여 순서대로 말을 한다.

[시작하기 깃발]을 클릭하면 [한국어] 스프라이트는 '버튼모양변경' 신호를 보내어 처음 버튼이 모양으로 변경된다. [한국어] 스프라이트를 클릭하면 '버튼모양변경' 신호를 보내어 버튼이 선택된 모양으로 변경되고, 만약 [한국어] 이외의 다른 버튼이 눌러졌다면 버튼이 선택되어 있지 않은 모양으로 변경된다.

[영어], [중국어], [베트남어] 스프라이트는 [한국어] 스프라이트를 복사한 후 각 스프라이트 내의 블록 중, [이 스프라이트를 클릭했을 때] 블록에 연결된 [언어종류을(를) '언어'로 정하기] 블록의 값에서 '언어' 부분을 '영어', '중국어(간체)', '베트남어' 중 한 값으로 변경한다. 그리고, [버튼모양변경 신호를 받았을 때] 블록에 연결된 [만약 <언어종류 = '언어'>(이)라면~] 블록의 값에서 '언어' 부분을 '영어', '중국어(간체)', '베트남어' 중 한 값으로 변경한다.

프로젝트 결과화면

프로젝트 문제 분석

문제를 분석하여 필요한 기능이 무엇인지 정리한다.

프로젝트 알고리즘 설계

스프라이트, 무대의 문제 해결 알고리즘을 작성한다.

스프라이트	알고리즘
 Abby	
 Button3	
 Button3	
 Button3	

스프라이트	알고리즘
 Button3	

무 대	알고리즘
 Theater 2	

프로젝트 코딩

[프로젝트 알고리즘 설계]를 참고하여 코딩한다.

개선 / 발전 방향

프로젝트에서 수정할 사항이나 개선 / 발전할 사항들을 정리한다.

- [시작하기 깃발]을 클릭하면 '위의 언어를 선택한 후, 저를 클릭하면 다문화가족 지원 서비스를 선택한 언어로 안내해 드리겠습니다.'를 선택된 언어에 상관없이 '한국어', '영어', '중국어(간체)', '베트남어' 순으로 모두 말한다.
-
-

사회 2 어린이집 통학 차량 운행 서비스

보건복지부의 '2020년도 보육사업안내'에 의하면 어린이집의 차량 운행은 의무사항이 아니지만, 어린이집을 이용하는 아동의 보호자로부터 비용을 받아 차량을 운행할 수 있다고 한다. '도로교통법'과 '영유아보육법'에 의해 차량을 운행하고자 하는 어린이집 원장은 미리 어린이 통학버스로 관할 경찰서장에게 신고해야 한다.

어린이집 통학 차량의 운행은 보호자와 협의하여 운행 횟수 및 시간을 자율적으로 결정할 수 있지만, 반드시 '어린이통학버스정보시스템'에 입력해야 한다.

어린이집 통학 차량의 차량 안전 관리를 위해, 운전기사를 채용할 때는 채용신체검사서 제출 및 교통안전교육 이수 여부 확인, 성범죄 경력 조회를 해야 한다. 그리고 차량 운행 시 보육교사 등 어린이집 보육 교직원이 함께 타야하며, 동승보호자 안전교육을 반드시 이수해야 한다. 또한, 교사와 영유아는 차량 운행 시작 전 안전띠를 반드시 착용해야 한다.

프로젝트 사회 2

어린이집 통학 차량 운행하기

[시작하기 깃발]을 클릭하면 각 스프라이트가 각자의 위치로 이동하며, [어린이차량] 스프라이트는 '차를 클릭하면 출발합니다.'라고 말한다.

[어린이차량] 스프라이트를 클릭하면 [Cat], [Bat], [Crab], [Dog1], [Dot], [Elephant] 스프라이트 순으로 탑승하도록, 해당 스프라이트 위치로 이동한 후 'Cat탑승' 형식의 신호를 보내고 기다린다. 해당 탑승 신호를 받은 스프라이트는 모양을 바꾸고 [어린이차량] 스프라이트로 이동한다.

모든 스프라이트가 탑승을 완료하면 [어린이집] 스프라이트 위치로 이동하여 '모두하차' 신호를 보내며, '모두하차' 신호를 받은 스프라이트는 [어린이집] 스프라이트 위치로 이동한다.

프로젝트 결과화면

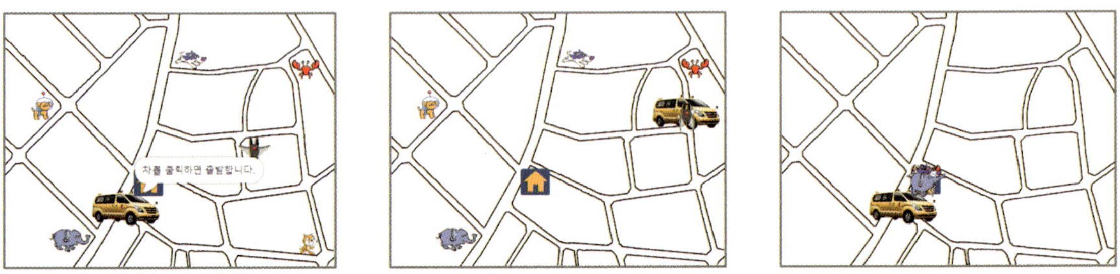

프로젝트 문제 분석

문제를 분석하여 필요한 기능이 무엇인지 정리한다.

프로젝트 알고리즘 설계

스프라이트, 무대의 문제 해결 알고리즘을 작성한다.

스프라이트	알고리즘
 Home Button	
 사회2-어린이 차량	
 Cat	
 Bat	
 Crab	
 Dog1	

스프라이트	알고리즘
 Dot	
 Elephant	

무 대	알고리즘
 사회2–배경	

프로젝트 코딩

[프로젝트 알고리즘 설계]를 참고하여 코딩한다.

개선 / 발전 방향

프로젝트에서 수정할 사항이나 개선 / 발전할 사항들을 정리한다.

- '탑승자' 변수를 추가하여 값을 2(운전자, 동승보호자)로 정한다. 그리고, 이동하면서 스프라이트가 탑승하면 '탑승자' 변수의 값을 증가하고, [어린이집] 스프라이트에 도착하여 하차할 때 [어린이차량] 스프라이트는 전체 탑승자에서 2(운전자, 동승보호자)를 뺀 숫자를 '원생 6명이 하차합니다.' 형식으로 말한다. 이어서, [어린이집] 스프라이트는 '원생 6명이 도착하였습니다.' 형식으로 말한다.
-
-

사회 3 가구 소득별 월평균 1인당 사교육비

사회 현상의 연구 방법은 양적 연구 방법과 질적 연구 방법으로 나눈다. 양적 연구 방법은 경험적 자료를 수집하고 계량화하여 사회 현상을 통계적으로 분석하며, 특정 항목에 대한 수치화된 자료를 바탕으로 항목 간의 상관관계를 분석하여 일반화된 법칙을 발견한다. 질적 연구 방법은 심층 면접 등을 통하여 자료를 수집하고, 연구자의 직관적인 통찰로 연구 대상자의 주관적 의식과 행동을 이해하고자 하는 연구 방법이다.

'사회3 가구 소득별 월평균 1인당 사교육비' 부분에서는 사회 현상의 연구 방법 중 양적 연구 방법 사례에 대해 살펴본다.

통계청의 국가통계포털(KOSIS, http://kosis.kr)의 '가구의 월평균 소득별 학생 1인당 월평균 사교육비(2018)' 통계 자료를 이용하여 다음과 같은 자료를 수집하였으며, 수집된 수치화된 자료를 바탕으로 분석하여 각 항목 간의 상관관계 몇 가지를 발견할 수 있다.

월평균 소득 수준	학생 1인당 월평균 사교육비	대상분포(%)
200만 원 미만	99,000원	8.1
200~300만 원 미만	156,000원	13.3
300~400만 원 미만	222,000원	18.1
400~500만 원 미만	279,000원	17.6
500~600만 원 미만	329,000원	15.3
600~700만 원 미만	373,000원	8.9
700~800만 원 미만	422,000원	6.3
800만 원 이상	505,000원	12.4

'학생 1인당 월평균 사교육비가 소득 규모에 따라 최대 5.1배 차이가 나는 것으로 분석되었다. 월평균 소득 수준이 200만 원 미만인 가구에서 지출하는 학생 1인당 월평균 사교육비는 9만 9천 원이며, 월평균 소득 수준이 800만 원 이상인 가구에서 지출하는 학생 1인당 월평균 사교육비는 50만 5천 원으로 200만 원 미만 가구의 5.1배이다.'

'학생 1인당 월평균 사교육비를 지출하는 가장 높은 분포를 차지하는 월평균 소득 수준 가구는 300~400만 원 미만 가구로 전체의 18.1%를 차지하며, 그다음으로는 400~500만 원 미만 가구가 17.6%를 차지한다. 그리고 300~600만 원 미만 가구가 전체의 51%를 차지하고 있다.'

이처럼 양적 연구 방법은 수치화된 자료를 바탕으로 항목 간의 상관관계를 분석하여 일반화된 법칙을 발견하는 것이며, 자료를 계량화하여 객관적으로 정밀한 연구를 할 수 있다는 장점이 있다.

프로젝트 사회 3

가구 소득별 월평균 1인당 사교육비의 소득 수준 비교

[시작하기 깃발]을 클릭하면 [Jaime] 스프라이트는 무대의 왼쪽 아래에서 '저를 클릭하면 사교육비의 소득 수준 비교를 안내합니다.'라고 말한다.

[Jaime] 스프라이트를 클릭하면 월평균 소득 수준이 200만 원 미만인 가구와 월평균 소득 수준이 800만 원 이상인 가구에서 지출하는 학생 1인당 월평균 사교육비를 순서대로 말하며, 800만 원 이상인 가구가 200만 원 미만인 가구의 몇 배에 해당하는지 말한다.

프로젝트 결과화면

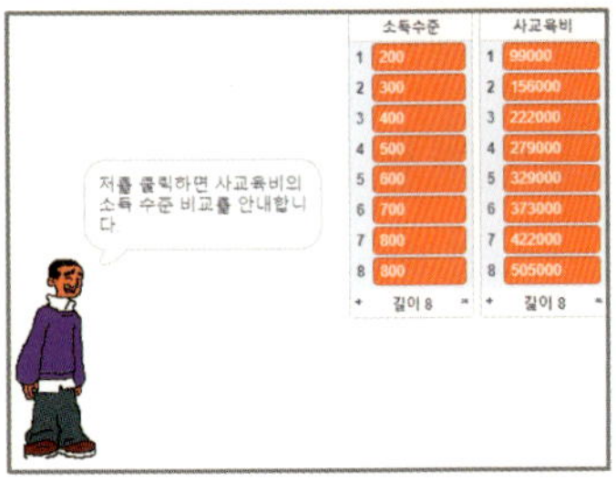

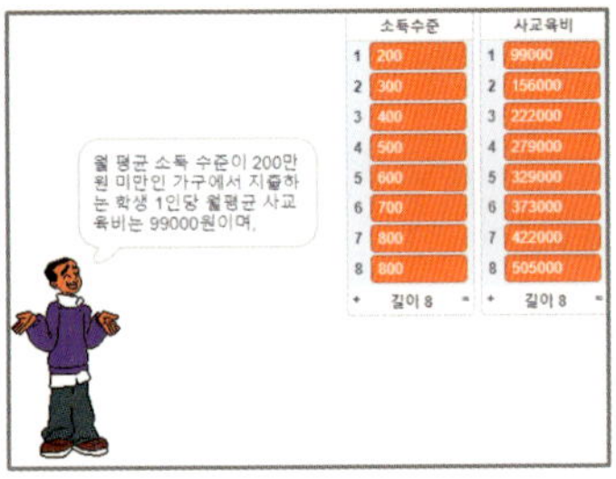

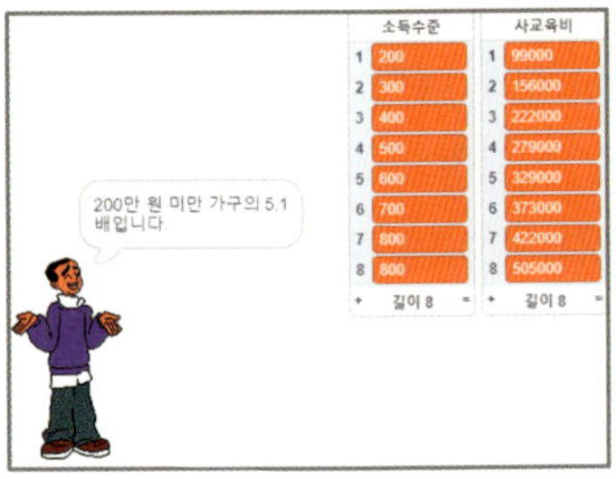

프로젝트 문제 분석

문제를 분석하여 필요한 기능이 무엇인지 정리한다.

프로젝트 알고리즘 설계

스프라이트, 무대의 문제 해결 알고리즘을 작성한다.

스프라이트	알고리즘
 Jaime	

무 대	알고리즘
배경 1	

프로젝트 코딩

[프로젝트 알고리즘 설계]를 참고하여 코딩한다.

개선 / 발전 방향

프로젝트에서 수정할 사항이나 개선 / 발전할 사항들을 정리한다.

- 800만 원 이상의 사교육비가 전체 사교육비의 몇 %를 차지하는지 계산하여 말한다.
-
-

문화 1 자기소개 동시통역하기

세계 각국은 외국인 유학생 유치를 위해 학습 능력 위주의 평가방식을 수정해 다양한 선발 기준을 도입하고 있다. 비록 우리나라의 유학 정책이 아직은 학습 능력 위주로 평가하는 보수적 성향을 유지하고 있지만, 유학 목적을 다양화하고 다변화시킬 필요를 인식하고 유학 정책의 새로운 패러다임 도입을 위해 노력하고 있는 중이다.

2014년 이후 꾸준히 증가하던 외국인 유학생은 2019년 16만 165명, 2020년 15만 6,495명으로 감소하여 증가세가 주춤하고 있다. 2020년 외국인 유학생 중 중국인 유학생은 52.4%로 비율이 매년 조금씩 감소하고 있고, 베트남 유학생은 17%로 증가하고 있다. 베트남 다음으로는 몽골, 일본, 미국 순으로 주로 아시아 국가의 유학생 비율이 높은 편이다.

외국인 유학생의 증가로 인해 대학이나 사회에서 외국인 유학생 등과의 만남의 자리가 마련될 기회가 생겨나고 있다. 이러한 만남에서 자신과 관련된 다양한 주제는 좋은 이야깃거리가 될 수 있다. 또한, 자국의 문화와 전통, 풍습, 음식, 음악 등도 상대방의 관심거리가 될 만한 좋은 소재가 될 수 있다.

우리나라의 음식과 관련되어 그동안 전통적 한식으로 많이 소개된 것은 비빔밥, 불고기, 갈비찜, 김치, 잡채, 보쌈 등이었는데, 최근 외국인의 한국 음식과 관련된 성향이 조금씩 변화가 있는 상태이다. 전통적인 한식을 벗어나 현재 한국인들이 즐겨 먹는 음식이 점차 알려지는 중이다. 대표적인 음식으로는 순두부찌개, 삼겹살, 갈비찜, 치맥, 떡볶이, 감자탕, 부대찌개, 삼계탕, 닭갈비 등 한국인의 시각으로는 외국인들에게 호불호가 있을 수 있다고 생각되는 음식이 점차 선호되는 중이다.

프로젝트 문화 1

자기소개를 여러 나라 언어로 동시통역하기

[시작하기 깃발]을 클릭하면 각 스프라이트는 각자의 위치로 이동한다.

각 스프라이트를 클릭하면 스프라이트의 크기를 조금 줄여 말하고 있음을 나타내고, 말하기가 끝나면 스프라이트의 크기를 다시 원래의 크기로 되돌린다. 각 스프라이트를 클릭하였을 때의 말하기는 각자의 언어로 인사를 하며 자기소개를 진행한다. [Block-K] 스프라이트는 한국어, [Block-C] 스프라이트는 중국어, [Block-V] 스프라이트는 베트남어, [Block-E] 스프라이트는 영어, [Block-B] 스프라이트는 포르투갈어로 말한다. 한 스프라이트가 말을 하면 다른 스프라이트는 자국의 언어로 번역을 하여 해당 말을 생각한다.

프로젝트 결과화면

프로젝트 문제 분석

문제를 분석하여 필요한 기능이 무엇인지 정리한다.

프로젝트 알고리즘 설계

스프라이트, 무대의 문제 해결 알고리즘을 작성한다.

스프라이트	알고리즘
Block-K	
Block-C	
Block-V	
Block-E	

스프라이트	알고리즘
 Block-B	

무 대	알고리즘
Light	

프로젝트 코딩

[프로젝트 알고리즘 설계]를 참고하여 코딩한다.

개선 / 발전 방향

프로젝트에서 수정할 사항이나 개선 / 발전할 사항들을 정리한다.

- 각 스프라이트의 1번 모양을 복사하여 2번 모양을 만들고(예, 'Block-k'를 복사하면 'Block-k2'가 만들어 짐), 2번 모양의 글자 내부 색상을 다른 색상으로 변경한다(변경하는 색상은 모든 스프라이트를 같은 색상으로 변경하여도 되고, 각국의 상징 색상이나 국기에서 대표되는 색상으로 변경하여도 됨). 각 스프라이트를 클릭하면 스프라이트의 크기를 줄이는 것과 함께 2번 모양으로 변경하여 말하고 있음을 더 정확히 나타낼 수 있도록 한다.
-
-

문화 2 전 세계 대륙별 K-Pop 1위 가수

한국의 대중음악을 우리나라에서는 '가요'라는 이름으로 많이 사용하고 있었다. 그러나 최근 한국의 대중음악이 우리나라를 벗어나 세계인에게 많이 알려지다 보니 '대한민국의 대중음악'이라는 의미로 'Korean-POPular music', 즉 'K-POP'이란 단어가 대한민국 이외 국가에서 대한민국 대중가요를 가리키는 이름으로 널리 사용되게 되었다.

2019년 8월에 발표된 케이팝 세계지도2019 GLOBAL K-POP MAP에 의하면, 아메리카에서는 BTS, 유럽에서는 BTS, 아시아에서는 BlackPink에 대한 선호도가 높은 편이다.(https://www.kpop-radar.com/brief/34)

2020년 9월에 발표된 #KpopTwitter 2020 World Map에 의하면, 2019년의 케이팝 세계지도와 비슷하게 아메리카와 유럽에서는 BTS, 아시아에서는 BlackPink에 대한 선호도가 여전히 높았고, 각 권역 내에서의 국가별로는 다양한 K-Pop 가수들의 선호도를 더 자세히 살펴볼 수 있다.(https://www.kpop-radar.com/brief/108)

프로젝트 문화 2

케이팝 세계지도의 대륙별 K-Pop 1위 가수 나타내기

[시작하기 깃발]을 클릭하면 각 스프라이트는 각자의 위치로 이동한다.

[고양이] 스프라이트를 클릭하면 '대륙별 K-Pop 아티스트 조회수 Top 정보를 확인하려면 대륙에 위치한 원형 아이콘을 클릭해 주세요.'라고 말한다.

[아시아], [유럽], [아메리카] 스프라이트 각각을 클릭하면 대륙과 가수, 비율을 정하고 '1위표시' 신호를 보낸다.

[비율] 스프라이트가 '1위표시' 신호를 받으면 기존에 표시된 모든 내용을 지우고, 클릭한 대륙 스프라이트로 이동한 후, 비율 값만큼 반복하면서 [비율] 스프라이트의 모양을 도장찍기로 복사한다. 반복이 끝나면 가수 이름과 비율 %를 결합하여 말한다.

프로젝트 결과화면

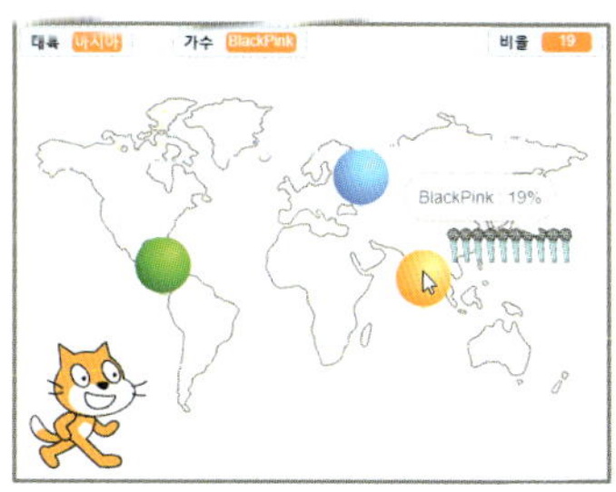

프로젝트 문제 분석

문제를 분석하여 필요한 기능이 무엇인지 정리한다.

프로젝트 알고리즘 설계

스프라이트, 무대의 문제 해결 알고리즘을 작성한다.

스프라이트	알고리즘
 Cat	
 Ball	
 Ball	
 Ball	
 Microphone	

무 대	알고리즘
문화2-배경	

프로젝트 코딩

[프로젝트 알고리즘 설계]를 참고하여 코딩한다.

개선 / 발전 방향

프로젝트에서 수정할 사항이나 개선 / 발전할 사항들을 정리한다.

- 최근 K만두(한국식 만두)가 미국을 포함한 전 세계 시장에서 급격한 매출을 올리고 있다. K만두를 대표하는 한 제품은 2020년 미국에서 4,200억 원, 유럽에서 180억 원, 중국을 포함한 아시아에서 2,410억 원의 매출을 달성하였다. 이 매출액을 지도에 표시하도록 [문화2] 프로젝트를 수정한다.
-
-

문화 3 한복 입기

한복韓服은 한국의 전통의상을 말하며, 특정한 시기의 특정한 복식이 아닌 시대의 흐름에 따라 형태가 지속해서 변해왔다. 현대의 한복은 조선 밀기 이후의 변형된 양식을 위주로 하고 있다.

개량 한복 등의 경우는 일상생활에서도 편하게 입는 옷으로 자리 잡고 있지만, 일반 한복은 특별한 날이나 의식 등을 치를 때 입는 의복의 역할이 강조되다 보니 한복을 입는 방법이나 입는 순서 등이 전통적으로 전해져 내려오고 있다.

한복을 구성하는 종류에는 남자와 여자의 경우 서로 다른 구성으로 되어 있고, 시기와 지위, 지역 등에 따라 다양한 종류가 존재한다. 그러나 다양한 구성 종류에도 불구하고 한복을 입는 방법이나 입는 순서는 비교적 비슷한 경우가 많은 편이다. 일반적으로 많이 알려진 몇 가지 종류로 제한한 남자와 여자의 한복(개량 한복) 입는 순서는 다음과 같다.

남 자	속고의(속바지) / 속적삼 → 바지 / 저고리 → 조끼 → 버선 / 대님 → 마고자 → 두루마기
여 자	속속곳 / 속적삼 → 속바지 / 속저고리 → 단속곳 → 너른바지(속치마) → 무지기치마 → 겉치마 → 저고리 → 두루마기

프로젝트 문화 3

남자 한복 입히기[5)]

[시작하기 깃발]을 클릭하면 각 스프라이트는 각자의 위치로 이동한다.

[사람] 스프라이트를 클릭하면 '옷입힌순서' 변수의 값을 삭제하여 초기화하고, '저에게 차례대로 옷을 입혀주세요.'라고 말한 후, 옷들을 처음 위치로 되돌리기 위하여 '현위치로복귀' 신호를 보낸다. '현위치로복귀' 신호를 받은 각 스프라이트는 옷을 입히기 전의 처음 위치로 이동한다.

[대님] 등의 옷 스프라이트를 클릭하면 맨 앞으로 순서를 바꾸고 자신의 스프라이트 이름을 말한 후 [사람] 스프라이트의 착용 위치로 이동한다. 그리고 '옷입힌순서' 변수에 자신의 착용 번호를 결합한다. 만약 '옷입힌순서' 변수의 길이가 8이면 모든 옷을 입힌 것이므로 '옷다입힘' 신호를 보낸다. '옷다입힘' 신호를 받은 [사람] 스프라이트는 '옷입힌순서' 변수의 값이 '12345678'의 순서이면 '한복을 정확한 순서대로 입혔습니다.'로 말하고, 그렇지 않으면 '한복 입히는 순서가 잘못되었습니다.'로 말한다.

5) '여자 한복 입히기' 프로젝트는 별도의 프로젝트인 [문화3-여자.sb3] 프로젝트 파일 참고.

프로젝트 결과화면

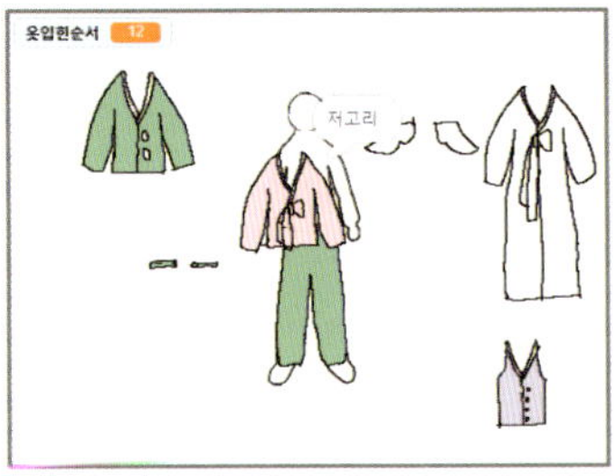

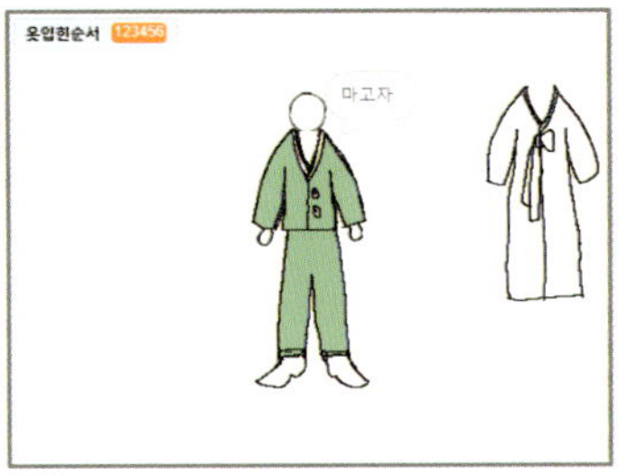

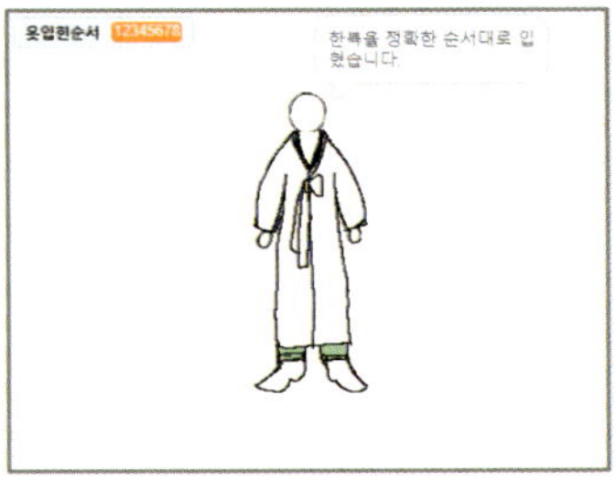

프로젝트 문제 분석

문제를 분석하여 필요한 기능이 무엇인지 정리한다.

프로젝트 알고리즘 설계

스프라이트, 무대의 문제 해결 알고리즘을 작성한다.

스프라이트	알고리즘
 사람	
 대님	
 마고자	
 버선	

스프라이트	알고리즘
 저고리	
 조끼	
 두루마기	
 바지	
 속바지	

무 대	알고리즘
배경 1	

프로젝트 코딩

[프로젝트 알고리즘 설계]를 참고하여 코딩한다.

개선 / 발전 방향

프로젝트에서 수정할 사항이나 개선 / 발전할 사항들을 정리한다.

- 옷들을 입히는 과정에서 잘못 입혔을 경우 [사람] 스프라이트에 입힌 해당 옷들 클릭하면 처음 위치로 다시 되돌리는 기능을 추가한다.
-
-

예술 1 그림 그리기

빛의 삼원색인 빨강Red, 초록Green, 파랑Blue 색상을 혼합하면 다양한 색상을 만들 수 있다. RGB 형식을 구성하는 R, G, B 각각의 색상은 0~255의 256가지 색상 값으로 구성되며, R, G, B 색상이 혼합되면 256 * 256 * 256가지의 색상, 즉 16,777,216가지의 색상이 표현될 수 있다.

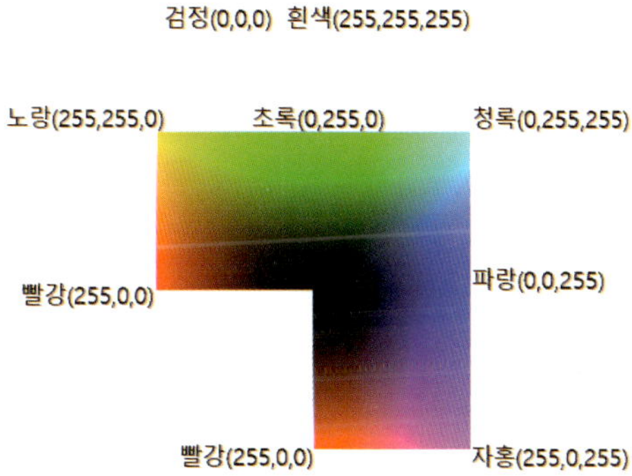

RGB 형식의 색상은 R, G, B 각각의 색상 값을 이용하여 다음 식으로 계산된다.

$$
\begin{aligned}
RGB\text{색상} &= R\text{색상값}*256^2 + G\text{색상값}*256^1 + B\text{색상값}*256^0 \\
&= R\text{색상값}*65536 + G\text{색상값}*256 + B\text{색상값}*1
\end{aligned}
$$

[프로젝트-예술1]에서는 R, G, B의 색상 값을 계산하여 펜의 색상을 변경하며, 펜의 색상을 변경하는 방법으로 위의 계산식을 활용하고 있다.

프로젝트 예술 1

RGB 색상을 혼합하여 그림 그리기

무대에 있는 'R', 'G', 'B', '선굵기' 변수의 형식을 '변수이름-변수값 보기' 형식에서 '슬라이더 사용하기' 형식으로 변경해 놓는다.

[시작하기 깃발]을 클릭하면 [펜], [지우개], [화면지우기] 스프라이트는 무대의 오른쪽 아래로 이동하고, '기능모양설정' 신호를 보낸다. '기능모양설정' 신호를 받은 [펜], [지우개], [화면지우기] 스프라이트는 '기능' 변수의 값이 '펜'이나 '지우개'나 '화면지우개'에 따라 해당 스프라이트의 모양을 모양2인 '*-glow2' 모양으로 바꾸거나 모양1인 '*-glow' 모양으로 바꾼다. '*-glow2' 모양은 해당 기능을 사용하는 상태로 글자 주변이 파란색인 모양이며, '*-glow' 모양은 해당 기능을 사용하지 않은 상태로 글자 주변이 연한 파란색인 모양이다.

[펜] 스프라이트를 눌러 '펜' 기능이 설정되면 [Pencil] 스프라이트의 모양이 'pencil-a' 모양으로 바뀌면서 마우스 포인터를 따라 선을 그린다. 선의 굵기나 선의 색상은 'R', 'G', 'B', '선굵기' 변수의 값을 이용한다.

[지우개] 스프라이트를 눌러 '지우개' 기능이 설정되면 [Pencil] 스프라이트의 모양이 '예술1-지우개모양' 모양으로 바뀌면서 마우스 포인터를 따라 선을 지운다. 지우개의 지우는 영역의 굵기는 '선굵기' 변수의 값을 이용한다.

[화면지우기] 스프라이트를 눌러 '화면지우기' 기능이 설정되면 [Pencil] 스프라이트가 숨겨지고, 무대의 모든 선을 지운다.

프로젝트 결과화면

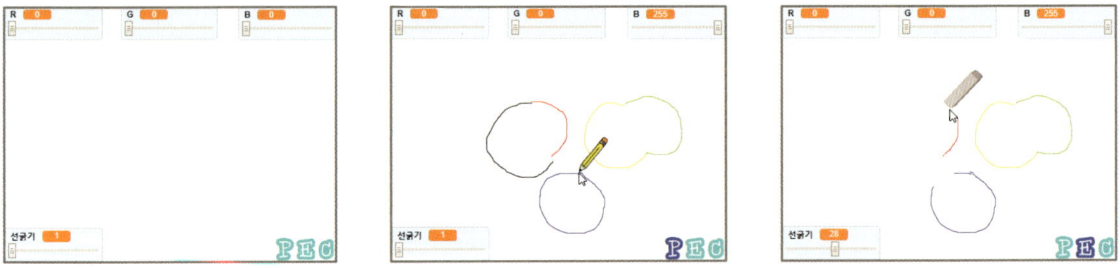

프로젝트 문제 분석

문제를 분석하여 필요한 기능이 무엇인지 정리한다.

프로젝트 알고리즘 설계

스프라이트, 무대의 문제 해결 알고리즘을 작성한다.

스프라이트	알고리즘
 Pencil 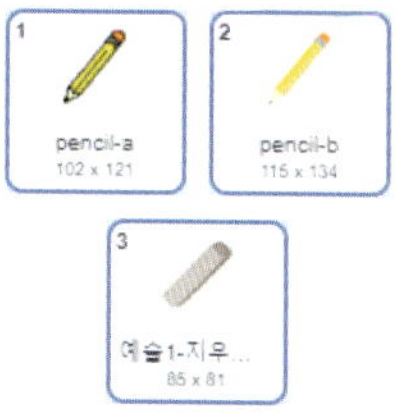	
 Glow-P 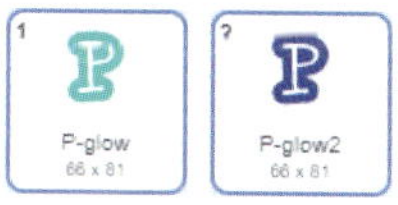	
 Glow-E 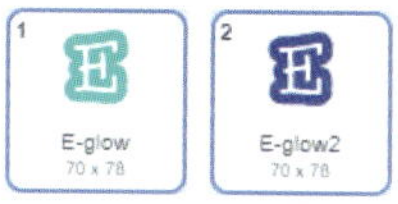	
 Glow-C 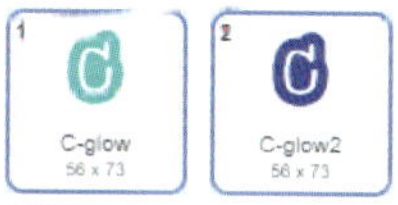	

무 대	알고리즘
배경 1	

PART 2 분야별 문제 해결하기

프로젝트 코딩

[프로젝트 알고리즘 설계]를 참고하여 코딩한다.

개선 / 발전 방향

프로젝트에서 수정할 사항이나 개선 / 발전할 사항들을 정리한다.

- 펜 상태가 되어 펜으로 선을 그릴 때, 무대 위의 R G B 변수 부분과 무대 아래의 선굵기, P E G 부분에는 선을 그리지 못하도록, 즉 이 두 부분을 제외한 부분에서만 선을 그리도록 변경한다.
-
-

예술 2 악보 연주하기

스크래치에서는 음계에 해당하는 값을 다음과 같이 코드로 표현하고 있다.

(단위: 코드)

음계 \ 옥타브	1	2	3	4	5	6	7	8
C(도)	24	36	48	60	72	84	96	108
C#	25	37	49	61	73	85	97	109
D(레)	26	38	50	62	74	86	98	110
D#	27	39	51	63	75	87	99	111
E(미)	28	40	52	64	76	88	100	112
F(파)	29	41	53	65	77	89	101	113
F#(피)	30	42	54	66	78	90	102	114
G(솔)	31	43	55	67	79	91	103	115
G#	32	44	56	68	80	92	104	116
A(라)	33	45	57	69	81	93	105	117
A#	34	46	58	70	82	94	106	118
B(시)	35	47	59	71	83	95	107	119

스크래치에서 음악과 관련된 블록은 [확장 기능 추가하기]를 통해 [음악] 팔레트를 추가하여 사용할 수 있다. '도레미'에 해당하는 코드는 위의 표에서 60, 62, 64이므로, 오른쪽 스크립트로 연주할 수 있다.

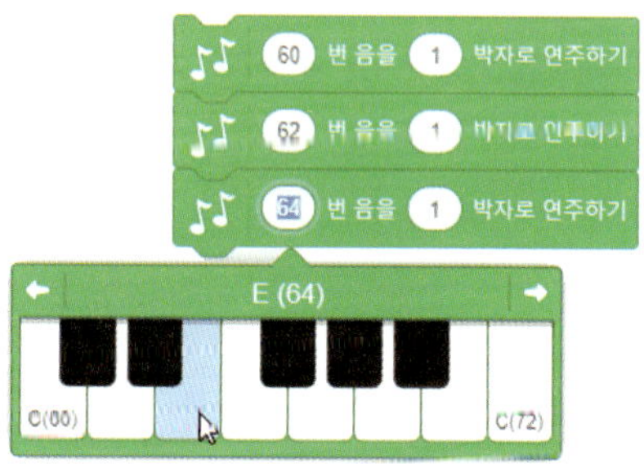

다음 표는 보통 빠르기일 때 음표들의 박자를 나타낸다.

음표	이름	박자	음표	이름	박자
𝅝	온음표	4 박자	♪.	점8분음표	3/4 박자
𝅗𝅥.	점2분음표	3 박자	♪	8분음표	1/2 박자
𝅗𝅥	2분음표	2 박자	𝅘𝅥𝅯	16분음표	1/4 박자
♩	4분음표	1 박자			

프로젝트 예술 2

'학교종이 땡땡땡' 악보 연주하기

[시작하기 깃발]을 클릭하면 [협주하기] 스프라이트는 무대의 오른쪽 아래에서 '저를 클릭하면 음악이 연주됩니다.'라고 말한다.

[협주하기] 스프라이트를 클릭하면 악기를 피아노로 정하고, 빠르기를 120으로 정한 후, '반주' 신호를 보내고 높은음자리표의 연주가 시작된다.

'반주' 신호를 받으면 낮은음자리표의 연주가 함께 시작된다.

프로젝트 결과화면

프로젝트 문제 분석

문제를 분석하여 필요한 기능이 무엇인지 정리한다.

* '학교종이 땡땡땡' 악보

학교종이 땡땡땡

프로젝트 알고리즘 설계

스프라이트, 무대의 문제 해결 알고리즘을 작성한다.

스프라이트	알고리즘
 예술2-piano	

무 대	알고리즘
 School	

프로젝트 코딩

[프로젝트 알고리즘 설계]를 참고하여 코딩한다.

개선 / 발전 방향

프로젝트에서 수정할 사항이나 개선 / 발전할 사항들을 정리한다.

- [Bell] 스프라이트를 추가하고, 'bell1' 모양을 복사하여 'bell2' 모양을 만든다. [선택] 도구로 'bell2' 모양의 벨 부분을 선택한 후, [좌우뒤집기] 도구로 선택된 부분을 좌우로 뒤집는다. 그리고 'bell1' 모양과 'bell2' 모양의 스프라이트 중심점을 벨의 상단 부분에 맞춘다. [시작하기 깃발]을 클릭하면 [Bell] 스프라이트는 학교 문 왼쪽 위로 이동한다. '반주' 신호를 받으면 다음 모양으로 바꾸고 0.5초 기다리는 과정을 무한 반복하여 마치 연주와 함께 벨이 좌우로 흔들리는 듯한 효과를 준다. 다만, 이렇게 연주와 함께 움직임을 가질 때 어떠한 문제가 발생하는지 파악해 본다.
- 위의 문제점을 해결하기 위해서는 어떠한 작업을 해야 하는지 해결책을 찾아보고, 이 해결책의 문제점은 무엇인지 다시 파악해 본다.
-
-

예술 3 칠보 공예

칠보 공예는 금, 은, 구리 등의 바탕 재료에 칠보 유약을 칠하고 700~900℃의 불에 구워내는 공예 기법이다. 금속 위에 보석 가루로 색을 입혀내는 방식은 이집트에서 유래되어 유럽과 인도, 중국을 거쳐 삼국시대 이전에 우리나라에 전래하였으며, 칠보七寶의 어원은 아미타경에 적힌 금, 은, 정옥 등 7가지 보석에서 따왔다고 전해진다.

칠보 공예에 사용되는 소지 금속으로는 구리가 가장 많이 사용되며, 각종 소지 금속에 유약을 발라 녹여 부착시키는 방식이다. 칠보 유약으로는 규석, 소다, 장석, 붕사 등이 사용되며, 다음과 같은 금속 산화물을 첨가하여 색상을 나타낼 수 있고, 칠보 유약이 금속 재료 표면에 잘 붙도록 도와주는 역할을 한다.

색 상	금속 산화물
빨강	세레늄, 금
주황	세레늄, 카드뮴
노랑	안티몬, 산화철, 산화은
초록	크롬, 산화동
파랑	산화코발트
보라	이산화망간
갈색	산화철, 이산화망간

금속 산화물 등이 혼합되어 만들어진 칠보 유약의 종류로는 입자 유약, 가루 유약, 회화 유약, 선 유약 등이 있다. 입자 유약은 작은 돌 형태로 되어 있으며 가마에서 녹아 금속에 부착된다. 그리고 가루 유약은 물에 섞어서 사용하거나 가루 형태 그대로 사용하기도 한다. 회화 유약은 물감 형태의 유약으로 주로 선을 나타낼 때 사용한다. 선 유약은 선 형태로 되어 있으며 주로 선을 나타낼 때 사용한다.

칠보 공예를 통한 제품으로는 쌍가락지, 은장도 등 여성의 장신구, 은 주발, 은수저 등의 주방 용기, 경대, 함 등의 가구 등 다양한 제품들이 있다.

프로젝트 예술 3

칠보 입자 유약과 회화 유약을 가마에서 녹이기

[시작하기 깃발]을 클릭하면 각 스프라이트는 각자의 위치로 이동한다. 그리고 [칠보가마] 스프라이트는 '먼저 입자 유약을 클릭하여 핀셋으로 옮겨놓습니다.', '그리고 회화 유약을 클릭하여 붓으로 선이나 색을 칠합니다.', '마지막으로 저를 클릭하면 가마에서 소성 작업을 하여 유약들을 녹여 완성합니다.'로 작업 과정을 말한다.

[시작하기 깃발]을 클릭하면 [칠보붓] 스프라이트는 무한 반복하면서 마우스 포인터 위치로 이동하고 마우스의 y 좌표와 마우스 클릭 여부에 따라 '유약색상' 변수의 색상으로 펜을 내려 칠을 한다. '붓핀셋변경' 신호를 받으면 [칠보붓] 스프라이트는 '유약색상' 변수의 값이 '숨김'인가에 따라 무대에서 숨기거나 보이고, '유약색상'이 '핀셋'이면 '예술3-칠보핀셋' 모양으로 바꾸고, '핀셋'이 아니면 '예술3-칠보붓' 모양으로 바꾼다.

[칠보유약1-빨강], [칠보유약1-초록], [칠보유약1-파랑] 스프라이트를 클릭하면 '유약색상'을 '핀셋'으로 정하고 '붓핀셋변경' 신호를 보내 핀셋으로 자신들을 이동시킬 수 있도록 한다. 또한, '가마굽기' 신호를 받으면 녹은 형태의 모양으로 변경한다.

[칠보유약2-흰색], [칠보유약2-빨강], [칠보유약2-초록], [칠보유약2-파랑] 스프라이트를 클릭하면 '유약색상'을 각자의 색상으로 정하고 '붓핀셋변경' 신호를 보내 붓으로 자신들의 색상을 칠할 수 있도록 한다.

[칠보가마] 스프라이트를 클릭하면 '유약색상' 변수의 값을 '숨김'으로 정하여 [칠보붓] 스프라이트에 의해 칠이 되지 않도록 한다. 이어서 '붓핀셋변경' 신호를 보내며, '가마에서 소성 작업중...'으로 말하고, '가마굽기' 신호를 보낸 후 '소성 작업 완료!'를 말한다.

프로젝트 결과화면

프로젝트 문제 분석

문제를 분석하여 필요한 기능이 무엇인지 정리한다.

프로젝트 알고리즘 설계

스프라이트, 무대의 문제 해결 알고리즘을 작성한다.

스프라이트	알고리즘
 예술3–칠보가마	
 예술3–칠보붓 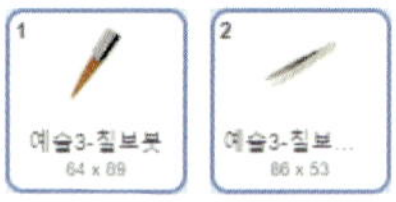	
 예술3–칠보유약1–빨강1 	
 예술3–칠보유약1–초록1 	
 예술3–칠보유약1–파랑1 	
 예술3–칠보유약2–흰색	
 예술3–칠보유약2–빨강	

스프라이트	알고리즘
 예술3–칠보유약2–초록	
 예술3–칠보유약2–파랑	

무 대	알고리즘
 예술3–배경	

프로젝트 코딩

[프로젝트 알고리즘 설계]를 참고하여 코딩한다.

개선 / 발전 방향

프로젝트에서 수정할 사항이나 개선 / 발전할 사항들을 정리한다.

- [나 자신 복제하기] 블록을 이용하여 [칠보유약1–빨강], [칠보유약1–초록], [칠보유약1–파랑] 스프라이트의 복제본을 작업판에 이동시킨다. [칠보가마] 스프라이트를 클릭하여 소성 작업을 할 때 작업판 안쪽에 있는 복제본만 소성 작업이 되도록 한다.
-
-

저자소개

김진일

한남대학교 탈메이지교양교육대학의 부교수로 재직 중이며, 인공지능(컴퓨터비전), 증강현실, 상황학습 분야를 연구하고 있다. 산업현장에서의 실무 경험을 하면서 익히 노하우를 강의 커리큘럼에 적극적으로 도입하여 실습과 경험을 중심에 둔 강의를 진행하고 있다. 최근 주요 저서로는 『인공지능 알고리즘』, 『스크래치로 배우는 컴퓨팅사고』, 『파이썬으로 배우는 컴퓨팅 사고』 등이 있다.

윤장혁

한남대학교 탈메이지교양교육대학의 강사로 재직 중이며, 산업현장에서의 오랜 경험과 축적된 프로그래밍 능력을 수업에 활용하여 소프트웨어 인재 양성에 힘쓰고 있다. 주요 저서로는 『스크래치로 배우는 컴퓨팅사고』, 『파이썬으로 배우는 컴퓨팅 사고』 등이 있다.

창의적 문제 해결을 위한
스크래치 프로그래밍

초판 1쇄 2021년 3월 1일
초판 2쇄 2021년 9월 1일
초판 3쇄 2022년 2월 11일
초판 4쇄 2022년 8월 26일
초판 5쇄 2023년 3월 1일

저　　자 • 김진일, 윤장혁
발 행 처 • 한남대학교 탈메이지교양 · 융합대학(글누리)
대전광역시 대덕구 한남로 70
(042) 629-7722
press.hannam.ac.kr
인 쇄 처 • 도서출판 이 화
(042) 255-9708

ISBN 978-89-7066-403-3 93000

〈정가 23,000원〉